だれも語らなかった すしの世界

わが国における すしの文化誌史的研究

日比野 光敏

目次

まえがき …… 4
すしの範疇 ……… 5
すしの概略史と用語 ………………………………………………………………………………………………… 6

Ⅰ　わが国のすし文化に関する研究史 ………………………………………………………………… 11
 1 文献について ……………………………………………………………………………………… 12
 2 自然科学的アプローチ …………………………………………………………………………… 12
 3 人文科学的アプローチ …………………………………………………………………………… 15

Ⅱ　すしの歴史に関する研究 …………………………………………………………………………… 44
 1 すしに対する従来の歴史観 ……………………………………………………………………… 45
 2 「古さ」の再認識　　滋賀県のフナずしの「原初性」 ……………………………………… 46
 3 知られていない伝統（1）　岐阜県岐阜市のアユの発酵ずし ………………………………… 63
 4 知られていない伝統（2）　福井県敦賀市の疋田ずし …………………………………………… 72
 5 知られていない伝統（3）　富山県富山市のアユずし …………………………………………… 83
 6 「名物」の裏側　　松百ずしの伝承と実体 ……………………………………………………… 94

Ⅲ　すしの分布に関する研究 …………………………………………………………………………… 108
 1 すしの分布と遍在性への提言 …………………………………………………………………… 109
 2 すしの分布域　　愛知県名古屋市周辺のハエずし …………………………………………… 111
 3 すしの名称　　近畿地方各地のジャコずしとジャコの正体 ………………………………… 122
 4 川沿いの文化　　新潟県糸魚川市の笹ずし …………………………………………………… 145
 5 東西交流の結末（1）　静岡県東部の箱ずし ………………………………………………… 159
 6 東西交流の結末（2）　「べっこうずし」の正体 ……………………………………………… 172

Ⅳ　すしの民俗に関する研究 …………………………………………………………………………… 195
 1 すしの民俗性に関して …………………………………………………………………………… 196
 2 すしの将来性　　滋賀県湖南地方の早ずしと京都府京都市に北接する地域のサバの発酵ずし ……… 197
 3 保存食としてのすし　　福井県小浜市のサバのヘシコずし ………………………………… 232
 4 食物の領域を越えたすし　　滋賀県栗東市の「ドジョウ獲り神事」の発酵ずし ………… 242

Ⅴ　本書のまとめと今後の課題 ………………………………………………………………………… 256
 1 本書のまとめ　～すしは文化であるか～ ……………………………………………………… 257
 2 今後の課題 ………………………………………………………………………………………… 260

あとがき ……………………………………………………………………………………………………… 265
索引（初出一覧） …………………………………………………………………………………………… 267

✾ まえがき

　最近の風潮として食事や食物に関心を抱く人が多い。こうした背景にはいわゆる健康ブームがあろうし、本物指向のトレンドもあろう。B級グルメの流行も無関係ではない。若い層の娯楽は多様化し、そのいくばくかは食べることに興味を持つ。ここ数年は団塊の世代の大量退職で定年後の「カネ持ち」が増え、「団塊特需」が食に対するこだわりを生み出す。かくてマスコミが食をとりあげる機会は増え、そこで生み出されたグルメブームがさらに食へのこだわりに拍車をかける。食べ物は単なる「糧」「餌」の域から一歩外に出て、話題にのぼるようになって久しい。

　テレビや雑誌などがしばしば好んで取り上げる食物のテーマにすしがある。すしは「嫌いだ」という人がほとんどいないほど、日本人の大好きな食べ物である。それを受けてか、番組や特集記事の多くは全国各地のすしをビジュアルに紹介し、その多様性を実感させてくれるし、また、おそらく一般にはあまり知られていないであろうわが国におけるすしの長い歴史をたどり、意外性を教えてくれるものも目立つ。人々が持つすしに関する知識が以前に比べてはるかに深まっているのは、こうしたマスコミの影響を抜きにしては考えられない。

　しかし、すしがこれだけ話題になっているにもかかわらず、その専門的な研究はどうだろうか。たとえばすしは長い歴史を経て今日にいたるものであるが、その歴史的変遷はどこまで明らかになっているのだろうか。各地で多様に花開いたすしであるが、その分布には偏在性や地域性があるだろうか。実はこれらの疑問には、感覚的にしか理解されていないことが多い。

　たとえばある番組で司会者が皿に盛ったすしをみせながら、「これがこの地方の名物・○○ずしです」と語る。ゲストは皿のすしを少しだけつまみ、「おいしい。この味がここの味なんですね」と応える。娯楽番組ならそれでよいだろうが、少し専門的にみせようとなると、「この地方というのはどの地方か」「いつ頃から食べられているのか」「本当に名物といえるのか」など、質問が山積となる。しかし、だれが、いつ、どこで、何を、どんな風に食べたのか、むろん例外は多々あるが、多くのすしの場合、そんな単純なことさえわかっていない。調べられたことがないのである。

　では、なぜ調べられていないのだろう。この問いに最も単純かつ明快に答えるならば、「難しいから」である。すしに限らず、とくに身近なものは何でもそうであるが、発祥や歴史を調べるには史料が残っていない。分布図を描こうにも聞き取りを行っておらず、存在を押さえられないまま、当のすしは忘れ去られて消えてしまう。このように、1枚の分布図を描くために聞き取りをすることからやり始めていては締切に到底間に合わない、などの理由で、すしは卒業論文や修士論文などの題材にはなりえない。よしんばあったとしても、それは「すしを」調べたのではなく、「すしで」調べた、あるいは、何かほかのテーマを検証するために「すしを事例に」取り上げたのである。いずれにせよ、すしの魅力を描き出すには相当な努力が必要であろう。

　しかし最大の理由はすしの側にあるのかも

しれない。

　どこにでもある日本国内の姿を考えてみてほしい。すしはだれもが知っているものである。総じて「おいしい」もので、多くの人の好きなものである。よって、いつでもだれとでも、簡単にとりつける共通の話題になりやすい。逆にいえば、すしは難しい議論とは無縁なものにみえ、そのため、堅苦しい議論へとはなかなかつながらない。すしは学術対象にはなりえないというより、すし自らが、学術タネとなることを拒んで、茶の間の茶飲み話的役割に甘んじてきたようにさえみえる。

　すしは学術的には掴みどころがない反面、そうではない、たとえばマスコミの取材題材やグルメブームのタネとしては、反響、つまり掴みどころが非常に大きい。その結果、不思議な空気が生まれてしまった。「今までだれも研究してこなかったのは、それが学問対象としてふさわしくないからだ」。

　筆者はそんな現状に反旗をひるがえし、あらためて世に問いたい。はたしてすしそのものを取り扱うことは学術的であるのか。歴史学的に地理学的に、あるいは民俗学的にみて、すしは本当に文化と呼べるだろうか。そんな思いから、本書を著すものである。

❖ すしの範疇

　「すしを研究する」となれば、すしということばの範疇を確定しておく必要がある。何をもってすしとなすか。これは単純な問いであるが、回答は難しい。

　たとえば大島建彦はすしを「魚介類を加工して、酸味を生ずるようにしたもの」とし、発酵させるすしを念頭においた解説をしている（大島建彦（1972））。確かにすしの原初的な意味をつきつめてゆけばこの説でよいが、必ずしも今日におけるすし全体を充分説明しきっているとはいえない。現代の握りずしが「魚介類に酸味を生じさせたもの」といえるかどうか疑問であるし、すしの中には稲荷ずしのように魚を使わないものもある。

　石毛直道はすしの特徴として「いくつかの例外はあるが（中略）ご飯とおかずが一緒になった食べ物で、すでに味つけがしてあり、それだけで食事をすませられる」ことを挙げ、さらにその基本的性格は「酸味をつけた米飯を使用した食品であることを欠かせない」ことにあるとした（石毛直道（1992））。この後者（基本的性格）は先の大島の説明に比べ、より多くの種類のすしをいい表している。発酵させるにせよ、酢を使うにせよ、すしの本分はご飯がすっぱくなることにある。

　しかし、ご飯の代わりにオカラやヤマイモを用いたものなど石毛の基本的性格からはずれるものもあるため、すしの範疇は石毛の説明よりさらに幅をもたせるのがよかろう。ある意味では、篠田統のいう「どこかで必ず酢（食酢でも自然発酵による乳酸でも）が関係していること」（篠田統（1966））が、すしの共通性質の最も的を射た表現である。ただこれは現行するわが国のすしの最大公約数的要素「酸っぱい」ことを述べた、いわば必要条件であって、すしの定義というにはあまりにも幅広すぎることはいうまでもない。

　すしをほかの酢の物と区別することは必要で、そのポイントはやはりご飯の使用に求めるのがよかろう。その意味では石毛の述べた「酸味をつけた米飯を使用した食品」という

基本的性格は妥当な表現であるが、それではいくつかのすしが、ご飯を使わないために除外されてしまう。すしがご飯を使うものであることは多くの人が持つイメージで、飯料理の数々を紹介した享和2年（1802）刊の『名飯部類』の「鮓の部」という項目の中にオカラずしが掲載されている（加賀文庫版　22丁（吉井始子編（1980））。重要なのはご飯をオカラに代用したと断言していることで、オカラずしの原型はあくまでもご飯なのである。

　このように、もとは「酸味をつけた米飯」を使うものであったのが、後にその一部の要素が削除されてしまっても、すしの名を残すことがある。したがって、これらはすしの派生型としてその範疇に入れるべきであろう。逆に考えれば、すしという呼称のあるものは、現在はそうでなくとも過去に「酸味をづけた米飯」を使った可能性があるといえる。それがはっきりと否定されないうちは、やはりこれらも研究対象の範疇に入れておく必要がある。

　筆者はすしを「すしという呼称がついているもの」と想定する。少々乱暴なようだが、すしと呼ばれているにもかかわらずそれをすしから除外するためには相応の理由づけが必要で、それもなしに線引きするのはもっと無謀なことである。このことを踏まえて石毛のいうすしの基本的性格を修正すると、すしとは「酸味をつけた米飯を使用した食品、およびそれをモチーフにして改変したもの」となる。加えて「改変した可能性を示す痕跡があるもの」についても、当面はすしとして研究する必要があることを提唱する。呼称も「改変した可能性を示す痕跡」であるから、酢を使わない大阪市八坂神社のイナずしやご飯を使わない草津市老杉神社のメずしなど、ともすれば宙に浮きがちなものもすし研究の範疇に入ることになるし、すしだかそうでないのかわからない秋田県のナッツのような食べ物も対象になろう。

❋ すしの概略史と用語

　すしの歴史については多くの参考書が出ているためここではくわしく述べないが、すしの形態を表す用語は意味を統一しておきたい。そのための解説は歴史にも係わっているため、すしの概略史についても触れておく。すしの歴史は、これまでの研究で最も一般的とされる説に拠った。

　原初的なすしは魚の塩蔵発酵保存食品で、酢は使わなかった。酸味は発酵による乳酸である。このすしを「ナレズシ」と呼ぶことがあるが、「ナレズシ」の内容は表1に示すとおり、少なくとも3種類の意味がある。このため、本書では「ナレズシ」の語は使用せず「発酵ずし」と呼ぶ。この発酵ずしの発祥は日本ではなく、東南アジアといわれている。初期の頃は東南アジア大陸部の山地民のものだと考えられていたが、今では東南アジア大陸部の、稲作と密接に関わった水田耕作民が作り出したものとするのが一般的である。気候は熱帯だが、雨季と乾季がある。そこで雨季にたくさん穫れる魚を乾季までもたせようと、ご飯の中で発酵させた保存食がすしの原型、すなわちルーツとされる。

　すしの原型は東南アジアを北上して中国へ伝わり、やがて日本へと伝わった。日本への

わが国には、すしを表わす漢字には「鮨」と「鮓」のふたつがある。古代中国では、すしを「鮓」と表記した。一方の「鮨」はシオカラの意味で、本来このふたつは、厳密に区別されていた。ところがその文字の国・中国

伝来は朝鮮半島経由でなく、また琉球経由でもなく、中国本土から直接もたらされたらしい。時期は、わかっていない。なぜなら、その当時について記録した資料がないからである。

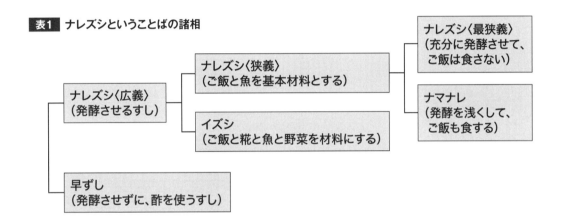

表1　ナレズシということばの諸相

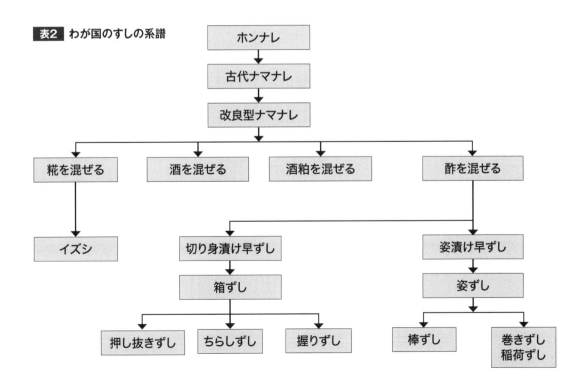

表2　わが国のすしの系譜

で、文字を扱う学者が、「鮓」も「鮨」も同じである、と書いた。3世紀の頃である。以来、この漢字の意味は、どちらも「すし」となってしまった。おそらくこの混乱が起こってから、中国から日本に漢字が伝えられたのであろう。わが国最古といわれる文献資料、平城宮跡出土木簡に「鮓」の文字が、正倉院文書に「鮨」の文字がある。なお、われわれになじみのある「寿司」の文字は日本産の「和字」で、江戸時代の生まれである。和字表記には「須之」「酒志」など数多くが見られるが、「寿司」は縁起のよい文字を当てたものとして、盛んに愛用された。

古代のすしの発酵期間はかなり長く、租税の遠距離輸送にも重宝された。ご飯は食べる主体ではなく、中の魚のみを食用に供した。この形態の発酵ずしを「ホンナレ（本馴れ）」と呼ぶ。貴重な米を食の主対象としないホンナレは主に高貴な者たちが食べるものであったが、室町時代になると米は増産され、庶民の口に入るようになった。すしも一般に広がるわけだが、同時にある変化も起こる。そのひとつがご飯の食用で、以後、すしは魚とご飯の加工品となる。また発酵期間が短く抑えられ、次第に魚の保存という意味は薄くなってきた。この形態の発酵ずしを「ナマナレ（生馴れ、生成）」と呼ぶ注1。

ナマナレの材料は魚とご飯と塩だけであったが、後続の形態として糀や酒、酒粕、酢などを混用するものも現れた。この他材料を使用するものを筆者は「改良型ナマナレ」と呼び、従来のタイプのものを「古式ナマナレ」と呼ぶことにする。また、糀を混ぜる「改良型ナマナレ」のうち野菜も併用するものを「イズシ」と呼ぶ注2。イズシの形態は東北地方の日本海側、北陸地方などに顕著で、個々の呼称はハタハタずしやカブラずしなどいろいろあるが、北海道や青森県では「いずし」という名で通っている。この場合は「飯ずし」と表記し、一般名称の「イズシ」とは区別する。

江戸時代になると、すしの味に変化が出た。元来、すしの酸味は乳酸であったが、江戸中期から酢酸を使うようになった。もちろん当初は発酵の補助的な役割の改良型ナマナレであったのだが、後にはそれが主役に出る。この酢酸主体になった形態を「早ずし」と呼ぶ。もちろん改良型ナマナレ（発酵ずし）と早ずしとは完全な相互補完関係ではなく、どちらにも分類されるすしもある。

加工形態にもいろいろあって、ホンナレやナマナレなどの時代には姿ずしと切り身漬けのすしの2種類であったのが、早ずしができてからは巻きずし、稲荷ずし、押し抜きずし、ちらしずしなど、種類がぐんと増えた注3。やや遅れて、今日、すしの代名詞にもなっている握りずしが現れる。こうして江戸時代末期には、今と同じようなすしが出そろった。

これら早ずしの改革は、というより早ずしの出現自体が、庶民のなせる業であった。天皇や将軍、大名などの高貴な者たちの食事はすべて管理されており、新たなメニューを増やすなどは不可能に近い。食事に携わる者は役人ばかりで、役人たちは自分の仕事を無難にこなす。新しいメニューを考えるよりも「献立は去年と同じでよい」という、いわば「悪しき前例主義」で、結果、同じような食べ物を主人に食べさせ続けることになる。すしに

ついていえば、将軍や天皇は、江戸初期と同じようなナマナレを、明治になる直前まで、食べていたのである。それに比して庶民は自由である。ナマナレの作り方に不満を感ずれば、即刻改めてしまう。新たな味に対しても、果敢に挑戦に乗るのは庶民であった。

　庶民の芸術ともいうべき握りずしは、最初は場末や悪所の屋台などで供される低廉なスナック的なものであったが、しだいにそれとはまったく別の、高価な食べ物として商う者も出てきた。中には贅を追及したあげく、天保の改革の奢侈禁止令に触れて手鎖になるものもいた。それでもこれらの高価な握りずし屋は庶民たちにとって、今の自分には行けないでもいつかはきっと行ってみたい、あこがれの場所であった。すし屋の業界は貴賎の両方を合わせ持っていたわけである。

　明治、大正時代もそうである。高いすし屋では氷の冷蔵庫を完備するも、江戸時代さながらに、昔ながらの下処理で魚の傷みを防いだ店もある。成金たちが高価なすし屋を食べ歩き、自分なりの食べ方を作り上げてひそかに楽しむ、これがいわゆる「すし屋のマナー」となるのだが、その一方で、デパートでは大衆価格のすし定食のようなものが現れた。

　昭和に入り、すしの屋台が禁じられる。以来、握りずしは高級料理として発達した。とくに高度経済成長期には、社用族の影響もあって、すしの価格はどんどん上がった。しかし同時期に、持ち帰りずしが現れ、やがて回転ずしも起こってきた。安いすしも食べられたのである。

　現代では、握りずしは高いものと安いものとが両極端である。人々は財布の中身に応じて食べ分けている人が多い。安心してすしを楽しむことができるのはよいことであるが、すしといえば握りずしだらけになってしまい、ばらずしやサバずし、のり巻きや稲荷ずしなど一般家庭のすしは作らなくなってしまった。すしの前途は、一部の握りずし以外は、風前の灯火である。

❖注

注1　正確にいえばナマナレの定義は、ご飯の食用と発酵を短く抑えること、さらには材料が魚、ご飯、塩だけに限られる、など、複数の条件から構成されている。これについてはより正確さを図るため条件を個別にして考えるべきであろうし、考えねばならない。しかし本書で話題にする内容は直接このことが影響するものではないと思われるため、さらに詳しい定義づけは稿をゆずることにする。

注2　筆者はこう規定したが、イズシの定義もあいまいである。篠田統はこれを「生成を漬け込むのに野菜類を多分に混ぜ、またしばしば糀を併用する」ものと説明している（篠田（1966）前出）が、野菜の使用と糀の使用とが常にセットになっているわけではない。糀は使用するが野菜をともなわぬ例があるし、野菜類を漬けてもそれを食用としない例もある。また石毛ら（石毛直道・ケネスラドル（1985）『魚醤とナレズシの研究　−モンスーン・アジアの食事文化』）は、魚と塩とご飯の発酵食品をスターター（起発酵剤）の有無によって「ナレズシ（表1でいう〈狭義〉のもの）」とイズシに分けたが、これにしたがえば、発酵を促進する糀を入れたすしはすべてイズシとなり、野菜の有無を主眼においた篠田の基準とは異なってくる。どこまでをイズ

シと呼ぶかは、ひとえに報告者の主観にゆだねられている状態である。

注3 「切り身漬けのすし」とはできあがりが1尾の魚の状態にならないすしのことをいう。具体的には1尾の魚をおろして桶や甕などに漬けるもので、箱につける場合もある。巻きずしは海苔巻きずしだけに限らず、何で巻いても巻きずしとした。稲荷ずしも、包むものは油揚げに限っていない。押し抜きずしは型にはめて抜き出すもので、原則としてひと口サイズに抜き出すものである。ちらしずしは、地方によっては五目ずしと区別する場合もあるが、ここでは「押圧を加えないすし」を意味している。なお本論では「押しずし」という表現は極力使用しない。わが国のすしの場合、ちらしずしを除いて、みな押している「押しずし」だからである。

❖参考文献

- 石毛直道・ケネスラドル（1985）『魚醤とナレズシの研究 −モンスーン・アジアの食事文化』岩波書店。
- 石毛直道（1992）「すしの履歴書」岐阜市歴史博物館編『日本の味覚 すし グルメの歴史学』岐阜市歴史博物館。
- 大島建彦（1972）「鮨」大間知篤三・川端豊彦・瀬川清子・三谷栄一・大森志郎・大島建彦編『民俗の事典』岩崎美術社。
- 篠田統（1966）『すしの本』柴田書店。
- 吉井始子編（1980）『名飯部類』『翻刻江戸時代料理本集成 7』臨川書店)。

I

わが国の
すし文化に関する
研究史

1 文献について

 すしという現象自体が東アジアおよび東南アジアのものであり、元来が西欧社会では受け入れられていなかった。またこれら東洋地域でも、すしが学術的に論じられることは少なかった。日本を除けば、わずかに中国と韓国、台湾などで、活字化されている程度である。

 本稿では日本のすし文化の研究史を追う。登場するのはほとんどが日本語の文献であるが、それは筆者の意思によるものではない。海外にめぼしい文献が乏しいからである。

 さて、すしの研究をみる時、それは自然科学の分野からのアプローチと人文科学分野からのアプローチとに大別される。すしの文化的側面に照準を合わせる本論では後者だけを取り扱えばよいのであるが、すしを学問の対象として科学的に論じたとなると、前者の方が古い。したがって、まず自然科学の分野ですしがどのように扱われてきたかを概観した後、後者へと話を進めることにする。

2 自然科学的アプローチ

*(1) 発酵食品の成分、微生物などの分析

 すしが食物であることを考えると、それは調理学、栄養学、食品学などの対象となる。また古い時代のそれが発酵食品であったことを考えると、農学、発酵学、さらには医学、薬学の対象にもなる。

 すしが研究対象となるきっかけは、この食物が発酵食品だったことによる。たとえば明治42年（1907）の薬学雑誌に、滋賀県のフナずしに関する重成八百吉らの報告が出ている。内容はフナ、フナずしの来歴、フナずしの製法と、江戸時代以来の地誌にも記されていることが並び、次に性状として塩ブナや「再漬」フナずしの成分分析結果をのせ、フナずしが発酵食品であることを紹介している。これなどは、すしに関する非常に古い近代文献として挙げられる。

 発酵食品において最も関心を抱かれたのが、微生物の存在であろう。たとえば松下憲治（1937a、1937b）は滋賀県のフナずしを例に成分分析と微生物存在の報告をした。以後、フナずしの成分分析や微生物分析は進み、さらには臭気分析からテクスチュアなどにも話は及ぶ（黒田榮一ら（1954）、黒田榮一ら（1955）、黒田榮一ら（1956））。

 やや遅れて、飯田喜代子の論文がある（飯田喜代子（1956、1961、1963、1965））。飯田は後述する篠田統の片腕として知られ、主にすしの理科学的分析を担当した。その研究ではすしの酸味には乳酸のほかコハク酸の影響もあることを示した人でもあるが、なにより「馴れ」という言葉を理科系論文で初めて使った。「馴れ」は、「発酵して保存する」といった意味であろうが、それだけではない「馴らす＝熟成させる」という意味合いも含んでいる。松下や黒田がフナずしを例に説明しようとした発酵ずしの特性を、ずばりといい当てた単語である。

 飯田のいう「鮓」とはブタ肉のすしであったりサバのナマナレであったりする、実験室の中で作成したものであったが、後にすしの自然科学的研究は、滋賀県のフナずしのよ

に、特定地域の特定な発酵ずしの成分分析、微生物分析へと進んでゆく。

たとえば滋賀県のサバの発酵ずしについては藤井建夫ら（1992）や久保加織ら（2011）が、三重県のアユの発酵ずしについては水谷令子ら（1997）が、栃木県上河内町のアユの発酵ずしについては百瀬洋夫ら（2005）が、和歌山県紀北地方のサバの発酵ずしについては玉置ミヨ子（2006）が、鳥取県山間部のサバの発酵ずしについては小谷幸敏ら（1998）などがある。

またホンナレや純然たるナマナレのほか、糀も併用したイズシの類の発酵ずしにも研究対象が広がった。たとえば北海道の飯ずしについては会田久仁子ら（1999）が、秋田県のハタハタずしについては塚本研一ら（2001）、塚本研一ら（2003）が、秋田県の赤ずしについては佐々木康子ら（2002）が、富山県のカブラずしについては上野真理子ら（2007）が、石川県のカブラずしやダイコンずしなど発酵ずしについては久田孝ら（1998）、会田久仁子ら（2007）、久田孝ら（2010）、久田孝（2010）が、福井県若狭地方のサバの発酵ずしについては苅谷泰弘ら（1986）、苅谷泰弘ら（1987）が、福井県のサバのヘシコの発酵ずしについては苅谷泰弘ら（1990）、Kouji Itouら（2006）、赤羽嘉章（2009）、春野（今津）涼子ら（2011）などが、また海外の発酵ずしについてもHiroshige Sakai（1983a、1983b）、室香鈴ら（2008）などが、各地の発酵ずしが組成成分や微生物の分析や考証の対象とした。

✽ (2) ボツリヌス中毒とイズシ

さて、すしが食物である以上、毒性にも気をつけねばならない。調理の現場ではまず衛生管理が徹底され、論文も書かれている（たとえば杉崎幸子ら（1999）や吉田啓子（2007）など）。しかし一番注意しなくてはいけないのはボツリヌス菌であろう。

わが国最初のボツリヌス中毒の公式報告は、昭和26年、北海道岩内町で自作の飯ずしによるものとされる。その後の調査で、ボツリヌス中毒（E型）は北海道、東北地方のイズシや滋賀県のハスの発酵ずし以外には発生はなく、これより以後、イズシとボツリヌス中毒の関係が論じられた。たとえば川口義雄ら（1957）や山本耕一ら（1962a）、三浦栄一（1965）、Heiji Kudoら（1971）はE型ボツリヌス菌の存在を大いにアピールし、イズシの食制と関連づけている。また山本耕一ら（1962b）は別途論文で、昭和31年、青森市でB型ボツリヌス中毒が起こったことも報告した。

この事件が初めて起こってからかなり長い時間が経つが、イズシとボツリヌス菌との関連性は払拭できず、北海道や東北地方では佐々木シロミら（1984）や渡部勝彦（1998）などイズシに関する論文が今なお出版されているし、北海道立水産試験場は一般向け冊子でも「美味しいいずし」の作り方を提言している（佐々木政則（1989））。結局、坂口玄二（1997）が断じているように、従来のイズシの製法では菌の増殖阻止は期待できないが、今の製法を改善することはできるらしい。

イズシの残存に対しては消極的であった行政であるが、福島県会津地方では県が積極的

に阻止した。すなわち、昭和51年にアユの発酵ずしにボツリヌス菌が発見されたことから「いずし等保存食による事故対策本部」を設置し、イズシ（ハエのイズシ）を作らない、食べない、もらわない、の「三ない運動」を行って、今日にいたるまで住民を指導している。しかし昨今、伝統的食文化の継承が叫ばれるようになり、菊池節子ら（2009）によって、福島県の安全で新しいイズシの漬け方の提唱もされている。

なお、こうした風潮からか、前に述べた発酵ずしの成分分析や微生物分析を目指す論考にも、たとえば岡田貞子（1973）や山塙圭子（2000）などのように、ボツリヌス中毒への提言が付随するものが増えた。また、ボツリヌス菌以外の細菌類や発酵ずし以外のすしにも関心が向けられることにもなった。最近では木津貴子（2001）のサルモネラ食中毒や竹下温子ら（2011）の海洋性微生物の報告がある。

✽ (3) 裾野を広げた自然科学的アプローチ

すしは単なる成分分析や微生物分析から、さらに異なった分析が加えられるようにもなった。峰弘子ら（1982）は、事例は新作のすしであるが、外観、におい、味などの嗜好調査や温度の嗜好調査、pH計測を施した。丸山悦子ら（1994）は奈良県の柿の葉ずしを例に食塩濃度やpH、イノシン酸や脂質の計測などを、安藤理恵ら（2003）はちらしずし（場所は特定しないが調査対象者は岡山県、兵庫県など関西地方出身が多い）の栄養価分析を行った。また真部真理子ら（2012）

はにおいなどの官能観点で滋賀県のフナずしが若者たちに受け入れられない現状を引き、フナずしが現在抱える問題点として挙げている。

その一方で1970年代から、すしの調理法そのものを書き記すようになった。時代はわが国が個人旅行ブームの幕を開け、「日本再発見」と称して各地の文化が注目された頃である。郷土料理もクローズアップされたことが無関係ではない。たとえば鈴木妃佐子ら（1969）の先駆的研究など大学紀要にはみるべき業績がないこともないが、専門雑誌で、たとえば調理科学誌が「くっきんぐるうむ」というコーナーを設けて各地のすしの調理法を掲載したことは大きい。このように、それまで化学的な分析ばかりに目を向けていた学界に一石が投じられた。

たとえば調理科学（後に日本調理科学会誌と改名）「くっきんぐるうむ」には黒田英一（1972）、寺元芳子（1974）、加藤寿美子（1975）、阿久根米子ら（1977）、龍崎英子（1983）、小菅富美子（1984）、小菅富美子ら（1987）、殿畑操子（1991）、水谷令子（1995）、畦五月（1997）、岡野節子ら（1998）、岡野節子ら（2004a）がある。専門誌においても、長野県の笹ずしを記録した宮島博敏（1983）、富山県の古寺で残るサバの発酵ずしと秋田県のハタハタずしを記録した小菅富美子（1985）、滋賀県のフナずしを記録した小島朝子（1986）、滋賀県のドジョウの発酵ずしを記録した小菅富美子（1986）、三重県伊勢市のアユの発酵ずしを記録した西村亜希子ら（1995）、三重県伊賀市（旧・阿山町）のコノシロの発酵ずしを記録した久保さつき

ら（1995）、三重県津市（旧・芸濃町）のコノシロの発酵ずしを記録した久保さつきら（1996）、滋賀県下の発酵ずしを記録した小島朝子（1996a、1996b）、岡山県のサバずしを記録した畦五月（1996）、三重県鈴鹿市のコウナゴずしを記録した岡野節子ら（1997）、兵庫県南部のサバずしを記録した松尾千鶴子（1998）や松尾千鶴子ら（2004）、岡山県のツナシずしとママカリずしを記録した畦五月（2001）、三重県南部のアユずしやサンマずしなどを記録した成田美代ら（2001）、三重県の手こねずしを記録した岡野節子ら（2004b）、和歌山県紀北地方のサバずしを記録した小地原直美ら（2007）の研究などがある。このようにすしの調理法が冷静に、ともすれば機械的に記録されたことは、逆にみればすしの製法が、執筆者の思い入れが介入することなく、第三者に語られることにもなった。

さて、小菅富美子や小島朝子らのようにすしの化学的分析には飽き足らず、歴史や民俗など文化的な側面をも考察する者も現れた（小菅富美子（1980、1981、1982）、小島朝子（1999））。そしてその傾向は酢を使うものにまで及び、やがてすしの呼称や調製機会、調製者、調製する種類、嗜好性など、すしを取り巻く食習慣の報告が中心となり、さらにはすしの調理法も記さない傾向すら現れた（赤羽ひろら（1990）、五島淑子ら（1995）、五島淑子ら（1997）、松本富子ら（2001）、岡野節子ら（2001）、宇山裕子（2002）、新澤祥恵ら（2004）、岡野節子ら（2007））。もっともこれには、それまでにすしの製法が明確に記載されていたからにほかならない。一方、すし自体ではなく、すしを調製する際に用いる葉について薬理的、あるいは農学的に考証する、その分析の一部としてすしの加工法を記しているものもある（苅谷泰弘ら（1993）、種坂栄次（2001））。

滋賀県のフナずしの成分分析や微生物分析は一応の到達をみたものとみえ、その発酵商品としての完成度の高さを賞賛するようになった（藤井建夫（1984、1997、2011））。堀越昌子はフナずしをはじめとする滋賀県の発酵ずしの特徴や地域比較、栄養素、また滋賀県だけに残ってきた要因や現状と今後の課題など多方面から研究し、フナずしや発酵ずしをひとつの文化総体として取り上げた（堀越昌子（1993、2003a、2003b、2003c、2011a、2011b、2012））。最近、陰りがみえてきたフナずし、発酵ずしであるが、堀越はさまざまな方法で「ナレズシ文化」を守り抜く活動を続けている。

3 人文科学的アプローチ

❋(1) 篠田統までの道

わが国のすし文化研究の第一人者として篠田統の名を出すことに異論を唱える者はなかろう。しかし篠田が一応の業績を上げる前は、すしの文化的側面はどのように捕えられていたのか、主立った論文をもとに押さえておきたい。ただ、一般に「論文」というと、決して文章の体裁ばかりではなく、すべての読者が中身の情報を共有できるかどうか、少なくともそういう努力をしているかが問題となる。だがすしの場合、しかも文化的なこととなると、「論文」と「雑文」の差はつきにくい。

そのため、多少の「雑文」も混交してしまうことを申し添えておく。

すしのことがさまざまな古文献に掲載されていることはよく知られている。その中で文化的側面といえば、さしづめすしの語源と表記についてであろう。すしをなぜすしと呼ぶのかについては、たとえば貝原益軒や新井白石が『日本釈名』（元禄12年＝1699）や『東雅』（享保5年＝1719）などで「酸っぱいからスシ」と述べているのに対し、松永貞徳の『和句解』（寛文6年＝1662）では「押す石」から来ていると述べる[注1]など、江戸初期から議論に登っている。また、すしと読む漢字に「鮨」と「鮓」なる表記が併用される理由については、平安中期に源順らによって編纂された『和名類聚抄』（承平年間＝913〜938）の記事を引き、たとえば寺島良安や狩谷棭斎が『和漢三才図会』（正徳2年＝1712年）や『箋注和名類聚抄』（文政10年＝1827）で解説するなど、江戸中期から話題になっていた。このほか、歴史については江戸期の料理本が、すしの正統は酢をあてたものではなくホンナレやナマナレなどの発酵ずしであることを説いているし、各地の名物ずしは、たとえば博望子の『料理山海郷』（寛延3年＝1750）や『料理珍味集』（宝暦14年＝1764）、杉野権兵衛の『名飯部類』（享和2年＝1802）などが紹介している[注2]。さらに喜田川守貞の『守貞謾稿（別名、近世風俗志）』（天保8年＝1837〜嘉永6年＝1853）は江戸後期の三都（江戸、京、大坂）のすし事情やすし売りなどについて図入りで書きとめ、民俗を比較する上で絶好の資料となっている。

このように、すしに関する文化的側面は多くの者が関心を持ち、多くの書籍で記事にされてきたことでもあるが、その扱いは、たとえば後の江戸学者・三田村鳶魚のように風俗史の中の一断片としてであったりするなど、すしを正面からみつめたものではない（たとえば三田村鳶魚（1933、1941）など）。後に日本民俗学を立ち上げる柳田国男も、すしとは米料理のひとつとして考え、すしを積極的に論じた形跡がない（たとえば柳田国男（1931、1940）、民俗学研究所編（1951）など）。

すしについて本格的に述べた書物は明治43年（1910）刊、小泉迂外の『家庭　鮓のつけかた』である。小泉は著名な俳人・俳句研究者である一方、本名を清三郎といい、握りずしの元祖といわれるすし店「与兵衛寿し」の4代目・小泉喜太郎の弟にあたる。小泉の知人で俳人の岡野知十とその妻で女子職業学校割烹科の教員・織江によって明治35年（1902）に創設されたのが家庭割烹実習会で、小泉はそこのすしの担当教員として講義録を執筆した。おそらくこれがベースとなって書かれた本であろう。内容は、酢をあてたすし、とりわけ握りずしの調理法を家庭でも実施できるように記された実用書であるが、その付録として記された「鮓の變遷」は、非常に平易に書かれた文章であるものの、史料名をも書き記したすしの歴史に関する一論文としても充分通用しうるものである。また、もし小泉のような者が出ていなければ、すしが学術の世界で話題になることはずっと遅れていたであろう[注3]。

続いて刊行されたのは永瀬牙之輔（1930）

『すし通』である。これは『鰻通』や『蕎麦通』、『天婦羅通』、『酒通』、はては『スポーツ通』、『日本画通』、『ダンス通』などまでも含む「通叢書」のうちの一巻である。この永瀬という人物はどういう人物なのかまったくわかっていないが、少なくともすし店の主人や大学教員ではないらしい、つまり「単なるすし好き」の人間であろうとされる。いわば素人のひとりが、すしの名称、由来、種類、文学、酢やご飯からすしのタネにいたるまでを、一般人にもわかる平易な文体で、しかし克明に記している。とくにすしの起源については、神宮司廳（1913）『古事類苑 飲食部』を参照したか、中国の古典、『釈名』や『説文解字』などを例示し、日本においても持統3年（689）の賦役令を挙げて解説するなど、かつての小泉よりも古い時代設定になっているところは、単なる読み物の域を超えている。

その後は、宮尾しげを（1960）『すし物語』がある。これも『そば物語』、『鰻・牛物語』、『てんぷら物語』などの「日本の味シリーズ」の中の1巻である。宮尾は、先に『そば物語』などの著書があった植原路郎の推挙を受けてこの書の執筆をするに至った。一般人向けで表現がやわらかく、しかも引用文献がはっきりしていないことなどから、学術論文としての価値を疑問視する向きもあるものの、宮尾は優れた江戸風俗研究家、加えて本職は漫画家であったため、内容はかつての『すし通』同様、幅広く、また風俗画のイラストも興味深いものが多い。このためすし研究のためには必須の文献である。

❖注

注1 『和久解』の活字本は知らない。この条は吉野昇雄（1990a）による。

注2 『名飯部類』は出版されたようであるが版行本はみつかっておらず、写本のみが実在する。吉井始子編（1980、1981）はこの「鮓の部」を『名飯部類』としてみているが、長谷川青峰監修（1958）では同部を別物と考え、『諸国名物 鮓飯秘伝抄』としている。

注3 小泉迂外の人となりは吉野昇雄（1989）による。

(2) すし研究における篠田統

まず篠田統という人物について述べておこう。以下は氏が編した退官記念論文集（篠田統先生退官記念論文集刊行委員会生活文化同好会（1965））、著書『中国食物史』（篠田統（1974））、『風俗古今東西 ─民衆生活ノート─』（篠田統（1979））の著者略歴や序文、跋文などをもとに、筆者がまとめたものである。

篠田は明治32年（1899）、大阪に生まれる。大正12年（1923）、京都帝国大学理学部化学科を卒業し、同大学院動物学科に進む。大正15年（1926）8月から昭和3年（1928）6月まで、ロックフェラー財団国際研究員および文部省在外研究員として、大学院在学のままユトレヒト大学動物学教室、ミュンヘン大学化学教室、ナポリ水族館に留学し、昭和2年（1927）にユトレヒト大学より自然科学の博士号（Doctor in de Wesen Naturkunde）を受ける。昭和4年（1929）、京都帝国大学より理学博士の称号を受けるとともに、同理学部の講師（比較生理学、酵素

学)、平安女学院講師(家事科学)、京都高等蚕糸学校講師(動物生理生態学)を引き受ける。昭和13年(1938)、陸軍技師として関東軍、同15年(1940)には北支軍の軍医部に所属して、大陸各地で昆虫防疫を担当する。このように篠田は理学部出身で自然科学畑の人である。

しかし昭和19年(1944)、日中戦争の河南作戦で背骨に負傷をし、医師から一切の実験を禁じられる。これにより、昭和22年(1947)からの勤務先では家政科を預かるが、実験や実習は他者に任せ、自分は家政、とりわけ食物の歴史研究に転身する。その際、日本食物史の解明は当然であるが、日本の食物史の研究にはその源流まで遡る要があるとして、中国の研究も行なった。その一環で、兼任した滋賀県立大学講師の縁で、滋賀県のフナずしと中国古代のすしとを比較したのが、篠田とすしとの出会いである。さらに決定づけたのは大阪のすし老舗「蛸竹」の阿部直吉との遭遇であり、以降はすし研究に没頭するようになった。

篠田の文章は「素人にわからないような文章を書くのは本物ではない」(前出・篠田統先生退官記念論文集刊行委員会生活文化同好会(1965)より)というとおり、実に平易なことばでまとめられている。しかも饒舌な語り口でさらりと耳に入ってくる上、文献の選び方、使い方がいかにも自然科学らしく端的かつ冷静で、論文としても充分通用するものが多い。にもかかわらず、「食物、料理の歴史というと、ふつうの人達は単なるお道楽と感じ」(前出・篠田統(1974)「あとがき」より)ているようで、これを篠田は大変不満に思っていた。「社会史の一部門として生活史があり、生活史の一部門として食生活史・食物史が、立派に学問として成立する」(前出・篠田統(1974)より)として、篠田独自の歴史観を開花させた。

篠田は日本や中国の文献を読むとともに全国各地に出向き、その地のすしについてアンケート調査を行った。その結果、すしの歴史や各地のすしの状況などが次々と明らかになっており、それは大阪学芸大学池田分校の生活文化研究から活字にされた。篠田の後輩教授の飯田喜代子(実験や実習の主担当は彼女が行った)との共著を含めると、篠田統(1952a、1952b、1953、1954、1957、1961a)、篠田統・飯田喜代子(1953a、1953b、1954、1955)などがある。篠田は学生の卒論指導も活字化し、谷岡操(1956)、沖田昌子(1961)、伊東慶子(1965)など、地域的にみられるすしを報告させている。篠田はつきあいが広範な上、文章が論文か雑文かの区別よりオリジナルかそうではないかに重点を置いた。したがって篠田の口利きで文章を寄せる者は、いわゆる学者ばかりではない。たとえば大阪の老舗・すし萬代表取締役の小倉英一(1965)や美登利鮨主人の久保登一(1965)なども投稿している。

歴史に関しては飯田喜代子らが文献にみえるすしを復元考証する(たとえば飯田喜代子ら(1954)、飯田喜代子(1957、1959、1961)一方で、生活文化研究以外の雑誌にも発表を続けた。篠田統ら(1956)は米の導入経路をすしの分布から示すという野心的な一面をのぞかせる反面、篠田統(1959)では数百年続くといわれる奈良県のアユの発

酵ずしの歴史を、地元の伝説に左右されることなく、古文書を駆使して淡々と明らかにしてゆく学者の一面をみせた。

これらをまとめて出版されたのが『米と日本人』（篠田統（1961b）この本は後に絶版となるも、1970年に社会思想社より『米の文化史』として復刻され、1977年には増訂版が出る）や『すしの本』である（篠田統（1966 1970年に改訂版が出る）。すし屋の主人やすし好きな者ではなく、ひとりの学者、しかも理学博士が手がけた仕事として扱われ、日本におけるすし文化史の教科書のような存在にまでなってゆく。

✱(3) 篠田統以降

篠田統が『すしの本』を出して以来、篠田に直接教えを乞うた者が著作を出している。

近藤弘は、自身は農学部卒の大学理科系教員でありながら、食物文化、とりわけすし文化に関心を抱いた。近藤は、考古学や文化人類学の分野に生化学、栄養化学など自然科学的な解析を試みて、食文化を通じて日本人とは何かを明らかにすること、日本人の味覚文化を構造的に解析することを目的とした。ただ近藤の著作をみると、たとえば『日本人の食物誌』（1973）には「日本列島の西方食物文化圏と東方食物文化圏」、「食物文化交流の系図」などのことばや図が、『日本人の味覚』（1976）には「黒潮味覚文化圏」、「日本海味覚文化圏」などのことばが、『味覚の文化誌』（1982a）には「帰化食文化と乳酸文化」などの表現が並ぶ。これらの書は昭和41年（1966）から3年にわたる「太陽」への連載記事（『味覚の文化誌』）や昭和45年（1970）から4年にわたる毎日新聞家庭欄への連載記事（『日本人の食物誌』）がもととなっており、一般相手に執筆されたものと思われるが、それにしても用語の定義が曖昧である。

すしについては、『日本人の味覚』で「スシ人渡来」の仮説を立ててすしの発祥について述べ、『味覚の文化誌』で「黎明期の帰化馴れずしから、重石系馴れずしへ」と変わった歴史を述べるなど、氏の先の書におけるすしへの関心は高い。すしがタイトルに現れ出たのは昭和49年（1974）の『すし風土記』と昭和57年（1982b）の『すし』であるが、既述の諸書と同じ調子で自論を展開しているにすぎない。反面で、漬け物か発酵ずしか正体がわかっていない秋田県のナッツなる食べ物をすし（かもしれない）と紹介したことは他者に先んじている。その近藤が篠田を「我がすしの師」と表し、その仲が昭和40年頃であったことを想起している（前出・近藤（1982b）「鮓と鮨の文字をめぐって」より）。

吉野昇雄と篠田との出会いも昭和40年代まで遡る。吉野は東京にあるすし店「吉野鮨本店」の3代目である。昭和40〜50年代にすし業界の人間が本を出すということは、すしの実務書を除くと、たとえば大前錦次郎（1974）や荒木信次（1976）、内田榮一（1977）などがいるにはいるが、個人史やエッセイの類である。その中で吉野はすしの発祥や歴史について最も通じており、すしに関わる書物や雑誌にしばしば寄稿を求められていた。

たとえば旭屋出版の雑誌「食堂界（後に「近代食堂」と改称）」に昭和40年から「すしの事典」を100回連載したが、これが後に『鮓・鮨・すし　すしの事典』として出版される（吉

野昶雄（1990a））。また同出版「近代食堂」の別冊・雑誌「すしの雑誌」に第2集（1974）から6巻にわけて連載された（第2〜5集、第7〜8集）「家庭　鮓のつけかた」の影印版を主婦の友社が復刻本として出版する時、その解説版を担当した（前出・吉野昶雄（1989）『偲ぶ与兵衛の鮓　家庭　鮨のつけかた　解説』）。さらに『味匠』シリーズや『週刊朝日百科98号』などでは数々の文章を発表した（吉野昶雄（1982a、1982b、1982c、1982d））。

吉野の文章は篠田や近藤よりさらに平易で、注もついていないものであるが、歴史史料の検索や考証はとくに優れていた。古代のすしについてなどは篠田の説に追従しているものの、篠田が見落とした史料を探し出したり、江戸時代以降のすし事情については篠田以上に史料を発見しようとする、と同時に、近現代では話に出てくるすし屋の関係者を訪ね歩いたりと、歴史学者や民俗学者も顔負けするようなアマチュアリストであった（たとえば吉野昶雄（1990b）など）。篠田が最期の著書ともいうべき日本風俗史学会編（1978）『図説江戸時代食生活事典』の編集の際に、江戸のすし屋、握りずしの記事は吉野に頼むとの依頼があったことを、吉野は喜んでいる。

篠田は昭和58年（1983）にこの世を去る。晩年最期の前後は多くの原稿依頼があったことであろうが、実現かなわず、その代行は後輩教員の飯田喜代子が行った。たとえば飯田喜代子（1982a、1982b）などである。しかし飯田の興味は発酵食品としてのすしにあったのであり、その後、篠田のすし文化の研究には至っていない。

篠田の残した書籍約7500冊と古文書、同コピー、論文の抜刷、写真類、フィールドノートから手書きのメモなどにいたる史資料は、国立民族学博物館に移管された。図書以外の研究資料は同館生活科学実験室にて管理され、そこの石毛直道によって目録が作られた（石毛直道編（1986、1989、1990））。石毛が篠田と知り合った時期は、正確には明らかでないが、少なくとも昭和40年、石毛が京都大学人文科学研究所の助手に就任した頃には面識があったらしい。昭和46年（1971）から同所の機関誌『季刊人類学』誌上で篠田が連載「民衆生活ノート」を始め、その原稿のとりまとめを石毛が担当した。この時の連載をまとめて書籍にしたのが前出・篠田統（1979）である。

石毛は考古学から文化人類学に入った人間である。ここにおいて篠田のすし文化研究は、本格的に文科系の大学教員に受け継がれた。

食を扱うことは学問の亜流であるという時代はまだ続いていたが、石毛は食もひとつの文化現象であり、一学問分野として扱うことを唱えた。それ自体は篠田と同様の考えであったのだが、従来あまり使われたことのない「食文化」「食事文化」ということばを一般化させた。石毛の食物や食文化に関する文献類は非常に多数にのぼるが、すしについての関心が現れるのは昭和60年（1985）の共論「塩辛・魚醤油・ナレズシ」からであろうか。この書は国立民族学博物館の共同研究「東アジアの食事文化の比較研究」の報告書であるから、興味への萌芽はもう少し早かったはずである。

石毛の興味の中心は魚醤（魚と塩の発酵食品）にあった。発酵ずしはその類似食品として興味の対象内であった。そんな折りに篠田の資料の管理中心者になったことは、すし研究に大きな進歩を予測させた。

たとえば石毛自らも企画に参画している味の素食の文化センターのフォーラムでは毎年ごとに研究テーマを選び、多数の専門家たちを呼んでシンポジウムを開くのが常となっているが、昭和61年（1986）、その4年目のテーマとして発酵食品が選ばれている（小崎道雄ら（1986））。これなどは、もちろん石毛の興味である魚醤の解明にも役に立つであろうが、発酵食品だけでなく発酵というメカニズム全体を捕え直したことに意義がある。発酵は「目に見えない微生物の作用であるため」文科系の研究者からは敬遠されがちである一方、「最先端の科学ともなった醱酵の専門家たちは食品の文化や歴史についてまでふりかえる余裕」がなかったかにみえるとのむすびのことばは、発酵食品のひとつである発酵ずしについてもいえる（引用は前出・小崎道雄ら（1986）「あとがき　東アジアの食の文化の中核」より）。

また文化人類学者・石毛の呈する食文化論は、常に海外を意識するものでもあった。たとえばアメリカの日本食ブームがわき起こるとメンバーを募り、やがて国立民族学博物館の共同研究（昭和56年度共同研究「アメリカにおける日本食の変容」）として調査に乗り出す。その結果が、石毛直道ら（1982、1985）である。そこではアメリカのロサンゼルスにおいて日本食さらには日本のイメージがどのように現れているか、日本料理店を通じてみているわけであるが、ここには大きくすしが関わっていた。石毛直道ら（1982）の「手巻寿司の美学　アメリカに渡った日本料理は、どのような変容をとげているか」は、タイトルは「日本料理」と冠してはいるものの、実質的には、それは手巻きずしに象徴されることを、文章と多くの写真を使用して明らかにした。このように、海外におけるすし文化を調査対象にしたのも石毛たちである。

石毛は昭和61年（1986）、魚醤の研究により東京農業大学から農学博士号を授与されるが、発酵ずしの文化的研究も手がけている（石毛直道（1986）、石毛直道ら（1990））。日本におけるすしの歴史は篠田の研究を基礎とするものの、篠田の研究以降の新資料、たとえば古代の宮跡から出土した木簡のデータベースを駆使するなどして、篠田が導いたすしの日本史に対して真摯に向き合った。またすしのルーツについては、それまでの書では中国の古典籍や故事をひいて中国にその礎があるとされていた。篠田は中国文献から「スシは元来中國の料理法では無く」（前出・篠田（1952a）より）「南国から来た珍味なることは明瞭」（前出・篠田（1957）より）と推定し、岩田慶治（1962）から東南アジアの発酵ずしの論文を受ける[注1]などして、筆者が知る限りでは前出の篠田（1966）で最初に、東南アジア説を一般に問うた。

石毛は東アジアや東南アジアに出向き、世界初というべきすしに関するフィールドワークを行い、発酵ずしの起源と伝播に対する仮説を提示した。発酵ずしの発祥地はまず、篠田が呈した東南アジア山地民の保存食という説は根拠がないとして否定的見解を持った。

また、現地調査によると、東南アジアの山地焼畑農耕民には発酵ずしの伝統は乏しいとして、篠田や松原正毅の説を否定した（松原正毅（1970、1982））。その上で水田耕作と一体化した「水田漁業」という概念を出し、発酵ずしは水田耕作民による発明であるとの説を出した。

❖注

注1　この岩田慶治の論文は、正確には篠田統に送られた書簡である。それの引用とともに、篠田の注がついている。

✱(4) すしの文化的考察の発展

1970～80年代は前述したように「日本再発見ブーム」であり、各地の郷土料理を紹介する雑誌や書籍が多刊された。その内容はさまざまで、全国レベルで書かれた書籍としては第一法規出版の『日本の民俗　全47巻』（1971～1975）や明玄書房の『日本の衣と食　全10巻』（1974）などがある。概して、調理学や食品学など自然科学の人間が書いたものは、復元できるように材料や調味料の分量まで書いてある一方、人文科学の人間が書いたものは、その料理にまつわる行事や祭り、暮らしぶりなどが書いてある。硬軟取り混ぜてとにかくその数は膨大な量にのぼるのであるが、これらの中に地方独特のすしがあり、それらはこうした刊行物によって世の知るところになった。同時にそれらのすしのいくらかは、高度成長期を通じて、この世から消える運命を迎え、記録を講じられる必要も生じていた。こうした流れにしたがって、たとえば日本伝統食品研究会（1984年設立）などができ、これらの機関誌に多数の人間が筆を寄せた（佐々木和子（1987）、森健・佐々木和子（1988）、近藤栄昭（2004）など）。

先に紹介した食品工学や調理学などいわゆる自然科学の研究者たちの、すしの文化的側面に対する興味は大きくなっていった。たとえば成田美代ら（1998）は三重県、滋賀県の発酵ずしの加工法をていねいに書き残しているが、このような作業も調理科学の使命であると述べた。しかしそれのみならず、たとえばすしの分布にまで論を進めた本間伸夫らや佐原昊らの例もある。本間らは新潟県の発酵ずしの加工法を調査する一方、その分布が日本海沿岸地域の一角を占めていることをも述べている（本間伸夫ら（1989a）、同文が食生活文化調査研究報告集6（1989b）に掲載されている）。佐原らは福島県会津地方のすしに注目し、加工法を明らかにした後、全国各地の発酵ずしの加工法の比較を行っている（菊池節子・佐原昊ら（1992）、佐原昊ら（1994a、1994b）。また今田節子（1988）は、岡山県はサバずしが卓越する北部とばらずしが卓越する南部に分かれ、それには海産物の流通が関わっていると人文的要因を述べている。

歴史についても、たとえば中川眸は富山県南砺市（旧・城端町、旧・井波町）の古寺に伝承されるサバずしの加工法や富山市の現在のマスずし、享保年間のアユずしの加工法などを調査する（中川眸（1974、1975））一方で、古文書（城端別院善徳寺史料）の関係史料の翻刻をしている（中川眸ら（1994、1995））。川島由美ら（1985）は千葉県の飾り巻きずしの加工法や喫食機会などから、そ

の将来は保護されて存続すると導いた。森基子（1986）は岐阜県各務原市の古文書から、江戸時代に岐阜名物とされていたアユずしが食卓に上がっていないことを理由にアユずしは日常食としては普遍性がなかったことを推定した。

小島朝子（1994）は滋賀県の儀式膳に上がる魚料理に着目し、その中に発酵ずしがあることを述べた。これは発酵ずしが一料理であるという範疇の外にあることを示唆した、民俗学への関心の現れであろう。猪俣美智子ら（2001）がすしと年中行事の関わりを述べているのも、すしが単なる料理から踏み出していることを示している。

逆にあくまでも自然科学のスタンスですしに接近し、すしの「旨さ」を科学的、化学的に分析を加えたのが成瀬宇平である。成瀬（2003）は握りずしをCTやMRIで撮影してベテランすし職人が作ったすしとロボットが作ったすしを比較するなど、すしの従来説に科学や化学のメスを入れた。

こうした自然科学の分野に比して文科系の分野では、すしが取りざたされるのは遅いといわざるを得ないが、着実に変化は起こっていた。たとえば行政誌史の民俗編などで、それまでは単に「○○祭りの時はすしを作り…」のように書き表されていたものを、それがどんなすしでどのように作るのかまでを記載するようになったし、民俗調査でも、たとえば雑誌『伊那』における長野県飯田市のサバずし祭りの記載をみても、昭和45年（1970）の調査（村松光喜記）では祭りの伝説やすしの製法が聞き書き風に書いてあるのに対し、平成13年（2001）のそれ（久保田安正記）は、このすしが作られるようになった時期や地域、すしの製法などが細かなデータが交えて記されている。すしの中身を詳しく伝え、知ろうという気風ができた。

各地には博物館が立ち、それらを中心として郷土史研究も開花した。すしの文化的な側面も考察されるようになった。たとえば宮田啓二（1978）は和歌山県紀北地方にあるサバのナマナレ（地元では「ナレズシ」と呼ぶ）の歴史を地元史料から探り、柏村祐司（1985）は栃木県内のナマナレと押しずしの分布を押さえ、ナマナレは千葉県九十九里地方、もともとは和歌山県紀北地方が起源であるのに対し、押しずしは富山県が起源であるなど、その起源を類推した。また矢島睿（1990）は北海道の飯ずしやニシンずし（地元ではニシン漬け、糠漬けなどと呼ぶ）などを冬の保存食ととらえ、明治、大正期における重要性を述べた。日比野光敏（1990、1991）、日比野光敏ら（1993）は消え行くすしをも視野に入れて岐阜県のすしの加工法を報告し、あわせて発酵ずしのすし魚（すしを作る際に用いる魚）やホオ葉ずしの加工法などに地域差がみられることなどを明らかにした。加藤隆昭（1991）は鳥取県八頭郡に分布するナマナレ（文中では「ナレズシ」から「生ナレズシ」や「イズシ」への過渡的形態と記）が成立した歴史的背景を求める前段階として、「ナレズシ」の分布を押さえ、それを支えた要因に行事色という食物的特性があるとした。白水正（1982、1985、1997、1998）は江戸時代に将軍家へ献上ずしを調製した岐阜市の「御鮨所」の実態や作業の具体像を細かく明らかにした。

日比野光敏は自らが勤務する博物館ですしの歴史や民俗を紹介する「すし　グルメの歴史学」なる特別展を行った。この時の図録（岐阜市歴史博物館（1992））はすしの入門書として要望は高い。すしという無形、しかも食品そのものを名に掲げる展覧会を博物館で行うなど未聞のことであったが、それだけに、博物館としては何をどのように展示して何を表現するか、などを今一度考え直す機会となった一方で、日比野としても、すしというカテゴリーから何を発信できるか、その幅広さをあらためて知ることにもなった（日比野光敏（1993））。

学会誌や専門書では、各地の地方報告書や民俗報告書にある論考まで挙げると膨大な量になるので除くが、中沢佳子（1984、1986）は石川県のカブラずしは北陸3県にある魚と野菜を漬けたイズシのひとつであり、今日、それが高級料理となったのは豊富な漁獲量と雪深い冬の気候といった地理的要因に加え、これが江戸時代以来の贈答儀礼に端を発することなどを挙げた。また胡桃沢勘司（1994）は奈良県吉野地方の柿の葉ずしのサバの産地をめぐるもので、熊野産と和歌山産が拮抗したかつての状況を明らかにした。佐治靖（1991）は福島県会津地方のウグイ漁はナマナレ（文中では「ナレズシ」と記）の食習と深い関係があり、正月のハレの食習慣につながってゆくとした。

✽(5) その後のすし文化に関する論考

初刊以降、篠田統の『すしの本』は好評を得、昭和45年（1970）に改訂版が、昭和53年（1978）には写真主体の『すしの話』が出た。それ以前に大学教員が手がけたすし文化、とくに歴史について述べた書籍はなかったし、なにより氏の著作本は文体がやわらかく、わかりやすい。篠田はすし研究の第一人者であり、これらの書はすし研究のバイブル的な存在になってゆく。

たとえば片山信（1987）、根津美智子（1988）、越尾淑子ら（1999）などでは、すしの歴史を語る上では篠田およびその他の著者（近藤弘など）の説を引用、もしくは篠田の書いた歴史の上をなぞっているにすぎない。もちろん、これらの論文の目的が別のところにあるので安易に批判することはできないが、それはすしの歴史を書く人間に対してもいえる。奥村彪生（1982）が書いているすしの系譜図は篠田の図（前出・篠田（1966））をもとにしていることはいうまでもない。また、たとえば中谷三男（1996）、佐藤節夫（1999）、長崎福三（2000）、田中千博（2003a、2003b、2003c）などは注もない一般読者向けの本に記載されているため無理もないが、注や参考文献を付した中山武吉でさえ、やはり篠田の敷いたレールの上を走っているにすぎない観がある（中山武吉（1997a、1997b、1997c、1997d、1997e、1998a、1998b、1998c、1998d、1999a、1999b、1999c、1999d、1999e）、中山武吉（1997f））。大川智彦（2008）は自然科学から人文科学まで豊富で、かつ専門的な知識を簡単な表現で表した、すしに関する総合的な教科書としては無類のものであるが、唯一悪評をいうならば、見解に新味がない。すしの歴史についても、篠田の香りが漂う。

篠田の業績を冷静に見始めたのは、篠田に

直接面識のなかった世代である。日比野光敏ら（1993）は篠田の業績を見直し、地理学的にも歴史学的にも民俗学的にも数々の課題があるとした。また国立民族学博物館に残されているアンケート調査にも興味を持ったものの、これも問題の多いものであることがわかった。そのアンケート調査票を電算機分析に適するよう整備したのが久保正敏（1993）である。その結果、久保ら（1993）は10数枚の地図の作成を試み、特定のすしの偏在性も明らかにしている。

日比野光敏は篠田の論著を読み重ね、篠田が語る歴史には随所に矛盾があると感じ始めた。そうして書かれたのが『すしの貌』（1997）である。そこではたとえば岐阜県のアユの発酵ずしの江戸時代の状況など、篠田の著作には書かれていないことを満載して篠田の歴史説を補強したつもりであったが、「『すしの本』を覆す内容は乏しい」（『すしの貌』あとがきより）。続いて書かれた『すしの歴史を訪ねる』（1999a）は現実に残るすしをつなげて行くことで日本のすしの歴史を語ろうとしたものであるが、すしの歴史を語る時に現実のすしを当てはめてゆく方法自体が、篠田が『すしの本』でやっていたことである。

篠田は、すしの持つ著しい地域差や地域性にも注目していた。これについては後でも述べるが、日比野（1999b）はすしの地域性について述べている。また『すしの事典』（2001）は、すしの歴史は書いてあるものの、実質上は各地のすしの解説書である。

日比野とはまったく異なった視野ですしをみたのが森枝卓士である。たとえば『すし・寿司・SUSHI』（2002）ではジャーナリストの目ですしの歴史をひも解き、わが国のすしの起源や古形態を述べる一方、世界に拡大化してゆくすしまでをも論ずる。森枝のすし観は篠田より石毛直道譲りというべきである。福田育弘（2011）は握りずしを中心にしたパリの事例をもとに、海外に流出したすしの変容する点、しない点を論じているが、そのすしの捉え方は森枝につながるところがある。

すし文化の諸問題の中でも比較的古くから扱われてきた問題に「鮨」と「鮓」の問題がある。両者の違いは永瀬牙之輔（1930）がすでに述べているように、古代中国での「鮨」は魚の塩辛、「鮓」は塩と米で漬けたものであった。それが『広雅』（中国、三国時代）には鮨は鮓であると解説され、以後、双方には明確な差はないとされてきたとされる。しかし篠田統（1966）や関根真隆（1969）はこれに異を唱え、魚の腹の中にご飯を詰めたのが「鮨」、ご飯の中に魚の切り身などを漬けたのが「鮓」であるとした。なおこれらの説には平成14年（2002）の櫻井信也の論考が見解を述べており、両者の意味は異なる可能性があると論じた。

櫻井（前出・2002、2012、2013、2014ａ、2014ｂ）は日本の発酵ずしや滋賀県のフナずしなどについて述べた。櫻井は、すでに述べた「鮨」と「鮓」の文字の使い分けをはじめ、文献史学者らしく史料を駆使して、すしの調製時期や調製法、食法、使用魚種などについてまで述べている。その結果、従来いわれている説、たとえば篠田統や関根真隆、吉野昇雄、日比野光敏らがその論著で述べている諸説を、検証、批判し、新たな説をも呈し

ている（前出・篠田統（1966）など、前出・関根真隆（1969）、前出・吉野昇雄（1990a）など、日比野光敏（1993、前出・1997、前出・1999a、前出・2001））。櫻井のこうした活動は、篠田らによって完成されたとみられがちなすしの歴史を問い直すものとして注目される。

❀ (6) 新しい潮流

すし米の歴史について述べたものに松下良一（2007）がある。松下はすし米の銘柄を消費者が自由に選択できたのは明治末期から大正初期までだとし、その銘柄までを書いた史料はないという。三重県で穫れていた「関取米」は当時のブランドであったであろうが、今は希少種となり、現代では炊飯法を駆使して古米を活用することの実現が検討されるべきだと述べた。

平成5年（1993）、農山漁村文化協会が『日本の食生活全集』の編集を終えた。これは「全国300地点、5000人の話者から「聞き書き」してできあがった世界最大の食文化データベース」（農山漁村文化協会ホームページ http://www.ruralnet.or.jp/zensyu/syoku/ より）で、収録料理数は50000点を超える。単に料理本としても楽しいし、昭和初年という時代設定の中で、各都道府県で数ヶ所ずつ、異なった土地柄を持つ地方から話者を選び、全国統一の書式で聞き書きを施したものは資料収集する上でも有用である。平成12年（2000）にはCD-ROM版、同16年（2004）までにはカテゴリー別に編集し直した『ふるさとの家庭料理　全21巻』も完成させた（この中にはすしが多数入っており、『ふるさとの家庭料理　全21巻』の第1巻は「すしなれずし」の特集が組まれている（農山漁村文化協会編（2002）。これにより、全国各地のすしのデータを集めることは、以前に比べて格段にたやすくなった。

食酢のメーカー・ミツカンは酢を文化的にも研究し、すしの歴史、とくに今日的な握りずし、いわゆる「江戸前寿司」の歴史解明にも力を入れている（岩崎信也（2003）、ミツカングループ創業二〇〇周年記念誌編纂委員会編（2004））。また青木美智男ら（1989）、曲田浩和ら（1989）は酢の製造の歴史を明かす一助として、握りずしに論及している。赤野裕文（2008）はフナずしなどの発酵ずしの微生物分析を行う一方で、誕生の頃の握りずしを復元し、フナずしとの味わいの比較を試みる。

すしがかつてハレの日の料理であったことは異論がなかろうが、それがどう変化しているかにスポットを当てたのが山内麻記子（2007）や中村均司（2012）らである。山内は千葉県の太巻きずしを例に、君津地方と安房地方では継承形態の地域差を論ずる。山内によれば、伝統的に太巻きずしを受け継いできた君津地方は、行政の介入は少ないものの、すしをハレの日の料理として認識する割合が高いが、伝統料理として受け継いでこなかった安房地方は、すしは観光資源のひとつとして行政が命じたものにすぎず、すしがハレの日の料理であるという割合は低いという。中村は京都府の「丹後ばらずし」を事例に、この伝統は守り継がれてはきたものの、まったく昔通りではないことを報告する。中村によれば、それは材料や製法などにとどま

らず、調製契機や調製法の伝承方法にまで及ぶ。昔は祖母や母から受け継いだ「丹後ばらずし」を祭りや法事に作ったが、今は地域のコミュニティの中で調製法を教わり、地域のイベントですしを作ることがめずらしくはない。中村は、今なりのすしの存在価値を見出しながら地域社会のあり方を考える要を説いた。

伝統について、すし職人の立場から書かれた文章もある（編集部（岡野一雄）(1989)、編集部（伊藤博士）(1994)、橋本英男(1998)、佐嵜治右衛門(2003)）。現在、職人の後継者不足は、小規模すし店の業界内で大きな問題にもなっている。名店と呼ばれる老舗ののれんを守る先人らの苦心譚は、小規模すし店にも相通じよう。

また多くの握りずし店の共通の悩みとして、客に気軽な来店を呼びかけるところがあるものの、それに反して、すし屋は敷居の高い特別な空間になってしまっていることが挙げられる。日比野光敏(2000)はその要因のひとつを握りずし屋特有の「マナーのようなもの」の存在に求めた。しかもそれは店の側が作ったものではなく、客の側が勝手に作り上げてしまったことを述べた。ひとりの客がそうした「マナーのようなもの」を演ずることでほかの客、時には自身の行動をも制限し、すし屋が特別な場所であるかのような演出をする。そしてそんな「マナーのようなもの」を自在にこなすことができる自分こそが、特別なすし屋という空間に通えるのだと自分を差別化する。しかしそんなことをするのは一部のファンだけで、すし全体の流れからすると無意味を通り越して滑稽でさえあると日比野は分析する。

節分の時に食べる巻きずし（恵方巻き）の習慣については、篠田（前出・1970）は昭和44年に初めて耳にしたと記している。大阪の風習だといわれているが、これに研究の目をつけたのは岩崎竹彦である。岩崎(1990、1994)は調査すし組合、ノリ組合、厚焼き玉子組合関係者の話やスーパーマーケットのビラなどから起源を推定すると同時に、この伝説自体を明らかにしようとした。この習慣は全国に広がったとみえ、平成12年(2000)には日本医事新報にも記事がのった。正体が一向に明らかにならないことこそがこの伝説の一番の特徴であるのだが、各種のビラがこの「いい加減な習慣」を解説することによってそれは逆に由緒正しいものにみえてくる、いわば、日本人の根底にある民俗知識をくすぐった商業戦略のひとつであると岩崎(2003)はいう。飯倉義之(2005)も長沢利明(2008)も同様のことをいうが、文化は発信手ばかりの問題ではない、受け手側の問題もあるとして、この習慣の流行には遊び心を満たす魅力があったのではないかと説いた。また当初は関西の一地区の行事であったこの習慣が全国に流出した背景にはコンビエンスストアや持ち帰りすし店の影響があったということは、ほぼすべての執筆者がいっている。荒井三津子ら(2008)は、節分の巻きずしがこれほどまで流行したのはコンビニエンスストアが家庭台所の代理機能を有していることを示すと述べた。

フナずしをはじめとする一連の滋賀県の発酵ずしに食品以上の価値観を見出そうとしているのは大沼芳幸(1993)である。大沼は

フナずしおよび琵琶湖沿岸の発酵ずしが単なる保存食として扱われることに疑義を感じ、そこにある種の「聖」なる要素を盛り込むことによってこれらの発酵ずしが持つ矛盾を解決しようとした。そして、稲の豊作を祈願するために神と交信する聖なる食品として発酵ずしがあると説いた（大沼芳幸（2010、2013）。さらにそれは琵琶湖のなせる業だとした。「「琵琶湖の中に神が居る」あるいは「琵琶湖の中にはカミの世界がある」という心象」（前掲・大沼芳幸（2010）より）の延長上に発酵ずしが存在するとする一方で、実は琵琶湖と発酵ずしの図式はアユずしなど他の発酵ずしと河川との間にも成り立つとした。

文部科学省は中央教育審議会にわが国の教育観のあり方について諮問し、平成8年度、その第一次答申がなされた。そこでは豊かな人間性とそれを支える健康と体力、すなわち「生きる力」が重要であるとした。この理念を受けて教育現場に総合的学習の時間が設置され、多くの教育現場で「食教育」の授業も実現した。その一環として、すしが教材にされることもある。すしは原材料が多岐にわたる可能性があり、それぞれが抱える農業問題や漁業問題などを考える契機になる利点もあるが、それ以上に、作る行為は年少から年長までさまざまな世代が関われるし、できた製品を食べることには、おそらく誰もが不快感を出しにくいなど、有益な面がありそうである。また、地域の文化をとらえ直すためにも意義深いものであるが、家庭ですしを作る機会が少なくなった今日では、存続のためにはやむを得ず学校ですしを取り上げている一面もある。三宅恵子ら（2000）は岡山県のばらずしを例に、すし米からトッピングの具までも手作りする様子を報告した。和歌山県野上町では「ジャコ」ずしを作るのに、地域の老人から米の栽培から「ジャコ（オイカワ）」の調達までを教わり、食物と地元との関連性を実感させた（編集部（2002））。白井美幸ら（2007、2008）は茨城県下の中学校で行った巻きずしと「押しずし（押し抜きずしと箱ずし）」の調製授業の実践にあたり、調理器具や調理メニューについて2年生からアンケートをとり、すしの調製自体、比較的好意的に受け取られ、あわせて調理用具に対する意識も好意的に思っていると報告した。大学生や社会人向けの教材として多田幸代（2011）は、東京海洋大学での「サイエンスカフェ（研究と現実社会との乖離を防ぐための授業）」が握りずしを取り上げ、その準備の大変さを訴える一方、養殖魚の安全性を理解する（させる）ためには一定の効果を上げたとしている。

家庭のすしでの存続が困難な状況になり、さらには学校教育の場でも支えられない壊滅的な状況になった場合、それは消えてゆくしかない。そうなる前に、たとえば文化財として指定しようとする動きが現れる。平成26年1月現在、国レベルの指定、選択はないものの、県の無形民俗文化財に指定または選択されているものが滋賀県の「湖魚のなれずし」（記録作成等の措置を講ずべき無形民俗文化財として1998年6月指定）、長野県飯田市の「鯖鮨」、同県飯山市の「笹寿司」、同県王滝村の「万年鮨」（以上3件とも2000年3月選択）、静岡県静岡市のヤマメずし（「ヤマメ祭」として2005年3月指定）が、市の無形文化財、

または民俗文化財に指定されているものが岐阜県岐阜市の「鵜匠家に伝承する鮎鮓製造技術」（重要無形民俗文化財として2010年3月指定）、福井県小浜市の「へしこ・なれずしの製作技法」（無形文化財（工芸技術）として2013年3月指定）があり、指定時、選択時には報告書が出されている例がある（滋賀県教育委員会文化財保護課編（1998）、串岡慶子ら（2001）、長野県教育委員会編（2011）、静岡市教育委員会（2001）、日比野光敏（2011））。また平成25年には「和食：日本人の伝統的な食文化」が国連教育科学文化機関（ユネスコ）の無形文化遺産に登録された。日本政府は和食を、多様で新鮮な食材と素材を活用し、年中行事に関わりながら自然の美しさを表現し、健康的な食生活を送るものと特徴づけたが、ユネスコの無形文化遺産登録は、日本の伝統的食文化が自然を尊重する日本人の心を表現し、世代を越えた伝統的な社会慣習として受け継がれているものとしての評価を認めたことになる。握りずしに代表されるようにすしは世界に知られる和食の大きな存在であるが、握りずし以外にもすしはたくさんの種類がある。登録決定を前に日比野光敏（2013）は、握りずしや一部の発酵ずし以外の、いわゆる郷土ずし全般が顧みられる要があるとした。このようにすしは食品以外の面でも特記されるようになってきた。

握りずし店は、いわゆる「立ち店」すなわち昔ながらの握りずし店（その中には高級店と大衆店とがある）と回転ずしや持ち帰りずし、宅配ずしなどの低廉なすし店に大別される。平成元年頃にバブルがはじけて、日本は低成長時代に入る。すし店の様態も低廉なすし店が繁昌を極める中、「立ち店」の高級店も材料などで差別化を図って、また繁昌している。

高級店の中には、カウンターで交わされる会話の延長の話や若い頃の苦心譚などを店主、またはライターに書かせている場合がある。また低廉な店は低廉な店で、新しい商売形態を新たなビジネスチャンスと考え、メニュー、店作り、融資などでのアドバイスをしたりする。いずれの場合も、とくに後者の場合、文献は多数あるのだが、それらはここでいうすしの議論には直接関わりがないので逐一報告することはやめておく。ただ回転ずし店などを単に投資の対象としてみない報告もある。中村靖彦（1998）はコンビニエンスストアやファミリーレストランと同じ目線でみて、そこには子どもの成長や食事の取り方、残飯問題、食品の遺伝子組み換え問題、食糧備蓄にまで、たくさんの課題があると説く。また、高級な店と低廉な店の違いを経営の立場から考察した大久保和彦（2008）の主張も一聞に値する。大久保は「立ち店」と低廉な店、あるいは高級店と大衆店、いずれの側にも将来が明るい店と暗い店がある、そこには、ひとつには、日本の漁業という問題が絡んでいるという。

海外のすし、とりわけ握りずし、手巻きずしを扱った者に、松本紘宇（2002）、加藤裕子（2002）、重金敦之（2009）、福江誠（2010）がいる。松本は主に回転ずしが中国を始め欧米豪諸国に進出していることを示し、各地の実体験をレポートする。加藤はアメリカのすし屋と日本のすし屋との違いから日米間のすし観の差異をいい、アメリカ人に日本のすし

が入り込んで行く一方で日本にもアメリカのすしが入ってくると説いている。重金は伝統や格式を重んずる日本の正統派のすしばかりを追い求めるばかりでもないが、海外で売れている、日本のすしの伝統から外れたすしが幅を利かせるのも寂しい現状を語る。堀江は平成14年（2002）に開校した東京すしアカデミー代表兼校長という立場から、すしが海外で売れる要因を追求した。海外で売れているすしの中には正統派もあれば現地で独自に発達したローカル派もあり、両者を目に入れていなければ海外では通用しないと忠告する。

すしの海外進出はもう峠を過ぎたという声もあるにはある（浅元薫哉（2010））。しかしこうしたすしの海外進出について、人類学的な考察も進んでいる。たとえば呉偉明ら（2001）はシンガポールを事例にすしの進出について述べ、すしにはグローバライゼーション（同質化）とローカライゼーション（現地化）の側面があると述べた。出口竜也（2007）はこの2つの現象が同時進行することを「グローカル化」と呼ぶが、それが現れる場の多くは回転ずし、持ち帰りずしなど低廉なすし店であるとした。ちなみに、この主張は前出のどの著者も同じである。そこでは今後も急速な現地化が進み、日本では見慣れないすしが多くなると論じているが、一方で回転ずしの増加によって「立ち店」への回帰もみられるという（たとえば前出・加藤裕子（2002）、前出・出口竜也（2007）など）。福田育弘（2011）は現地でさまざまにローカル化したからこそ伝統的なすしが日本的だと再認識されたと述べた。

そのほか、すしを日本の、ハンバーガーを北アメリカの、それぞれ文化象徴とし、東洋西洋の科学の比較を行う本川達雄（2005）、新しいメニューを提案する東村玲子（2009）、すし屋という空間を社会美学的に解き明かそうとする藤阪進吾（2009）など、詳しくは述べないが、種々の方面からのアプローチがある。すしを扱う分野は、ますます広がりそうである。

4 文献からいえること

たとえばNHK放送文化研究所世論調査部（2008）や本川裕（2011）ら多数が自認、または他認するように、日本人はすし好きである。そのすしは、非常に多様な分野で取り上げられている。その反面、すしを学問対象として、真正面から扱った文献は、残念ながら限られているといわざるを得ない。

以上、きわめて限られた文献からみえたことはきわめて単純なことであるが、まとめとしておく。

さて、筆者が興味を持っているのは、本章ではこれらの表現はつとめて用いないようにしてきたが、すしの歴史的、地理的、民俗的分野である。すなわち、すしはいつ頃生まれ、どのように変遷したか、どのように伝わり、広がっていったか、そこには「食物」として以外の意義があるか、などである。ここでみてきたように、これらの立場で論じられた業績は少なくないが、「歴史」、「地理」、「民俗」のことばが表す意味の広さから、それらが充分論じ尽くされてきたとはいえない。

筆者なりの論点を、次章以降、順にみてゆ

こう。

❖参考文献

2－(1)

- 会田久仁子・阿部純子・角野幸子・山塙圭子・遠藤英子・角野猛・山田幸二（1999）「北海道の自家製いずしの諸成分および微生物について」『日本食生活学会誌』第10巻2号。
- 会田久仁子・角野猛（2007）「かぶらずしおよび大根ずしの諸成分と微生物について」『日本食生活学会誌』第18巻2号。
- 赤羽嘉章（2009）「伝統食の機能性　―マサバ発酵食品のヘシコとナレズシを例に―」岩田三代編『伝統食の未来』ドメス出版。
- 飯田喜代子（1957）「鮓の「馴れ」の研究」『大阪學藝大學紀要』5号。
- 飯田喜代子（1961）「鮓の「馴れ」の研究　第2報」『生活文化』第10冊。
- 飯田喜代子（1963）「「ナレズシ」から「ハヤズシ」へ」『大阪學藝大學紀要』11号。
- 飯田喜代子（1965）「鮓の「馴れ」の研究　第3報　ナマナレズシの有機酸について」『大阪學芸大學紀要』13号。
- 上野真理子・寺島晃也・多田耕太郎・山口静子（2007）「富山産かぶらずしの理科学特性と食味」『日本食品科学工学会誌』第54巻3号。
- 苅谷泰弘・木内律子（1986）「鯖馴鮓（サバなれずし）に関する研究（その1）　馴鮓製造時の鯖肉の水溶性含窒素化合物のアミノ酸としての量的動態について」『福井大学教育学部紀要第Ⅴ部応用化学』第20号家政学編。
- 苅谷泰弘・三上尚美（1987）「鯖馴鮓（サバなれずし）に関する研究（その2）　―漬け込み床のタンパク分解酵素活性と鮓の"馴れ"に及ぼす微生物の添加効果について―」『福井大学教育学部紀要第Ⅴ部応用化学家政学編』21号。
- 苅谷泰弘・木内律子・三上尚美・土井下仁美・小玉健吉（1990）「福井県若狭地方の"サバなれずし"の特徴　漬け床およびすしの化学組成の変化と揮発成分の生成」『福井大学教育学部紀要第Ⅴ部応用化学家政学編』21号。
- 久保加織・立石真由子・酒井景・堀越昌子（2011）「さばなれずしの化学成分と嗜好性」『滋賀大学教育学部紀要自然科学』61号。
- 黒田榮一・毛呂恒三（1954）「フナずしに関する研究　第一報　フナの成分とすし加工中における成分変化について」『滋賀大學學藝學部紀要自然科学』3號。
- 黒田榮一・岡崎宏子（1955）「フナずしに関する研究　第二報　フナずしの栄養価及び筋肉蛋白質の構成成分について　第三報　フナずしのにおい成分について」『滋賀大学学藝学部紀要自然科学』4号。
- 黒田榮一・林宏子（1956）「フナずしに関する研究　第四報　フナずしの揮発性物質と腐敗度について」『滋賀大學學藝學部紀要自然科学』5号。
- 小谷幸敏・秋田幸一・野口誠（1998）「サバずしの微生物制御に関する研究(1)」『鳥取県食品加工研究所研究報告』34号。
- 佐々木康子・菅原真理・柴本憲夫（2002）秋田県の伝統食品「赤ずし」に関する微生物的考察」『秋田県総合食品研究所報告』4号。
- 重成八百吉・城龍吉（1907）「滋賀縣特産鮒鮨ニ就テ」『藥學雜誌』310號。
- 玉置ミヨ子・堀野成代（2006）「すしについて　―紀州サバなれずし―」『相愛女子

- 短期大学研究論集』第53巻。
- 塚本研一・戸松誠・菅原真理・戸枝一喜・柴本憲夫・山田潤一（2001）「秋田県産ハタハタずし製品の品質」『秋田県総合食品研究所報告』3号。
- 塚本研一・戸松誠・熊谷昌則・保苅美佳・戸枝一喜・船木勉（2003）「秋田県産ハタハタずし製品の成分と官能評価」『秋田県総合食品研究所報告』5号。
- 春野（今津）涼子・赤羽義章・大泉徹（2011）「マサバを原料とするへしこ及びなれずしの製造過程における脂質酸化の進行と抗酸化活性の変化」『日本水産学会誌』第77巻4号。
- 久田孝・庄田麻美・森村奈々・横山理雄（1998）「金沢産かぶらずしおよびだいこんずしの微生物フローラ」『日本水産学会誌』64号。
- 久田孝・矢野俊博（2010）「魚介類の乳酸発酵食品 ―能登のナレズシと加賀のカブラずし―」『日本食品微生物学会雑誌』第27巻4号。
- 久田孝（2010）「魚介類の乳酸発酵食品～能登のナレズシと加賀のカブラずし～」『養殖』593号。
- 藤井建夫・佐々木達夫・奥積昌世（1992）「さば馴れずしの化学成分と微生物相」『日本水産学会誌』58号。
- 松下憲治（1937a）「鮒鮓に關する研究（第1報） 鮒鮓の成分に就て」『日本農芸化学会誌』第13巻7号。
- 松下憲治（1937b）「鮒鮓に關する研究（第1報） 鮒鮓の微生物に就て」『日本農芸化学会誌』第13巻8号。
- 水谷令子・久保さつき・松本亜希子・成田美代（1997）「あゆずしの熟成中の成分変化」『日本調理科学会誌』第31巻3号。
- 室香鈴・角野猛・趙舜栄・鄭震九・藤本健四郎（2008）「韓国の馴れずし（シッケ）の成分組成および微生物について」『日本調理科学会誌』第41巻4号。
- 百瀬洋夫・高橋朝海・松沢有里子・石川聡美（2005）「鮎すしより分離した乳酸菌」『実践女子大学生活科学部紀要』42号。
- Hiroshige Sakai・Gloria A. Caido・Michio Kozaki（1983a）「The Fermented Fish Food, Burong Isda, in the Philippines」『東京農業大学農学集報』第28巻1号。
- Hiroshige Sakai・Gloria A. Caido・Michio Kozaki（1983b）「Yeast-flora in Red Burong Isda, a Fermented Fish Food in the Philippines」『東京農業大学農学集報』第28巻2号。
- Kouji Itou・Shinsuke Kobayashi・Tooru Ooizumi・Yoshiaki Akahane（2006）「Changes of proximate composition and extractive components in narezushi, a fermented mackerel product, during processing」『Fisheries Science』72-6。

2−(2)

- 岡田貞子（1973）「ハタハタずしに関する研究」『聖霊女子短期大学紀要』2号。
- 川口義雄・太田秀生・大屋昭次（1957）「青森市に発生せる秋刀魚飯ずしによるBotulinus中毒例」『公衆衛生』第21巻2号。
- 菊池節子・近藤榮昭（2009）「福島県南会津地域に伝わる「ハヤのすし漬け」の安全性確保と伝統食の保全に関する研究」『郡山女子大学紀要』第45集。
- 木津貴子（2001）「ばら寿司によるサルモネラ食中毒」『食品衛生学雑誌』第42巻2号。
- 坂口玄二（1997）「すしとボツリヌス中毒」『順天堂医学』第42巻3号。

- 佐々木シロミ・滝田聖親（1984）「北海道におけるいずしの実態調査」『北海道栄養短期大学研究紀要』4号。
- 佐々木政則（1989）「安全で美味しいいずしを造りましょう」『北水試だより』5号。
- 杉崎幸子・渡邊智子・土橋昇（1999）「太巻きずし作りにおける衛生管理について —調理及び保存時の微生物の変化—」『日本衛生学雑誌』第54巻1号。
- 竹下温子・松元圭太郎・立石百合恵・森中房枝（2011）「川内（せんで）きびなご鮨の発酵過程における美味しさと微生物の関わり ～海洋性微生物について～」『鹿児島純心女子大学看護栄養学部紀要』第15巻。
- 三浦栄一（1965）「「サンマ飯ずし」による食中毒について（昭和36年11月）」『食品栄養学雑誌』第6巻2号。
- 山塙圭子（2000）「北海道の食文化 —イズシについて—」『北海道女子大学短期大学部研究紀要』38号。
- 山本耕一・中村儀之丞・竹谷光雄・工藤義雄・泉山千枝（1962a）「「いずし」中におけるE型ボツリヌス菌の毒素産生阻止に関する基礎的実験」『弘前医学』第14巻3号。
- 山本耕一・中村儀之丞・竹谷光雄・工藤義雄・泉山千枝・朝野宏司・武山正雄（1962b）「我が国に於いて初めて経験したB型ボトリヌス菌による「いずし」中毒例」『弘前医学』第14巻3号。
- 吉田啓子（2007）「小売段階における寿司製品の消費期限について」『鎌倉女子大学紀要』14号。
- 渡部勝彦（1998）「いわなのいずしによるボツリヌス中毒」『食品衛生学雑誌』第39巻2号。
- Heiji Kudo・Hiroshi Asano・Jin-ichi Sasaki・Kosho Awasa・Yoji Horiuchi・Shodo Nabeya・Koichi Yamamoto（1971）「Un Botulisme E au Izushi」『弘前医学』第22巻。

2-(3)

- 赤羽ひろ・川染節江・品川弘子・日比喜子・深井康子・茂木美智子（1990）「すしに関する利用意識と嗜好」『調理科学』第23巻4号。
- 阿久根米子・林ミキ子（1977）「さつまの酒ずし」『調理科学』第10巻1号。
- 畦五月（1996）「岡山県におけるさばずしの実態調査」『奈良女子大学家政学研究』第42巻2号。
- 畦五月（1997）「岡山県のさばずし」『日本調理科学会誌』第30巻1号。
- 畦五月（2001）「岡山県におけるつなしずしとままかりずしの実態調査」『奈良女子大学家政学研究』第47巻2号。
- 安藤理恵・廣陽子・松浦紀美恵（2003）「郷土料理について —ちらし寿司と雑煮—」『神戸女子大学瀬戸短期大学学術紀要』第14巻。
- 宇山裕子（2002）「徳島県におけるすし嗜好の世代間比較 —金時豆入りちらしずしと小魚の姿ずしについて—」『四国大学紀要（B）』17号。
- 岡野節子・岩崎ひろ子（1997）「鈴鹿における伝承食文化（第一報）：こうなごずし」『鈴鹿短期大学紀要』17号。
- 岡野節子・岩崎ひろ子（1998）「鈴鹿市白子の"こうなごずし"」『日本調理科学会誌』第31巻1号。
- 岡野節子・堀田千津子（2001）「紀伊地域における"さんまずし"」『鈴鹿短期大学紀要』21号。
- 岡野節子・堀田千津子（2004a）「三重県志摩地域における「てこねずし」」『日本調

理科学会誌』第37巻1号。
- 岡野節子・堀田千津子（2004b）「三重の郷土食「てこねずし」—地域別による検討—」『鈴鹿国際大学短期大学部紀要』27号。
- 岡野節子・堀田千津子（2007）「東紀州地域と志摩地域における"郷土ずし"の比較」『鈴鹿短期大学紀要』27号。
- 加藤寿美子（1975）「富山のますのすし」『調理科学』第8巻3号。
- 苅谷泰弘・高津早苗（1993）「晴れの食・褻の食についての一考察 食生活への草木葉の利用 —福井県嶺北地方に残存する葉鮨について」『福井大学教育学部紀要第V部応用化学家政学編』28号。
- 久保さつき・西村亜希子・水谷令子（1995）「三重県音羽におけるコノシロのなまなれずし」『鈴鹿短期大学紀要』15号。
- 久保さつき・西村亜希子・水谷令子（1996）「三重県萩野の腐れずし」『鈴鹿短期大学紀要』16号。
- 黒田英一（1972）「ふなずし」『調理科学』第5巻4号。
- 小島朝子（1986）「近江の鮒ずし」『New Food Industry』第28巻6号。
- 小島朝子（1996a）「滋賀県の馴れずしⅠ」『伝統食品の研究』17。
- 小島朝子（1996b）「滋賀県の馴れずしⅡ」『伝統食品の研究』17。
- 小島朝子（1999）「馴れずし —滋賀県の馴れずしを中心に—」『日本調理科学会誌』第32巻3号。
- 小菅富美子（1980）「紀州（和歌山県）の生成ずしの調理法的研究 —すたれゆく生成ずしを保存したい—」『大阪女子短期大学紀要』5号。
- 小菅富美子（1981）「神社と生成ずし 三重県音羽佐々神社の鰶祭及び鰶の生成ずしについて」『大阪女子短期大学紀要』6号。
- 小菅富美子（1982）「近江（滋賀県）の鮒ずしの調理法的研究 —本馴れずしについて—」『大阪女子短期大学紀要』7号。
- 小菅富美子（1984）「和歌山県下のなれずし」『調理科学』第17巻3号。
- 小菅富美子（1985）「日本の馴れずし」『食生活文化調査研究報告集—昭和58年度・59年度助成対象—日本食生活文化財団』。
- 小菅富美子（1986）「滋賀県三輪神社の神饌及びどじょうの馴れずしの調理法的研究」『大阪女子短期大学紀要』11号。
- 小菅富美子・中山伊紗子（1987）「どじょうの馴れずし」『調理科学』第20巻2号。
- 五島淑子・小田美代子・冨重妙子（1995）「山口県におけるすしの喫食状況とそのイメージ —郷土料理「角ずし」との比較—」『山口大学教育学部人文科学・社会科学研究論叢』第45巻第1部。
- 五島淑子・小田美代子・鈴木妙子（1997）「山口県の郷土料理「角ずし」の伝承について —平成5年山口県東部地方在住の主婦の調査から—」『山口大学教育学部人文科学・社会科学研究論叢』第47巻第1部。
- 小地原直美・堺みどり（2007）「和歌山県日高川・有田川流域にみられる鯖の発酵ずし 第1報 日高川流域の「鯖のナレズシ」について」『和歌山信愛女子短期大学信愛紀要』47号。
- 鈴木妃佐子・仲美恵子・熊沢昭子・北川公子・鵜飼美恵子（1969）「飛騨川流域地方における食生活調査(第Ⅳ報) すしの食物文化史的研究」『名古屋女子大学紀要』15号。
- 種坂栄次（2001）「紀州北部における魚ずし製法と関連したバショウの栽培」『近畿大学農学部紀要』34号。
- 寺元芳子（1974）「さぬきの味：押しずし、

- しょい豆」『調理科学』第7巻2号。
- 殿畑操子（1991）「純大阪ずし：吉野寿司の箱ずし」『調理科学』第24巻2号。
- 成田美代・磯部由香・大川吉崇・水谷令子（2001）「東紀州の三種のなれずしについて」『三重大学教育学部研究紀要自然科学』第53巻。
- 新澤祥恵・中村喜代美・伊関靖子（2004）「現代の食生活における郷土食 ―行事食としてのすし・えびすの調理―」『北陸学院短期大学紀要』35号。
- 西村亜希子・水谷令子・久保さつき（1995）「三重県伊勢市のアユなまなれずし」『鈴鹿短期大学紀要』15号。
- 藤井建夫（1984）「ふなずし」『伝統食品の研究』創刊号。
- 藤井建夫（1997）「水産の発酵食品 ―塩辛・くさや・ふなずし・糠漬け―」『化学工業』第48巻2号。
- 藤井建夫（2011）「発酵と腐敗を分けるもの ―くさや、塩辛、ふなずしについて―」『日本醸造協会誌』106号。
- 堀越昌子（1993）「淡水魚ナレズシのメッカ滋賀」『湖国と文化』64号。
- 堀越昌子（2003a）「琵琶湖 人と魚の小宇宙」『季刊民族学』第27巻2号。
- 堀越昌子（2003b）「湖の幸を食す」『季刊民族学』第27巻2号。
- 堀越昌子（2003c）「フナズシ 魚とコメの出会いが生んだスローフード」『季刊民族学』第27巻2号。
- 堀越昌子（2011a）「近江のなれずし」『日本食品微生物学会雑誌』第28巻1号。
- 堀越昌子（2011b）「琵琶湖の伝統食ナレズシ」『FFIジャーナル』216巻。
- 堀越昌子（2012）「淡水魚のナレズシ文化」『日本醸造協会誌』第107巻。
- 松尾千鶴子（1998）「主食に関する調査と利用形態としての鯖の姿ずし」『兵庫女子短期大学研究集録』31号。
- 松尾千鶴子・森一雄・細川敬三・橋本圭二（2004）「サバのナレズシに関する研究 サバの由来と分布に関する食文化的考察」『兵庫大学論集』9号。
- 松本富子・山本説子・原屋敷かおり（2001）「北九州市における「散らし寿司」その1」『東筑紫短期大学研究紀要』32号。
- 真部真理子・梅田奈穂子・磯部由香・久保加織（2012）「食経験と情報がふなずしの嗜好性に及ぼす影響」『日本家政学会誌』第63巻11号。
- 丸山悦子・黒田洋子・梶田武俊（1994）「柿の葉ずしの保存中における食味の変化」『家政学研究』第40巻2号。
- 水谷令子（1995）「三重県のナレずし」『日本調理科学会誌』第28巻2号。
- 峰弘子・山下ユリ子・大野直子（1982）「調理に関する研究（第3報）"炊き込みずし"」『松山市東雲短期大学研究論集』第23巻。
- 宮島博敏（1983）「信州笹ずし縁起」『富士竹類植物園報告』26号。
- 龍崎英子（1983）「房総の太巻き寿司」『調理科学』第16巻1号。

3-(1)

古文献（近世以前）

- 新井白石（1719）『東雅』（杉本つとむ編（1994）『東雅』早稲田大学出版部）。
- 貝原益軒（1699）『日本釈名』（原文は以下のページで読可 http://dl.ndl.go.jp/info:ndljp/pid/2605377）。
- 狩谷棭斎（1827）『箋注和名類聚抄』（（1883）『箋注和名類聚抄』印刷局蔵版）(現代文は以下のページで読可 http://www.manabook.jp/kariyaekisai_senchuwayaku.htm)。

- 喜田川守貞（1837〜1853）『守貞謾稿』（(1989)『類聚　近世風俗志』名著刊行会）。
- 杉野権兵衛（1802）『名飯部類』（吉井始子編（1980）『翻刻江戸時代料理本集成　第7巻』臨川書房）。
- 杉野権兵衛（1802）『諸国名物　鮓飯秘伝抄』（長谷川青峰監修（1958）『日本料理大鑑　第五巻』料理古典研究会）。
- 寺島良安（1712）『和漢三才図会』（(2004)『和漢三才図会』東京美術）。
- 博望子（1750）『料理山海郷』（吉井始子編（1979）『翻刻江戸時代料理本集成　第4巻』臨川書房）。
- 博望子（1764）『料理珍味集』（吉井始子編（1979）『翻刻江戸時代料理本集成　第4巻』臨川書房）。
- 松永貞徳（1662）『和句解』。
- 源順編（913〜938）『和名類聚抄』（正宗敦夫編（1978）『和名類聚抄（覆刻日本古典全集）』現代思潮社）。

近代以降
- 神宮司廳（1913）『古事類苑　飲食部』神宮司廳（(1984)『古事類苑　飲食部』吉川弘文館）。
- 小泉迂外（1910）『家庭　鮓のつけかた』大倉書店。
- 永瀬牙之輔（1930）『すし通』四六書院。
- 三田村鳶魚（1933）『江戸っ子』早稲田大学出版部。
- 三田村鳶魚（1941）「蕎麦と鮨」『江戸の風俗』大東出版社。
- 宮尾しげを（1960）『すし物語』井上書房。
- 民俗学研究所編（1951）『民俗学事典』東京堂出版。
- 柳田国男（1931）『明治大正史世相編』朝日新聞社。
- 柳田国男（1940）『食物と心臓』創元社。
- 吉井始子編（1981）『翻刻江戸時代料理本集成　別巻』臨川書房。
- 吉野昇雄（1989）『偲ぶ与兵衛の鮨　家庭鮨のつけかた　解説』主婦の友社。
- 吉野昇雄（1990a）『鮓・鮨・すし　すしの事典』旭屋出版。

3－(2)
- 飯田喜代子（1957）「東本願寺御膳所日記について」『生活文化研究』第6冊。
- 飯田喜代子（1959）「中国の鮓の復元　二　居家必用事類全集の鮓について」『生活文化研究』第8冊。
- 飯田喜代子（1961）「東本願寺御膳所日記の鮓について」『生活文化研究』第10冊。
- 飯田喜代子・阿部里子・村上房子（1954）「中国の鮓の復元　一　斉民要術の鮓について」『生活文化研究』第3冊。
- 伊東慶子（1965）「備前岡山ずしについて」『生活文化研究』第14冊。
- 沖田昌子（1961）「安芸台地のすし」『生活文化研究』第10冊。
- 小倉英一（1965）「大阪の小鯛雀鮨」『篠田統先生退官記念論文集　生活文化研究第13冊』篠田統先生退官記念論文集刊行委員会生活文化同好会。
- 久保登一（1965）「鮓材料の話　—附たり　口銭　修行—」『篠田統先生退官記念論文集　生活文化研究第13冊』篠田統先生退官記念論文集刊行委員会生活文化同好会。
- 篠田統（1952a）「中國に於ける鮓の變遷（鮓考。その1）」『生活文化研究』第1冊。
- 篠田統（1952b）「近江の鮓（鮓考　その2）」『生活文化研究』第1冊。
- 篠田統（1953）「鮓考その3　紀伊、南大和の鮓　—熊野灘魚系のすし—」『生活文化研究』第2冊。

- 篠田統（1954）「鮓考其7　東海・関東の鮓」『生活文化研究』第3冊。
- 篠田統（1957）「鮓考その9　鮓年表—シナの部—」『生活文化研究』第6冊。
- 篠田統（1959）「釣瓶鮓縁起」『大阪學芸大學紀要』第7号。
- 篠田統（1961a）「鮓考その10　鮓年表その2　日本の部」『生活文化研究』第10冊。
- 篠田統（1961b）『米と日本人』角川新書。
- 篠田統（1966）『すしの本』柴田書店。
- 篠田統（1970）『すしの本（改訂版）』柴田書店。
- 篠田統（1974）『中国食物史』柴田書店。
- 篠田統（1977）『米の文化史　増訂版』社会思想社。
- 篠田統（1979）『風俗古今東西　—民衆生活ノート—』社会思想社。
- 篠田統・飯田喜代子（1956）「鮓と米　わが国における稲の導入経路に関する一考察」『大阪學芸大學紀要』4号。
- 篠田統・飯田喜代子（1953a）「鮓考その4　北陸の鮓　—富山湾魚系の鮓—」『生活文化研究』第2冊。
- 篠田統・飯田喜代子（1953b）「鮓考その5　大阪鮓　—阿部直吉老人聞書—」『生活文化研究』第2冊。
- 篠田統・飯田喜代子（1954）「鮓考その6、近畿・中国の鮓」『生活文化研究』第3冊。
- 篠田統・飯田喜代子（1955）「鮓考その8、四国の鮓」『生活文化研究』第4冊。
- 篠田統先生退官記念論文集刊行委員会生活文化同好会（1965）『篠田統先生退官記念論文集　生活文化研究第13冊』篠田統先生退官記念論文集刊行委員会生活文化同好会。
- 谷岡操（1956）「備中新見の馴れ鮓について」『生活文化研究』第5冊。

3－⑶
- 荒木信次（1976）『すしと五十年』私家版。
- 飯田喜代子（1982a）「序」「すしの系譜」『味匠　すしの系譜』講談社。
- 飯田喜代子（1982b）「すしの歴史」奥村彪生編『週刊朝日百科98号　世界の食べ物日本編⑱すし』朝日新聞社。
- 石毛直道編（1986）「国立民族学博物館蔵　篠田統文庫　図書目録」『国立民族学博物館研究報告別冊』2号。
- 石毛直道編（1989）「国立民族学博物館蔵　篠田統文庫　資料目録Ⅰ」『国立民族学博物館研究報告別冊』8号。
- 石毛直道編（1990）「国立民族学博物館蔵　篠田統文庫　資料目録Ⅱ」『国立民族学博物館研究報告別冊』10号。
- 石毛直道（1986）「東アジア・東南アジアのナレズシ　—魚の発酵製品の研究⑵—」『国立民族学博物館研究報告』第11巻3号。
- 石毛直道・ケネスラドル（1985）「塩辛・魚醤油・ナレズシ」石毛直道編『論集　東アジアの食事文化』平凡社。
- 石毛直道・ケネスラドル（1990）『魚醤とナレズシの研究　—モンスーン・アジアの食事文化—』岩波書店。
- 石毛直道・小山修三（1982）「手巻寿司の美学　アメリカに渡った日本料理は、どのような変容をとげているか」『くりま』7号。
- 石毛直道・小山修三・栄久庵祥二・山口昌伴（1982）「ロスアンジェルスにおける日本料理店の研究」『生活学』第8冊。
- 石毛直道・小山修三・山口昌伴・栄久庵祥二（1985）『ロスアンジェルスの日本料理店　その文化人類学的研究』ドメス出版。
- 岩田慶治（1962）「東南アジアのスシ」『生活文化研究』第11冊。
- 内田榮一（1977）『浅草はるあき』新しい

芸能研究室。
- 大前錦次郎（1974）『ぱぱのねごと』旭屋出版。
- 小崎道雄・石毛直道（1986）『食の文化フォーラム　醸酵と食の文化』ドメス出版。
- 近藤弘（1973）『日本人の食物誌』毎日新聞社。
- 近藤弘（1974）『すし風土記』毎日新聞社。
- 近藤弘（1976）『日本人の味覚』中公新書。
- 近藤弘（1982a）『味覚の文化誌』冬樹社。
- 近藤弘（1982b）『すし』柴田書店。
- 日本風俗史学会編（1978）『図説江戸時代食生活事典』雄山閣出版。
- 松原正毅（1970）「焼畑農耕民のウキとなれずし」『季刊人類学』第1巻3号。
- 松原正毅（1982）「なれずしの分布」奥村彪生編『週刊朝日百科98号　世界の食べ物日本編⑱すし』朝日新聞社。
- 吉野昇雄（1982a）「「義経千本桜」三段目（釣瓶鮓屋の段）のあら筋」「茶巾ずしの源流は関西」「すしの起源・中国か日本か」『味匠　伝統の趣・創造の妙』講談社。
- 吉野昇雄（1982b）「東京のすし・関西のすし交流私考」『味匠　京の雅・大坂の贅』講談社。
- 吉野昇雄（1982c）「すし風俗史」『味匠　すしの系譜』講談社。
- 吉野昇雄（1982d）「すし屋繁昌記」奥村彪生編『週刊朝日百科98号　世界の食べ物日本編⑱すし』朝日新聞社。
- 吉野昇雄（1989）『偲ぶ与兵衛の鮓　家庭鮓のつけかた　解説』。
- 吉野昇雄（1990a）『鮓・鮨・すし　すしの事典』旭屋出版。
- 吉野昇雄（1990b）「握りずしの大成者とその子孫　名店・與兵衛鮓のこと」『すしの雑誌』第13集。

3-(4)

- 猪俣美知子・越尾淑子（2001）「すしの食文化　その2　年中行事とすしの調査」『東京家政大学博物館紀要』第6集。
- 今田節子（1988）「食の伝承　―岡山県のすしの特徴と地域性―」『日本民俗学』175号。
- 柏村祐司（1985）「栃木県における鮨　―生成鮨と押し鮨の場合―」『栃木県立博物館研究紀要』2号。
- 加藤隆昭（1991）「鳥取県東部地方の"ナレズシ"について（その1）　―千代川の上・中流域における事例・分布域・食制の確認を中心として―」『鳥取県立博物館研究報告』28号。
- 川島由美・衛藤君代（1985）「千葉の巻きずし　―その現状と伝承についての一考察―」『実践女子大学家政学部紀要』22号。
- 菊池節子・佐原昊・金子憲太郎・太田匡子（1992）「福島県の郷土料理に関する研究　―会津および湖南（郡山）のすし漬について―」『郡山女子大学紀要』第28集。
- 岐阜市歴史博物館（1992）『日本の味覚　すし　グルメの歴史学』岐阜市歴史博物館。
- 久保田安正（2001）「飯田市伊豆木の鯖鮨」『伊那』872号。
- 胡桃沢勘司（1994）「鯖は何方　―吉野の柿の葉鮨をめぐって・東熊野街道の伝承―」『淀川文化考』(2)。
- 小島朝子（1994）「滋賀県下の神社の神饌と直会膳にみられる魚料理について」『調理科学』第22巻4号。
- 近藤栄昭・野沢謙治（2004）「奥会津のウグイの利用について」『伝統食品の研究』28号。
- 佐々木和子（1987）「なすの花ずし」『伝統食品の研究』5号。
- 佐治靖（1991）「ウグイ漁とナレズシ」篠

原徹編『現代民俗学の視点1　民俗の技術』朝倉書店。
- 佐原昊・菊池節子（1994a）「会津地方及び仲通り地方（郡山湖南）のすし（漬）に関する研究–1　すし（漬）と調査地の背景」『伝統食品の研究』14号。
- 佐原昊・菊池節子（1994b）「会津地方及び仲通り地方（郡山湖南）のすし（漬）に関する研究–2　すしに関する文献調査」『伝統食品の研究』14号。
- 白水正（1982）「鮎鮓の製法」『仮称岐阜市歴史博物館建設ニュース』2号。
- 白水正（1985）「献上鮎鮨の製法について」『岐阜市歴史博物館だより』2号。
- 白水正（1997）「御鮨所と鮎鮨献上（一）」『岐阜市歴史博物館研究紀要』11号。
- 白水正（1998）「御鮨所と鮎鮨献上（二）」『岐阜市歴史博物館研究紀要』12号。
- 中川眸（1974）「越中の古寺に継承されている鯖の馴れずしの食事史的研究」『調理科学』第7巻1号。
- 中川眸（1975）「享保年間における越中国（富山）の鮎ずし　—すしの関する食事史的研究—」『富山大学教育学部紀要』23号。
- 中川眸・宮岡慶子・斉藤耕三（1994）「城端別院善徳寺史料中の食関係資料の翻刻と解説(1)」『富山大学教育学部紀要』45号。
- 中川眸・宮岡慶子・斉藤耕三（1995）「城端別院善徳寺史料中の食関係資料の翻刻と解説(2)」『富山大学教育学部紀要』46号。
- 中沢佳子（1984）「郷土料理の地理学的研究　—かぶらずし・大根ずしを例として—」『お茶の水地理』25号。
- 中沢佳子（1986）「風土が生んだ郷土料理　—押しずし・いずしを例に—」『地理』第31巻10号。
- 成田美代・水谷令子・久保さつき・松本亜希子（1998）「三種のなれずしの比較」『鈴鹿短期大学紀要』18号。
- 成瀬宇平（2003）『すしの蘊蓄　旨さの秘密』講談社α新書。
- 日比野光敏（1990）「岐阜県のすし」『岐阜市歴史博物館研究紀要』4号。
- 日比野光敏（1991）「岐阜県のすし（追補）」『岐阜市歴史博物館研究紀要』5号。
- 日比野光敏（1993）「「情報提供展」の試み　—特別展「日本の味覚　すし　グルメの歴史学」の展示構想と実際—」『岐阜市歴史博物館研究紀要』7号。
- 日比野光敏（1993）『ぎふのすし』岐阜新聞社。
- 本間伸夫・渋谷歌子・新宮璋一・石原和夫・佐藤恵美子（1989a）「東西の食文化の日本海側の接点に関する研究（Ⅱ）　いずし系すし及びなれずし系すし」『県立新潟女子短期大学研究紀要』第26集。
- 本間伸夫・渋谷歌子・新宮璋一・石原和夫・佐藤恵美子（1989b）「東西の食文化の日本海側の接点に関する研究（Ⅱ）　いずし系すし及びなれずし系すし」『食生活文化調査研究報告集』6。
- 宮田啓二（1978）「ナレ鮨」『木の国』8号。
- 村松光喜（1970）「伊豆木の鯖鮨（さばずし）祭り」『伊那』507・508号。
- 森健・佐々木和子（1988）「ハタハタずし」『伝統食品の研究』6号。
- 森基子（1986）「近世郷土史料からみた行事と食生活」『岐阜女子短期大学研究紀要』第36輯。
- 矢島睿（1990）「北海道における冬期保存食の系譜と変遷(1)　冬期保存食及び保存法の形式」『北海道開拓記念館調査報告』29号。
- （1971〜1975）『日本の民俗　全47巻』第一法規出版。
- （1974）『日本の衣と食　全10巻』明玄書

房。

3-(5)
- 大川智彦（2008）『現代すし学Sushiology―すしの歴史とすしの今がわかる』旭屋出版。
- 奥村彪生作図（1982）「日本のすしの系譜」奥村彪生編『週刊朝日百科98号　世界の食べ物日本編⑱すし』朝日新聞社。
- 片山信（1987）「わが国における「すし」の地域的系譜とその食生活論的なあり方について　―「わが食生活論」の断片―」『地域社会』第12巻1号。
- 久保正敏（1993）「すしに関するアンケートの分析」『京都大学大型計算機センター第39回研究セミナー報告』。
- 久保正敏・大島新一・日比野光敏・和田光生（1993）「篠田資料・鮓アンケートの予備的分析」『国立民族学博物館研究報告』第18巻4号。
- 越尾淑子・猪俣美知子（1999）「すしの食文化・その2　なれずしから握りずしの変遷」『東京家政大学博物館紀要』第4集。
- 櫻井信也（2002）「日本古代の鮨（鮓）」『續日本紀研究』339号。
- 櫻井信也（2012）「江戸時代における近江国の「ふなずし」」『栗東歴史民俗博物館紀要』18号。
- 櫻井信也（2013）「室町時代から織豊時代の鮨（鮓）」『栗東歴史民俗博物館紀要』19号。
- 櫻井信也（2014a）「日本古代の鮎の鮨（鮓）」『續日本紀研究』408号
- 櫻井信也（2014b）「江戸時代における近江国の「ふなずし」（補遺）」『栗東歴史民俗博物館紀要』20号。
- 佐藤節夫（1999）「2000年記念特集　すし　―その歴史と風土―　第Ⅰ部：文献にみる「すし」の起源、発展、消滅・変容」『食の科学』263号。
- 篠田統（1966）『すしの本』柴田書店。
- 篠田統（1970）『すしの本（改訂版）』柴田書店。
- 篠田統（1978）『すしの話』駸々堂ユニコンカラー双書。
- 関根真隆（1969）『奈良朝食生活の研究』吉川弘文館。
- 田中千博（2003a）「江戸の食品（28）上　―すし―」『明日の食品産業』5。
- 田中千博（2003b）「江戸の食品（28）中　―すし―」『明日の食品産業』6。
- 田中千博（2003c）「江戸の食品（28）下　―すし―」『明日の食品産業』7。
- 長崎福三（2000）「すしの系譜」『水産振興』第34巻4号。
- 永瀬牙之助（1930）『すし通』刀江書院。
- 中谷三男（1996）「日本の食の原点　すしの沿革史」『水産界』1339号。
- 中山武吉（1997a）「「お寿し」の今・昔（1）」『食生活研究』第18巻2号。
- 中山武吉（1997b）「「お寿し」の今・昔（2）」『食生活研究』第18巻3号。
- 中山武吉（1997c）「「お寿し」の今・昔（3）」『食生活研究』第18巻4号。
- 中山武吉（1997d）「「お寿し」の今昔（4）」『食生活研究』第18巻5号。
- 中山武吉（1997e）「「お寿し」の今昔（5）」『食生活研究』第18巻6号。
- 中山武吉（1997f）『お寿しの話』学会センター関西・学会出版センター。
- 中山武吉（1998a）「「お寿し」の今昔（6）」『食生活研究』第19巻1号。
- 中山武吉（1998b）「「お寿し」の今昔（7）」『食生活研究』第19巻3号。
- 中山武吉（1998c）「「お寿し」の今昔（8）」『食生活研究』第19巻4号。

- 中山武吉（1998d）「「お寿し」の今・昔（9）」『食生活研究』第19巻6号。
- 中山武吉（1999a）「「お寿し」の今・昔（10）」『食生活研究』第20巻1号。
- 中山武吉（1999b）「「お寿し」の今・昔（11）」『食生活研究』第20巻2号。
- 中山武吉（1999c）「「お寿し」の今・昔（12）」『食生活研究』第20巻3号。
- 中山武吉（1999d）「「お寿し」の今・昔（13）」『食生活研究』第20巻4号。
- 中山武吉（1999e）「「お寿し」の今・昔（最終回）」『食生活研究』第20巻5号。
- 根津美智子（1988）「すしに関する研究」『山梨学院短期大学研究紀要』9号。
- 日比野光敏（1993）「近江のフナズシの「原初性」―わが国におけるナレズシのプロトタイプをめぐって―」の『国立民族学博物館研究報告』第18巻1号。
- 日比野光敏（1997）『すしの貌』大巧社。
- 日比野光敏（1999a）『すしの歴史を旅する』岩波新書。
- 日比野光敏（1999b）「すしの地域性」石川寛子編『地域と食文化』放送大学教育振興会。
- 日比野光敏（2001）『すしの事典』東京堂出版。
- 日比野光敏・大島新一・和田光生・久保正敏（1993）「日本のスシに関する基礎的研究　―国立民族学博物館所蔵・篠田統資料の分析と再検討」『味の素食の文化センター研究助成の報告』3。
- 福田育弘（2011）「飲食にみる文化変容　鮨からsushiへ」『早稲田大学教育学部学術研究（複合文化学編）』59号。
- 森枝卓士（2002）『すし・寿司・SUSHI』PHP新書。

3－⑹
- （1984）〜（1993）『日本の食生活全集』農山漁村文化協会。
- （2000）『CD-ROM版　日本の食生活全集』農山漁村文化協会。
- （2000）「質疑応答雑件　節分と巻き寿司」『日本醫事新報』3962号。
- 青木三千男・松野貞彦（1989）「酢と日本人」日本福祉大学知多半島総合研究所・博物館「酢の里」共編『中埜家文書にみる酢造りの歴史と文化1　酢・酒と日本の食文化』中央公論社。
- 赤野裕文（2008）「「なれずし」から「江戸前寿司」への進化とその復元について」『日本調理科学会誌』第41巻3号。
- 浅元薫哉（2010）「ポスト「すし」を模索」『ジェトロセンサー』721号。
- 天内麻記子（2007）「南房総の太巻き寿司にみる伝統文化の継承とその特徴」『臨地研究報告』2号。
- 荒井三津子・清水千晶（2008）「食卓の縁起に関する研究　Ⅰ　―恵方巻の受容とその背景―」『北海道文教大学研究紀要』32号。
- 飯倉義之（2005）「恵方を向いてまるかぶれ　―二〇〇五年・関東地方の「節分の巻寿司行事」広告資料』『都市民俗研究』11号。
- 岩崎信也（2003）『世界に広がる日本の酢の文化』ミツカングループ。
- 岩崎竹彦（1990）「節分の巻ずし」『相模民俗学会民俗』137・138号。
- 岩崎竹彦（1994）「幸運巻きずしについて　―都市の一現象―」原泰根編『民俗のこころを探る』初芝文庫。
- 岩崎竹彦（2003）「フォークロリズムからみた節分の巻きずし」『日本民俗学』236号。
- 大久保和彦（2008）『寿司屋のカラクリ』ちくま新書。

- 大沼芳幸（1993）「ナレズシに観る織豊期の魚食文化について」『滋賀県安土城郭調査研究所研究紀要』1号。
- 大沼芳幸（2010）「フナズシに対する琵琶湖文化史的考察 —「湖中他界」序説として—」『滋賀県文化財保護協会紀要』23号。
- 大沼芳幸（2013）「琵琶湖沿岸における水田開発と漁業 —人為環境がもたらした豊かな共生世界—」三宅和朗編『古代の暮らしと祈り』吉川弘文館。
- 加藤裕子（2002）『寿司、プリーズ！』集英社新書。
- 串岡慶子・小島朝子・高橋静子・藤澤史子・堀越昌子（2001）「湖魚のなれずし」滋賀県教育委員会文化財保護課編『滋賀県選択無形民俗文化財記録作成（平成11年度～平成12年度）滋賀県の食文化財（湖魚のなれずし・湖魚の佃煮・日野菜漬・丁稚羊羹・アメノイオ御飯）』滋賀県教育委員会。
- 呉偉明・合田美穂（2001）「シンガポールにおける寿司の受容 —寿司のグローバライゼーションとローカライゼーションをめぐって—」『東南アジア研究』第39巻2号。
- 佐嵜治右衛門（2003）「環境が育む伝統の味 —鮒寿し」『日本食生活学会誌』第14巻1号。
- 滋賀県教育委員会文化財保護課編（1998）『滋賀県の伝統食文化調査 資料編』滋賀県教育委員会。
- 重金敦之（2009）『すし屋の常識・非常識』朝日選書。
- 静岡市教育委員会（2001）『ヤマメ祭：田代諏訪神社例大祭：静岡市指定無形民俗文化財』静岡市教育委員会編（静岡市の伝統文化ガイドブック、no.4）。
- 白井美幸・山本紀久子・西野鏡子（2007）「調理用具の持参と調理実習 —オリジナルずしを中心に—」『茨城大学教育実践研究』26号。
- 白井美幸・山本紀久子・西野鏡子（2008）「中学校におけるすしの授業研究」『茨城大学教育学部紀要（教育科学）』57号。
- 多田幸代（2011）「サイエンス・カフェ「すしの科学」の実践事例」『食生活研究』第32巻1号。
- 出口竜也（2007）「回転ずしのグローカリゼーション —グローバル化するシステム、ローカル化するメニュー」中牧弘允・日置弘一郎編『会社文化のグローバル化 —経営人類学的考察』。
- 長沢利明（2008）「節分の恵方巻き・丸かぶり寿司」『西郊民俗』202号。
- 長野県教育委員会編（2011）『長野県指定文化財調査報告 平成8年度～平成11年度指定・選択 第15集』長野県教育委員会。
- 中村靖彦（1998）『コンビニ ファミレス 回転寿司』文春新書。
- 中村均司（2012）「郷土料理「丹後ばらずし」の変容と伝承」『農林業問題研究』186号。
- 農山漁村文化協会編（2002）〜（2004）『ふるさとの家庭料理 全21巻』農山漁村文化協会。
- 農山漁村文化協会編（2002）『聞き書 ふるさとの家庭料理 第1巻 すし なれずし』農山漁村文化協会。
- 橋本英男（1998）「大阪寿司伝説 —二寸六分の会席」『中央公論』1364号。
- 東村玲子（2009）「焼き鯖寿司 —空弁の定番メニュー」『農村と都市をむすぶ』第58巻6号。
- 日比野光敏（2000）「すし屋の「作法」に関する一考察」『日本風俗史学会創立四十周年記念論文集 日本の風と俗』つくばね舎。
- 日比野光敏（2011）「鮎鮓製造技術」『長

良川鵜飼習俗調査報告書Ⅱ』岐阜市教育委員会。
- 日比野光敏（2013）「郷土ずしと日本食文化の世界無形遺産登録」『明日の食品産業』440号。
- 福江誠（2010）『日本人が知らない世界のすし』日経プレミアシリーズ。
- 福田育弘（2011）「飲食にみる文化変容 鮨からSUSHIへ」『早稲田大学教育学部学術研究（総合文化学編）』59号。
- 藤阪進吾（2009）「鮨屋を味わう ―共に在る食事の社会美学―」『関西学院大学社会学部紀要』107号。
- 編集部（2002）「「ジャコずし」をとおして地域の「食人」に出会う 和歌山・野上町立小川小学校五年生の実践」『食農教育』2002年7号。
- 編集部（伊藤博士）（1994）「食の匠列伝 ふなずし 北村真一氏」『AFF』第25巻9号。
- 編集部（岡野一雄）（1989）「すし職人と後継者を育てる ―京都鯖ずし「いづう」」品質管理第40巻4号。
- 曲田浩和・丸山美季（1989）「酢の消費と食文化」日本福祉大学知多半島総合研究所・博物館「酢の里」共編『中埜家文書にみる酢造りの歴史と文化5 酒と酢 都市から農村まで』中央公論社。
- 松下良一（2007）「寿司米の歴史」『精米工業』223号。
- 松本紘宇（2002）『お寿司、地球を廻る』光文社新書。
- ミツカングループ創業二〇〇周年記念誌編纂委員会編（2004）「粕酢と江戸の早ずし」『MATAZAEMON 七人の又左衛門（新訂版）』ミツカングループ本社。
- 三宅恵子・守安猛之・襟立光衣（2000）「えっ レンコンも育てるの？ ここまでやるか「究極の岡山ずし」づくり」『食農教育』2000年8号。
- 本川達雄（2005a）「寿司サイエンスVSハンバーガーサイエンス ①」『春秋』470号。
- 本川達雄（2005b）「寿司サイエンスVSハンバーガーサイエンス ②」『春秋』471号。
- 本川達雄（2005c）「寿司サイエンスVSハンバーガーサイエンス ③」『春秋』473号。
- 本川達雄（2005d）「寿司サイエンスVSハンバーガーサイエンス ④」『春秋』474号。

4
- NHK放送文化研究所世論調査部編（2008）『日本人の好きなもの データで読む嗜好と価値観』NHK出版。
- 本川裕（2011）「統計から社会の実情を読み取る 第6回 すし好きの日本人」『ESTRELA』213号。

付記

本稿脱稿（平成27年4月）後、ここに掲げたほかにも、すしに関する多くの論文の所在を知った。あくまでもここに挙げた論文は一部にすぎないことをお断りするとともに、あらためて、すし文化の裾野の広さを思い知らされたことであった。

II

すしの歴史に関する研究

1 すしに対する従来の歴史観

「○○ずしができたのは西暦何年頃で、作った人物は○○…」という具合に、すしの歴史をちゃんと語れることなどほとんどない。だいたい、すしという現象自体が歴史記録に残る事は少ないし、意図的に残す場合も少ないことは前章でみたとおりである。まともに語ろうとする人も少ないが、ここでいう歴史とは特定のすしの歴史ではなく、すし全体の変遷に関するものである。

わが国のすしの歴史は、小泉迂外や永瀬牙之輔らの先駆的研究[注1]もあるが、史料を精査し、論拠を明らかにして学問の一領域として確立したのはほとんど篠田統によるところが大きい。たとえば氏の『すしの本』[注2]はすしの歴史に関する「教科書」のような扱いがされている。これが、とりわけ歴史を主眼に置いてはいない、さらにいえば食品学や調理学などすしの自然科学的側面の研究論文において、本題に入る前書き部分などで引用されている。そのこと自体は問題にすべきではないともいえるが、たとえば『すしの本』の改訂版が出てから半世紀がたとうとしている。篠田が作った歴史的変遷に疑問を呈したり誤解点はないか検証したりすることが、すしの人文科学的側面を研究している側からあってもよい頃だと思うのだが、少なくとも盛んにはなされていない。

日比野は篠田の著作を読み返し、とくに以下の2点に着目した。

ひとつはフナずしの「原初性」についてである。フナずしといえばわが国におけるすしのルーツとしてしばしば挙げられるものであるが、現今の調製法がはたして本当に古いといえるのか。その疑問について答えたのが次項である。この原文は平成5年（1993）に論文化したものであるが、その内容に対して櫻井信也より意見を受けた[注3]。今回、それをも加味した上で書き改めた[注4]。

いまひとつは江戸時代の「名物」としてのあり方についてである。すしは貢納品として古くから用いられてきた。江戸時代も例外ではなく、幕府は時献上の名で半ば慣習化させた。これらを献上ずしと呼ぶことにするが、献上ずしの多くはそのため地元の「名物」として名を挙げるが、はたしてこの「名物」とはどんな意味を持つのか、検証してみた。

なお、すしの発祥地であるが、こちらは篠田が仮説を呈して[注5]、石毛直道が修正を加えた[注6]、東南アジア説が有力である。今のところ石毛らの説はおおむね支持されているが、その基盤をなしている東南アジア各地におけるフィールドワークは、こと発酵ずしに関する限り、かなり粗い調査であるといえる。これに対して筆者は東南アジア大陸部の現地調査を断行し、いくつかはレポートした。これらは後にまとめ直すつもりである。

❖注

- 注1 小泉迂外（1910）や永瀬牙之介（1930）などがある。
- 注2 篠田統（1966）
- 注3 櫻井信也（2012）
- 注4 フナずしが本当に「古い」のか、近年、琵琶湖博物館が再考を試みている。平成28年（2016）、その報告書が出たが、筆者はここに、次項の論文に若干加筆して寄稿した。興味のある方は参照されたい。

注5　篠田統（1966）前掲
注6　石毛直道（1986）に詳しい。これはほぼ同文で、石毛直道・ケネスラドル（1990）に掲載されている。

❖参考文献
- 小泉迂外（1910）『家庭　鮓のつけ方』大倉書店。
- 永瀬牙之介（1930）『すし通』刀江書院。
- 篠田統（1966））『すしの本』柴田書店。
- 櫻井信也（2012）「江戸時代における近江国の「ふなずし」」『栗東歴史民俗博物館紀要』18号。
- 石毛直道（1986）「東アジア・東南アジアのナレズシ　—魚の発酵製品の研究(2)—」『国立民族学博物館研究報告』第11巻3号。
- 石毛直道・ケネスラドル（1990）『魚醤とナレズシの研究　—モンスーン・アジアの食事文化—』岩波書店。
- 日比野光敏（2008）「タイ東北部におけるプラーソム」『地域社会』59号。
- 日比野光敏（2010）「ラオス・メコン川流域におけるソンパ」『地域社会』63号。
- 日比野光敏（2013a）「カンボジアにおけるプオーク」『地域社会』68号。
- 日比野光敏（2013b）「中国、ユンナン省における発酵ずし・スワンユイ」『地域社会』69号。
- 日比野光敏（2014）「ベトナム、メコンデルタ地域の発酵ずし・マムボホック」『地域社会』70号。
- 日比野光敏（2016）「「ふなずし」の特殊性と日本の「ナレズシ」」橋本道範編『再考　ふなずしの歴史』サンライズ出版

2 「古さ」の再認識 滋賀県のフナずしの「原初性」

❋ はじめに

　現在、日本で発表されている多くの文献は、日本における発酵ずしのプロトタイプについては詳しい議論がないまま、わが国におけるすしの原形を、今日、滋賀県下で慣行されているフナずしとしている。すなわち、わが国のすしの歴史では滋賀県のフナずしが最古形態に据え置かれ、それを派生させるかたちで、種々のすしの形態が説明づけられている。「日本最古のすし」と称して滋賀県のフナずしを紹介する例も少なくない[注1]。

　確かに、滋賀県のフナずしは、後に述べるように、非常に古い形態を有している。文献的にも『延喜式』の時代、すなわち平安期にまで遡れる。中国からわが国にすしがもたらされた当初から、滋賀県のフナずしがあったかもしれない。しかしながら、現在の滋賀県のフナずしをもって当時の近江のフナずしに直結させるのにどんなものか。長い歴史の中では、文化は変革するのが常であるし、実際、ここ20年の間にも滋賀県のフナずしの製法は、糀を混用するなどの改変もなされている。

　はるか昔に日本にもたらされた発酵ずしを現在の滋賀県のフナずしで置き換えるのであれば、それなりの議論がなされるべきであるはずだが、従来、この点が論及された例は、管見の限りではない。もちろん、当時のすしがいかなるものであったか、調理方法の記録資料がない今日では確認するすべもないが、今日みられるような滋賀県のフナずしではなかったのではないかという仮説にたつこと

Ⅱ-2　滋賀県野洲市のフナずし
（平成4年5月撮影）

は、必ずしも無意味ではないように思われる。本稿ではそれを試みる。

＊1　もたらされた当時のすし

　わが国におけるすしの発達史については、すでに篠田統の業績（1966）などによって、一応の決着はみている。少なくとも、「ナレズシ（ご飯に魚肉を漬け込んで発酵させたすしの総称でなく、その中で魚のみを食すもののみを指す。本書では「ホンナレ」という単語を用いているが、以下、この形態を意味する場合の「ナレズシ」は「　」を付す）」から、ナマナレ（ご飯も一緒に食す）へ、そして酢を使う早ずしへ、という流れは容易に書き換えられそうにない。したがって、本稿においても、日本の最古のすしが「発酵ずし」であったという前提で論を進める。

　さて、当時のすしの製法を書いた記録がみられない今、その手がかりを、すしを伝えた側に求めることにしたい。とはいうものの、わが国にすしが伝わった時期もルートもはっきりせず、伝えたであろう側の記録も決して多くはない。ここでは、朝鮮半島経由でなく中国から直接渡来したという説に準じ、中国の文献を参照する。時期は、すしの伝播を稲作の伝来と結びつける篠田統・飯田喜代子（1977（1956））、篠田（1966）など）や石毛直道（1986）、石毛直道・ケネスラドル（1990）などの説にしたがってその当時のものを当たりたいのだが、適当なものがないため、すしの調理法を詳しく述べた（具体的な方法を記したものでは最古ともいえる）6世紀前半・北魏の農書『斉民要術』を参考にする。

　『斉民要術』は邦訳（西山武一・熊代幸雄訳（1976））が出ているし、すしに関する箇所は篠田や石毛らがていねいに訳出している[注2]ので、ここでは漬け方の要点のみを記す。以下は最も詳しい記事がある「魚鮓」の製法で、おそらく「鮓」といえばこの方法が一般的であったと思われる。

　　すし魚は大きめ（肉が30センチ以上）のコイ。肥えたものが美味だが、傷みやすいのでやせたものの方がよい。ウロコを取り、皮つきの切り身にする。長さ5センチ、幅2.5センチ、厚さ1.3センチ程度である。切り身が大きすぎると均等に熟さないので、小さめの切り身がよい。
　　切り身はよく洗い、血の気を抜く。これに塩をふり、水気を切る。ひと晩、水切りをしてもかまわない。ここで一片をあぶって試食し、塩加減をみる。
　　米のご飯をやや固めに炊き、これに香味のゴシュやチンピ（ともに少量でよい）などや酒（様々な邪悪を避け、すしを美しく、かつ早く仕上げる）を混ぜる。魚の切り身に塩

気が足りなければ、ここに塩を加える。

　カメの中に魚を並べ、その上に先のご飯を置く。これを繰り返して、カメを満たす。このとき、魚の腹身部分はカメの上の方に置き、最初に食べられるようにする。これは熟した際、腹身の方が脂が多く、早く傷むためである。カメの最上には先のご飯をやや多めに置き、竹の葉を厚く敷く。なければマコモやアシの葉などでもよい。さらに竹の棒で葉の内ぶたを押さえる。

　カメは屋内で保存。寒い時はワラで包み、凍らせないようにする。赤い汁が出てきたらカメを傾けて捨てる。白い汁が出てきたら、熟している。食べるときは、刀を使うと生ぐさくなるので、手でむしる。

　概して、すしを作るのは春秋がよい。寒い冬はすしが熟しにくい。夏はウジがわきやすく、また、塩気を多くせねばならない（多いと不味い）のでよくない。

　以上が「魚鮓」の製法であるが、この別製法として、魚の切り身を塩漬けにしておく方法もある。すし魚を塩漬する方法は「長沙蒲鮓」の項でも記載がある。「乾魚鮓」は乾燥魚を水でもどして切り身にし、塩味をつけてご飯に漬け込む。

　『斉民要術』にはいろいろなすしの製法が出ており、中には夏に漬ける「夏月魚鮓」や香味や酒を用いないものもあるが、「魚鮓」が最も詳しく記されていることから、当時、最も一般的であったとみるべきであろう。石毛は、この「魚鮓」を「ナレズシのプロトタイプを残しているもの」[注3]とする。

　石毛のいうプロトタイプのすしは以下の2点で特徴づけられている。

　ひとつは原料が単純なこと、つまり、基本的には魚、デンプン質（多くの場合は米）、塩の3者で調製されることにある。『斉民要術』以後のすしは糀を併用することが多くなってくるが、この時点ではまだそれはあらわれていない。また、香味や酒を加える旨が、先の「魚鮓」では記されているが、ほかのすしの製法をあわせみるとき、それは必ずしも不可欠なものではない。

　いまひとつは、長期間（少なくとも2〜3日程度ではない）の保存食品としての性格が強いこと。『斉民要術』の中には、わずか数日で食用可能なすしも紹介されているが、石毛はこれを「（保存食から）嗜好食品化への傾向」[注4]とし、本来のすしとは、より長い熟成期間を有するものであるという見解を示している[注5]。

　さて、わが国におけるすしの文献は、8世紀前半あたりまで遡れる。たとえば『養老令（賦役令）』（養老2年＝718成立）[注6]や正倉院文書の『尾張国正税帳』（天平6年＝734記）、『但馬国正税帳』（天平9年＝737記）があり[注7]、平城宮や長屋王邸宅、二条大路跡などからの出土木簡もほぼ同時期である[注8]。そしてこの時期は、中国で『斉民要術』の編纂された時代にさほど遠くはない。

　少なくとも8世紀前半までには、すしは日本に伝えられていた。したがって、中国からわが国に最初に伝えられたすしの形態は、『斉民要術』にあるようなもの（石毛のいうプロトタイプのすしであるにせよ、嗜好食品化したすしであるにせよ）であろうことは、推測に難くない[注9]。

＊2 滋賀県のフナずしの諸相

（1）現代の滋賀県のフナずしの調製法

　フナずしの漬け方は家庭によって多少異なる。すしにするフナの種類もその呼称も地域差がある[注10]。それぞれの地方のさまざまな漬け方は多くの刊行物が紹介しているので[注11]、ここでは概要を述べておく。

　フナは4月頃から塩漬けにしておく。使うのはコ（卵）を持ったメスのフナである。誤ってオスのフナを漬けると、すしを切った時、あざやかなオレンジ色のコがみえず、「ハズレ」といわれることさえある。

　フナはウロコとエラブタを取り、エラの穴から指や針金を入れて内臓や浮き袋を取り出す。洗わずにたくさんの塩をまぶし、内部にもエラ穴から塩を詰め込むが、あまり詰めすぎるとコがつぶれてしまう。これを桶に並べ、さらに魚がみえなくなるくらいの塩をふる。1日めはそのままで、2日めから落としぶたと重石を置く。塩漬けのことをシオキリという。

　土用の頃にすしに漬ける。フナは充分洗って塩気を出す。これを陰干しし、水気を取ってしまう。ご飯は固めに炊き、やや強めの塩味にしておく。エラ穴からこのご飯をフナに詰め、底にご飯を敷いた桶に並べてゆく。1段並んだら魚の上にご飯を置き、また同じく繰り返す。

　桶8分目ほどになったら、上から竹の皮をかぶせ、桶の内側に沿ってみつ編みにしたワラ縄を置く。落としぶたをして重石をかける。重石は、ご飯が発酵してきたら、より重くする。

　ふたの上に水（塩水でも可）を張り、桶の内外を遮断する。水は汚れてきたら取り替える。夏を越させて、4～5か月たつと食べられるようになるが、この段階ではまだ骨がやや固い。このため1年以上たったものの方が喜ばれる場合もある。重石と水の張り具合、保管場所さえしっかりすれば、数年は楽にもたせられる。

　食べる前に、桶を逆さにして水を切る。ふたを開けて中身を出したら、またもとどおりに重石をかけ、水を張っておく。こうするとまた先まで置いておける。

　すしはご飯を落とし、フナを薄く輪切りにして食べる。

（2）滋賀県のフナずしの「古さ」

　提唱者はわからないが、滋賀県のフナずしが「日本最古のすし」であることはよくいわれてきた。すしの歴史を語る際には必ずといってよいほどこの説が顔を出し、一般には、今やひとつの常識であるかのごとくである。

　滋賀県のフナずしが「最古」とされるのは、それがほかの発酵ずしと比べて特殊であるからにほかならない。ではどのような点が特殊なのか。従来、この点が明確に提示されたことはなく、ただ漠然と、全体に古い形態を残していることが、半ば暗黙のうちに了承されてきたといわざるをえない。

　今日確認される日本の種々の発酵ずしも考慮に入れつつ、滋賀県のフナずしの特徴を考えるとき、その「古さ」を理由づける特殊性を挙げれば、以下のようになろう。

　第1に、滋賀県のフナずしの歴史は少なくとも平安時代にまで確実に遡れることがあ

る。わが国のすしの発展を語るとき誰もが引き合いに出す法令細則『延喜式』(延喜5年＝905作成着手、延長5年＝927完成)は、古代日本のすしに関する数少ない文献で、全国(当時の政権勢力における「全国」であって、実際には大半が西日本)的レベルで各地のすしを記録したものとしては、まさに「日本最古」の文献といえる。ここに近江のフナずしの名がみえるから、その起源は『延喜式』成立以前に求めることができる。

　第2に、このすしは原則として、魚と塩とご飯のみで作られることがある。香味(主としてタデ)や糀を使うこともあるが、そうしたすしを作る人でさえも、これらを使わないのが本来の姿であるという。逆に解釈すれば、香味も糀も使わないすしの方が「本来の姿」、すなわち古い形態だと認識されていることになる。その真偽は置くとして、材料がシンプルであることが人々にこのすしの「古さ」を感じさせているのは事実である。

　第3に、このすしの熟成期間は、ほかに比べて極端に長い。今日のフナずしは、通常、盛夏の前に漬け込まれ、その夏を越させてから食用とする。最低限約4か月の発酵期間が必要で、正月頃に封を開けることが多いが、場合によっては最も美味なのは2年物(漬けてから2年目のもの)ともいわれ、それ以上もたせることもできる[注12]。ともあれ、味さえ問わなければ、漬けてから特定期間を過ぎると、加工が成立した状態となる。そうなるまでの「最低限4か月」という発酵期間は、ほかの発酵ずし大半の熟成期間が通例約10日〜1か月程度でしかないのに比べ、著しく長期であることがまず特記される。

　第4に、このすしには常備性がある。ひとたび漬けあがると、食用可能な期間つまり賞味期間は以後長く継続する。季節を問わず、好きなときに好きなだけ桶からすしを取り出し、その後の管理さえしっかりすれば、残りはまた長期の保存に耐えうる。ゆえに、不意の来客などに供されることもしばしばある。こうした使われ方もまた滋賀県のフナずしにしかみられないことで、ほかの多くの発酵ずしはできあがってから特定期間のうちに食べ切ってしまわねばならない。すしの根源的な意味が保存食であったことを考えると、滋賀県のフナずしのこの特性はまさに「保存食」と呼ぶにふさわしいかに思え、このすしが原初的であるとされるのであろう[注13]。

　第5に、これは第3、第4の点に関連するが、滋賀県のフナずしはホンナレ、すなわち「魚を食べる料理」である。ご飯は食べる主体でなく、通常はこそぎ落としてしまう[注14]。長期発酵させたすしのご飯は、軟化して臭気も帯びる。したがって、食べずに捨ててしまわねばならない。熟成期間を短くして漬け込んだご飯も一緒に食べるようにしたナマナレの発生は室町の頃からとされる[注15])。今日、全国で「ナレズシ」と称されているものの多くはこのナマナレで、ご飯を二義的なものとする滋賀県のフナずしは、それらよりも一段階古い形態に据え置かれるのである。

　第6に、これは近江のフナずしの「古さ」を積極的に証明するものではないが、このすしの風習が今もな滋賀県下で広く慣行されていることがある。今日、多くの一般家庭で調製されており、また、商品化されて広範囲に流通している例もある。したがって、マスコ

ミや報道などで取り上げられる機会も多くなる。仮に、滋賀県以外のところで、滋賀県のフナずしと同等の、あるいはそれ以上の「古さ」を持つすしがあるとしても、慣行規模や範囲が狭いがゆえに、見過ごされることもある。一般の目につきやすいのは近江のフナずしということになり、結果的にその「古さ」が世に喚起されることになる。

さて、以上6点のうち、第6は除外するとして、残り5点はいずれも滋賀県のフナずしの「古さ」の傍証といえる。特に第2と第3で挙げたものは、石毛がいうプロトタイプのすしの条件と合致する（石毛直道（1986）石毛直道・ケネスラドル（1990）。

しかし、だからといって「日本最古」という表現は必ずしもあてはまらないのではないか。なぜならば、今日のフナずしの調製法と『斉民要術』にあるすしの調製法には、石毛らが指摘するような類似点と並んで、種々の相違点もあるからである。

(3) 『斉民要術』のすしと今日の滋賀県のフナずし

今日慣行されている滋賀県のフナずしの調製法を『斉民要術』の記事と照合させてみると少なくとも以下の3点の差異が見出される。

まず、調製時期に相違がある。『斉民要術』の「魚鮓」では、一応、周年の調製を念頭に置いた記述になっている。季節を限定するとすれば春と秋である。これに対して近江のフナずしは夏場、土用前に漬け込むのが定石である。『斉民要術』が「よくない（不佳）」とした季節にあたる。

次に、漬ける魚の状態の違いがある。『斉民要術』のすしは、魚（コイ）を長さ5センチ、幅2.5センチ、厚さ1.3センチ程度の切り身にしているが、滋賀県のフナずしはフナを1尾まるごと（ただし内臓は抜いて）漬ける。材料の魚が違うことを考慮に入れたとしても、『斉民要術』のいう切り身と近江のすしブナの大きさの差は容認できるものではない。

さらに、塩漬けの問題がある。『斉民要術』にあるすしの多くは、切り身に塩をしてからご飯に漬けるまでの間に注釈がない。「魚鮓」の別製法や「長沙蒲鮓」の項でわざわざ「塩漬けする」と断っていることから推測すると、これら以外のすしは魚を塩に漬けておく期間がないものと思われる。また、塩漬けしておくにせよ、わかっている限りでは「長沙蒲鮓」の4〜5日程度である（「魚鮓」の別製法は具体的な期間が記されていない）。これに対して滋賀県のフナずしは、多くの場合2〜4か月であるが、中には、結果的に1年以上も塩漬けしたものを使う場合がある[注16]。

こうした差異をどのように考えればよいのであろうか。筆者は、今日のフナずしの調製法は日本においてなされた改良結果であると考える。

(4) 江戸時代の近江のフナずし

『延喜式』の頃のフナずしの製法はわかっていない。古代はもちろん中世においても文献は乏しく、フナずし調理の具体的な手順を記した文献は、江戸時代まで下らねばならない。

近江のフナずしの調製方法を記した比較的

古い文献に元禄2年（1689）の『合類日用料理抄』がある[注17]。著者・無名子は京都の人らしく、出版元も京都であるから、同じ近畿圏内にある近江の事情についても比較的信頼できるとみてよかろう。同書による「江州鮒の鮨」の漬け方は以下のとおりである。

　このすしは「寒の内」に漬ける。エラを取ってそこから「腸」を抜き出し、頭は打ちひしいでおく。このフナを折敷に盛った塩に押しつけ、塩がつくだけつける。黒米を固めに炊き、塩味をつける。すしにするにはこのご飯を多めに用いる。
　重石は、初め強く、20日ほどたったら通常の押し加減くらいに弱くする。70日ほどでよく馴れる。いつまでももつ。翌年の夏秋になると、骨も一段とやわらかくなる。
　重石を軽くする頃、ふたの上に塩水を張る。すしを取り出した後も、もとどおりにならして、ふたに水を張っておく。

同書の記事を表面的に追うだけでも、すしの調製時季と重石の加え加減が現在とは逆転していることがわかる。今日のフナずしの調製法が『延喜式』の時代から全く変わらずに続いてきたのではなく、少なくとも江戸初期の元禄以降に改変されたことが、これで確認されたわけである。

さて、先に指摘した『斉民要術』と今日のフナずしとの相違3点を念頭に置き、ほかの文献も交えて、もう少し詳しく考察してみよう。

① **調製の時季について**
『合類日用料理抄』が述べるフナずしは、「寒の内」に漬けて70日ほどで食用可能となる。ひとたび漬かれば「いつまでも」もち、「翌年」の夏秋には骨までやわらかくなるという。この文脈から「寒の内」というのは年末であると思われる。また、「いつまでも」もった後に「翌年の夏秋」が来ているから、原則として1年周期の消費体系であったことが想像される[注18]。とすれば、漬けてから2～3か月と漬ける前の時季すなわち「寒の内」前後の数か月の間は、フナずしを食べる機会が非常に少なかったことになる。このことは、『実隆公記』や『お湯殿の上の日記』など室町末期の文献におけるフナずしの出現が、冬場に少なく夏場に多いという篠田の指摘に一致する[注19]。「寒の内」に漬けることが元禄以前からの習慣であった傍証となる[注20]。

一方、近江から江戸将軍家へ贈られたフナずしの献上時季は、文化年間では、彦根藩が4月、膳所藩（大津）が4月と6月、大溝藩（高島）が1月、仁正寺藩（蒲生）が4月と5月であった。このほか、近江国内（現・草津市、守山市付近）に所領を有していた京都の淀藩が3月に献じたフナずしも、同国産であろう[注21]。ともあれ、いずれも春に集中している。

今日のように夏場に漬けたにしてはいかにも不自然な献上時季で、あるいは『合類日用料理抄』にあるように「寒の内」に漬けたものかもしれない。また、堅田の漁師に宛てられたフナの督促状（「上様へ上り候御鮓魚」とあるから献上ずし用で、おそらく膳所藩が送ったもの）に1月下旬と2月上旬のものである[注22]。このことからも、すしの漬け込みは冬場ではなかったか、少なくとも夏場では

なかったのではないかと想像するが、断言は避けておく。

なお、明治期に小泉迂外が紹介した近江フナずしの製法は今日のそれとほぼ同じである（小泉迂外（1910））。この小泉の記事は明治22年（1889）、滋賀県勧業協会刊の『勧業協会報告　第15号』に記載された文章とほぼ同様である[注23]。ゆえに、調製時季が夏場になったのは、遅くとも明治初期までのことであろう[注24]。

② すし魚の状態について

『合類日用料理抄』のフナずしは、フナは切り身にはせず姿のまま漬ける。エラブタを取り、そこから内臓を取り出すという点は現在と同じで、ここでは、切り身にしないという今日的な方法が元禄期に確立していたことが確認される。

今日、フナの下処理で、腹も背も割らず切り身にもしない理由のひとつとして、コの保護が挙げられる。エラから内臓を除去する際にもこれに傷をつけないよう細心の注意がはらわれる。

ところが、『合類日用料理抄』にはすしブナの条件について触れてはおらず、ほかの江戸時代の料理書もまた同様、いずれもコに関する記述はない。また、先述のように、献上ずしの材料となった堅田産のフナは産卵準備のあまり整っていない冬場のもので、実際、将軍家に贈られたフナずしはコ持ちではなかったはずである。

つまり、エラ穴から内臓を取り出す技法は、必ずしもフナのコを保護するために行われていたというわけではないという憶測が成り立つ。ほかに何らかの理由があったのかもしれない。

延宝2年（1674）より以前に出された『古今料理集』や元禄9年（1696）刊『茶湯献立指南』に「ふな子持」や「子籠」のフナずしの記事があり[注25]、とくに後者はフナずしでは「子持ちのもの」を「上」とする旨が記してある。櫻井信也はこのことを紹介し、当時から産卵期のフナを漬けた可能性を指摘した[注26]。筆者も同感で、先の注で産卵期のフナを使う方法は「今日的」としたのは不適であったのかもしれない。ただしそれは「子持ち」のフナを漬けるのが一般的であったということにはならない。それとは別のフナずしも存在したのであり、それにはコは入ってなかったのであろう。

③ すし魚の塩漬けについて

『合類日用料理抄』では、フナの内臓の除去後、塩をできるだけつけるとあるが、塩に漬けておく時間は記していない。同書は時間的経過に関しては比較的ていねいで、他項では塩漬けの期間を1日とか1夜というように具体的に述べている。したがって、もし今日のようにフナを何か月も塩漬けしたのであれば、そのことは記述されるはずであるし、また一連の作業の時季を「寒の内」の一言で済ませることはないであろう。つまりあえて時間を書くまでもないほど、フナの塩漬けはごく短く済まされたと想像される。とすれば、使用されたのは冬場のフナであり、このことはフナのコに関する記述がないという先の指摘とも符合する。

その反面、元禄10年（1697）刊、人見必

大の『本朝食鑑』が記すすしの製法に、(さばいてから塩をしてしばらくおいたものや、ひと晩塩水に浸しておいたものと並んで) 長期間塩漬けにした魚を使用してもよい旨がある[注27]。人見はフナずしの製法を述べているわけではないので何とも判断しかねるが、当時の近江のフナずしが長く塩漬けしたフナを用いていた可能性も残されているのである。

すし魚(すしに漬ける魚)を長く塩漬けしておくことが古くからのことか新たに起こったことか、そのヒントをほかのすしに求めてみる。

近江のフナずしと同じく幕府に献上された美濃国長良(現・岐阜市)や越前国疋田(現・敦賀市)のアユずしは、アユの塩漬け期間が2〜3日程度であった(日比野光敏(1987)、同(1990))。また、越中国富山藩から献上されたアユずしは獲れたてのアユを「立て塩」で処理し、半乾燥状態で江戸まで運び、江戸屋敷ですしに漬けた(中川睟(1975))。この間せいぜい10日前後の日数であろうと思われる。

美濃のアユずしは、その後、塩漬けの期間が長くなり、今日その伝統を引くと思われる鵜匠家のアユずしは、塩漬け期間がひと月にも及ぶ[注28]。ここに、時代が下るにしたがってすし魚の塩漬け期間が長期化していった様子がうかがえる。近江のフナずしもまた同様で、『合類日用料理抄』にあるような短期間の塩処理で済ませる方法の方が古い形態といえるのではないだろうか。もしそうであるならば、『本朝食鑑』が著された時代には、そうした古い製法と今日的な製法(長期の塩漬け)が並存していたことになる。

現段階で筆者が知りうる文献史料からは以上のようなあいまいな結論しか得られない。ただ、今日の近江のフナずしの製法が中国の古文献『斉民要術』の記述と食い違うという以前に、日本の、それも江戸時代におけるフナずしとも単純に一致するわけでないことをここで指摘しておきたい。とりわけ、フナずしを夏場に漬け込むことは元禄以後に、フナを長く塩に漬けておくことは元禄からさほど遡らない頃に起こったという可能性が高い。すし魚の塩蔵時間の長期化が、真夏におけるフナずしの漬け込みを可能にした一因だという憶測もできる。

(5) 今日の近江のフナずしの「完成度」

フナを切り身にしないでまるごと漬けることが元禄以前から行われていたことは明らかとなった。現状では資料がないのでその起源の追求はしないが、この方法が切り身で漬けるよりも難しいことは事実である。

『斉民要術』ですし魚を切り身にするとした理由は、魚肉の表面部と内部の熟成度のギャップ、すなわち「漬かりムラ」を避けることであった。厚い肉塊のままでは内部が発酵しづらい。すし(発酵ずし)の発祥地と目される東北タイでは魚身にわざわざ切れ目を入れることもある[注29]。近江のフナずしのように姿のまま漬け込んだのでは均等な発酵が得られにくい。

加えて、近江のすしブナは腹も背も割らず、エラから内臓を抜き出す。現在わが国で確認される発酵ずし(1尾ぐるみを漬け込むもの)は魚を腹開きもしくは背開きにして内臓を取り出すのが常である中、これは非常にめずら

しい方法である。身を開いた方が内臓を除去しやすいことはいうまでもない。しかも、腹や背を割らないことで、塩の浸み込み具合が均等になるわけでもない。むしろその逆で、切り口は大きく開けて、塩に直接触れる面積を広くした方がよいはずである。

さらに、近江のフナずしの調製時季は『斉民要術』が不適とした夏である。

つまり、今日の近江のフナずしは、いわば、あえて面倒で「漬かりムラ」がしやすい下処理方法をとり、うまいすしになりにくい時季に作っているわけである。

今日、近江のフナずしが、このような「不自然」な方法で漬けられていることを、プロトタイプの残存とみるか新たな発案もしくは改良の結果とみるか、議論の別れるところであろう。しかし、少なくとも『斉民要術』の頃の中国ではこうした方法はすしに不向きであることがわかっていたのである。日本にもその情報はもたらされたはずで、『斉民要術』が不適とするような習慣しか日本にやってこなかったとは考えられない。仮に、当初はそうだったとしても、少なくとも『延喜式』の時代には『斉民要術』が日本でも紹介されているのであるから、その知識によってこれを改善することができたはずである[注30]。

現実には、江戸時代と比べても、調製時季が異なっているし、フナの塩処理方法にも改変の形跡がうかがえる。フナずしの調製方法が、古代から寸分の違いもなく連綿と続いてきたわけではなく、今日の製法は後世の改変結果と考えられる。

腹や背を割らずにエラから内臓を出してすしに漬けることは、結果的にフナのコを賞味することに役立った。コを持ったフナは「寒の内」のフナではなく春のフナである。漬ける時季を夏にしたからそうした風が生まれたのか、そうした風のために夏に漬けるようになったのかは定かではないが、冬場のすし漬けを夏に行うことで、塩の使用量が増加したことは想像できる。塩漬け期間の長期化もそうした流れと無関係ではなかろう。

すしの根源的な意味として保存食を考える場合、今日の近江のフナずしは、常備性という点ではその性格を強く有するが、すし魚にコ持ちブナを限定するあたり、嗜好食品的な側面も著しい。現実にフナを1年以上塩漬けにしておくことも可能なのだから、単に魚肉を貯蔵することだけを意図するならばそれで充分である。つまり、フナずしはコ持ちブナを味わうためのひとつの魚料理として確立されているのである[注31]。

したがって、今日の近江のフナずしの製法は、単なる保存技術ではなく、料理として確立するために、もしくは確立するとともに形成された、非常に完成度の高い調理形態であるといえる[注32]。

❋3 わが国のすしのプロトタイプ

しばしば「日本最古」と表現される近江のフナずしは、『延喜式』などの文献によって確かに歴史の古さは実証される。しかし製法に関しては、今日のフナずしが古代と寸分違わぬわけではないことが前項までに確認された。

また、文献に関していえば、同じ『延喜式』の中に記載のある美濃のアユずしは、直系とはいえないまでも、現在もその伝統が岐阜市

内の鵜匠家で受け継がれている。『延喜式』以来の歴史を有するすしは、必ずしも近江のフナずしだけではない[注33]。つまり、今日の近江のフナずしをもってわが国のすしのプロトタイプとすることは決して正確ではないと結論づけられる。

それでは、現在の日本でプロトタイプをそのまま残したものは存在するのだろうか。これまでに筆者が確認できた主なすしを、『斉民要術』の「魚鮓」にある諸特性と比較してみたものが表である。

これによると、『斉民要術』の「魚鮓」と全く同じ製法をなすすしは、表に挙げたものの中には存在しないことがわかる。わが国に伝えられた頃のすしは『斉民要術』に記載されたものと同様であろうことは先に推測したとおりである。したがって、管見の限りでは、日本におけるすしの古形態が、今日、まとまったかたちで伝存している例はないことになる。

この表は、一方で、わが国に現行するいくつかのすしが、製法において『斉民要術』の「魚鮓」と部分的に共通点を有していることをあらわしている。たとえば、香辛菜を使用しないという点では近江のフナずしなどが性格を一にし、糀を使用しないという点でもフナずしをはじめとする数種が類似をみせる。魚の下処理として長期の塩漬けをしない点では栗東の神饌のすし、切り身で漬けるという点では因島のシバずしが、それぞれ共通性格を有している。

結局、日本のすしの古形態は、全体として現在に伝わることはなく、部分部分が複数のすし（発酵ずし）にわたって残っていると理解される。ゆえに、わが国におけるすしのプロトタイプは、個別にあらわれた古い部分の残影を拾い集め、それらを再構築して新たに想定されなければならない。少なくとも近江のフナずしという特定のすしに求めるべきではないと考える。

❀ むすびにかえて

滋賀県下で慣行されるフナずしは、文献によって平安時代以来の歴史が確認できる。また、原料が単純なこと、熟成期間が長いこと、ご飯の食用を二義的なものとすることなどから、ほかの発酵ずしとは一線が画され、「日本最古のすし」といった表現がされることも少なくない。

しかしながら、現在われわれが目にすることのできるその製法は、決して原初的とはいい難い。わが国のすしの古形態を推定させる『斉民要術』の記事と対照させるとき、両者には共通点も多い反面、相違点も少なからずある。江戸時代と比較するだけでも調理の方法には差があり、フナずしは変化しながら現代に至ったことがうかがえる。つまり、今日の近江のフナずしの製法は、むしろ高度に完成された調理技術として改善された結果と認識される。

今日の日本において、『斉民要術』にある「魚鮓」と同一の作り方をするすしは未見である。したがって、少なくとも現段階では、わが国のすしのプロトタイプを特定のすしに求めることはできない。その意味で、今日の近江のフナずしを「日本最古のすし」「すしの原初形態」とすることは、非常に誤解を生みやすい行為であるといわざるをえない。

表1 日本の主な発酵ずしと『斉民要術』の「魚鮓」の比較

	調製時季	魚の下処理			使用材料			発酵期間（か月）	ご飯の食用
		塩漬けの有無	塩漬けの期間（か月）	切り身漬け	香辛菜	糀	野菜		
『斉民要術』の「魚鮓」	春秋	× *2	―	○	× *8	×	×	?	?
滋賀県のフナずし	初夏	○	3	×	× *8	× *11	×	4以上	× *16
石川県能登地方のヒネずし ①	晩春	○	半〜1	○ *5	To,Sa	× *12	×	1以上	× *16
富山県善徳寺のサバずし ②	晩春	塩魚購入		○ *6	×	×	×	1.5	×
富山県瑞泉寺のサバずし ③	晩春	塩魚購入		○ *6	To,Sa	×	×	1.5	×
山形県最上地方のアユずし ④	夏	○	数日	×	To,Sh	○	○ *13	1	○
滋賀県栗東市の神饌のすし ⑤	秋	× *3	―	○	Ta	○	×	7	○ *17
広島県島しょ地方のシバずし ⑥	秋	○	1	○	Ta	○	× *14	1	○
和歌山県紀北地方のサバずし他 ⑦	秋	○	1	×	×	○	× *15	1	○
千葉県九十九里のイワシずし ⑧	冬	× *4	―	×	To,Sh	○	×	0.5	○
和歌山県新宮地方のサンマずし ⑨	冬	○	半〜1	×	× *8	○	×	1	○
三重県伊勢伊賀のコノシロずし ⑩	冬 *1	○	1	×	Y *9	○	×	1	○
熊本県八代地方のネマリずし ⑪	冬	○	1	×	Sh	○	○	1	○
岐阜県岐阜市のアユずし他 ⑫	冬	○	1〜2	×	× *8	○	×	1	○
秋田県のハタハタずし ⑬	冬	○	数日	○ *7	To,Sh	○	○	1	○ *17
石川県のカブラずし ⑭	冬	○	1週間	○	× *10	○	○	1週間	× *16
福井県越前地方のニシンずし ⑮	冬	乾魚購入		○	To	○	○	1週間	× *16
新潟県村上市のサケのいずし ⑯	冬	塩魚購入		○	Y,Sh	○	○	0.5	○
鳥取県智頭地方のシイラずし ⑰	冬	塩魚購入		○ *6	To	○	×	1	× *16

① 北能登の古習で、今日わずかに残る。秋に作るものもあった。すし魚はウグイ、アユ、アジ、メバル、タイ、サバなど、特定されていない。
② 富山県南砺市城端町の善徳寺の夏行事・虫干し法会で参詣者に供される。
③ 富山県南砺市井波町の瑞泉寺の夏行事・太子絵伝で参詣者に供される。
④ 最上川上流で盆料理として作られた。
⑤ 滋賀県栗東市大橋の三輪神社春季祭礼に奉納するもので、一般家庭の料理ではない。調製は氏子の共同行事として秋に行い、すし魚はドジョウとナマズ。
⑥ 因島およびその周辺島しょ部で作られ、ジャコずしの別名もある。すし魚はタイ、ベラ、キス、タコなど特定されていない。
⑦ 和歌山県の有田川、日高川の両流域で、秋祭りの料理としてよくみられる。これと同類のものに栃木県鬼怒川上流域の秋祭りの料理として作られるアユずしがある。これは現在、宇都宮市（旧・上河内町）でみるかぎりではアユを切り身にするが、かつては姿ごと漬けたという。
⑧ 九十九里浜に伝わる寒中の料理。秋に作るマブリずし（小型のセグロイワシを使う）もあるが、ここでは中羽イワシを使うクサレずしを挙げた。
⑨ 新宮市周辺のもの。三重県南部および熊野川に沿って奈良県下でもみられる。
⑩ 伊勢の海岸部から伊賀にかけてみられる。
⑪ 熊本県八代市、同郡下の山間部で正月用に作られる。「ネマる」とは「腐る」の意味。すし魚はコノシロやアユ。
⑫ 岐阜市内の鵜匠家のみに伝承する。自家用のほか年末年始の贈答品にも用いられる。これと同様のものに兵庫県矢田川流域で作られるアユずしや長野県王滝村に伝わるマンネンずし（すし魚はイワナやニジマス）がある。
⑬ 秋田県のほか、一部青森県や北海道でもみられる。魚とともにニンジンを漬ける。
⑭ 金沢市周辺に顕著で、多くは正月用。野菜（カブ）の占める割合が多く、一見すると漬物と大差ない。すし魚はブリ。
⑮ 越前地方を中心に分布する正月料理。半乾燥の身欠きニシンを使う。「ダイコンずしともいう。

⑯ 県北部から秋田県、青森県、北海道にも分布する正月料理で、いずしには「飯ずし」の文字を当てる。無塩のサケに塩をして作ることもある。ダイコン、ニンジンのほか、ハクサイやキャベツなどを使用することがある。
⑰ 鳥取県千代川上流の山間部で正月用に作られる。シイラのほかサバでも作られる。

*1 例外として秋祭りに作るものがあり（桑名市旧・長島町）、この場合は発酵期間は約10日。
*2 塩漬けした魚を使う場合もある。
*3 かつてはドジョウもナマズもその場で塩をあててすしにしたが、今日ではナマズは塩漬けのものを使用する。ドジョウは生きたまま漬け込む。
*4 塩をふって1晩置く程度。
*5 小さな魚は目玉や内臓を取る程度。大きな魚だけ切り身にする。
*6 大きな切り身（おろし身）で、『斉民要術』にあるような小型サイズではない。
*7 姿のまま漬ける方法もある。また、頭だけをとって漬けるものもあり、一般にはこれを「全（まる）ずし」と呼んでいる。
*8 魚のなま臭みをとるため、ショウガやタデなどを入れる場合もある。
*9 秋に漬けるものにはユズは入れず、仕切り葉にミョウガ葉を用いることがある。
*10 トウガラシを入れることがある。
*11 使用する場合もある。
*12 糀は使わないが、魚を酢にくぐらせる場合がある。
*13 花切りニンジンを入れるが、装飾的要素が強い。
*14 例外的にマツタケを一緒に漬けたことがある。
*15 旧・上河内町のアユずしには、ダイコンを入れることがある。
*16 食用にする場合もある。
*17 食用にはするが、主体ではない。

香辛菜記号
　Ta:タデ　To:トウガラシ　Sa:サンショウ　Sh:ショウガ　Y:ユズ

古い時代のすしの様相は、ひとまとまりにではなく分割されたかたちで、現行する複数のすし（発酵ずし）にあらわれ残っている。本稿では筆者が考えつくもののみを掲げたが、このほかにもすしの「古さ」を示す形態的特徴が提言されることもあろう。

　また、本稿では主として調理方法に着目したが、すしの「古さ」の指標はそれのみに限定されるわけではない。漁獲から消費（食用）にいたるまでの一連の行動パターンや、食制すなわち「食べられ方」などの諸点においても、時代的な変遷が想定される。

　わが国におけるすしのプロトタイプは、そうした要素の複合体として考える必要があることを指摘しておきたい。

❖注

注1　篠田統は多くの論考でこの見解を示しており（とりわけ篠田統（1966）に詳しい）、この説がしばしば引用される。他方で、同じ篠田が、「備後の島々で行われるシバ鮓」などの型が「一番原始的で、滋賀県の鮒鮓はその改良型ではないかと考える」とも述べ（篠田統（1977））、宮尾しげをも、近江のフナずしは「なれずし」（定義は不詳）の「進展していった一種」とし、原初形態がほかにあるかのような記述をしている（宮尾しげを（1960））。ただし、いずれも説の根拠は明記されていない。また、最近では吉野昇雄が滋賀県栗東市の三輪神社の神饌に奉ぜられるドジョウとナマズの発酵ずしを引き、「日本最古のすしの姿」と表現した（吉野昇雄（1990））。こちらはその論拠として、生に近い状態で魚を漬け、香辛菜を併用する製法や夏場を避けた熟成期間などの点を挙げている。しかしながら、日本のすしの原型をフナずし以外に求めるこうした説は、日本のすしの歴史を語る上では、非常にめずらしいものといえる。

注2　篠田統（1966）前掲、石毛直道（1986）前掲、石毛直道・ケネスラドル（1990）前掲など。

注3　石毛直道（1986）前掲、石毛直道・ケネスラドル（1990）前掲。

注4　石毛直道（1986）前掲、石毛直道・ケネスラドル（1990）前掲。

注5　石毛はまた、発酵ずしの発酵が長期にわたれば香辛菜を入れてもそのにおいは消えてしまうが、短期間の場合は逆に魚のなまぐさみを防止する効果があるとし、材料が単純なことと熟成期間が長期であることが関連する可能性について述べている（石毛直道（1986）前掲、石毛直道・ケネスラドル（1990）前掲）。

注6　原文は伝存しないが、天長10年（833）成立の注釈書『令義解』などによって全文が復元される。これによれば、「鰒（＝アワビ）鮓」「貽貝鮓」「雑鮓」などの記載がある。

注7　『尾張国正税帳』には「雑鮨」「白貝内鮨」の、『但馬国正税帳』には「雑鮨」の記載がある。

注8　平城宮跡からは若狭の「多比（＝タイ）鮓」、長屋王邸宅からは筑前の「鮒鮨」、二条大路跡からは志摩の「多比」「堅魚（＝カツオ）」「近代（＝コノシロ）鮨」、若狭の「貽貝鮓」「鯛鮓」「宇尓（＝ウニ）」「近代鮓」、播磨の「加比鮓」などの記載がある木簡が出土している（奈良文化財研究所編（1991））。

注9　古代日本の文献においては「鮓」と「鮨」のふたつの文字が使用されている。両者の違いについて、古くは『令義解』が同義と

し、以後もそれが支持されてきた。しかし、関根真隆（1969）は、同じ『養老令』の中に双方の文字があることから、両者を区別する必要を提唱し、同じ発酵食品ながら「鮓」はご飯の中に魚介類を入れたもの、「鮨」は魚の腹の中にご飯を詰めたものだったとする仮説を立てている。

注10　すしに漬けるのは、一般にはニゴロブナが著名である。湖北ではこれをニゴロと称しているが、湖南や湖東ではイオと呼ぶ。ただしイオとは必ずしもニゴロブナにかぎっているわけではなく、ゲンゴロウブナを称することもある。また、湖南ではガンゾと称するマブナの幼魚をすしにすることがあるが、湖北のガンゾはマブナとは別種である。このあたりの点については篠田統（1952）が詳しく報告している。

注11　たとえば小菅富美子（1982）、小島朝子（1986）、『日本の食生活全集　滋賀』編集委員会編（1991）などに詳しい。

注12　2年物が最も美味で1年物は骨が固いという意見は彦根市や長浜市など主に琵琶湖東岸で多く聞いた。これに対して西岸地方の人々は、湖東とは漬けるフナの種類が違い、フナずしは1年以内に消費してしまうという。また、2年以上もたせる場合、途中でご飯を入れ換えて、新たに飯漬けをすることがある。こうすると味がよくなり、さらにやわらかくなるという。

注13　たいていの発酵ずしは食べる機会（正月や祭礼などの行事の日）から逆算してすしを漬ける。食べ頃なのは行事前後の限定された期間であり、その機を逸して後々まで残しおくことはない。とりわけ桶を開封した後は早く食べてしまう。この傾向は糀を使用するすしに顕著である。また、たとえば正月に食べるために作ったすしは、遅くとも2月末までに食べ終えてしまうことが多く、それ以後「暖かくなると、酸っぱすぎてまずくなる」とされる。このことばは、これらのすしに「食べどき」すなわち適度な発酵具合があり、それを過ぎると食品としての価値が低下することを示している。近江のフナずしには、こうした評価はほとんどない。なお、和歌山県新宮市内で30年前に漬けたというすし（サンマやアユの発酵ずし）を販売している例があるが、周辺地域において一般的な習俗ではない。結果的に、もしくは恣意的に30年間発酵させたものを商品化しているものと思われる。

注14　小泉清三郎（迂外）（1910）は、この点をフナずしの特徴として特記している。なお、フナずしのご飯は食べてはいけないのではなく、食べる例もあるにはある。しかし、フナとともに供された際に食べ残しても不自然ではないし、「好きな人だけが食べる」という人もあるから、やはりご飯は食用の主体ではないことがわかる。また、滋賀県中主町の宴席で出された「フナずしのあえもの」は、こそぎ落としたご飯を使い、ネギなどの煮野菜を「白あえ」のようにあえたもので、食事担当にあたった主婦が考案したものだという。これが「廃物利用」と表現されていたことからも、フナずしにおけるご飯の評価が想像されよう。

注15　室町以前に、すしのご飯を食べずに捨てていたことを直接的に伝える文献は未見である。しかし、平安期の『今昔物語』（元永3年＝1120以降の成立）の中にアユずしを副食にして水飯を食べる三条中納言朝成の話があるし、鎌倉期の保元2年12月の内大臣饗宴の献立を描いた『類聚雑要抄』（東京国立博物館蔵写本）にある「鮨鮎」にはご飯の表現がない。これらによって、当時のすしとはあくまでも魚を食べるもの

であったことが推測できる。一方、『鈴鹿家記』（南北朝〜室町期）には、今日の押しずしの原型である、ご飯を主体としたコケラずしの記載がある。

注16　通常は、春に塩漬けしたフナはその年のうちにすしに漬けてしまうが、残った場合は翌年まで持ち越されることがある。また、意識的に1年以上塩漬けしたフナを使用する人もある。

注17　本稿では吉井始子（1978a）の翻刻本を参照した。

注18　櫻井信也（2012）は寒を12月（11月になることもあり）とし、「寒の内」から70日ほど漬けてよく馴れるのが翌年の2〜3月、さらにいつまでももった後に「翌年」の夏冬が来る、すわなち「夏冬」は「寒の内」から翌々年であると推定している。

注19　『実隆公記』は文明6年（1474）から天文5年（1536）にわたる公卿・三条西実隆の日記。篠田統によれば、日記にみられる同家へのフナずしの到来は4〜8月に多い。一方、『お湯殿の上の日記』は御所・清涼殿に伺候した女官の記録で、文明9（1477）年から幕末にいたるまでの分が伝存している。篠田が、このうち室町期（初期約120年間）の記事から同所へのすしの到来時季を考証したところによれば、フナずし（一部疑わしいものも含まれるが）の進物が最も多かったのは8月で、次いで4〜7月、9〜10月である。いずれの記録によっても、11月12月のいわゆる「寒」の前はフナずしの記事は少ない（篠田統（1966）前掲）。

注20　櫻井信也は、『合類日用料理抄』にある「寒の内」に漬けたフナずしは秋冬の頃に獲れたフナ・「紅葉鮒」ではなかったかと推測している。また、寛永年間の尾花川、堅田（ともに現・大津市）の文書で春に獲れたフナを用いたフナずしを調製したことを示し、江戸時代前期には近江のフナを用いたフナずしは秋から冬のほか春季にも漬けられていたことを示している（櫻井信也（2012）前掲）。前者は納得できる説であるが、それならばなぜ「紅葉鮒」が「紅葉鮒」ではなく、単なるフナとして『合類日用料理抄』に書き表されたのかが、新たな疑問となる。「紅葉鮒」はフナの中でも特筆すべき名物であるにもかかわらず、「鮒」としか書いていないのはおかしい気がする。後者は、文書から「寒の内」にすしに漬けたものではないとするが、その時期は「年が明けて最初に捕獲される鮒」と表現している。寒いうちに漬けたことには変わらない。

注21　ここでは『文化武鑑』によったが、その約1世紀前に記されたと思われる『諸国献上物集』にある献上ずし（近江フナずし）の内容も、大溝藩分が欠落しているだけで大差ない。おそらく文化年間には、すし献上に関する一定の制度がすでに確立していたと思われる。

注22　年代は不詳。寛永年間か。『近州堅田漁業史料』所収。

注23　この条、櫻井信也の指摘による（櫻井信也（2012）前掲）。

注24　享和3年（1803）刊の『本草綱目啓蒙』の中に、冬春のマルブナは美味で、すしにするとよいからスシブナとも呼ぶ由が記載されている。産卵期のフナを使う今日的な漬け方は、この頃成立していたのであろうか。

注25　本稿では吉井始子（1978b、1979）の翻刻本を参照した。

注26　櫻井信也（2012）前掲。

注27　本稿では島田勇雄（1980）の訳注本を参照した。なお、貞享元年（1683）刊

注28　鵜匠家においては、秋の落ちアユを順次塩漬けにしておき、12月上旬に年末年始の贈答用としてすしに漬ける。なお、江戸幕府への献上アユずしは長良川畔の「御鮨所」なる機関で「御鮨元」により調製され、これは幕末に廃止された。その後数年の時間的ブランクがあって、鵜匠家から有栖川宮家へのアユずし献上が文献に上るようになる。この間にアユずしの調製法に変化があった可能性もあり、今日みられる鵜匠家のアユずしがそのまま江戸時代の献上アユずしと同じであるとは断言できない。しかし、献上アユずしは鵜アユ（鵜飼によって獲ったアユ）を使う決まりがあり、鵜匠家とアユずしとの関係が江戸時代以来の歴史を有することは否定できない（日比野光敏（1987）前掲）。

注29　石毛直道（1986）前掲、石毛直道・ケネスラドル（1990）前掲。

注30　『斉民要術』が平安時代、すでにわが国に紹介されていたことは確認されている。すなわち陸奥守兼上野権介・藤原佐世の撰修した漢籍目録『日本国見在書目録』にその名がみえる。藤原佐世が陸奥守に任命されたのは寛平3年（891）のことで、同書の編纂はその前後と思われる。これは『延喜式』の編集と同時期もしくはそれ以前である。

注31　『合類日用料理抄』にあるフナずしや江戸幕府への献上ずしがコ持ちでなかったことは推論の域を脱しえないが、かつて、コのないフナのみを漬けたすしが存在したことは事実である。すなわち、フナずしの中でも紅葉の時期に獲れるフナ（したがってコは持っていない）を使ったものを「紅葉鮒ずし」といい、これは江戸時代、10月に彦根藩から、11月に膳所藩から、それぞれ将軍家に献上された。ただし、膳所藩については『諸国献上物集』（18世紀前期の成立か）に記載があるものの、文化年間（1804〜1818）の『武鑑』には記載がないから、その時点で献上の習慣は廃絶していたと解される。彦根藩の方はその後も存続したらしく、また、「紅葉鮒」は高島あたりの産が名高い旨を膳所藩記録『近江国輿地志略』や大溝藩地誌『鴻溝録』などが伝えているので、今日、これらの周辺で聞き取りをしてみたが、秋獲れのフナをすしにすることも、秋にフナずしを漬けることも聞かれなかった。なお、明治末期に小泉迂外が、このすしの製法を、秋獲れのゲンゴロウブナ（塩漬け処理をほどこしたもの）を先に熟成させておいた「古いご飯」に漬けて冬を越させ、翌年の土用にご飯を取り替えて漬け直したと書き記しているから、当時はまだあったのかもしれない（小泉迂外（1910）前掲）。

注32　魚を塩漬けにすると、蛋白質が分解して「うま味」の素であるグルタミン酸などが生成される。しかしこれにご飯も一緒に漬ければ、糖分の乳酸発酵によって酸味が加わる。つまり発酵ずしは塩漬け魚に比べて、より複雑な味わいの構造を有する。この点が「嗜好品化」した一因であろう。

注33　美濃のアユずしに関する文献は、『延喜式』以後は乏しく、室町時代になって贈答品として記されたものが再び多くあらわれる。この間、その伝統が途絶えていたとは考えられないが、現段階でわかっている史料についてのみいえば、ここにひとつの空白期間がある。また、室町末期に土岐・斉藤ら守護・守護代が贈った美濃のアユずしは江戸時代に幕府・将軍家に献上された

ものへとつながると思われるが、先にも述べたように、それを今日の鵜匠家のアユずしに直接置き換えることはできない。結局、平安期から現在までの美濃のアユずしの歴史を語るとき、厳密にいえばその伝承には最低2点の不整合箇所を認めざるをえない（日比野光敏（1987）前掲）。しかしながら、美濃におけるアユの発酵ずしという銘柄は1000年も前から現実に存在していたわけであるし、ここに記したような不整合性が近江のフナずしに関してもいえることはすでにみてきたとおりである。歴史の長さという点で近江のフナずしのみを特殊視することは適当でない。

❖参考文献

- 石毛直道（1986）「東アジア・東南アジアのナレズシ ―魚の発酵製品の研究（2）―」『国立民族学博物館研究報告』第11巻3号。
- 石毛直道・K．ラドル（1990）『魚醤とナレズシの研究 ―モンスーンアジアの食事文化』岩波書店。
- 喜多村俊夫（1942）『江州堅田漁業史料』アチックミューゼアム（日本常民文化研究所編（1973）『日本常民生活資料叢書第18巻』三一書房 所収）。
- 小泉迂外（1910）『家庭 鮓のつけかた』大倉書店。
- 小島朝子（1986）「近江の鮒ずし」『伝統食品の研究』3号。
- 小菅富美子（1982）「近江（滋賀県）の鮒ずしの調理法的研究」『大阪女子短期大学紀要』7号。
- 櫻井信也（2012）「江戸時代における近江国の「ふなずし」」『栗東歴史民俗博物館紀要』18号。
- 滋賀縣勸業協會（1889）『勸業協會報告第15號』滋賀縣勸業協會。
- 篠田統（1952）「近江の鮓（鮓考 その2）」『生活文化研究』1号。
- 篠田統（1966）『すしの本』柴田書店。
- 篠田統（1977））「鮓」『増訂 米の文化史』社会思想社。
- 篠田統・飯田喜代子（1977（1956））「鮓と米 ―わが国における稲の導入経路に関する一考察」篠田統『増訂 米の文化史』社会思想社。
- 島田勇雄（訳注）（1980）『本朝食鑑（4）』平凡社（東洋文庫）。
- 関根真隆（1969）『奈良朝食生活の研究』吉川弘文館。
- 中川眸（1975）「享保年間における越中国（富山）の鮎ずし ―すしに関する食事史的研究―」『富山大学教育学部紀要』23号。
- 奈良国立文化財研究所編（1991）『平城京長屋王邸宅と木簡』吉川弘文館。
- 『日本の食生活全集 滋賀』編集委員会編（1991）『聞き書 滋賀の食事』農山漁村文化協会。
- 西山武一・熊代幸雄（訳）（1976）『斉民要術（第3版）』アジア経済出版社。
- 日比野光敏（1987）「岐阜市におけるアユのなれずし」『風俗』第26巻2号。
- 日比野光敏（1990）「福井県敦賀市の疋田ずしについて」『風俗』第29巻2号。
- 宮尾しげを（1960）『すし物語』井上図書。
- 吉井始子翻刻（1978a）「合類日用料理抄」『翻刻江戸時代料理本集成 第1巻』臨川書店。
- 吉井始子翻刻（1978b）「古今料理集」『翻刻江戸時代料理本集成 第2巻』臨川書店。
- 吉井始子翻刻（1979）「茶湯献立指南」『翻刻江戸時代料理本集成 第3巻』臨川書店。
- 吉野昇雄（1990）『鮓・鮨・すし すしの事典』旭屋出版。

3 知られていない伝統（1）
岐阜県岐阜市のアユの発酵ずし

❉ はじめに

　ローカル色の強い文化を紹介する場合、その文化の存在要因、すなわちなぜその文化がその地にあるかという理由づけがなされることがよくある。衣食住、信仰、儀礼、習慣、生業等、その範疇に入るものは多く、その存在要因は、気候や地形などの自然環境をはじめとし、社会環境や歴史的背景などを含めた多方面からの解釈が試みられている[注1]。さらに、文化形成に関与しうるこれらの環境が、不変的なものではなく、可変的なものであることも今日指摘されている[注2]。

　しかしながら、このような文化の形成環境の細密な研究がなされている一方で、文化の形成要因を文化の存在要因と混用する嫌いがあるのも否定できない。

　当該文化が今日存在するのは、もちろん過去におけるその形成が大きな要因である。しかし、形成された文化の中には変容や消滅をするものもある。一口に文化の存在要因とはいっても、それは決して形成要因のみで説明されるものではなく、その解明には現在に至るまでの過程を段階的に説明づけてゆく、つまり、発生要因に加えて伝播経緯、普及条件、存続理由などそれぞれを別個に考察する必要がある。にもかかわらず、従来の諸研究ではこういった区別が不明確であったように思われる。本稿ではこの点を考慮し、文化の存続と普及について考える。

　題材に採った岐阜のアユずしとはアユの発酵ずしで、アユを米のご飯と混ぜて発酵させたものである[注3]。かつては岐阜の名物とまでいわれたが、今では極めて限られた形でしか残存していない。この変貌が本稿で話題としたい点である。

❉ 1 岐阜のアユずしの略史と問題の所在

　問題所在の確認のため、ここでその略史を述べておく。今日明らかにされているアユずしの歴史は大きく以下の3つに区分される。

　まず、最古の部類に属するのは『延喜式』のすしであり、アユずしの名はすでにこの中に現れている。主計の章にある「年魚鮨」と内膳司の章にある「火干年魚、鮨年魚」がそれで、ともに美濃国からの献上品である。もちろんこれが現在の岐阜市近辺の産とは断定できないが、今日良質のアユを産する長良川のアユ（すなわち岐阜のアユ）であった可能性は高い。当時のすしは発酵ずしであったとされ[注4]、岐阜のアユずしの起源はこの時代にまで遡及することは充分考えられる。

　『延喜式』のアユずしのその後については資料が充分でない。中世には室町幕府や織田信長らにアユずしを献上したと伝えられる反面、アユずしは天正年間に「発案」されたとしてそれ以前のアユずしの不在を思わせる説もある。しかしいずれも史料的根拠に乏しい。

　江戸時代には、岐阜のアユずしは将軍家の御用となる。これが第2の部類である。その献上は元和年間に始まり、特別な調製機関も設けられた。江戸中期以降は調進回数が減少し、幕末にはその献上は廃されてしまうが、その一方で、この頃からアユずしは岐阜の名物、土産として多くの書物に紹介されるよう

になる。この傾向は明治になっても続く。資料については後に再検討するが、これらの記述によれば、アユずしは当時かなりの名声があり普及を遂げていたかのようである。

現在、岐阜でアユずしを作るのは鵜匠家（鵜飼の漁師で世襲制）のみで、それ以外では、調製する人も、過去に調製したという人も確認できない。平成22年（2010）、岐阜市が「鵜匠家に伝承する鮎鮓製造技術」として重要無形民俗文化財に指定したことで有名になったが、鵜匠家のアユずしは市販されておらず、一般の人はまず口にできない特殊な食物である。これが第三の部類に属すアユずしである。こうした状況は聴取調査によって確認されたもので、インフォーマントから判断してその上限は大正末期まで遡れる。

これら3つの時代のアユずしはそれぞれ独立別個にあるのではなく、あるいは一系のものかもしれない。しかしながら、その相互関係は現時点では明らかでなく、ここではその系序についての詳細な論及は避けておく。

さて、アユずしの非一般的ともいえる現在の状況を説明するには、少なくとも2点に対する理由づけが必要である。かつての「名物」が著しく衰退したという点と鵜匠家のみでそれが存続したという点である。

こうしたある文化現象の非一般性の要因の検討は、とりもなおさず、従来の文化研究ではあまり論じられることのなかった文化の普及（または非普及）条件と存続要因の検討となろう。このような検討をなすために、アユずしの現況が生じた背景を、その沿革を追うことによって分析してみたい。

❋2 江戸～明治期の文献資料の再検討

前項から、明治初期に土地の名物とまでいわれたアユずしは、大正末期までのわずか約半世紀のうちに消滅したことになる。この間の様相が明らかになればアユずしの現況の説明の糸口になるのであるが、その前に、こうした急激な変貌の存在自体に疑念が抱かれる。アユずしは本当に岐阜の名物であったのだろうか。ここでは、アユずしが当時の岐阜名物であったとする論拠、すなわち当時の文献資料を再検討してみたい[注5]。

元文年間（1736～1740）に伊東実臣が著した郷土記録『美濃明細記』は、この種の書籍の中では最も古く、かつ組織だったものである。同記の土産の項にはまず『延喜式』の記事が抜粋されており、次にアユなど産物名が並んでいる。アユの産地としては長良川と小瀬川が特記され、すしについては「鮎の鮨於岐阜漬之而江戸献上なり」とある。別に「長良川鮎を江戸へ献上あり」と記していることから、このアユずしは長良川のアユだと考えてよかろう。

延享4年（1747）刊の『岐阜志略』は尾張藩士松平秀雲の執筆によるものであるが、この中に「鮎鮓濫觴」と題した記事がある。これによると、岐阜のアユずしは天正年間（1573～1593）に「後藤才助」なる人物が長良川のアユを用いて考案したのが起源で、時の大守に賞賛されて「名物」となったという[注6]。またこの記事は、幕府献上のアユずしについての説明も充実しており、後々引用されることが多い。

宝暦6年（1756）刊の『濃陽志略』も同

じ松平秀雲の作で、美濃国内尾張藩領地について克明に記録されている。アユずしに関する記事は、長良荘上福光と厚見郡岐阜町の項にある。上福光の土産の項にアユが上がり、「岐阜製鮓以充方物」とある。ここで獲れたアユは岐阜（町）ですしに漬けられて土産とされたらしい。その岐阜町の項では、献上アユずしについて解説されており、内容的には『岐阜志略』の要約である。ただ、初めてアユずしを賞賛した大守を「土岐氏」と明記している点で『岐阜志略』よりも具体的であるが、天正年間には土岐氏は太守としては失脚しており、実名を入れたためにかえって史実としての信ぴょう性がなくなってしまった注7。

寛政4年（1792）、尾張藩士樋口好古の編纂した『濃州徇行記』は、松平君山の著書を従本にしており、『濃陽志略』の抜抄など重なる記事も多い。村別にみれば、厚見郡古屋敷の項に「御鮓元」の屋敷に関する記載がある。また、鵜飼について詳細に記した上福光村の項には鵜アユ（鵜飼によって捕獲されたアユ）が「御鮓元」に納められたことが記載されている。

尾張国丹羽郡の間宮宗好が文化年間（1804～1818）から天保年間（1831～1845）にかけて書き集めた雑稿集『美濃雑事記』には、「岐阜名物」として「長良川の鮎、鮎うるか、鮎鮨」などが上がり、「岐府仕出商物」の中にも「鮎鮓」の名がみえる。続いて、アユずしの由緒が述べられているが、内容的には『岐阜志略』と『濃陽志略』の記事を踏襲している。

『新撰美濃志』は、尾張藩士岡田啓がその共著書『尾張志』の余録として記したもので、天保年間（1831～1845）から万延年間（1860～1861）にかけての記録である。「（岐阜の）土産は『鮎鮨』を第一」とし、その故事来歴が書かれているが、中に松平秀雲の言を引用するなど、『岐阜志略』『濃陽志略』の影響が濃い。ただ、アユずしの中で初夏の若アユを漬けたものを「小鮎鮨」として区別している点が目新しい。

明治6年（1873）、文部省から刊行された『日本産物志　前編　美濃部』（以下『日本産物志』と記）は、美濃地方で観察される岩石や動植物をまとめたものである。そのアユの項でアユずしにも触れ、「鮎鮓ハ長良ノ名産ニシテ、人々競ヒテ之ヲ賞ス」とある。この文章からするとアユずしはかなり著名で普及を遂げていたかの印象を受ける。

明治13年（1880）に小瀬（現・関市）の三浦千春が刊行した名勝紹介記『美濃奇観』の中にあるアユずしの記事は『美濃明細記』や『岐阜志略』『濃陽志略』などを引用してまとめられている。その中で興味深いのは「此鮨ハすへて鵜の捕たる鮎にて製するを常とす」という一説である。鵜アユが献上用のアユずしに使用されることはさきの『濃州徇行記』にも記載されていたことであるが、ここではアユずしのアユは鵜アユに限ると明記している。

明治23年（1890）刊の長瀬寛二著『岐阜美や計』は文字通り岐阜の土産品の本で、アユずしについても書かれている。しかし、その内容は『美濃奇観』をさらに簡略化したようなもので、さして新しい記述はない。

以上、アユずしを岐阜の名産品としている江戸、明治期の主な郷土誌についてみてきた

わけであるが、以下の点が指摘できる。

　第1に、多くの資料にアユずしの記事が散見されるものの、大半が『岐阜志略』『濃陽志略』に準じている。特に『岐阜志略』中の『鮎鮓濫觴』はバイブル的な存在で、内容の真偽はともかく、後続の資料でこの記事以上に詳細に述べた例はない。第2に、たいていの場合、名物として記載されているのは幕府献上という極めて特殊な事例のアユずしであり、いわゆる一般の流通ルートについてほとんど触れられていない。ただし、献上アユずし以外の記録としては尾張藩士朝日重章の私的日記『鸚鵡籠中記』がある。この中には重章が岐阜で鵜飼見物をしながらアユずしを食したことが記してある（享保2年＝1717）が、こうした記事はさきに掲げた資料においてはまったくみられない。

　すなわち、アユずしの記事はほとんどが献上ずしの故事来歴を述べたもので、客観的で極めて臨場感に乏しい。唯一即時性のあるものは『日本産物志』の中の「人々競ヒテ之ヲ賞ス」という文章であるが、これにしてもさほど具体的な記事とはいえない。アユずしと同じく岐阜名物とされるアユうるかは『日本産物志』『美濃明細記』『岐阜美や計』などで「味が良い」と主観的評価がなされているのに加え、『日本産物志』では糀漬、粕漬とともに製法までが記してある。これらに比べアユずしの記事は明らかに簡素に済まされている。これは各執筆者がアユずしに関しての知識を充分持ちえなかったから、さらにいえば、実物のアユずしに接見する機会に乏しかったからではないだろうか。

　事実、天保7年（1836）刊の西川泰次郎著の地誌『本邦一覧』には、岐阜名物の項にアユうるかの名はあるものの、アユずしは挙がっていない。また、美濃地方の農商手工業の主だった従事者名を列挙した福井熊次郎編『美濃の魁』（明治16年＝1883）でも、アユの粕漬職の名はみえるが、アユずしについては全く触れられていない。

　このように、アユずしは岐阜名物、岐阜土産とはいわれるものの、それは今日的意味での「名物、土産」とは様相を異にし、一般に流通していたものではないと推測される。幕府献上という名声ゆえに名物たりえたのであり、少なくとも市井で容易に口にできる食物であったとは考えられない。『日本産物志』にある「人々」とはかなり特定された階層の人を指しているのではないだろうか。『鸚鵡籠中記』の記事にしても、筆者の尾張藩役人という地位を考慮すれば、献上アユずしに付随した特殊な事例としてみなされよう。

❋3　献上ずしの展開とその廃止

　江戸、明治期における岐阜のアユずしが江戸幕府への献上品としての名声に支えられていたとすれば、ここで献上アユずしについて考察する必要がある。その発祥については今後の調査を待つことにして、以下、献上アユずしに関する概略を記す[注8]。

　元和元年（1615）、江戸城御台所への献上が開始された。献上は夏場の4ヶ月間で当初は月6回、1回の運送量は2荷から3荷（1荷は17桶が基本）であった。献上するすしには鵜アユを用い、その調製と出荷役をなしたのが「御鮨屋」（後に「御鮨元」と呼ばれる）であった。当初は河崎喜右衛門が務め、以来、

河崎家には、すし調製場敷地を「除地」として年貢免除、切米や「御鮨御用」のための炭薪代の支給などの恩典が授与された。江戸城へのアユずしは老中の奉書が添えられて東海道を約5日かけて運ばれたが、その人足代は大半が支給されていない。また、御用鮮の岐阜、笠松間の輸送業務を取り仕切った加納町の熊田家は、領主からかなり優遇されていた形跡がある。元和8年（1622）からは尾張藩が介在を始め、御用のすしはいったん市ケ谷の尾張藩屋敷に届けられ、そこから江戸城に献上されることになった。明暦2年（1656）、すしの調製場（「御鮨所」）が移転整備され、さらに寛文6年（1666）から「御鮨屋」は2家に増えた。このころ切米が加増されたが、享保年間（1716〜1735）になると炭薪代は減給され、同17年（1732）には献上回数が年10回に減る。そして文久2年（1862）、献上アユずしは「御用停止」になり、「御鮨元」への切米は明治元年（1868）に半減された。

　各時代を通じ、幕府御用のアユずしは程度の差こそあれ、常に庇護され続けてきた。これに関与することは大変な栄誉であると同時に、多大な恩典も約束された。したがって、恩恵を受ける側にとってアユずしは献上品以上の意味あいが込められていた。その典型例が鵜匠である。

　元来、鵜飼はほかの漁法とは明確に区別されて幕府から手厚い保護を受け、長良川の川漁は常に鵜飼が優先されてきた。そうした政策の真意は明らかでないが、ひとつには献上アユずしが鵜アユを用いたためである。鵜飼とほかの漁法との間にしばしば起こった対立の際にも「御鮨御用」を理由に鵜匠のいい分が認められており[注9]、鵜飼の保護は幕府の献上アユずし保護策の一環であったことがわかる。鵜匠にとっては、アユずしの献上は単なる栄誉として済まされるものではなく、鵜飼に対する優遇策を維持するための重要な手段であった。事実、幕末に尾張藩がアユ釣り漁を解禁しようとした時、鵜匠たちは御用のすしの中に釣針が刺さったアユが混入するとして猛反対をするが[注10]、そこには献上ずしを盾にして自らの地位を守ろうとする姿が感じられる。

　このように、特殊階層に対する優遇措置の象徴ともいえるアユずしは、優遇する側、される側いずれの立場に立っても特殊な食品であることが望ましい。少なくとも誰もが容易に作りうるものであっては不都合である。ゆえにそれは、かなり限定された人々の間で存続されたと想像されよう。

　さて、アユずしは献上ずしの廃止後に誕生した明治新政府に用達されることはなかった。ここに献上アユずしの時代は完全に終結し、アユずしと中央権力とは分離したことになる。これはアユずしが特殊階層の手から解放されて民間への普及をなす契機であったのだが、実際にはそれは実現しなかった。逆に当の特殊階層においてすら敬遠されはじめた。

　維新政府の成立直後（明治元年＝1868）、鵜匠たちは尾張藩より、有栖川宮家へのアユ製品の調進を命じられる。しかしそれはアユずしではなくアユの塩糀漬であった[注11]。鵜飼優遇の依拠の回復を願う鵜匠にすればどちらでも大差ないことであるが、当時アユずし

が最も好ましい調進方法であったとすれば、献上先が幕府から宮家へと変化しても、それは踏襲されたはずである。約250年にわたって継承された発酵ずしがあえて塩糀漬に置換されたという事実は、アユずしが調進のための調理法としても、当時すでに形骸化していたことを暗示する。

✳︎4 アユずしの衰退と非一般化

以上のようにみてくると、アユずしは、民間に普及することもなく、献上のための調理法としても価値が低下していたという背景の中で、中央政権による公的擁護をなくした。したがってその存続は非常に不安定なものであったと推察される。このことは、「（アユずしは）有名なりしも今は衰えたり」とする明治34年（1901）刊行の岐阜県農会編『岐阜縣案内』の記載とも符合する[注12]。資料的価値を検討する必要はあるが、刊行当時、アユずしが盛んに調製された形跡は、鵜匠家の例は除いて現在のところまったくない。明治末から大正にかけても同様で、少なくともそれが一般に流行したと示す資料はない。

今日聴きうる限りでは、岐阜市内でかつてアユずしを自ら調製した例や他人が調製しているのをみたという例はない。時期的には大正末期までカバーでき、このこと自体、アユずしがそれ以前に一般に受容されていなかった有力な傍証になるのだが、ここではアユずしが非一般的のままで現在まで至ったことについて検討してみよう。

アユずしは、アユを用いた加工食品である限り、アユ料理としてみなさなければならない。そしてそれは川魚料理全体の中で占める価値から考える必要がある。

アユずしは発酵ずしであり、それは本来、魚肉貯蔵を目的とした調理形態である。そこで川魚に最も関連の深い川魚漁師の家庭を例に、貯蔵食としてのアユずしの存在意義をみてみよう。漁師家では年間を通じて川魚が食卓に上がる。ある家庭の例を取れば、2月のハエ（オイカワ）、3月から5月上旬のウグイ、5月中旬から10月のアユ、秋のセンパラ、11月から1月のイカダバエ（10センチ以下のハエ）という具合である。この家の漁師は年中漁をし、この食事サイクルは漁のサイクルと一致している。つまり、捕獲できたものをその直後に食するという原則が見出される。このことは単に漁師家の自給自足性を示すに留まらず、魚肉貯蔵に対する価値観をも表していよう。

これらの魚を同一レベルに置くのは問題があるかも知れない。事実、岐阜地域の一般住民に対する別の聴取結果からは、魚には種類によってランクがあり、さきに挙げたものの中ではハエよりもアユのほうが高級魚として認識されていることがわかっている[注13]。しかしさきの例では、いくら高級魚でもシーズンオフには食事に供されないことがわかる。むしろ旬の魚に重きが置かれており、そこには貯蔵の必要性は感じられていない。

次に、発酵ずしを一料理としてみればどうであろうか。まず、日常の食事とした場合であるが、米を大量消費するという性格上、その可能性は薄い。アユをはじめ川魚の岐阜地域における一般的な調理方法はしょうゆ煮と塩焼きである。しょうゆ煮は「赤煮」と呼ばれ、しょうゆ、酒、砂糖で煮つけたものであ

る。場合によってなま臭みを消すためにサンショウなどを入れる、みそで煮る、など若干のバリエーションがあるものの、これは最も日常的な調理法である。塩焼きはアユ、ハエ、ウグイなど大型魚に限られ、しょうゆ煮よりも高級なものとされるが、ケの料理のひとつである。一方、ハレの日の料理としてもアユずしは登場しない。今日、アユずしを不可欠とする特定行事は認められない。行事の面からみても、旧盆、野休み、虫供養、そのほか一般仏事などにはなま臭物を食さないし、婚礼そのほかの人寄せ行事には刺身、酢の物、魚田（素焼きの魚にみそをつけたもの）が供せられた。また、海魚を購入して料理することもあった。

このように、アユずしは一般の食生活の中で、貯蔵食としても、一料理としても、存在の必然性に乏しい食物であったことがわかる。そこにはアユずしなしの食事体系が完成しており、アユずしが入り込む余地はない。一般住民の立場からいえば、調製する必要がなかったわけである。こうした食体系が存続したことが、今日にいたるまでアユずしが非一般的であり続けた最大の理由に思われる。

アユずしを必要としないこのような食体系の成立時期は不明であるが、少なくともそれはアユずしを排除するために形成されたものとは考えられない。なぜなら、その中にアユずしに対応して成立させたと思わせる食品がないからである。むしろ明治になってアユずしの献上という特殊性が喪失し、一般への普及の可能性が生じた時には、こうした食事体系がすでに完成していたものと推測される。

もちろん、インパクトの強い新規の文化が新たに受け入れられることによって、過去に形成された食習慣が変化することもあろう。しかしさきにも述べたとおり、アユずしはその特殊性が解除された時点では、それまでその特殊性を遵守してきた階層においてさえも、価値が低下していたものである。従来の民間の食体系を改変するだけの影響力は持っていなかったであろう。

さらに、今日「アユずし」の名で一般的なアユの姿ずしは、明治37年（1904）頃に駅売りが開始されている。昔ながらのアユの発酵ずしでは商品にならないと判断されたようで、当時の岐阜駅長が構内販売業者に要請してこれを考案させたとの逸話が口伝されている[注14]。このすしは近年まで同じ業者によって存続していたが[注15]、このような新しいタイプのアユのすしが成立しえたのは、駅売り商品（弁当）という従来にない分野において需要があったからであろう。ともあれ、姿ずしは岐阜駅乗降客を中心に知名度を高め、「アユずし」の名前で定着した。こうした台頭も従来のアユずしの衰退に拍車をかけたと思われる。

✽ 5 鵜匠家におけるアユずしの存続

今日、鵜匠家で調製されるアユずしの発生時期は明らかでないが、各家には明治よりも時代を遡るとされるすしの調製法が伝わっている。しかしこれが献上アユずしと直結するとは断言できない。献上アユずしと鵜匠家のアユずしには、調理法においてほぼ共通するが、アユの塩漬け期間が前者が後者に比べて極端に短いという相違点もある[注16]。献上ずしは「御鮨屋」が調製するもので、本質的に

II-3 岐阜県岐阜市の鵜匠家のアユずし
(昭和62年1月撮影) 杉山市三郎氏宅

は鵜匠は単なる原料調達者である。アユずしの製法が「御鮨屋」から伝授されていたことや、逆に「御鮨屋」のアユずし製法そのものが鵜匠から教唆されたものであることは、いずれも充分想像されることであるが、ともに確証はない。

明治23年（1900）、長良川の鵜飼は御料鵜飼に認定された。鵜匠は宮内省主猟寮に属することになり、ここに献上ずし廃止以降不安定であった中央政権との関係が回復した。以後今日まで、鵜匠家から宮中へは生アユが調進されている。その反面で、興味深いことに、今日鵜匠家から尾張徳川家に対しアユずしが贈られている。その開始時期や発端については明らかではないが、幕末の「御鮨屋」廃止によって終結したはずの尾張家へのアユずし献上が、いつの間にか復活しているのである。もちろんこれは公的なものではなくあくまでも個人的な贈答であるが、尾張家への調進アユが宮中と同じ生アユではなく、アユずしであったことは注目される。つまり鵜匠家は、公的には生アユを献上したものの、私的な贈答品にはアユずしを再び採用した。

生アユを東京まで運ぶ技術を持ちえた時代に、はるかに鮮度の劣るアユずしが贈られたことは、それが貯蔵食の域を完全に離脱したことを意味する。アユずしの贈答は、単なるアユの贈答ではない。それがアユ加工食品としてすでに明治初頭には一般性を失っていたことを考えれば、アユずし自体に特殊な価値があったといわざるをえない。尾張家にとってのアユずしの特殊な意味とは、それがかつて長期にわたって献上されたという事実であろう。アユずしの贈答には、かつての栄誉が再確認されていると同時に、鵜匠の特権意識が象徴されているのではないだろうか。

さて、現在の鵜匠家におけるアユずしの主たる用途は冬季の贈答品である。毎年12月初めに漬け込み、ある鵜匠家では、400～500尾のアユずしを10～15尾ずつ関係者に配付する。また、鵜匠家自体でも正月の縁起物の酒肴として食されることがある。こうした習慣は、少なくとも大正末期には確立していた。口伝ではそれよりもはるかに遡るという。鵜匠家におけるアユずしの存続は、その贈答習慣に依拠してきたものと考えられる。

この贈答習慣自体には特別な意味は伝えられていない。しかし現存の鵜匠にはそれを断絶する意志はない。それはアユずしの消滅にもつながるからである。鵜匠たちにはアユずしを継承する一種の義務感が感じられる。鵜匠の贈答習慣がアユずしを存続させてきた一方で、アユずしの存在がまたこの贈答習慣を存続させてもいるのである。

❇ むすびにかえて

岐阜のアユずしは江戸幕府への献上品とい

うことで幕末にはかなりの名声を得ていた。しかし当時の諸文献を再検討してみると、その名声は必ずしも民間への普及を意味してはおらず、アユずしは今日的な意味での「名物」であったとは考えられない。同時に江戸期におけるアユずしが単なる献上品、貯蔵食、アユ料理などの域を超え、鵜匠という特殊階層保護の象徴的存在であったことからも、一般階層への容易な普及はありえなかった。

アユずしが献上品でなくなり、その特殊性が解除された後も、それが民間に普及した形跡がない。民間には、アユずしを必要としない食事体系がそれ以前から成立していたようで、従来、特殊階層の食物として存続してきたアユずしには、日常食としてはもちろん、行事儀礼食としても貯蔵食としても、受容される理由がなかったからであろう。また、明治末期にはアユの姿ずしが強力な宣伝媒介をもって台頭し、「アユずし」の名で普及した。今日のアユずしの非一般性は、それが民間に普及しうる環境になった時にはすでにそれを必要としない先行の食文化が存在していたこと、そして後に名称の上でその代替をなすような新規の食文化が起こり存続したこと、などから説明されよう。

現在鵜匠家のみにみられるアユずしの存続は、その贈答儀礼の存続と密接に関連しており、両者は相乗効果を奏している。鵜匠にとってのアユずしはかつて自らの特殊な地位を象徴したものであり、その存続の根底には鵜匠という地位に対する自己認識がある。彼らのアユずし贈答儀礼は、決して単なる過去の踏襲ではない。

極めて限られた家でのみ調製されるという岐阜のアユずしの現状は、こうした経緯によって生じた結果であると思われる。文化は無条件に受容され、無条件に存続するものではないことを示唆する例ではないだろうか。

❖注

注1 このあたりの展望は千葉徳爾の著作に詳しい。たとえば、千葉徳爾（1966）や（1986）などがある。

注2 たとえば、岩井宏實（1986）や米山俊直（1986）などがある。

注3 概略については、白水正（1982）や岐阜市編（1977）などを参照されたい。

注4 篠田統（1966）。

注5 各史料については、以下のように複刻出版されている。（1972）『美濃明細記・美濃雑事記（合本）』大衆書房、（1971）『岐阜志略・尾濃葉栗見聞集（合本）』大衆書房、（1970）『濃州徇行記・濃陽志略（合本）』大衆書房、（1972）『新撰美濃志』大衆書房、（1976）『日本産物志　美濃部』岐阜県郷土資料刊行会、（1976）『美濃奇観』大衆書房、（1976）『岐阜美や計』大衆書房、（1965）『鸚鵡籠中記』（名古屋叢書続編）名古屋市教育委員会、（1985）『本邦一覧　美濃・飛騨・尾張』岐阜県郷土資料刊行会、（1975）『美濃の魁』岐阜県郷土資料刊行会。

注6 1583年にそれまでのユリウス暦に代わってグレゴリオ歴が採用された。天正年間が1573〜1593としたのは、開始年がユリウス暦、終息年がグレゴリオ暦だからである。

注7 土岐氏大守の時代に合わせるため、「天正」は「天文」の誤記とする説もある。

注8 岐阜市編（1976）を参照した。

注9 岐阜市編（1976）前掲。

注10　岐阜市編（1976）前掲。
注11　岐阜市編（1976）前掲。
注12　岐阜県農会編（1901）。
注13　日比野光敏「民俗文化の分布域に関する研究」（未発表　昭和59年度＝1984　名古屋大学大学院文学研究科提出修士論文）。なお本書ではこの論文の一部も収録しており（「Ⅲ—2　すしの分布域　愛知県名古屋市周辺のハエずし」）、この論文の中で「アユやウナギは大人も捕獲したが、ハエ獲りは子どもの遊びの延長」と、アユという魚の優位性について述べている。
注14　駅売りのアユずしについては、嘉寿美館（岐阜駅構内営業業者）の加藤公氏の談話と同社80年誌（1984年刊）による。
注15　嘉寿美館は平成17年（2005）6月、営業を停止した。
注16　白水正（1985）による。

❖参考文献
- 岩井宏實（1986）「変転する日常生活」『現代と民俗』小学館。
- 岐阜市編（1976）『岐阜市史　通史編　近世』岐阜市。
- 岐阜市編（1977）『岐阜市史　通史編　民俗』岐阜市。
- 白水正（1982）「鮎鮓の製法」『仮称岐阜市歴史博物館建設ニュース』2号。
- 白水正（1985）「献上鮎鮨の製法について」『岐阜市歴史博物館だより』第2号。
- 千葉徳爾（1966）『民俗と地域形成』風間書房。
- 千葉徳爾（1986）「日本の民俗と自然条件」『風土と文化』小学館。
- 米山俊直（1986）「都市化と民俗」『現代と民俗』小学館。

4　知られていない伝統（2）
福井県敦賀市の疋田ずし

✤ はじめに

　北陸から日本海沿岸を北上し北海道西岸にいたる広い範囲にイズシが分布する。イズシは発酵ずしの一種で、糀を混ぜ合わせ、魚のほかにダイコンやニンジンなどの野菜類を一緒に漬け混ぜ発酵させたものである。秋田のハタハタずし、酒田の粥ずし、金沢のカブラずしなどがその代表的なものである。

　わが国のすしの変遷史においては、近江のフナずしを最古形態に据え、その派生によって今日の多様なすしを説明づけている。古来は米飯の中に魚（獣肉）を漬け込み、魚（獣肉）のみを食していたもの（ホンナレ）が、室町の頃からその米飯も一緒に食べるナマナレとなったとされ、イズシはさらにその亜流に位置づけられる。ホンナレやナマナレには糀は使用しない。しかしこれでは寒冷地では充分な発酵が得られないため、その促進剤として糀を混用するようになった、すなわち、イズシの特徴を糀の使用という点に置き、それはナマナレの寒冷地適応型とするわけである。

　ただ、すしの先駆的な研究者である篠田統（1966）も、このイズシの系統についてはあまり詳細な記述をせぬままにこのようなナマナレの亜流説を呈しているし[注1]、一方では、石毛直道（1986）が東アジアや東南アジア各地の食事情から、糀を使ったすしはフナずしのような発酵ずしとは違った形成過程がある可能性を示している[注2]。つまり、少なくともわが国における糀を使わない発酵ずしの

系統と糀を使ったイズシの系統の因果関係は、まだ充分に論じられていないのが実態である。

福井県の敦賀郡疋田村（現・敦賀市疋田）は同県の最南端に位置する。琵琶湖西岸に北上する西近江路と東岸の塩津街道、江戸街道の合流点で、3関のひとつ・愛発の関跡に比定されているところである。この疋田はアユの発酵ずし（ナマナレ）の産地として知られ、それは地名をそのままとって疋田ずしと呼ばれている。後述するが、江戸期にはその名声は高く、将軍家御用にもなった。同時にこの地は、北陸、とくに加賀から若狭にかけて存在するイズシ（ニシンずし）の分布域の南端にもあたる。さらにすぐ南は滋賀県で、古来型の発酵ずしの代表とされるフナずしの分布域に接している。

本稿は、糀を使わない発酵ずしと糀を使うイズシ、両分布域の接合点にある小村のすし・疋田ずしを取り上げ、その歴史や製法などを考察するものである。その上で、疋田ずしを軸に、2つの系統のすしの相関性についても考えてみたい。

❋ 1 古代、中世における越前若狭のすし

疋田のアユずしはいつ頃から、どういう流れの中で生まれてきたのか。極めて限られた資料によらざるをえないが、ここでは敦賀を含めた越前若狭両地方における江戸時代以前のすしについて概観してみよう注3。

目下のところ、当該地域のすしの最古資料ともいえるのは、平城宮跡から出土した木簡であろう注4。都への献納品の荷札をはじめとする多数の資料の中に「若狭國遠敷郡青里御贄多比鮓壱」と記されたものがあり、贄としてのすしが確認される。この木簡は天平12年（740）をさほど下まわらない頃の成立とされている。当時すでに若狭の遠敷郡地方にすしの製法が存在しており、奈良の都に納められていたことを示している。

平安期に入ると、都への献上物はさらに増加したらしい。著名な延喜式には各地からの献上品の記載が豊富にある。これによると、当時、若狭国からはアワビのすしとイガイとホヤの「交鮨」を納めることになっている。平城宮に納めていたと思われるタイは「楚割」にして送られ、すしにはならなかったようである。

両資料において、すし以外の水産物に目を向けてみると、平城宮木簡にイワシの䐂（干物）とイガイ（調理法不詳）の記載がある。ともにタイのすしと同じ青里からの献上である。また、藤原宮出土の木簡の中に若狭からのものと推定される荷札があり「富夜交作」とある。「交作」はあえものと解されるが、「作」の字を「鮓」の誤記とすれば延喜式の記載紀事と一致する。一方、延喜式の方では、越前が「鮭子」「氷頭」（サケ）「生鮭」とサケの献上が目立つ。また若狭では先に挙げた品々のほかイカ、ウニ、ナマコ、サケなど種類が多い。

ここで注意をすべきは、これらの資料に散見される献納水産物のほとんどが海産物であることである。当時の貴族たちは川魚はあまり食べなかったのだろうか、今昔物語集の中に越前守・藤原為盛の饗応場面があるが、登場するのは干タイ、塩引きのサケ、アジの塩

辛、タイの醤と海魚ばかりである。もちろん川魚が全くかえりみられなかったわけではない。たとえば万葉集巻19にある大伴家持の歌（天平勝宝2年＝750）に「…叔羅川　なづさひのぼり　平瀬には　サデ（小網）さしわたし　早き瀬に　水鶏を潜けつつ　…（抜粋）」「鵜川立て取らさむ鮎の其が鰭はわれにかき向け思ひし思はば」などとある。叔羅川は今の九頭竜川（大野市近辺）もしくはその支流・日野川（越前市、南越前町近辺か）に比定され、アユなどの川魚をサデや鵜飼などによって捕獲する当時の越前の風景を詠んだものであるが、これらの魚がもっぱら鑑賞用であったとは思われない。食用にもなったはずである。また、先述の延喜式には若狭の項に「雑鮨」「雑腊」が、越前の項に「雑物腊」があり、これらを川魚の加工品だと推定する説がある[注5]。それにしても「雑」と表現してしまえるほど「雑」の正体は比重が軽かったわけである。いずれにせよ、古代においては当該地方から中央への献納水産物は、海のものがメインであったといえよう。

中世資料は今のところ敦賀の気比神宮の『伝旧記』（建暦2年＝1212）しかみあたらないが、その中に「鮨」の字がみえる。社領から年貢の一部として献上させたものの中に「鮨桶、大鮨桶、甘鮨桶」とある。材料がわからないのが難点であるが、社領がいずれも海浜部の漁村であることと、この神社が食物を司る神を祀りとりわけ海人らの信仰を集めたことを考慮すると、海魚のすしであった可能性が高い。なお、この「甘鮨」とは従来よりも漬け方の甘いすし、すなわちナマナレであるともいわれている[注6]。

こうした経緯をみるとき、古代中世において敦賀近辺でアユずしが作られたか否か、実に微妙になってくる。奈良時代にはすでに若狭ですしの製法が存在しており、越前ではアユが捕獲されていた。また、延喜式によれば、当時、美濃や播磨、伊勢、丹波などからアユずしが貢進されていた。敦賀でもアユずしが調製されていても不思議はないのであるが、資料からは何ともいいかねる。むしろ、当時の越前若狭のすしは海魚が主であり、アユずしに関しては消極的にならざるをえない。

時代が下って、永禄11年（1568）5月17日、越前の大名・朝倉義景は将軍・足利義昭を一乗谷の居館に迎えた。その記録『朝倉亭御成記』によると、この時にすしが供されている。すなわち、第3献の「すし」と「うちまる」（宇治丸＝ウナギの発酵ずし）、第17献の「あゆのすし」である。「すし」は材料がわからないが「あゆのすし」と別記しているからアユではなかろう。従前のような海魚のすしかもわからない。ともあれ当該地方のアユずしについての文献としては古い資料である。

当時、越前では九頭竜川（大野＝現・大野市）、日野川（今庄＝現・南越前町）、笙ノ川（現・敦賀市）などでアユが獲られていた。このうち大野には一党の朝倉景鏡の居館があり、敦賀には朝倉一族が務めていた敦賀郡代の居館があった。ともに義景には縁のあるところで、これらの地域からアユが運ばれてきた可能性が高い。つまり敦賀のアユずしかもしれないわけである。

✳ 2 疘田ずしの発生

桃山の終わり、秀吉の頃になると、資料の

中に敦賀・疋田のアユずしと明記したものが多く登場し始める。同時に疋田ずしと記されることも多く、当時疋田がアユずしの産地として知られていたことを物語る。それではこの疋田がいつ頃、アユずしの生産地としての地位を確立したのであろうか。民間レベルでのアユずしの発生期を確認するのは困難であるが、時の権力者への献上を通じてそのあらましをみてみることにする。

まず、石川県立歴史博物館所蔵の小宮山家文書[注7]によって推定してみよう。同家は敦賀の豪商・高島屋伝右衛門家の末えいで、同文書はその豪宿を務めた加賀前田家およびその家中、分家らから伝右衛門に宛てた書状群である。伝右衛門は襲名で、書状の成立時期は天正末期から寛永期にわたる。この書状群には贈答に対する礼状も多く含まれており、アユずしに関して最も古いものは、前田利家の次男で能登に封ぜられた利政の書状（文禄2年＝1593～慶長5年＝1600と推定）にある「疋壇鮨」である。以降、アユずし、疋田ずしの名は、初夏から夏の贈答品として多く挙がってくる。おそらくはこの当時、疋田のアユずしが世にその名を知らしめることになったのではないか。

敦賀市疋田に在住の長谷川一郎家に伝わる文書『長谷川氏由緒書上帳』（文政8年＝1825記）にも[注8]、その頃疋田ずしが中央権力と関係を持った旨が記されている。同資料によれば、慶長3年（1598）6月に「奉行若代彦左衛門吉田半兵衛名主利左衛門代、但シ其時親清左衛門と申也、併作右衛門熊助合三人伏見城へ参り、鮎之鮨ヲ漬申太閤秀吉公ヘ指上ル」とある。これだけではそれ以前に疋田のすしが存在したのか否かよくわからないが、時代的に、先の前田利政の頃と符合するのは偶然の一致ではないように思われる。

✱ 3 献上疋田ずし

江戸時代に入ると、その開始年代は明らかでないものの、疋田のすしは少なくとも19世紀中葉までに幕府御用となり、天保年間まで続いた。疋田は越前国であるが若狭小浜藩領であったため、疋田ずしは小浜酒井家の時献上として上納された。『武鑑』[注9]によるとその幕府献上の時期は6月とされているから、先述の高島屋伝右衛門が前田家に贈ったものや疋田の名主らが伏見の秀吉に献じたものと同系のものとみてよかろう。

さて、その献上法については敦賀町奉行の記録『指掌録』（享保～元文年間＝1716～1740に主要部が作成されたと推定）[注10]が克明に伝えている。以下は同記録の要約である。

疋田から江戸に行くすしには「御音物」（みやげ）と「御献上物」（将軍家御用）の2種類があり、どちらのすしアユも鵜飼によって捕獲することとされていた。「川入」（アユ獲り）の期日は常に江戸着の日を考慮して逆算し、役所と協議の上、決定する。江戸着の翌日もしくは翌々日が将軍の「精進日」に当たらなければ、土用の2日目に御音物用のアユを獲り始めるのが恒例となっている。

すしの容器は桶（曲げ物）で、すし1桶が約800匁の重さであった。小浜藩では年間40桶のすしを一種の営業税として鵜匠から運上させ、それ以外は、1桶を銀2匁で買い上げた。献納するすしの桶数は年によって差があり、最終的な数は5月末に、小浜から鵜匠た

ちへ申し渡された。

　すし漬けの過程は厳密に定められている。「御音物」は数が多いため、2日（夜）間かけてアユを捕獲し、いずれも獲った翌朝すぐにすしにする。先に漬けたものは翌日から2日、後に漬けたものは1日、それぞれ間を置き、アユを獲り始めてから5日目の朝、荷作りをする。桶を藤でからげてさらにわらで巻きつけ、こもで包み込む。こうして夕方、疋田を出、翌日から7日間の道中を経て、アユ獲りから数えて12日目に江戸に着く。馬による輸送がなされたためこれを「馬付鮨」とも呼んだ。一方「御献上物」の方は1晩でアユを捕獲し、翌朝にすしに漬ける。中1日置いて4日目の朝に「御音物」と同じ荷作りをし、同夕に疋田を出発する。翌日から5日間の道中を経て、アユ獲りから数えて9日目に江戸に着く。したがって、双方のすしを同日に江戸に届けるのであれば、最初2晩に「御音物」用のアユを、4日目の夜に「御献上物」用のアユを獲ればよい。「御献上物」のすしの輸送は徒歩で、「徒歩持鮨」とも呼ばれる。なお献上のすしは、アユ獲りおよび漬け込みともに、大目付衆の立ち合いのもとで行われ（「御音物」は不要）、このために大目付衆は敦賀の役所から疋田までやって来た。その後一旦敦賀に戻り、荷作りの際、すし桶に封印をするため再度疋田に来訪した。

　このほか『指掌録』には、人足や馬の手配、路銀の配分、資材の調達をはじめ、増水そのほかによるアユ不足、すしの不出来など不慮の事態への対応にいたるまで細かく記述してあるが、ここでは割愛する。

　このように厳重な規定のもとに江戸送りとされた疋田ずしは天保年間（1831～1845）に「御仁政」により廃止となっている[注11]が、その詳細についてはわかっていない。「御仁政」が何を指すのか不明であるし、年代についても12年（1842）説[注12]と14年（1844）説[注13]とがある。

　一方、今日の通説では、江戸送りとは別に小浜送りのすしがあり、江戸送りが廃された後も小浜送りは存続していたとされるが、これについても検討の余地がある。第一、それまで本当に小浜に運上されたすしがあったかどうかが疑わしい。あったとすれば江戸送りほどでないにせよ、やはり相当の規定があったはずであるが、それについては『指掌録』はほとんど触れていない。小浜送りとされるべきすしは実際には小浜には持ち込まれず、すべて江戸送りに宛てられたものと考えられる。先の『長谷川氏由緒書上帳』には、貞享3年（1686）3月、疋田鵜匠が小浜城にアユずしを献上し、金300疋をほうびとして与えられたことが記してあるが、これなどは運上とは別物として考えられよう。

❋ 4 疋田鵜飼と疋田ずし

　疋田ずしの献上過程からも明らかなように、このすしは鵜飼と密接に関わっている。よく似た事情を有する例として、岐阜長良川の鵜飼と献上アユずしの関係はあるが、岐阜の献上アユずしは、アユの捕獲は鵜匠が行うものの、すしの調製は「御鮨所」なる機関に移管された[注14]。これに対し疋田のアユずしは調理そのものを鵜匠が行うこととされた。

　『指掌録』所収の「疋田鵜匠共誓詞（写）」（天和3年＝1683　5月15日記）には鵜匠がア

ユずしを調製するにあたっての諸注意が記されており、調製の際には身を清める、アユは新鮮なものをよく洗う、米も吟味しそれを炊く鍋はよく洗う、そのほかの道具は新調する、漬けた後は重石を点検する、毒見をする、などごく一般的なものに混じって、献上が終わるまですしの売買をしないことが挙がっている。鵜匠とすしとの関係は岐阜よりも直接的であったわけである。

ここで疋田鵜飼について簡単にみておく。福井の鵜飼が奈良時代まで遡ることは先に挙げた大伴家持の歌で明らかである。しかし疋田の鵜飼はずっと時代が下がる。

敦賀の津内（旧敦賀市域内）に鵜飼ヶ辻なる地名がある。この地名の由来として『敦賀雑記』注15や『敦賀志』は、いつの頃からか若狭の方から鵜匠が移り住んできたところだとしている。鵜匠の出身地が『敦賀雑記』は菅浜浦、『敦賀志』は早瀬浦と、若干の相違をみせているものの、ともに現在の美浜町にあり、さほど離れていない。ともあれ、敦賀の津内町に鵜匠がおり、同所を流れる笙ノ川で鵜飼が展開されていたことがわかる。

慶長3年（1598）、10人ほどいた疋田鵜飼衆が役銀32匁を敦賀鵜匠に納めて、笙ノ川上流部の鵜飼権の許可を得た注16。このことから、疋田鵜飼は敦賀鵜飼より新しいことがうかがわれ、疋田における鵜飼の正式な展開はこの頃に始まるとみてよかろう。また、この時期は先に述べた疋田ずしが史料に出始める頃と一致しており、疋田ずしが鵜飼とセットで、もしくは極めて深い関係を持ちながら成立したと推測される。なお、敦賀の鵜飼は『敦賀雑記』『敦賀志』の頃には消滅しており、以後この近辺の鵜飼は疋田が代表することになる。

江戸時代の疋田鵜飼は、船を使わず川べりを歩く徒歩鵜飼で、その形態は明治末年に疋田鵜飼が消滅するまで継承された。鵜匠は初夏から秋にかけてのみ鵜飼を行うもので、オフシーズンには鵜を「近州」に預けて農業を営んでいたらしい。より洗練された同時代の長良川鵜飼に比べれば実に原始的であるが、小浜藩主の上覧がたびたびあったということから、単なる漁労手段ではなく、遊興の対象でもあったわけである。

小浜藩による疋田鵜飼の管理の実情は現段階では明確な史料がない。ただ長良川鵜飼では、藩が献上アユずし確保のために鵜飼を保護し、鵜匠側もアユずしを武器に漁権そのほかの優遇措置を獲得するという図式があった。疋田鵜飼もそれに似た状況であったのではないかと思われる。事実、鵜匠達に貸与されたアユずし用の米は無利子であったことが『指掌録』に記されている。

だが、享保13年（1728年）には、従来のような米の貸与を、藩が拒否している注17。理由は不明であるが、あるいは当時鵜飼に対して消極的な風潮があったのかもしれない。同じ頃（享保8年＝1723）、同じ越前国の三国鵜飼が廃絶している。そして天保年間に至って疋田ずしの江戸献上がなくなるのであるが、これは疋田の鵜匠達にとって大きな打撃となったことであろう。同時にアユずしもしくは鵜飼の斜陽化を示す一件でもある。

✱ 5 疋田ずしの衰退と消滅

疋田ずしを仲介とした藩と鵜匠達の関係が

いつまで存続したのか明らかではない。おそらくは江戸献上の廃止以降、急速に両者の関係は疎になったと思われるが、憶測の域を出ない。

その一方で、疋田のすしがこの地方の名物であるとする書物が多刊されたのも事実である。例を挙げれば、中央（江戸）のものには、正保2年（1644）に板行された松江重頼による俳諧教本『毛吹草』の巻第4「従諸国出古今名物」の項[注18]、享保15年（1730）の『料理網目調味抄』（嘯夕軒宗堅著）[注19]などがある。18世紀中〜後期の刊行とされる越前の郷土誌『越前鹿子』（作者、成立年不詳）[注20]も同様である。また、文政11年（1828）刊、十返舎一九の諸国漫遊記『金草蛙』にも、敦賀の場面で「名物や　人を疋田のすしなれや　おしかけてくる　茶屋のにぎわひ」なる狂歌が記載されているなど、この種の資料を逐一挙げていると枚挙にいとまがない。疋田ずしは鵜匠からの献上品としてのみに使用されたわけではないことは先の「疋田鵜匠共誓詞」で明らかであるし、事実、敦賀の高島屋伝右衛門らが購入した形跡もある。しかしながら、これも長良川鵜飼の例であるが、多くの書物に土地の名物として紹介されながらも、実際にはそれが民間に普及しているわけではなかった。疋田の場合も同様であったと考えられる事情がある。

明治5年（1872）、疋田の鵜匠総代が敦賀郡役所に対し、笙ノ川において従来通り鵜飼漁をさせてくれるよう願い出ている[注21]。その際、周辺住民にはくれぐれも迷惑にならないようにすると念を押しており、優遇を保証させるというより、存続自体に危機感を抱いていたような感がある。かつて藩主の上覧を仰いだような栄華はうかがわれない。同11年（1878）10月、明治天皇が疋田を行幸した折、アユずしが献上された[注22]。同じ頃、長良川の鵜匠達も、有栖川宮家にアユを献ずることによって維新後の政権との関係を確保しようとしていたが、疋田においてアユずしを献じたのは土地の名豪家で旅宿商を営む森田家（屋号は八幡屋）であり、鵜匠は直接関与していない。すなわち、アユずしは疋田鵜飼の起死回生を計るために献じられたのではない。「秀吉以来」という名声に支えられた「珍なる逸品」であるがゆえに進呈された土産品なのであり、それは同時に、当時においてアユずしが民間に広く流布していた慣行食ではなかったことを示していよう。

今日、疋田周辺で聞きうる限りでは、アユずしの製法を知る人はごく少数である。そのいずれも鵜匠関係者で、このことからもアユずしは鵜匠家以外ではあまり一般的ではなかったことが推測される。参考までにその製法を略記する。以下は疋田で最後まで鵜飼をしていた長谷川利一郎（明治末年に没）家に伝わるものである。なおこの長谷川家は、先に挙げた『長谷川氏由緒書上帳』の所有家である。

アユは捕獲してすぐ腹開きにして内臓を出し、骨も手で抜く。これを一旦塩に漬けておき、その後水で塩気を洗い流す。丸桶（へぎ袖＝曲げ物）の底に柿の葉を敷き、ご飯を入れる。このご飯の上にアユを並べ、さらに上にご飯を乗せる。ご飯には味はつけない。これを数回繰り返し、桶に一杯になったらまた柿の葉を置き、ふたをして重石を乗せる。こ

れを涼しいところに置いておき、発酵を待つ。「アユずし三日」ということばがあり、アユずしは漬けて3日たったら食べられるようになるが、重石をきかせれば1週間からひと月くらいは保存できる。作るのは初夏が多いが、秋の落ちアユのすしも美味といわれる。

長谷川家のアユずしの製法は、初夏のものである、曲げ物の丸桶に漬ける、アユは捕獲後すぐに塩漬け処理をし、その翌日にはすしにしてしまう、など『指掌録』にある献上疋田ずしのそれと非常に似ている。長谷川家のすしの方がふた開けの時期が早い、つまり漬け込み期間が短いが、江戸までの輸送事情を考えれば献上ずしの方が開封が遅れるのは当然であろう。ともあれ、調製法は献上ずしに準じているといってもよかろう。

このアユずしは長谷川家でも作ることはほとんどなく、その伝統も消滅寸前である。またこのほかに「アユの早ずし」もある。これはご飯に糀を混ぜる発酵ずしで（酢は使わない）、箱（型）にアユを2尾ずつ並べて漬けるものである。この早ずしは比較的遅くまで作ることがあったが、やはり今日ではめずらしくなったという。

✱ 6 疋田ずしとニシンずし、フナずし

今日、疋田で伝統的な発酵ずしといえば、まずニシンずしの名が挙がる[注23]。それほどまでにその習慣は根強い。夏場や秋祭りの時にも作られることがあるが、多くは正月用として作られる。

このニシンずしの歴史については不明確な点が多く、発生時期もよくわかっていない。ただ、北日本産のニシンが身欠きニシンとして加工され、販路が拡大したのは17世紀中葉から18世紀にかけてのこととされる[注24]。また、寛文7年（1667）の敦賀における諸職の営業税の中で、室役（糀屋仲間の納税）が馬借役銀についで多かったほど糀の流通は盛んであった[注25]。疋田周辺でニシンずしが盛んになった背景にはこうした事情があったであろうから、その黎明はこの時期をひとつの目安と考えることができる。当時の料理本にはこのすしが挙がることは少ないが、宝暦14年（1754）の『料理珍味集』に若狭の産物として記載されている[注26]。また、場所は金沢であるが、文化4年（1807）から天保9年（1838）にわたる金子鶴村（加賀藩の重臣・今枝家の儒臣）の日記『坐右日録』（通称『鶴村日記』）には正月用の贈答品としてニシンずしが多く登場する[注27]。材料を明記したすしの中では最も頻度が高い。その流行ぶりは敦賀や疋田でも無関係ではなかったであろう。

極めて大まかにみれば、疋田ずしの衰退とニシンずしの興隆は、時期的には連続しているように思える。しかしながら、両者の直接的な因果関係、すなわち前者が後者に移行したとするには一考の余地がある。

その理由として、第1に、両者の形態的な差異を埋める中間形態のすし（移行したとするならば、その過渡期のすしといってもよい）が残存していないことがある。疋田ずしがニシンずしになるには、素材のすし魚をアユという川魚から身欠きニシンという海魚の加工品に替え、糀を混和し、さらに野菜も一緒に漬け込むようにする、といったさまざまな変

化を遂げなければならない。こうした変化が、後に中間型を残さないほどに完全に、かつ急速に起こったとは考えにくいのである。

　第2に、調製時季が異なっている。秀吉の頃から献上のすしを経て今日にいたるまで、疋田ずしは初夏から夏の産物であったが、ニシンずしは金子鶴村の頃から主として正月用の食べ物である。調製時季の違いは、単に食用時季の違いにとどまらず、食用時機すなわち年間の食サイクルの中での位置づけの違いをも物語ろう。今日的なニシンずしが誕生し成立するには、従前の正月料理の構成にそれを加え入れなければならない。しかもその原形が疋田ずしにあるならば、夏季の貯蔵食のひとつを冬季のハレ料理に仕立て上げる必要がある。食べ物のこうした機能的な変化は、製法などの変化にもまして、起こりにくいと思われる。

　第3に、それぞれの支持層に違いがある。ニシンずしは今日広く民間に流布しているのに対し、疋田ずしが鵜飼関係者のみで伝承されている。また、疋田ずしの歴史を調べるに当たって参照した資料の中にはニシンずしの名が挙がることはなかった。このことからも、双方は互いに別個の次元で発展したことがうかがえる。

　したがって、疋田ずしとニシンずしの間には一線を画することができ、前者から後者へという変遷については否定的にならざるをえない。それに対して、疋田ずしとフナずしとの間にはやや類似点が多い。

　フナずしが少なくとも2ヵ月以上、場合によっては数年にわたることもある漬け込み期間を有する発酵ずしであるのに対し、疋田ずしはせいぜい10日ほどしか漬けておかない発酵ずしであるという相違はあるが、いずれも糀を使わず魚と米飯と塩のみで作り上げる発酵食品という点で共通しており、調製時期も初夏から夏で同時期である。糀を使うイズシ群に対するグルーピングをすれば、同一の範疇とみてもよかろう。

　近江のフナずしは少なくとも延喜武の頃には成立しており、以来、連綿と存続して来たとされる。疋田ずしの成立年代を桃山時代をさほど遡らない頃に設定するとすれば、当時近江のフナずしがナマナレへと変化しつつ北上し、疋田ずしを生み出したと考えることもできる。しかし、古代から越前若狭にすしの製法があったことは先述の通りで、疋田ずしの源流を近江のフナずしに限定することはできない。

　また、今日的な状況に限っていえば、北陸におけるニシンずしと同様に、フナずしも滋賀県下で広く定着している。さらにすし魚の処理法が、フナずしが約1ヵ月の塩漬けを施したフナを使用するのに対し、疋田ずしのアユはせいぜい1晩か2晩の塩漬けにしかすぎない。同一の範疇のすしと認められるにしても、それは必ずしも直接的な因果関係ではなく、むしろ発展過程は独立したものと考えた方がよい。

　このように、疋田ずしはニシンずし、フナずしのいずれとも連続性を見出すことはできない。

❀ むすびにかえて

　古代、中世は海魚のすしが中心であった越前若狭にあって、疋田ずしは中世末期から資

料に明記されてきた。すし魚が特定される川魚のすしとしては当該地方で最古の部類に入る。以降は鵜飼漁と密接に関連しつつ中央権力との関係を持ち続け、土地の名物とまで称されたが、一方で鵜飼関係者以外への普及は乏しく、鵜飼の衰退とともにすしの方も衰退してしまった。今日ではわずかしか残存例がないが、その製法はかつての姿、少なくとも献上ずしの面影をとどめるものである。

　すしの変遷史の中ではホンナレ、ナマナレ、イズシと移行したとされるから、これにしたがえば、形態的には、疋田ずしは近江のフナずしと北陸のニシンずしの中間型と位置づけることができる。本稿においても、それぞれのすしの成立年代がこの順になることが推定された。しかも地理的にみれば、それぞれの分布域は南からこの順に並んでいる。しかしながらこれら3者間には直接的な継承関係は認められない。むしろ製法や調製時季、支持階層の差異からそれぞれ別個の発展過程をたどったと思われる。特に疋田ずしはフナずしとニシンずしの両分布域の接合部にありながら、いずれの影響を受けることも少なく独自に存続してきた。

　滋賀県から福井県にかけての3種のすしの地理的分布は、すしの形式年代を反映するものでもあるが、決してそれは単一の伝播論、派生論で説明づけられるものではないことが本稿において確認された。今後はそれぞれのすしの成立時期やその背景などを示す資料をより充実させ、相互の関係をより明らかにする必要があろう。それとともに、北陸のイズシの発生についてさらなる詳細を明らかにし、その系譜がナマナレの亜流であるとする従来のすしの変遷史が妥当か否か、今一度検証してみる必要があろう。

❖注

- 注1　篠田統（1966　1970改訂）などによる。
- 注2　石毛直道（1986）などによる。
- 注3　本稿において特に記載しない場合は、神宮司庁（1913）、塙保己一（1779～1819）、『日本古典文学体系』などの復刻本によっている。
- 注4　古代の貢進食物については以下の諸書を参照した。福井県（1987）、門脇禎二（1987）。
- 注5　篠田統（1966）前掲。
- 注6　篠田統（1966）前掲。
- 注7　亀田康範（1974）、敦賀市史編さん委員会（1977a）を参照した。
- 注8　敦賀市史編さん委員会（1977b）を参照した。
- 注9　（1982）『文化武鑑』による。
- 注10　敦賀市史編さん委員会（1977c）による。
- 注11　敦賀市史編さん委員会（1977d）による。同書は気比神宮社家の石塚資元による敦賀の地誌で、嘉永3年（1850）頃の成立とされる。
- 注12　『疋田記』による。同書は成立年不詳（江戸初期か）、原本の所在も定かでないが、大正の頃の写本がある。本稿ではこれを引用した敦賀郡役所編（1915）の記事にもとづいた。
- 注13　『敦賀志』（敦賀市史編さん委員会（1977d）前掲）による。
- 注14　以下、岐阜のアユずしについては日比野光敏（1987）、または本書のⅡ-3「知られていない伝統（1）　岐阜県岐阜市のアユの発酵ずし」を参照されたい。
- 注15　敦賀の醸造業者で狂歌師の山本呵斎に

よる敦賀の地名誌で、文政3年（1820）の成立とされる。敦賀市史編さん委員会（1977e）を参照した。

注16　『疋田記』による（敦賀郡役所編（1915）前掲）。

注17　敦賀市史編さん委員会（1977f）による。

注18　新村出校閲・竹内若校訂（1943）（復刻版）による。

注19　吉村始子編（1979a）による。

注20　福井県立図書館本（写本）による。

注21　敦賀市史編さん委員会（1977g）による。

注22　石田清一郎編（1930）、および口伝による。

注23　1晩水につけてもどした身欠きニシンを、ダイコンと一緒に漬ける。糀はニシン1箱（約50尾）に対し5合見当、塩はふり塩程度である。最近はみりんや酒を混ぜる人もある。冬場は20〜30日で食べられる。夏のニシンずしにはダイコンのかわりにナスを使うことがある。また、夏には虫よけとしてタカノツメ（赤とうがらし）を少量入れるが、昔はタデが多用された。

注24　本山荻舟（1958）、渡辺実（1964）などによる。

注25　天野久一郎（1943）による。

注26　吉村始子編（1979b）による。

注27　金子鶴村（1978）（復刻版）、中沢佳子（1984）による。

❖参考文献

- 天野久一郎（1943）「徳川時代に於ける敦賀の経済的発展状況」『敦賀経済発展史』敦賀實業倶楽部。
- 石毛直道（1986）「東アジア・東南アジアのナレズシ　―魚の発酵製品の研究―」『国立民族学博物館研究報告』第11巻3号。
- 石田清一郎編（1930）『愛発村史』福井県愛発村。
- 門脇禎二（1987）「越前・若狭の貢進食物―日本海文化論への接近―」『福井県史しおり』福井県総務部県史編さん課。
- 金子鶴村（1978）『新纂郷土図書叢書　第2回　鶴村日記（復刻版）』石川県図書館協会。
- 亀田康範（1974）「越前敦賀小宮山家文書について」『石川県立郷土資料館紀要』5号。
- 篠田統（1966　1970改訂）『すしの本』柴田書店。
- 神宮司庁（1913）『古事類苑　飲食部』吉川弘文館。
- 敦賀郡役所編（1915）『敦賀郡志』福井県敦賀郡役所。
- 敦賀市史編さん委員会（1977a）「小宮山家文書」『敦賀市史　資料編　一巻』敦賀市役所。
- 敦賀市史編さん委員会（1977b）「長谷川家文書」『敦賀市史　資料編　四巻　上』敦賀市役所。
- 敦賀市史編さん委員会（1977c）「指掌録」『敦賀市史　資料編　五巻』敦賀市役所。
- 敦賀市史編さん委員会（1977d）「敦賀志」『敦賀市史　資料編　五巻』敦賀市役所。
- 敦賀市史編さん委員会（1977e）「敦賀雑記」『敦賀市史　資料編　五巻』敦賀市役所。
- 敦賀市史編さん委員会（1977f）『敦賀市史　資料編　五巻』敦賀市役所。
- 敦賀市史編さん委員会（1977g）「疋田共有文書3110『敦賀市史　資料編　四巻　下』敦賀市役所。
- 中沢佳子（1984）「郷土料理の地理学的研究―かぶらずし・大根ずしを例として―」『お茶の水地理』25号。
- 新村出校閲・竹内若校訂（1943）『毛吹草（復刻版）』岩波文庫。

- 『日本古典文学体系』岩波書店。
- 塙保己一（1779〜1819）『群書類従』国書刊行会。
- 日比野光敏（1987）「岐阜市におけるアユのなれずし」『風俗』26-2。
- 福井県（1987）「若狭国・越前国関係木簡」『福井県史　資料編 I　古代』福井県。
- (1982)『文化武鑑（復刻版）』柏書房。
- 本山荻舟（1958）『飲食事典』平凡社。
- 吉村始子編（1979a）「料理綱目調味抄」『翻刻江戸時代料理本集成　第4巻』臨川書店。
- 吉村始子編（1979b）「料理珍味集」『翻刻江戸時代料理本集成　第4巻』臨川書店。
- 渡辺実（1964）『日本食生活史』吉川弘文館。

5 知られていない伝統(3)
富山県富山市のアユずし

✽ はじめに

　江戸時代、富山の前田藩は毎年、徳川将軍家にアユの発酵ずしを献上していた。そんな土地柄でありながら、現代にあっては、その名残りと目されるすしの残存例は皆無に等しい。もちろんこれは富山だけに限ったことではないが、富山ではアユずし献上があったことすらも、人々の意識に遠くなっている。

　筆者は、富山市で調製されるアユの発酵ずしの事例に遭遇した。当該のすしはこれまであまり報告されたことがないようで、地元でもほとんど知られていないらしい。かつて市内在住の郷土史家にアユずしに関して教示を受けた際にも、この話が出ることはなかった。筆者はこれをみるまで、富山のアユずしの伝承は完全に途絶えていると確信していた。

　もっとも、今回実見したアユずしが江戸時代の献上ずしの姿をそのままとどめているかというと、そうでもない。本稿は献上ずしを中心とした富山のアユずしに関して情報を整理するとともに、今日のアユずしが歴史的にどのように位置づけられるのかを考察するものである。

✽ 1 幕府献上アユずしの由来

　富山の前田家から将軍家へのアユずし献上は、享保年間に始まると伝えられている。以下は明治25年（1892）刊『越中史料　巻二』に収載された「富山日報」（発行年月日不詳）の記事である。

富山名物、鮎の鮓

　鮎の鮓の發明は、實に享保年間に在り、當時の富山城主は、第三代前田利興にして、臣下に吉村新八なるものあり、新八割烹の事に精し、甞めて鮎の鮓を製したるに、風味頗る美なるより、利興公に獻したり、公大に之を賞し、遂に新八に鮎鮓漬役を命せらる、享保二年十月將軍德川吉宗公へ獻上せられしに、吉宗公深く其風味を嘉賞し給ひ、近臣に命し其漬方を利興公へ下問せらる、爾來富山藩主代々、德川家への時獻上品と定まり、好評嘖々、富山の一名物として今日に至りしなり…（以下略）

　これによれば、前田家中の吉村新八なる者がアユずしを初めて考案し、藩主・前田利興に献上し、享保2年（1715）以降は徳川将軍家に対する「時献上」品（大名・旗本が将軍家に献じた各領国の特産品）となった、ということである。

　ただ、アユずしの「発明」を「享保年間」とするのはいささか腑に落ちない。アユずしそのものは、わが国では遅くとも平安時代にはあったことが確認されており（延長5年（927）成立の法令細則『延喜式』より）、越中にその製法が伝わっていなかったとも思えない。現実に江戸時代初期、石堤村（現・高岡市）の長光寺が前田利長の後室・玉泉院に対してアユずしを献じている^{注1}。石堤は富山藩領ではないが（富山藩が加賀藩から分藩するのは寛永16年（1639）で、玉泉院没年当時は富山藩自体がなかったし、分藩後も石堤は加賀藩領であった）、同じ越中国である。

　要するに、吉村新八なる者がアユずしを「発明」したというのは疑わしい。後に述べるように、このすしはほかとは違う新しい作り方をしているので、吉村はそうした新技法を駆使して藩主や将軍へ献上に供するまでにアユずしを洗練させた人物、という程度に解釈しておいた方がよかろう。また、文中では「享保年間の発明」と断じているが、前田利興の藩主就任は宝永3年（1706）であるから、吉村がすしを献上したのは享保元年（1716）よりややさかのぼる可能性がある。

　富山のアユずし献上の開始時期を確認する術はないが、たしかにアユずしは享保年間以降、文書にしばしば挙がる。富山藩士・小柴直秋の勤役日記（享保年間）にアユずしの調製法が記載され（後詳述）、富山県立図書館蔵『随筆　前田文書』（富山県（1974）所収）には享保3年（1718）閏十月づけの「鮎・鰰(はや)の鮨　幕府へ献上につき覚書」と題する文書が収録されている。受け取った側の記録では、享保8（1723）～宝暦6（1756）年頃の成立とみられる内閣文庫蔵『諸国献上物集』に、富山松平（前田家の称号）から将軍家に「越中鮎鮨」が献上されたとある。

　少なくとも享保年間には、富山藩を代表する「名物」としての地位を確立していたことは間違いあるまい^{注2}。献上時期は、なぜか『諸国献上物集』には記載が漏れているが、『随筆　前田文書』などの記事から、毎年10月だったと推定される。

　なお『随筆　前田文書』によれば、アユずしよりやや時節を遅くして（享保2年は約ひと月遅れで）ハヤのすしも幕府に献じられたようであるが、『諸国献上物集』には収載されていない。こちらは「時献上」として根づ

※2 献上ずしの製法

　当時の献上ずしの製法に関しては、すでに述べた小柴直秋の勤役日記が唯一の手がかりとなる。同記録は先の『越中史料　巻二』収載「富山日報」記事に引用されている。あまりにすしの風味がよいゆえ、幕府から（？）アユの捕獲地や製法などを尋ねられた際に、茶道役で料理間詰役にあった野瀬竹庵（享保3年＝1718没）が書き上げ、御用所の小塚将監が加筆したものである。

献上鮎鮓漬覺

　一　鮎は、越中國神通川にて取申候鮎にて御座候

　一　鮎取て早速能洗ひ辛鹽に仕置、後引上け水氣無御座様乾かせ相認め、江戸へ差越申候

　一　江戸へ着仕候得者、八時計鹽出し仕洗上、三年酒に漬一時餘差置、其酒にて能洗ひ取上け、醤かわかせ鮓に仕入申候

　一　漬飯は、白米をこわめしに炊き、鹽水にて三遍計洗、いかきに上置候て、水氣を乾かせ、扨鮎と飯との鹽加減を試し仕込申候、

　一　漬候而日數十二日程立ち宜御座候、去る日數の儀は、時節により遲速御座候

　一　獻上仕候前日、最前之漬飯を悉皆取除候て新敷飯に替申し候、此時酒に鹽を少し加へ漬申候、飯一遍々々に右之酒少々注き置、漬込認申候

　　　右之通仕候以上

　この「富山日報」を要約すれば、アユは神通川の産で[注3]、取ったらすぐに洗い、「辛塩」にした後に水気をとって[注4]、この状態で江戸に送る。江戸では8時（16時間）ほど塩出しし、3年ものの酒に1時（2時間）ほど浸し置き、その酒でまた洗った後に乾かす。ご飯は白米を固めに炊き、塩水で3回洗ってからザルにあげて乾かす。この時、アユとご飯に残った塩の具合を確かめる。ご飯に漬けて12日ほどたったら食べることができる。この日数は時節によって多少変わる。献上する前日に、漬けてあったご飯をすべて捨て去り、新しいご飯に漬けなおす。この際、塩味をつけた酒をご飯にあてて漬ける。

　この製法は、おそらく、当時にあっては非常にめずらしいものであったと思われる。

　最大の特色は、すし漬け作業を江戸にて行なっていることである。享保〜宝暦年間に大名・旗本から献上されていたすしは17件を数える（『諸国献上物集』より）が、このうち調製場所がわかっているものに関していえば、その場所はすべて魚の捕獲地もしくはその近所である。そこにおいて飯漬け（すし漬け）されて、すしが江戸に送られるのが常の方法だったのに、富山藩のアユずしはそれに反しているわけである。

　次に、調味に酒を使用することも特色だっている。先の17件の中で調製法が判明しているすしは、いずれも魚とご飯と塩のみを原料にする。古来の発酵ずしはこの3者のみで作るのが本筋であり、江戸時代初頭になって酒などの発酵促進剤が添加されるようになったことは別稿で述べた[注5]。つまり、ほかの献上ずしの多くが室町然とした旧来の発酵ず

しの製法を踏襲していたのに対し、富山藩は、いわば最新式の製法を採用していたことになる。

　第3に、献上前日に、漬けたご飯をすべて入れ替えていることもめずらしい。今日の滋賀県で何年にもわたって発酵させたフナずしのご飯を入れ替えるという話は聞くが、わずかひと月にも満たないうちにご飯を漬け替えるというのは他例を知らない。むろん当時の発酵ずしにおいても、こんな技法は聞いたことがない。また、献上する前日に新しいご飯にするのであるから、いくらこのご飯が塩と酒で味つけしてあったといっても、ご飯には酸味はなかったはずである。酸っぱくないご飯を食べるすしというのは、ある意味ですしの常識を逸している。

　すなわち富山のアユずしは、ほかの献上ずしとは明らかに異なる方法で作られた、明らかに食感の異なるすしであったことになる。

　そうなった理由は詳らかでないが、ひとつには、献上ずしとしての成立が遅かったことが原因になっているのかもしれない。というより、この製法は、富山の献上アユずしの成立がほかの献上ずしに比べて遅かったことを物語っているように思われる。

　ほかの献上ずし、たとえば紀伊の徳川家が献じた吉野の釣瓶ずし、加賀の前田家が献じた能登の松百ずし、近江の4藩が献じたフナずしなどは、すでに江戸初期にはそれなりの名声をものにしている[注6]。また、尾張・徳川家が献じた美濃のアユずしは、幕府献上が始まるのは慶長8年（1603）とも元和5年（1615）とも伝えられている。若狭・酒井家が献じた越前疋田のアユずしも慶長3年（1598）に太閤秀吉に献上したとの由来を持つ。もちろん後2者の由来譚は、先に紹介した「富山のアユずしは享保年間に発明」説と同様、どれほど信用できるかはわからないが、単なる作り話と笑い飛ばすにしても、富山のアユずしの濫觴譚が美濃や越前のアユずしのそれに比べて約1世紀遅い時代に設定されていることは注意せねばならないであろう。

　献上ずしは、その時代において最も正式とされる製法でもって成立し、ひとたび成立した後はその製法が変わることなく存続させられた形跡がある（日比野（1997b）など）。江戸初期のすしの製法の本筋は、魚とご飯と塩のみで作る室町時代さながらのものであった。よって、この時期に成立した献上ずしは当然ながら室町然とした製法にならざるをえない。ところがその後、最初は邪道扱いされつつも、酒や糀や酢を混和したすしが江戸市中を中心に出まわり、やがてはすしの主道になるにいたる。こうなると今度はそれが「正当」となるから、それ以降に成立した献上ずしにはこの方法が採用されるはずである。

　こうした背景を想像する時、富山藩の献上アユずしが享保年間に成立したという説は、妙に真実味を帯びてくる。18世紀半ばには、発酵ずしに酒や糀などを混和することが普通となっていたからである。

　ご飯を献上前日に漬け替える、しかも酸味のついていないご飯を使うという行為の真意はわからない。中川眸（1975）はこれを「魚と飯の両方を食するように」との配慮だと解釈しているが、もしそうであれば、「いかに短期間とはいえ、発酵させた飯など食べるものではない」という考え方が当時において確

立していたことになる。江戸も中葉を過ぎ、とくに酢を使った早ずしができあがると、たしかに発酵ずしはすしの王道からはずれてゆく。しかしその代替となった早ずしでさえも、ご飯には酸味がついている。塩と酒だけでしか味のついていないご飯を使ったすしは、そうした新出来の早ずしとも違う。

　酸っぱくなったご飯を捨ててしまうのは、古代の食べ方である。奈良、平安時代には、漬かったすしから酸っぱく発酵した魚だけを取り出して、ご飯（酸味はついていない）のおかずにした。ゆえにこのアユずしは、結果的に、非常に古い食べ方をしたという見方もできなくはない。

　これ以上憶測を重ねるのは避けよう。ここでは当時の製法をふりかえり、それは非常に奇異なものであったとの指摘をするにとどめておく。

✱ 3　今日の富山のアユずし

　冒頭でも述べたとおり、一般的とはとうていいえないものの、今日の富山市内でもアユの発酵ずしが作られている。神通川筋の川漁師に伝わる正月料理だという。以下は、市内七軒町の漁師宅で聴いたアユずしの製法である[注7]。

　　アユは10月初めのもので、腹を開けて辛めに塩漬けする（アユがみえなくなるくらいコロコロに塩をふる）。この時、軽くオセ（押し）をしてもよいが、しなくても押したような加減になるという。
　　11月末に、つけ水で塩出しをする。期間は2〜3時間で済む場合もあるし、2日ほど

II-5-1　富山県富山市のアユずし
（平成9年12月撮影）　藤田すみ子氏製

かける場合もある。水をたびたび変え、ちょうどよい塩加減になったらやめる。塩加減はなめてみて確認する。
　　ご飯は普通に炊くが、漬ける前に、熱いご飯であれば水を、冷たいご飯であれば湯をかけて、「ジャワジャワ」にする。
　　その後、アユをすしに漬ける。桶に笹の葉を敷き、背中を下にしてアユを「開き」の状態で並べ、上にご飯を抱かせる。5〜6尾並べると桶底が隠れるので、ご飯の上から糀をパラパラとかけ、さらに上に笹の葉を乗せて一段の区切りをつける。これを7〜8段くりかえすと桶がいっぱいになる。糀はたくさん入れると酸っぱくなる。
　　落としぶたをし、重石を乗せる。石は神通川の「青石」がよい（かさの割に重い）。
　　12月末に、桶を逆さにして逆から重石をかけ、2日ほど置いて、中の水気を切る。

　漬かったすしは桶から取り出し、背を下に（ご飯を上に）して皿に盛る。アユは開いたままの状態であるうえ、ご飯の量は他地方のアユずしに比べてやや少ないため、筆者には

目新しい外観であった。食べる時はしょうゆをつけ、アユを半分に折って（もとの姿のようにして）ご飯をはさんで食べると食べやすいと教わった。

全国にアユの発酵ずしは随所にあるが、糀を併用するものは、この例のほかには熊本県八代市周辺の１件を数えるのみである。その意味で、まず、めずらしい存在であるといえる。また、熊本のアユずしは魚にご飯を収めたかたちで漬けており、「開き」の状態で漬けるというのもめずらしい。このことはアユずし全体に目を広げても類例はない。

さらに、わが国の糀を使う発酵ずしの大半がダイコンやニンジンなどの野菜も一緒に漬ける中で、このすしは、糀を使いながらも野菜を併用しない。このことは今後の研究で大きな意味を持つ可能性がある。これまでのすしの歴史の研究では、魚、ご飯、塩のみで作る古来のすしが北陸や東北などの寒冷地方に伝播する際、発酵を促進させるために糀を混ぜる工夫が生じたとされる。実際、北陸や東北地方には、カブラずし、ニシンずし、サケずし、ハタハタずしなど糀を使ったすしが今日でもたくさん散見されるが、これらがいずれも野菜を一緒に漬けるため、すしに糀を使用することと野菜を一緒に漬けることは同時に起こったものと解釈される傾向がある[注8]。糀のみを使って野菜は一緒に漬けない発酵ずしが、当の北陸地方で確認された以上、従来のすしの歴史は考え直す余地が出てきたわけである。

ともあれ、このアユずしが全国的にみても希少な事例であることは間違いない。にもかかわらず、地元でもこの存在を知る人が少ないことや、川漁師宅でもだんだん作られなくなっていることは残念なことである。

ところで、ここで紹介した今日のアユずしは江戸時代の献上アユずしの末裔と考えるべきであろうか。結論からいえば、筆者は否定的な立場を取る。

たしかに両者とも中世然とした発酵ずしから早ずしへの移行期にある「改良型発酵ずし」で、形態年代でいえば江戸中葉のものであることは共通している。しかしながら、その改良の手法が、一方は酒を用いることに、もう一方は糀を用いることに進んでいる。酒を混和したご飯を放置すれば、ご飯の発酵が進む前にアルコールが酢酸に変化し、酢酸臭を帯びるはずである。この酸臭は糀による発酵で生じたものとは明らかに異質である。よって、酒を混和した献上アユずしが今日のアユずしに直接的につながるとは考えにくい。

また、献上ずしは一般市民に開放された存在でなく、中にはその実体すらわかっていないものもあったことは別稿でも述べた（日比野光敏（1996））。おそらく越中のアユずしも例外ではなく、その調製は厳重な監視下でなされたであろう。しかもすしが作られたのは神通川からは遠く離れた江戸である。少なくとも富山の庶民がおいそれと献上ずしの調製を真似できたとは考えられない。

以上のように消極的理由からではあるが、双方に直接的な因果関係を持たせるのはやめた方がよいと考える。関連の可能性をいうならば、両者に先んじて越中国にアユの発酵ずしの製法があり、それが一方で献上ずしに派生し、他方で今日のアユずしに派生したと考える方が自然であろう。

Ⅱ-5-2　『越中之国富山　神通川船橋の図』(部分)
富山県富山市　㈱源蔵

✻ 4 幕末〜明治期の富山のアユずし

　時代を少し戻す。江戸時代において富山のアユのすしを食べていたのは、将軍や大名ら上流武士階層ばかりであったわけではない[注9]。さらに江戸も末期が近づくと、「富山名物」として販売され、市井でも食されていたらしいことがうかがえる（この場合の「名物」は**注2**で述べたのとは別で、今日的な意味である）。十返舎一九の『金草鞋』（文政11年＝1828刊）富山・神通川べりでのシーンでは「川岸の茶屋、鮎の鮨名物なり」「此所は鮎の鮨が名物だが、其鮨の旨いこと、誠に食った人は皆頬尻が落るやうだ」と描かれ、「名物の
　鮎の鮨とて　買う人の　おしかけてくる
茶屋のにぎわひ」の歌も付されている[注10]。

　富山城下の神通川に敷設された船橋は越中の名所であり、しばしば絵に描かれているが、その橋のたもとにアユずし屋が描かれているものがある。また、絵の中に「名物　鮎鮨」などと注釈が書き込まれた例もある[注11]。船橋という交通の要所の傍らで通行人を相手にアユずしが商われていたことはここにも明らかである。明治21年（1888）刊の『中越商工便覧』にはアユずしを商う料理屋、旅館として「蔵本嘉七」「関野庄右衛門」「野崎政喜」らの名が挙がり、それぞれの店構えが描かれている[注12]。

　ただしこれらのすしは、献上ずしとは異なるタイプだったようである。なぜならば、ここでのアユずしは周年販売だったからである。亀田鵬斎賛、台嶺筆「越中富山神通川船橋之図」にはアユずしの注釈として「四季共ニ有」とある。また、明治33年（1900）4月10日づけの『風俗画報』208号には、「富山倉本屋の鮎の鮨」なる記事があり、神通橋際にある「倉本某といへるすし屋」が神通川にて取ったアユをすしにして「年中賣り出す」と書かれている[注13]。アユを年中貯える方法とご飯の味加減はこの店の秘伝で、すしは100有余年の歴史だともいう。もちろんすべての店のアユずしが周年販売だったかどうかはわからないけれども、双方の史料からみて1800年代初頭には、年中販売されるアユずしがあったことは認めて差し支えなかろう。

『風俗画報』記事によれば、「倉本某」では客にすしを売る際、食する日時を問い、すぐに食べるものと時間を置いて食べるものとで漬け方を分けたという。こうした問いかけをすること自体、「倉本某」のすしが発酵ずし一辺倒ではなかったことを物語る。献上ずしのように10日以上も発酵させることが決まりきったすしであれば、いつ食べるのかを尋ねる必要などない。すぐに食べることもできたのであるから、酢を使った早ずしであることは言を待たない。したがってこのアユずしは、前項で紹介した今日のアユの発酵ずしとも形態が違う。

早ずしが発酵ずしに回帰した、すなわち幕末〜明治期の「富山名物アユずし（早ずし）」が今日の発酵ずしに変化したとは考えづらい。やはり早ずしは発酵ずしより後発のものであろう。だとすれば、この早ずしに先んじてあったのはどの発酵ずしかを問いたくなる。多少の想像をまじえていうなら、それは今日残る発酵ずしではなく、むしろ献上ずしだと思われる。理由は、先にも述べた酸味の差異である。糀を併用した発酵よりも酒を使った発酵の方が酢酸臭に近くなる。

つまり、享保の頃までに確立したであろう酒を併用する発酵ずしの製法は、一方で献上ずしとなって存続し、一方で酢を使う早ずしへと変容した、そして、今日残るアユの発酵ずしはこれらとは別系のものである（あえて関係をいえば、同じルーツを持つ可能性がある）と想像する。今日のアユの発酵ずしの起源がどこにあるのか不明だが、かりに江戸中期までさかのぼるとすれば、幕末〜明治期の富山には、献上ずしも含めて3つのタイプのアユずしがあったことになる。

5 アユずしの衰退とマスずしの台頭

先に紹介した『中越商工便覧』によれば、同書にある「関野」「野崎」らの店は、アユのすしと並んでサケやマスのすしも商っていた。

富山のサケずしの歴史は古く、平安時代の『延喜式』に越中国の貢納品目として「鮭鮨」が登場する。富山藩領ではないが同じ越中国なので紹介すると、享保12年（1727）刊『和漢文操』所収の源源支による『有磯賦』で「氷見の鼻曲」が言及され、すしの名であると解説されている。鼻曲がりサケのすしであろう[注14]。元禄8年（1695）刊『本朝食鑑』は、越中をサケの多産地のひとつに挙げている。

マスのすしは、今日の富山で商品化されているマスずしと同じく、降海型の紅マスを使ったものであろう[注15]。このすしに関する史料は多くを知らないが、比較的古い記録では、金沢在の儒学者・金子鶴村がこれを贈られた折りに「越中之名産」と注釈をつけている（『鶴村日記』文政11年（1828）3月27日条）。神通川のマス自体は江戸時代において名高かったようで、寛政11年（1799）頃の版なる『日本山海名産図会』にも「（マスは諸国で産されるといっても）越中神通川の物を名品とす」とある。

とはいうものの、江戸時代における「越中富山の名物ずし」として軍配が挙がるのは、やはりアユである。一九の『金草鞋』は「富山名物アユずし」を全国に知らしめるに多大な貢献をしたことであろう。バックには（内

実は異なるものの)「幕府御用」の名声が強く影響していたかもしれない。全国的な知名度という点では、サケずしやマスずしはアユずしに劣る。

それが「関野」「野崎」両者の記事にみられるごとく、明治になってからにわかに書きたてられるようになった。不思議なことにそれと入れ替わるように、アユずしは衰退に向かう。献上ずしは倒幕とともに廃絶したであろうことはほぼ間違いないし、発酵ずしの現状はすでに述べたとおりである。早ずしにしても、今日、どのガイドブックや郷土料理の本を紐解いても見出すことができない。結局、富山のアユずしの名声はほとんど廃れてしまっている[注16]。

サケずしは明治初頭までの評判に反して、それ以後の名物にはなりえなかったらしい。これも今日ほとんど伝承を聞かない。

他方、マスずしは今日の富山の名物料理の筆頭に挙がる。ブームの火つけ役のひとつは駅弁であろう。これは明治41年（1908）に富山駅構内で売店を開業した富山ホテル富山支店（現・株式会社源）の源金一郎が同45年（1912）から売り出したものである。現在では大都市デパートでの駅弁大会でも常連で、おそらく日本一有名な駅弁のひとつである。このほかにも富山市内にはマスずしを売る店が軒を連ね、名実ともに「富山名物」といえよう。

ただ、こうした業者の中には、マスずしの歴史を曲解している者もある。ある業者のリーフレットには「名物鱒寿しは…（中略）…二百数十年前の享保二年、割烹の術に秀いでて居た藩士吉村新八が始めて之をつくり

…」とある。明らかなミスで、アユずしの発祥譚がベースにあることはいうまでもない。マスずしが江戸幕府献上になったことは史料的な根拠がない。

✻ むすびにかえて

本稿では献上ずしを中心に江戸時代の富山のアユずしの様子をふりかえり、今日わずかに残るアユの発酵ずしとの関連をみた。その結果、幕末〜明治期の富山には早ずしも加わって3様のアユずしがあった可能性が指摘され、しかもそれらの間には直接的な因果関係は乏しいと考察された。

実は、特定地域内でこうした複数のタイプのすしの製法が並立したことは、江戸時代とりわけ中〜末期においては当然の現象だともいえ、他地域においても充分考えられることなのであるが、なぜかこれまであまり指摘されたことがない。すしの変遷史は1本の道筋で示されるわけではなく、江戸時代のすし文化は重層的な構造を持っていたことは筆者も漠然とながら感じていたことだが、今回の富山の報告例ではそんな様相の一端が垣間みえたような気がしている。

なお、今日残るアユの発酵ずしは、いわゆるイズシの形成過程を調べる上で非常に重要な意味を持つ可能性があることを、あらためてここに記し、今後の研究課題としておきたい。

✤ 注

[注1] 長光寺文書にその礼状が残る（この条、木倉某（1959）による）。また同氏は、このアユは小矢部川産だったと推測してい

る。なお、前田利長は加賀藩初代藩主・前田利家の子である。慶長２年（1597）に富山に入城するが、４年後、利家の死去により金沢で加賀藩２代藩主となる。慶長10年（1605）、弟・利常を養子にして加賀藩主を譲位し、富山で隠居し、その４年後、高岡に移住して慶長19年（1614）に没する。玉泉院は、利長の没後に金沢へ戻り、元和９年（1623）に没する。

注２　ただしこの「名物」とは「天下に名だたる物」というような意味あいで、今日的な観光名産を意味するものではない。市中で大々的に売り出されて、誰でも簡単に手に入る、といった代物ではなかったと考える。

注３　かつて筆者は、アユは「神通川産か庄川産か不明」と紹介したことがある（岐阜市歴史博物館（1992））が、本史料によって神通川産であることが明らかとなった。考えてみれば庄川流域は加賀（金沢）藩の所領であり、富山藩の献上ずしのアユを捕獲したことは可能性に乏しかった。

注４　最初にアユを塩漬けする期間は明記していないが、後に江戸で12時間も塩出しするのであるから、相応の時間を要したことであろう。また中川眸はこれを「立て塩」、すなわち濃い食水に漬けて塩味をつける技法だと解釈している（中川眸（1975））。

注５　姿漬けのすしでは、寛文８年（1668）刊の料理本『料理塩梅集』に、酒を加えたフナずしの製法が紹介されている。こうした工夫はひとえに発酵期間を短縮化するためで、日比野光敏（1997a）は、自然発酵の酸味を味わう発酵ずしから酢の酸味に頼る早ずしに移行する際の初歩的段階に位置づけている。

注６　正保２年（1645）の俳諧参考書『毛吹草』による。なお、同書では松百ずしは「越中」の産とするが、これはミスである。

注７　七軒町は神通川畔に位置し、江戸時代から川漁労に携わる人が多く居住していた。いわゆる町人ばかりでなく、足軽などの下級武士も公務のかたわらに漁をしたことがあったという（富山県（1982））。

注８　糀と野菜を使うすしはしばしばイズシと呼ばれるが、イズシの定義も確たるものではない。糀を使えばイズシと呼べるのか、野菜を一緒に漬けることが必須要件であるのか、はっきりしない。本例がイズシと呼べるのか否か、研究者の間で議論が別れるところであろう。

注９　金沢在の儒家・金子鶴村の日記によれば、同家には越中滑川からアユのすしが到来している（文化９年（1812）９月12日条）。ただ、滑川は加賀藩所領であり、富山藩領ではないから、これが富山（神通川）のアユずしであったかどうかは疑わしい。

注10　同じ『金草鞋』の中、越前・疋田のシーンでも似たような歌が詠まれている。すなわち「名物や　人を疋田の　すしなれや」で始まり、下の句はまったく同じである。こういうことはよくあることなのかどうか、文学に疎い筆者にはわからない。

注11　たとえば、富山在の絵師・松浦守美の筆になる錦絵「越中之国富山　神通川舟橋の図」には、神通川右岸の橋詰めで「名物　鮎すし」の看板を掲げた店舗と重ねた桶が並ぶその店先が描かれている（部分の画像は**写真Ⅱ－５－２**）。松浦は文政７年（1824）生まれで明治19年（1886）に没である。この図にはちょんまげ頭に混じって洋服姿の人物も描かれているから、明治初頭の作であろう。同筆「越中富山神通川船橋之図」には、店は描かれていないが、題名脇に「名物　あいのすし」と記されている。また、亀田鵬斎賛、台嶺筆「越

中富山神通川船橋之図」には「名物　鮎鮓」と記載がある。亀田は江戸の儒学者で、文化7年（1810）に越中を訪れたという。台嶺とは江戸の浮世絵師・北尾重政である。

注12　いずれも船橋のたもとにあった店であるが、蔵本は南東詰（七軒町？）、関野は見付（対岸すなわち左岸か？）、野崎は橋詰（南西側か？）とある。先の松浦守美が描いたすし屋は蔵本である可能性が高い。

注13　この「倉本某」は先の「蔵本嘉七」と同じであろうと思う。

注14　ここではサケのすしとしたがこれは筆者の憶測にすぎず、「氷見の鼻曲」ずしの魚種については検討を要する。金沢市立図書館蔵・前田貞醇旧蔵文書第四八七号『御進物目録仕法』（享保から幕末までの献上品記録）中「中少将あて献上物」や、加賀の料理人・舟木伝内包早の筆なる享保14年（1729）刊『料理無言抄』などに「氷見曲鮨」という名がみえる。「氷見曲鮨」は「氷見の鼻曲」と同一物だと思うが、これを『料理無言抄』は「越中氷見にて仕込むボラのすしで、昔は魚が大きかったので、魚を曲げて漬けた」旨を解説する。他方、『有磯賦』は「（氷見の鼻曲とは）ボラのすしではない」とわざわざ注釈している。なお、筆者は以前、『有磯賦』にある「氷見の鼻曲」を「ボラのすし」と解した（岐阜市歴史博物館（1992））が、撤回する。

注15　『延喜式』にある「鮭鮨」をマスのすしだと解釈する向きもある（長島勝正（1959））。たしかに降海型のマスはサケとの区別が難しい。また『延喜式』（各地からの貢納品を列挙した主計章）には「鱒」の文字が見当たらないうえ、別項（宮内章）でわずかに記載がある「鱒」は近江の産となっている。海のない近江産の「鱒」が降海型のマスではなかろうから、当時、越中国で産したような降海型のマスは「鱒」の文字では表されていなかった可能性がある。だとすれば、『延喜式』のサケずしはマスのすしだったかもしれない。

注16　『聞き書　富山の食事』では昭和初期における五箇山の保存料理としてアユずし（発酵ずし）を紹介しているが、筆者が現地に確認したところでは、現在は作られていないという。また、筆者は以前、かつて作られていたのを復元したというアユずし（発酵ずし）を礪波市内で実見した（写真は岐阜市歴史博物館（1992）に所収）が、これも一般的な料理ではない。なお礪波のアユずしは、酢を使って発酵させるという、これまでに出てきたのとは別の新しい形態のものであった。同地は庄川流域であるから、神通川のアユずしとは異なっているのかもしれない。

❖参考文献

- 瓦山人（1900）「越中の名産」『風俗画報』208号。
- 川崎源太郎（1888）『中越商工便覧』。
- 木倉某（1959）「産業史資料　七　アユのすし」『越中史壇』第17・18号。
- 岐阜市歴史博物館（1992）『特別展　日本の味覚　すし　グルメの歴史学』岐阜市歴史博物館。
- 新村出校閲・竹内若校訂（1943）『毛吹草（復刻版）』岩波文庫。
- 富山県（1974）『富山県史　史料編Ⅴ　近世（下）』富山県。
- 富山県（1982）『富山県史　通史三　近世（上）』富山県。
- 富山市郷土博物館（1989）『特別展　富山藩の文化と産業展』富山市教育委員会。
- 富山市郷土博物館（1991）『特別展　川を渡る展』富山市教育委員会。

- 中川眸(1975)「享保年間における越中国(富山)の鮎ずし すしに関する食事史的研究」『富山大学教育学部紀要』第23号。
- 長島勝正(1959)「鱒鮨雑記」『越中史壇』第17・18号。
- 新田二郎編(1988)『富山藩士由緒書 越中資料集成二』桂書房。
- 「日本の食生活全集 富山」編集委員会(1989)『聞き書 富山の食事』農山漁村文化協会。
- 長谷章久監修・今井郁雄責任編集(1975)『日本山海名産図会(復刻版)』名著普及会。
- 林美一校訂(1984)『方言修業金草鞋(復刻版)』河出書房新社。
- 日比野光敏(1992)「鶴村日記にみる近世・金沢のすし」『(日本風俗史学会中支部・衣の民俗館)研究紀要』第2号。
- 日比野光敏(1996)「松百ずしの伝承と実体」『地域社会』第35号。
- 日比野光敏(1997a)「江戸初期におけるすしの諸形態とその系譜 『料理塩梅集』『合類日用料理抄』の記事を中心として」『比較文化研究』第16号。
- 日比野光敏(1997b)『すしの貌』大巧社。

6 「名物」の裏側
松百ずしの伝承と実体

❈ はじめに

本橋は「松百ずし」というすしに関する小文である。これはかつて、現在の石川県にあったもので、内実はよくわかっていない、謎めいたすしである。

最初に断っておくが、ここではこのすしの実体が解明されるわけではない。むしろ、いかに中身がわからないすしであるかを確認することになるだけであろう。それでもあえてこれを記すのは、このすしに関する情報はむやみに錯綜するばかりで「実体のあいまいさ」そのものすら把握されてはいないことと、たいした理由もないままにその姿かたちを特定しようとする向きが一部にあることが主たる理由である。

よってまず、このすしに関する古記録を整理することに本稿の第一義を置きたい。そうしてその「あいまいさ」を確かめ、そのうえで、そのことがどんな意味を持つのか、それによって何か示されるのか、筆者なりの考えを述べることにする。

❈ 1 松百ずしの由来と名声

「松百」とは地名である。松百村は旧・能登国鹿島郡にあり、現在は石川県七尾市に属している。海岸に面したところで、目前の入江の口に橋が渡してあった。この橋を「松百橋」といい、海にかかる橋ということで名所となっていた。そのためか、松百という地名は、比較的世の人々に知られていたようである。

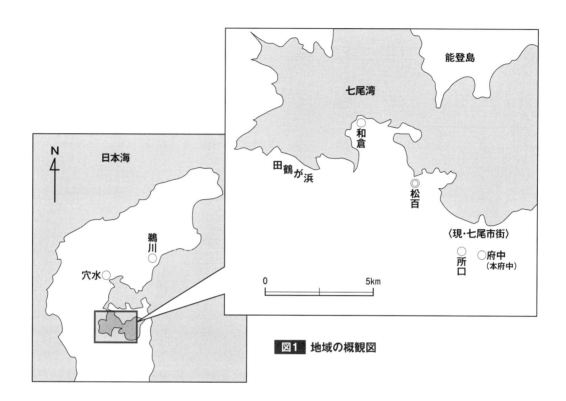

図1 地域の概観図

　このすしの起源についてはよくわかっていないが、「宝暦十四年調書」（宝暦14年は1764）に「中古より所口町（現・七尾市内）にて出来…」とある注1。「中古」とは、現代的に考えれば中世のことであるが、宝暦当時ならばもう少しさかのぼるかもしれない。中世文書にこの名が記された例は、天文21年（1552）、能登畠山氏の重臣・温井紹春（総貞）が石山本願寺に松百ずしを贈ったことがある注2。

　松永貞徳門下の俳人・松江重頼の筆になる俳諧の手引書『毛吹草』（寛永15年＝1638成立、正保2年＝1645刊と推定）にある「松波鮓」は地名表記が「松百」とは異なるし（マツナミとルビがある）、「越中の産」となっているが、当の越中には該当しそうなすしが思い当らないうえ、「竜ニ似タル魚」のすしと解説されていることから、松百ずしのことを指すとみて間違いなかろう。このことは後述する。

　さて、中世から江戸初期の頃のすしといえば、今日的な「すし飯」を用いたものとは異なり、すし魚（すしに使う魚）をご飯の中で発酵させた発酵ずしが主流であった。おそらく松百ずしもそうした調理法で作られたものと考えられる。

　『毛吹草』がこのすしを挙げているのは「諸国より出る古今の名物…」なる項である。季節を象徴する季語があるように、各地域を象徴する語がある。この項ではそれを地域別に紹介しており、「松波鮓」は「越中」のところに挙がっている。結果的には誤りなのだが、ともあれ名前は世に知れていた由がうかがえる。これは江戸初期に限ったことではない。

松百ずしについて言及した文献は江戸時代を通じて数多くある。

このすしがそこまで著名であった理由はふたつ考えられる。ひとつには、先の『毛吹草』にもあったごとく、これが「竜に似た魚のすし」だと伝えられていたこと、いまひとつは、加賀藩御用で幕府に献上されていたことである。

✻ 2 幕府への献上

「竜に似た魚 云々」については後に考証することにして、ここでは献上ずしとしての松百ずしに関して述べておこう。

享保から宝暦年間（18世紀中葉）の成立と思われる『諸国献上物集』に、金沢藩の松平家（加賀・前田家）からの献上品のひとつとして「松百鮨」が挙がる。以後、各代の『武鑑』（大名、旗本の名鑑）にも同様の記事がみえ、それは幕末の『大武鑑』まで続く。江戸中期以降、加賀国の前田家から幕府に献上されていたことはここに明らかとなる。

各大名が幕府に対して各地の特産物を送るのを「時献上」といい、その性質上、自分の所領内の産品を贈るのが常であった。とすれば加賀在の大名が能登の産物を献上することは奇妙にも思われるが、松百のある能登国鹿島郡は、慶長5年（1600）に、七尾藩・前田利政から金沢藩・前田利長の所領に移っている（同年に七尾藩は廃藩）。つまり、江戸開幕（慶長8年＝1603）当初から松百は加賀藩領であった。それゆえ、松百ずしが加賀藩から「時献上」されてもけっして不都合ではない。

幕府献上が始まった時期もいきさつも明らかではない。ただ、「時献上」の習慣は元和年間（1615～1624）には徐々に確立していたというから、このすしも例外ではなかろう。逆にいえば、この頃までに松百ずしは能登の「名産物」としての地位を確立させていたことになり、先の『毛吹草』の成立推定年代からみても、それは妥当な見解といえよう。

さてこのすしの製造場所であるが、『奇談北国巡杖記』（文化4年＝1807刊）は「（松百橋の）橋もとにて製す」とする。この「橋もと」が「橋のたもと」という場所を表すのかハシモトなる人物名（もしくは屋号）を示すのかよくわからないが、ともあれ松百村であることには変わりない[注3]。ところがそれより先んじて書かれたはずの「宝暦十四年調書」には「所口町にて作って差し出すのだが、松百という名目をつけている」との旨が記されている。所口町は現在の七尾市中央部にあたり、松百村に遠くはないけれども松百村ではない。『奇談北国巡杖記』の記事とは異なるわけであるが、いずれが真実なのか判断の術がない。あえて両説を折衷するならば、素材（すし魚）を松百で調達し、ここで第一次加工（たとえば塩漬けなど）をほどこして所口に送り、あらためて二次加工（飯漬け）したのかもしれない。

献上時期は12月である。これはすべての史料で一致しているし、『加賀藩御定書 公義献上物儀覚』（成立年不詳）[注4]にも明記されている。殿田良作（1971）によれば、その調達や管理には金沢城内の「会所」（会所奉行の管轄下にあった）が当たり、そこに勤務した者の「享和三年と表記した手控」（享和3年は1803）には、「十二月の献上品であ

るから四ヶ月以上前に所口（七尾）へ申付、寒中江戸へ遣され候日を計り仕込中物也、前かど仕込置候事難成也」と記されているという注5。要するに「江戸到着から逆算して調製せよ。作り置きはするな」との触れで、調製から食用にいたるまでの（発酵）期間が限定されていたことがわかる。これと同様の触れはほかの献上ずし、たとえば美濃のアユずし（尾張藩より献上）や越前の疋田ずし（アユの発酵ずしで若狭藩より献上）などでもみられる（日比野光敏（1987）、同（1990））。

また、『御献上御進物等壱ケ年凡図り書』（加越能文庫所蔵、資料番号5197、成立年不詳）によれば、松百ずしが1石7斗で459匁の値（ただし年によって多少の増減はある）で、このうち1斗2升が幕府献上に当てられた注6。残りは江戸での「御進物」になる。相手先は、『御進物目録仕法』（加越能文庫所蔵、資料番号487、成立年不詳）に「侍従」「四品ならびに十万石以上　若年寄」「一万石から三～四万石までの城主」などが挙がっている。

そのほかこのすしの献上に関する史料をあたると、成立年不詳なるも『中村典膳覚書』なる文書に、「（松百ずしの献上は）前々より能登から直接江戸送りをしていたが、これでは（当の献上者すなわち加賀藩主がこのすしを）ご覧になることがないので、今後はじかに江戸に送ってはいけないと、元禄五年十二月、神保長右衛門に申し渡した」（元禄5年は1692）旨の記録がある注7。殿田がいうように、このすしの調達や管理が金沢城内の会所の管轄になったのは元禄以後のことだと判明する。また、昭和3年（1928）刊の『石川県鹿島郡誌』に「享保七年三月の定めには、加賀藩より徳川家へ毎年十二月、松百…（中略）…鮓を献納する事となりをれり」とある（享保3年は1718）が、この「定め」の所在はわからないし、享保以前から幕府献上の習慣があったことはすでに明らかである。

なお、松百ずしは必ずしも江戸への献上品に限るものではなかった。たとえば七尾府中町の肝煎が加賀の3代藩主・前田利常に対してこれを贈り、その返礼状が残っている（年代不詳だが、利常の没年は万治元年＝1658）注8。名目は「年頭の祝儀」で、返礼状の日づけは正月13日である。また同じく前田利常は「春かう院」より「まつとずし」を贈られている（『能登志徴』所収「利常卿親簡写」より）。こちらの返礼状の日づけは2月17日である。冬季の贈答品として用いられていたということであろう。『奇談北国巡杖記』は「睦月半に出す」としているし、『旧記』には「十月中から準備を始め、翌年四月中旬までにできる（食べるの意味か？）」との由が記載されている注9。

✻ 3 「蛇の子」伝承

松百ずしの最大の特徴ともいうべきは、すし桶に「蛇の子」を添えたことである。これは多くの郷土誌が伝えるところで、「蛇の子」の大きさに小異はあるものの、『能登紀行』（享保2年＝1717）、『舟木伝内随筆』（享保10年＝1725）『能登産物書』（享保20年＝1735）、『能登誌』（安永6年＝1777）、『能登一国名跡志』（安永6年＝1777）、『奇談北国巡杖記』、『能登地誌略』（明治15年＝1882）などで記述がほぼ一致している注10。「蛇の子」は別名「海馬」とも表現するタツノオトシゴのこと

である。

　こうした習慣は今日ではどこにもみられないため本当かどうかにわかには信じがたいが、実際に使われたタツノオトシゴが現存しているので疑いの余地はない。ちなみに筆者が承知しているのは、旧・加賀国能美郡釜清水村（現・白山市釜清水）の十村役[注11]だった鈴木家に保存されているもので、1寸ほどのものと2寸ほどのものがひとつずつある[注12]。保管用の包み紙には「万延元年出来」とあり（万延元年は1860）、いずれも同年のものと推定される。『能登紀行』では「（タツノオトシゴはすし桶に）一つ置く」とあるから、ふた桶到来したということだろうか。ただ、将軍家でさえも1年に1桶献上だったのである。村の役方とはいえ農民である十村役に幾桶も到来したとは思われない。あるいはひとつの桶にふたつそろえて添えられたのかもしれない（**写真Ⅱ－6**）。

　さて、なぜタツノオトシゴを添えるのか、その起源も理由も伝承されていない。小野蘭山の本草書『本草綱目啓蒙』（文化3年＝1806）「海馬」の項には、加州（加賀）にては「ジャノコ」と称する旨が記されているものの、加賀も能登もとりたてて産地とは記されていない。「これを多く売る」とされているのは伊勢の二見だけである。当地の特産物や名産品というわけでもなかったらしい。

　タツノオトシゴにまつわる民間伝承をさがすと、小野必大の食物百科事典『本朝食鑑』（元禄8年＝1695）に「産家（お産を迎える女性のいる家のことか？）にタツノオトシゴの雌雄一対を錦の小袋に入れて吊り下げておけば、産が易い」とあり[注13]、貝原益軒の本草書『大和本草』（宝永3年＝1706）でも「婦人が子を産する時、これを手に握れば産しやすい」としている。つまりは安産のお守りで、それ以外の意味は筆者にはみあたらない。仮に安産や子宝祈念の意味をもって毎年将軍家ならびに諸家に贈られたのならば、その本意はどうにも解しかねる[注14]。

　松百ずしとタツノオトシゴとの関係は『毛吹草』でもうかがえる。すなわち同書では「松波鮓」を解説して「世俗ニ虯ノ鮓ト云。（虯とは）竜ニ似タル魚」とある。「虯」がタツノオトシゴであることは言を待たず、これを添える習慣は江戸初期には確立していたとみてよかろう。

❋4 すし魚について

　松百ずしが発酵ずしであったろうことはすでに述べた。発酵ずしの外的特徴を如実に示すのはすし魚の種類である。ところがこのすしに関する記録を調べても、すし魚が特定できない。『加賀藩御定書　公義献上物儀覚』

Ⅱ-6
松百ずしのタツノオトシゴ
（平成3年9月撮影）
石川県白山市　鈴木勝彌氏蔵

は「唯今迄之通可被指上候（これまでどおり献上せよ）」とあるだけで、具体的な記述に欠ける。他方、各種の郷土誌には諸説が挙がる。以下、順次列挙してみる。

『能登紀行』では「白き鮴（ゴリ）を飯鮓にして」とあり注15、『舟木伝内随筆』は「ごり」、『能登産物書』も「もぼへと云ごり」と記す。ゴリはカジカの異称とされ、中央発信の事典類のカジカの項目でもしばしばこの説を採っている。たとえば『本朝食鑑』では「加越の俗習ではこれ（カジカ）を賞して嗜食…（中略）…鮓として蛇鮓と呼び…（中略）…守令が献上している」との旨が説明されているし、江戸時代の代表的百科事典『和漢三才図会』（正徳3年＝1713）も「加越人これ（カジカ）を賞して鮓に作り多食する」とほぼ同文をのせている。

また、『能登誌』と『能登一国名跡志』はそれぞれ「がうなといふ貝」「寄居虫と云ふ貝」のすしだとする。『能登地誌略』も「寄居蟲」とするが、こちらは「螺の空殻に棲む蟹」と注釈されている。ガウナ（ゴウナ）とはカミナの訛用語で、一般にヤドカリのことである。その点では『能登地誌略』の注記が的を射ている。

『奇談北国巡杖記』は「伊勢鯉」とする。イセゴイはボラの別名で、松百ずしのすし魚をこの魚だと断じているのはこの資料だけである。『本草綱目啓蒙』のボラの項目に「加州にては五寸ばかりのを（「チョボ」と）称し、すしをチョボズシという」とある。加賀にはボラの幼魚のすしがあったらしい。能登では、『雑能登路記』（『能登一国名跡志』と異名同本）に鳳至郡鵜川の名産物としてボラが挙がっている。

このほか、明治24年（1891）7月の『風俗画報』に「古来加賀国の名産にして幕府時代には例年将軍家へ献上せしもの」というアユの発酵ずしの製法が紹介されている（桜井敏の記）。加賀藩から幕府に献上されたすしば松百ずしだけであるから、これにしたがえば、そのすし魚はアユだったことになる。

本稿では松百ずしのすし魚を特定するだけの材料が準備されていないし、それをめざすものでもないが、ここで筆者なりの見解を述べておく。

まずゴリ説については、ゴリで名高いのはあくまでも加賀国であり（とくに手取川のゴリは『毛吹草』の「諸国より出る古今の名物…」の項に挙がるほど）、能登ではないのが気にかかる。加えてゴリは川魚である。松百にせよ所口にせよ海浜地区でこれをすしにするというのはいかにも不合理である。同じ理由で、最後のアユ説にも疑義がある。その意味ではガウナ説とイセゴイ説には一応の理がある。しかし、ガウナ説はこれを貝だと認定する観察眼に難がある。イセゴイ説は、『雑能登路記』の記事にくわえて、今日でも七尾湾に面した穴水がボラの産地として知られている注16こともあって魅力ある説だが、穴水は七尾湾北岸で、南岸の松百とは対極の位置にある。鵜川は七尾湾外である。つまり松百がボラの産地であったとは断言できない。また、理由は明らかにしていないが、『能登誌徴』では「（すし魚を）伊勢鯉とするは誤りなり」としており、やはり慎重に考える必要がある注17。結局、いずれも決め手に欠けるといわざるをえない。

なお、日置謙（1942）は「（松百ずしのすし魚は）時代により相違があるのかも知れぬ」と述べている。一説ではあるが、そうならば変革時における書状が残っていそうであるし、『加賀藩御定書　公義献上物儀覚』にある「唯今迄之通可被指上候」はなんともことば足らずに思える。

✱ 5 「蛇のすし」への誤解

「蛇の子」を添える習慣があったためであろう、松百ずしはしばしば「蛇の子のすし」さらには「蛇のすし」と解釈されることがある。

その発端はどうやら『毛吹草』にあるらしい。先にも引用したとおり、同書の「松波鮓」の小解説には「世俗ニ虵ノ鮓ト云。（虵とは）竜ニ似タル魚」とある。これでは読者に「竜に似た虵を漬けたすし」と解釈させるに充分である。この影響を受けたかどうか定かでないが、その約半世紀後の『昆陽漫録』（宝暦13年＝1763）では「閩書に云く、骰の魚は米粒の如く細かくして鮓にするという。加州より出る松百鮓は骰の魚の類である」と記されている。閩とは現在の中国福建省のこと、『閩書』はそこの地誌である。また、「骰の魚」とはタツノオトシゴの意味である。つまり著者・青木昆陽は、中国の古書にある「タツノオトシゴを細かく砕いてすしに漬けたもの」をひいて、松百ずしもその一種だと解説しているわけである。

さらに誤解が重なって「蛇の子」が単なる「蛇」だけになる。たとえば、『料理食道記』（寛延4年＝1751）や『狂歌俗名所応知抄』（寛政7年＝1795）は、ともに松百ずしを「越中」の名物に挙げるというミスをおかしているから『毛吹草』を参照したものと思われるが、双方いずれも「蛇のすし」と記している[注18]。こうなるとタツノオトシゴさえ消えてなくなり、松百ずしの風聞はますます実情からかけはなれてしまう。

ところで、松百ずしとは別の次元で「蛇のすし」ということばがあった。古くは井原西鶴の『日本永代蔵』（貞享4年＝1687）で、大津の町のにぎわいを表現するのに「蛇の鮨、鬼の角の細工など、何にしても売れぬものはない」とある。後の語から考えれば「蛇の鮨」は「めずらしいもの（多少のうさんくささを含んだニュアンス）」を象徴することばと思われる[注19]。また、天保8年（1837）の『燕居雑話』は「俗に、稀なる食物のことを蛇鮨と云」とその語意を説明し、このすしがまったくのつくりごとでない、実在のものであることを証明するために、以下、『王子年拾追記』や『張華伝』などの古い漢籍にある大蛇のすしや龍のすしに関する記述を紹介している。

地方文献では、若狭での聞き書きを集めた『拾稚雑話』（宝暦7年＝1757）に次のような話が記載されている。小浜の医師が江戸より帰る際に同宿した薩摩の武士が土地（場所は不明。原文では医師は「木曽路を経て」帰ったとある）の名物と聞いてきた「蛇の鮨」を所望して食べたところ、最初に食べたものは3年物でたいへん美味であったが、おかわり分は漬けたばかりのものだったので毒気にあてられて腹をこわした、という。実話かどうかはともかく、ともあれ「蛇のすし」という語が市中で聞き慣れないものではなかったことはこれらの資料で確認される[注20]。

また、江戸も後期になると街中にすし商があらわれるが、その屋号に「蛇の目ずし」というのがあった。『江戸買物独案内』（文政7年＝1824）にある「大伝馬町二丁目」の「〇すし」とは「ジャノメすし」と読む[注21]。これが俗に「蛇のすし」と称されることもあったようで[注22]、おそらくほとんどの人が食べたことがなかったであろう「蛇のすし」は、内容が異なるとはいえ、江戸の市中で実在するものとなった。

✳ 6 松百ずしに関する先学諸説の問題点

　松百ずしの内実について言及した論考は少なく、筆者は殿田良作と篠田統のものしか知らない。

　このうち殿田の論考は、短文ながら「享和三年と表記した手控」などの興味深い史料の抜粋があって、本稿でもたびたび引用したが、惜しむらくは出典資料の正式名称や所在場所が記してないために追跡確認ができない。よって、氏が述べている松百すしの沿革や献上過程についてはコメントすることができない。ただし、論考末で江戸の「蛇のすし」と松百の「蛇のすし」とを混用するような表現がなされていることには異論を呈したい。先にも述べたとおり江戸の「蛇のすし」は「蛇の目ずし」の略称で、松百ずしの「蛇の子のすし」にちなんだ命名ではないと思われる。また氏は江戸の深川の「蛇のすし」は幕末に「松すし」と改名したと記しているが、その証拠となる資料を筆者は知らない。

　さらに氏は、現在七尾市内にある「松乃鮨」なる店[注23]と深川の「蛇のすし　改め　松すし」と松百の「蛇のすし」になんらかの関係があるかのような記述を続けている。深川の「蛇のすし」の改名そのものが確認されないのでなんともいいかねるが、それ自体が松百の「蛇の子のすし」にかかわるものではないため、「松すし」と改名したとしても、それは「松百」の「松」とは考えづらい。むしろ、当時の江戸で隆盛をきわめた「安宅のいさごずし」（「安宅の松」の語呂と主人・松五郎の名から「松がずし」「松ずし」と通称された）からとったものと考えた方が自然であろう。その勢いにあやかって「松」を屋号に掲げる者は当時多かった。七尾の「松乃鮨」の起源はこちらにある[注24]。

　次に篠田統の論考についてである。氏は著書『すしの本』の中で、松百ずしのすし魚に関しては「（著者の鳥翠台）北茎は加賀金沢在の人だから…（中略）…相当信用していいだろう」として『奇談北国巡杖記』の記事を全面的に支持し、イセゴイ説を採っている。『すしの本』はわが国のすし研究においては先駆的な業績かつバイブル的な存在で、氏のこの説を受け入れている人も少なくない。

　しかしながら、『奇談北国巡杖記』が説くイセゴイ説の難点はすでに指摘したとおりである。だいいち、著者が金沢在であるから信用できるというのがおかしい。もしそうであれば松百村のある能登国の地誌の方がより信憑性が高いはずで、それらが語るガウナ説の方が有力であることになってしまう。また舟木伝内は加賀藩が召し抱えた料理人で、彼が説く松百ずしのすし魚はゴリである。

　参考までに記すと、筆者はかつて金沢在住の儒学者・金子鶴村の日記（文化4年＝

1807〜天保9年＝1838）に登場する「すし」を書き上げたことがあるが（日比野光敏（1992））、そこでは「松百ずし」の名はいっさい出てこなかった[注25]。すなわち、このすしは金沢市中で容易に口にできる、もしくは市民が食べ親しむという類のものではなかったとの憶測を生むに足る。いくら北至が金沢在であったとしても、松百ずしに関する知識（少なくとも内容にかかわる知識）が充分であったとは限らないのである。

✱ 7 「あいまいさ」が語るもの

これまでに述べてきた松百ずしに関する情報を整理すると以下のようになる。

起源はよくわからないが、中世末には成立していた可能性が高く、江戸初期には一応の名声が通っていた。また、その頃までに加賀藩御用の能登産物として江戸幕府への献上が始まり、それは幕末まで存続した。幕府送りはで当初は産地である能登（調製場所は松百説と所口説がある）から直接行なわれていたが、元禄以降は加賀藩が関与し、金沢城内の会所がその調達や管理に当たったらしい。その準備は10月から始められ12月に幕府に献上されたが、それ以外にも献上されており、また、冬場の贈答品として貴人の間ではたびたび用いられていた形跡がある。

このすしの特徴は、由来はよくわからないが、「蛇の子」と称するタツノオトシゴを桶に添えることであった。中央の刊行物にも取り上げられるほどの「名品」であったが、その実体はよくわかっていない。とりわけすし魚に関しては、加賀や能登の地元刊行物でさえ諸説を呈している。また、添付される「蛇の子」からタツノオトシゴのすしとの誤解が生まれたりヘビのすしと混同されたりした。

ここで着目したいのは、すし魚に象徴されているこのすしの「あいまいさ」である。これは、世に聞こえた「名品」が、実はあまり詳しくは知られていなかった、まさに「名ばかりの品であった」ということにほかならない。いっけん矛盾するかのようがこの事実は、江戸時代のすし事情を考えるうえでひじょうに興味深い。

松百ずしはたしかに江戸時代を通じて存在した。しかしそれは将軍、大名をはじめとするいわゆる上流階層の間に限られたもので、広く流通したり市井に流れ出たりするような性格のものではない、庶民生活とはまったく乖離した食べ物であった。

献上にあたっては、ひとたび様式が決まるとそれがいつまでも踏襲される、しかも時代が下るにつれて制度が整備されて「前例」が動かしがたいものになることは他藩の事例にみられる（篠田統（1959）、日比野光敏（1987）、同（1990））。松百ずしも例外ではなかったようで、『加賀藩御定書　公義献上物儀覚』にある「唯今迄之通可被指上候」はまさにそんな状況を示している。製法も「前例」が遵守されたはずで、したがって、幕末においても江戸初期とほとんど同じ形態のすしが調製されていたと思われる。江戸時代は発酵ずしが徐々に改変され、酢を使う今日的な早ずしが台頭する時期であったが、松百ずしをはじめとするこれらの献上ずしはそうした流れとは別の次元にあって、中世さながらのすしを守り続けていたわけである。

一方で、「加賀藩御用」「将軍家献上」とい

う栄誉とタツノオトシゴを使うというものめずらしさから、松百ずしの名前だけはどんどん一般に知れ渡るようになる。ところが限られた者以外は口にされることもないため、中身についてはいっこうにわからない。実物をみたこともない、内実をよく聞いたこともない人間が断片的な知識と憶測をまじえて著作を執筆、刊行するから、さまざまな情報が世に呈されることになる。すし魚について諸説あるのは、こうした事情によっていよう。幕府や藩役所の記録ではなく、一般に流布した刊行物をもってしては、松百ずしの実体は杳として知れない。加賀はいうにおよばず能登の郷土誌ですらすし魚が特定できないのは、逆にいえば、いかにこのすしが一部階層以外には閉鎖的であったかを特語るものでもある。

要するに、松百ずしの「あいまいさ」は、江戸時代におけるすしの二層性、すなわち、上流階級のすしとそうでない階層のすしとは完全分離されていたことを物語る。

✱ 8 松百ずしの存続

本橋の趣旨とは若干はなれるが、ここで明治以後今日にいたるまでの松百ずしの伝存について触れておく。結論を先にいえば、筆者が知りうる限りでは消滅したといってさしつかえない。

今日行なう聞き取りの中では、まず「松百ずし」の名は出てこない。少なくともこの名前を冠する発酵ずしを調製する例はない。また、どういうかたちにせよタツノオトシゴを使うすしの事例も知らない。現地へ調べに行った篠田統の筆によると「だれひとりその話を知っている人はおらず…（中略）…『何でもタツ（タツノオトシゴのこと）のすしを作るとか何とかいうが、馬鹿馬鹿しくって』と笑っていた」という。「県の有志のうちに復活運動はあった」注26というが、復興されている気配はない。

現在の能登地方に発酵ずしがないわけではない。ずいぶん衰退したものの「ひねずし」と称する、アジやウグイなどのすしがある注27。ただこれを松百ずしの残存例とみるには無理がある。諸資料に出てきたゴリもガウナもイセゴイもすし魚に使わない（アユだけは使うことがあるという）し、なにより、松百ずしとは調製時季が逆転している。ひねずしは春に漬けて夏祭り、秋祭りに食べるもので（それ以上の保存も可能ではある）、基本的に正月用ではない。調製時季や食用機会は材料以上に保守的なところがある。容易に、しかも完全に変わりきることはひじょうに難しいのである。

以上のような事情から、かつての松百ずしの有様を今日の習慣の中にみいだすことは不可能に近いと結論づけておく。同時にこれは、その閉鎖性ゆえに、廃藩以後は伝承者がいなくなったためだと想像する。

✱ むすびにかえて

本稿では、現段階でわかっている松百ずしに関する資料をできるだけ網羅して、その沿革や実体に迫ったつもりである。そうしてそこでは、このすしの、とりわけすし魚の不明確さがあらためて確認された。

発生や由来については、確たるものがない可能性があるうえ、時代が古くて資料的な制

約もあるので不詳とせざるをえないのはしかたがない。ただ、幕末まで残ったこのすしの材料（すし魚）が、地元資料によっても明らかにならないというのは注意を要する。一般に献上ずしの実態はよくわからないのが常であるが、これほどまでに「あいまい」なのはほかの献上ずしではみられないことで、江戸期における献上ずしの閉鎖性を如実に表現するものだからである。これはある意味で、このすしが持つ最大の資料的価値だといえるかもしれない。

とはいえ、この「あいまいさ」をこのまま放置しておいてよいというわけではない。筆者自身、本稿を作成する過程で各種の資料を整理するにつれ、松百ずしの正体が何であるか知りたいという衝動に幾度も駆られた。もちろんその解明には相応の資料が必要で、地方中心に文献を丹念にあたらねばならない。適当な資料がみつかるのは多分に偶発的であるが、そうした作業の地道な蓄積の必要性を痛感している。

❖注

注1　「宝暦十四年調書」の原資料の所在は知らない。本稿では石川県図書館協会（1969）『能登志徴（復刻版）』の引用記事によっている。なお『能登志徴』は明治末期の成立と思われ、著者・森田平次は明治41年（1908）の没である。刊行は昭和13年（1938）である。

注2　平凡社地方資料センター（1991）による。

注3　人名もしくは屋号である可能性が払拭できないのは、現在、七尾市松百町付近には「橋本」姓が多いからである。ただし人づてに聞いたところによると、彼らの間にはいずれも松百ずしとの関連は伝わっていないという。

注4　『加賀藩御定書　公義献上物儀覚』は金沢文化協会（1936）の活字本による。

注5　「享和三年と表記した手控」の所在は知らない。以下の文章はすべて殿田良作の論文からの引用による。

注6　幕府献上は毎年1桶だと『諸国献上物集』『加賀藩御定書　公義献上物儀覚』などに記録されているから、ここにその内容量が判明する。

注7　『中村典膳覚書』の原資料の所在も知らない。ここでも『能登志徴』の引用記事によっている。

注8　返礼状は七尾市史編纂委員会編（1973）に所収。なお、同じ資料を『能登志徴』は「小松中納言」の書簡とする。もしそうであれば、利常が隠居して小松にしりぞいたのは寛永16年（1639）のことであるから、この書簡の成立はそれ以後ということになる。

注9　『旧記』の記録内容は日置謙編（1942）から引用した。

注10　『能登紀行』『能登産物書』『能登志』は原資料の存在は知らず、石川県図書館協会（1969）『能登志徴（復刻版）』の引用記事に、『能登一国名跡志』も原資料の存在は知らず、財団法人鹿島郡自治会（1923）の引用記事によっている。『舟木伝内随筆』は綿抜豊昭編（2006）によった。『奇談北国巡杖記』は石川県立歴史博物館蔵本、『能登地誌略』は原本を参照した。

注11　十村とは慶長9年（1604）以降、加賀藩が能登国から順次設置した数か村の統合体である。その長たる十村役には土地の大百姓が任命され（他藩の大庄屋に相当する）、管内の巡視や収納など農事の一切を

統括する責務があった。松百ずしはこうした立場の者にまで贈呈されたことが推察される。

注12 『能登誌』と『能登地誌略』は2〜3寸の「蛇の子」を、『舟木伝内随筆』は2寸ほどの「蛇の子」を、『能登一国名跡志』では1寸ほどの「蛇の子」を添えると書いている。鈴木家所蔵のタツノオトシゴをみる限り、いずれの記述も真実である。

注13 『本草綱目啓蒙』でもほぼ同文である。おそらく同書は『本朝食鑑』からの引用であろう。

注14 同じ幕府献上ずしである美濃のアユずしは、献上の発端は関ケ原の戦いの帰途に徳川家康が賞玩したことにあると伝えられている。この場合は史実であるとの確証はないが、たとえ嘘だとしても「神君・家康公」にまつわるこうした逸話が語りつがれることが、後々までも献上が続く営力になっている。あるいは松百ずしの場合も家康とタツノオトシゴにからむエピソードがあったのかもしれない。

注15 「飯鮓」とはご飯の分量を多くし、熟成を浅いままで止めた発酵ずしのことと解される。

注16 海の魚道に建てる魚見やぐらは「ボラ待ちやぐら」といい、穴水の風物となっている。ボラは年中獲れるが、冬場が美味という。秋ボラは刺身にいいというから同じ生食のすしにも適するはずで、松百ずしの準備を10月頃から始めるとした「享和三年と表記した手控」の記事とも符合する。

注17 なお、『奇談北国巡杖記』には松百の位置が「田鶴が浜から涌浦（和倉）の温泉にかよう中ほど」とある。位置関係でいえば、田鶴が浜からみて松百は和倉より遠くにあり、これは作者のミスかと思ったが、田鶴から和倉に赴くには東進していったん松百に出、そこから北西にもどるのが通常ルートであった。『奇談北国巡杖記』の記述は、この点では正確だといえる。

注18 『狂歌俗名所応知抄』の原資料は活字本を含めて未見である。この条は篠田統『すしの本』による。『料理食道記』は長谷川青峰ら（1958）の復刻本による。

注19 殿田良作（一九七一）は、西鶴はけっして嘘を書く小説家ではないから、これは琵琶湖に棲む「雑喉のすし」の異称だと解釈したが、「蛇の鮨」と「鬼の角の細工」が対句的に用いられていることから、珍品・奇品もしくはあやしげな品の代名詞と考えるほうが妥当であろう。

注20 『本朝食鑑』のヘビの項をみると、マムシやカラスヘビは食用になるとの記載があるが、すしにするという話は出ていない。また、吉井始子編『江戸時代料理本集成』（全10巻）に所収された江戸期の料理本10種の中にも、それは確認されない。

注21 「蛇の目」は「一つ輪」の紋所の別称で、屋号に掲げたのもそうした経緯からであろう。また宮尾しげを（1960）は、芝居の「助六由縁江戸桜」の中で助六がかざす蛇の目傘にも掛かっていることばだとの見解をほのめかしている。

注22 宮尾しげを（1960）によれば、幕末には深川常盤町に「蛇の目ずし」があった。殿田良作（1971）が述べる「深川の蛇のすし」とはこれを指すものと思われる。

注23 「松乃鮨」は七尾市内にある老舗のすし店で、七尾駅と穴水駅などの駅弁製造販売も担当していた。平成23年（2011）5月、いったん駅弁販売をやめるが、翌年3月、再び復活した。なお駅弁屋として名乗る場合は「松乃寿司」「松乃寿し」の文字を使っている。

注24 同店ホームページによると、「松乃鮨」

初代の南善上ェ門がすし修業をしたのが「いさごずし」(松がずし)であり、それにちなんで店の名をつけたという。http://matsuno-sushi.com/contents/shop.html

注25 同日記には、正月用でボラを使ったすしは1例だけ出ている。ただしこれはブリのハマグリ(意味不明。二枚貝のハマグリではないと思われる)とサバとボラ(ナヨシと記)を混ぜて漬けたものらしい。ガウナのすしは未見である。またアユずしの記載はあるが、あるものは越中の産としている。

注26 篠田統(1966)前出。なお、篠田のこの調査は昭和27年10月に実施したものと思われる(石毛直道編(1989)による)。

注27 ひねずしの詳細については、四柳嘉孝(1972)、「聞き書日本の食生活全集 石川」編集委員会編(1988)、北國新聞社出版局編(1993)などを参照されたい。

❖参考文献

- 石川県図書館協会(1969)『能登志徴(復刻版)』石川県図書館協会。
- 石毛直進編(1989)『国立民族学博物館蔵篠田統資料目録』国立民族学博物館研究報告 別冊8号。
- 上松寅三(1966)「証如上人書札案」『石山本願寺日記 下巻(復刻版)』清文堂出版。
- 小野蘭山(1991)『本草綱目啓蒙(復刻版)』平凡社東洋文庫。
- 金沢文化協会(1936)『加賀藩御定書 前編』金沢文化協会。
- 「聞き書日本の食生活全集 石川」編集委員会編(1988)『聞き書 石川県の食事』農山漁村文化協会。
- 財団法人鹿島郡自治会(1928)『石川県鹿島郡誌』財団法人鹿島郡自治会。
- 桜井敏(1891)無題(「鮎粕漬の法」「鮎鮨の漬法」前文)『風俗画報』30号。
- 篠田統(1959)「釣瓶鮓縁起」『大阪学芸大学紀要』第7号。
- 篠田統(1966)『すしの本(初版本)』柴田書店。
- 島田勇雄訳注(1976〜1981)『本朝食鑑』平凡社東洋文庫。
- 新村出校閲・竹内若校訂(1943)『毛吹草(復刻版)』岩波文庫。
- 寺島良安(1970)『和漢三才図会(復刻版)』東京美術。
- 殿田良作(1971)「松百の蛇の鮓」七尾近世史研究会編『七尾の地方史』第6号。
- 鳥越村文化財保護委員会(刊行年不詳)『鳥越村史資料編資料第十輯 十村鈴木家文書』鳥越村文化財保護委員会。
- 七尾市史編纂専門委員会編(1973)『七尾市史 資料編 第一巻』七尾市。
- 日本随筆大系編輯部(1927)「燕居雑話(復刻版)」『日本随筆大成 8』吉川弘分館。
- 長谷川青峰監修(1958)『日本料理大鑑 第六巻』料理古典研究会。
- 日置謙編『加能郷土辞彙』北國新聞社(1942著、1956初刊、1979復刻)。
- 日比野光敏(1987)「岐阜市におけるアユのなれずし」『風俗』第26巻2号。
- 日比野光敏(1990)「福井県敦賀市の疋田ずしについて」『風俗』第29巻2号。
- 日比野光敏(1992)「鶴村日記にみる近世・金沢のすし」『衣の民俗館・日本風俗史学会中部支部 研究紀要』第2号。
- 福井県立図書館郷土誌懇談会(1982)『拾椎雑話 椎狭考(復刻版)』一穂社。
- 平凡社地方資料センター(1991)「松百村」『石川県の地名』平凡社。
- 北國新聞社出版局編(1993)『かが・のと・かなざわ 四季の料理』北國新聞社。

- 宮尾しげを（1960）『すし物語』井上書房。
- 三宅少太郎（1882）『能登地誌略』益智館。
- 芳井先一編（1975）『石川県大百科事典』北国出版社。
- 吉井始子編（1978〜1981）『翻刻　江戸時代料理本集成（全10巻）』臨川書店。
- 四柳嘉孝（1972）『半島能登の味』北國出版社。
- 若林喜三郎・高澤裕一監修（1991）『石川県の地名』平凡社。
- 和田万吉校定（2006）『日本永代蔵（復刻版）』一穂社。
- 綿抜豊昭編（2006）『舟木伝内随筆』桂書房。

III

すしの分布に関する研究

1 すしの分布と偏在性への提言

　すしが持つ魅力は、前説で触れた長い歴史のほかに豊かなローカル色にある。旅行本、郷土料理の本ですしが登場するのは、カラフルでみた目にきれいであるのと同時に強烈な郷土色が感じられるからであろう。本章ではその空間性について着目してみたい。

　すしはほぼ全国に存在する。しかしその内実は複雑で、どこへ行っても同じものが出てくる現象は、昨今の回転ずしや持ち帰りずしなどの握りずしくらいにしかみえないであろう。回転ずしでも全国的にみれば、地方によって味つけが変わっていたりすしダネを変えていたりするかもしれない。ましてやそれ以外のすしとなると、違う地域で作り方も材料も同じすしがみられる可能性は、まずない。すしは明らかに、著しい郷土色を有しているといえる。

　ひとくちに郷土色といってもさまざまなものがある。

　同系のすしが全国で存在し、かつ、その内容が、たとえば東西差のように二分される場合がある。たとえば稲荷ずしの分布は全国的であるが、そこに東西差があることは昔からいわれてきた。材料である油揚げは、石川県、福井県から岐阜県と滋賀県の境界を通り三重県に抜ける線を境に、東日本では四角く切るのに対し西日本では三角に切るというように、日本を大きく二分する。また中に入れるすしご飯も、東日本の具は入れないすしご飯に対し西日本は五目ずしと、日本を二分する。このこと自体は興味深いこととしてマスコミでも取り上げられるが、その東西差がなぜ生じたのか、説明された例がない。筆者らは比較的信憑性のあるデータを用い、分布を押さえて地図だけは描いたことがある（久保正敏ら（1993））[注1]。しかしそれだけである。筆者は油揚げの形の差異が稲荷ずしの油揚げの切り方の差に投影されたとの仮説を立てたが、もとより、史料がまったくないままの憶測にすぎない（日比野光敏（2012b））。

　同じように全国に分布する一方で内容が異なる場合でも、あるひとつの地域にのみ、特定のすしが卓越する場合がある。たとえば巻きずしの分布も全国でみられるが、具材に高野豆腐やアナゴが入っていると「関西らしい巻きずし」と思う人がいよう。店売りの巻きずしでいえば、東京風のカンピョウ巻きは東京近辺でしか作られないし、家庭で作られるものでいえば、「江波巻き」と呼ばれる巻きずしは広島市付近で、飾り巻きずしは千葉県でしか作られない（日比野光敏（2012a））。稲荷ずしでも、「いなりずし」と呼ばずに「きつねずし」と呼ぶ地方は関西から瀬戸内地方である（日比野光敏（2012b））。

　このことはすしの地域性へと発展してゆく。つまりこの郷土色とは、ある特定の形態のすしが、原則として、特定の地域にのみ存在し、その他の地域には存在しないものである。よく知られているのは北海道から東北、北陸地方の日本海側という広範囲に分布するイズシで、篠田統も「東北から北海道にかけて盛んに漬けられ」、北陸や飛騨でも漬けられると述べている[注2]。ほかにもこの種の事例は数多くあり、それぞれが各地域において取り上げられて、各種著作や論文の題材にもなっている。しかし、ある特定のすしがその

地点において存在することはいっても、その地点に存在しないことを確かめた論文となると、その数は減る。また、史料のなさから仕方のないことだといえるが、なぜそのような分布をしているのかまでを述べた論文は、少ないどころかないに等しい。

このように、すしの持つ空間的特色というのはなかなか明らかになっていないが、本章では以下の4点について検証を行う。

まず、名古屋市周辺のハエずしを例に、分布域の問題について考えてみたい。実はこの論文の原文は筆者の修士論文の一部である。こんな稚拙なものをのせるのは気が引けるが、すしの分布を足で確認した例があまりにも少ない上に、その後も出た形跡がないからである。

次に、同じ呼称でありながらその名実が異なるものがあることを、ジャコずしを例に示してみたい。ジャコずしは近畿各地でみられるものであるが、たとえば大阪府のジャコずしと和歌山県のジャコずしとは使用する魚が異なる。また兵庫県内のジャコずしでも、場所によって発酵ずしであったり握りずしであったりする。土地が変われば内容が変わるという当たり前の郷土色が、すしの世界にもあることをわかってほしい。

さて、地理学の伝統的研究法に時間継起と空間配置に関するもの、つまり地域差を時間差に置換する方法がある。ではすしの場合はどうか。これまでにそういう目ですしを扱ったことはほとんどないが、本章では新潟県糸魚川市の笹ずしに関する論文を出す。歴史も分布もよくわかっていない各地のすしの中、存在の局地性に時間的継起、すなわち歴史が比較的はっきりと映し出されている例はきわめてめずらしいといえる。

また、文化は伝播されるもので、文化の種類によって、たとえば同心円状に分部したり階層的に分布したりと、独特の分布を示す。逆に分布域が特殊であった場合、たとえばかけ離れた場所に同じ文化が分布していたりすると、そこには何らかの関係、もっと端的にいえば、伝播したという想像ができる。さらに文化は伝播する時、しばしばアカルチュレーション、つまり接触変容を起こす。たとえば回転ずしは前章で述べたとおり、グローバル化(海外進出)にともなうメニューのローカル化、などという格好のテーマがあるが[注3]、日本国内のすしを例にした研究は少ない。

本章では静岡県の箱ずしと東京都下ほかのべっこうずしの例を出す。いずれも伝播論を直接的に活用して分布を説明するものではないが、静岡県の箱ずしは、関西地方から伝播したとするならば、箱ずしにおける押圧の有無というアカルチュレーションを起こした例の好例になるであろう。べっこうずしの分布も伝播の可能性を示すもので、一部を除いて、いずれからいずれへの伝播かまったくわからないものの、こちらは「べっこうずし」の意味にアカルチュエーションが感じてとれる。それだけに「べっこう」の語が示す内容にこだわらなければならない。どちらも仮説の上に仮説を、推論の上に推論を重ねたもので、すしの学術的な研究書にはいかがなものかとの意見も出されそうだが、今のままでおいておくと、結局「資料がない」との理由で研究が進まない。こういう試みもあってよいのではないかとの考えから、2論文を紹介するも

のである。

❖注

注1　ただし、「比較的信憑性のあるデータ」とは昭和20〜30年代に篠田統が仕事の傍らに集めたアンケート調査である。高度成長期以前の各地の様子が分かるものであるが、全国を俯瞰してアンケートを集めていない上、土地によって精粗の差がある。とりあえず稲荷ずしの油揚げが東西差として現れたものの、この分析結果が統計学的にどれほどの意味を持つのか、若干の疑問がある。

注2　篠田統（1966）を参照。

注3　たとえば、出口竜也（2007）などがある。

❖参考文献

- 久保正敏・大島新一・日比野光敏・和田光生（1993）「篠田資料・鮓アンケートの予備的分析」『国立民族学博物館研究報告』第18巻4号。
- 篠田統（1966）『すしの本』柴田書店。
- 出口竜也（2007）「回転ずしのグローカリゼーション　−グローバル化するシステム、ローカル化するメニュー−」中牧弘允・日置弘一郎共編『会社文化のグローバル化−経営人類学的考察』東方出版。
- 日比野光敏（2012a）「巻きずしのバリエーション」『地域社会』66号。
- 日比野光敏（2012b）「稲荷ずしの歴史とバリエーション」『地域社会』67号。

2　すしの分布域
愛知県名古屋市周辺のハエずし

✽ はじめに

　食は民俗文化の中で地域的な差異が最も著しい事象のひとつである。全国各地にはローカル色豊かな料理が多数存在し、その中には観光資源として商業ベースに乗せられているものもある。それらの料理の多くは、特定地域特有というレッテルが貼られ、その発祥を地域の環境に結びつけた解説が付されている。これらの説は充分な検証もなされぬまま一般に受容され、定着しつつあるという状況にある。

　特定地域にのみ顕著に分布する料理を郷土料理と呼ぶならば、郷土料理にはその地域の持つ種々の条件、いわゆる地域性が反映されているであろうことは否定しえない。

　しかしながら、数多い条件の中のどれがその料理の形成に関与したのかは容易に判別できるものではないし、ましてや断言できるものでもない。さらにそれ以前の問題として、その料理が本当に「特定地域に特有」であるかを検討した例、すなわち、料理の地理的分布の研究例が極めて少ないことを考慮すれば、各地の郷土料理の中には、郷土料理の名を冠するに値しないものも含まれていることが想像される。つまり、料理の地域的差異の現状や、差異形成の背景については、感覚的にしか把握されていないといわざるをえない。

　ある現象の局地性は、その現象の分布を明らかにすることによって初めて認識されるものである。そしてその分布図は、対象事象の

分布状況のみならず、その事象成立に関与した地域的な要因をも暗示しうるものである。

筆者は、名古屋市近辺の名物料理とされるハエずしを取り上げ、その局地性を検証するための分布図を作成した。本稿は、分布図作成のために行なった現地調査結果の概略と、分布状況を報告するものである。

✻ 1 ハエずしの定義

愛知県の名物料理として紹介されているものに「切りずし」がある[注1]。これは、木枠（箱）の中にすしご飯を入れ、具をのせ、ふたをした後に押圧を加えて作る箱ずしの一種であり、食べる時には枠から抜いて切るためこの名がついている。現在、名古屋市内ではごく少数のすし店がこの名称のすしを販売しているが、一般の家庭においては、通常、「箱ずし」という名を使用している。

名古屋市周辺の箱ずし（切りずし）は、具に川魚の小魚（小ブナ、モロコなど）の甘く煮つけたものを使用するのが特徴である。したがって、当地域において、箱ずしといえば、単なる箱詰めの押しずしを指すのではなく、川魚の小魚という具まで指定されてしまう場合が多い。

このすしの具となる川魚の小魚は、当地方において、一般に「ハエ」と呼ばれる。「ハエ」とは「ハヤ」の訛りであると思われるが、この「ハエ」にせよ「ハヤ」にせよ、正式な魚種名ではない。特定魚種を指すものでもなく、関東地方の「ハヤ」はウグイを、関西地方の「ハヤ」はオイカワを指す方言名とされる。名古屋市周辺では「ハエ」は特定の魚種を指す場合もあるが、概して、小ブナなどの小形淡水魚の総称として用いられる。この点については後述する。

名古屋市周辺の一般家庭で作られている「箱ずし」とその他の地方で作られている（すなわち、ハエを使わない）「箱ずし」を区別するため、本稿では、前者を「ハエずし」、後者を単に「箱ずし」と呼ぶことにする。この「ハエずし」なる名称は筆者による造語であるが[注2]、その定義を今一度述べると次のようになる。

1　酢を使ったすしである。
2　木枠（箱）にご飯と具を入れて押圧を加え、食する際に切ってサーヴする形態をとる。ただし、箱の材質、形状は特定しない。
3　具には「ハエ」の煮つけたものを使用する。煮つけの方法は特定しない。また、「ハエ」のみを具とするか、ほかの材料も具に用いるかは問わない。

なお、ハエずしの発生の時期は明らかでない。江戸期の文献にはハエずしの記載はない。江戸中期の下級武士の日記『鸚鵡籠中記』の中に「はえずし」の記載があるが、これはハエの発酵ずしと解釈されている[注3]。当時におけるハエずしの存否は不詳である。現地調査においてはハエずしの発生に関する文献や伝説なども問うことにした。

✻ 2 ハエずしの分布

（1）全国的分布

前項のように定義したハエずしの存否を、各地に在住の民俗学者へのアンケートという方法で調査した。アンケートは、明玄書房刊『日本の衣と食』シリーズ、第一法規出版刊『日

『本の民俗』シリーズの著者に依頼し、都道府県単位の回答を原則とした。

　その結果、箱ずしの存在は、新潟県、大阪府、島根県、山口県、長崎県などで確認されたものの、いずれも具にはハエが使われていなかった。また、小魚の煮つけをすしにするとの回答を得たのは愛知県、岐阜県、三重県、佐賀県であったが、佐賀県のすしはムツゴロウの煮つけをすしにするものであり、川魚のすしではない。さらに、川魚のすしは全国各地でみられたが、いずれも具とする川魚は生（酢でしめる場合も含む）のままである。結局ハエずしと呼ぶことができるすしを作っているのは愛知、岐阜、三重の3県のみであった。また、岐阜県の飛騨地方、三重県の南勢地方と紀伊地方ではハエずしの存在が確認されないとの報告を得た。これにより、ハエずしは東海3県特有の料理であることが判明した[注4]。

（2）東海3県における分布

　この項では東海3県下（ただし、岐阜県飛

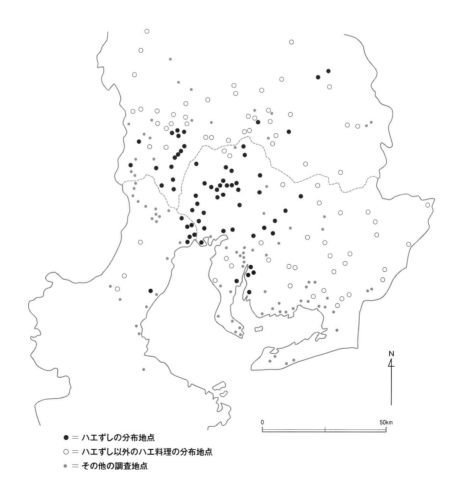

● ＝ ハエずしの分布地点
○ ＝ ハエずし以外のハエ料理の分布地点
・ ＝ その他の調査地点

図1　ハエずし、ハエ料理の分布

騨地方、三重県南勢地方と紀伊地方は除く）におけるハエずしの存否を中心に、各地のすしについて調査した結果を述べる。

図1に、筆者が現地調査を行なった地点を示す。原則として大字単位である。各大字において、在地年数60年以上（昭和60年当時）の住民数名に、その地域のすしについて尋ね、そこでのハエずしの存否を決定した。聴き取りに際してはインフォーマント自身の家での状況に加えて、近所での状況についても質問し、その地域における一般的傾向を把握するよう心がけた。在地年数を60年以上としたのは、昭和初頭期におけるハエずしの存否を念頭に置いたためで、それ以前の状況については、インフォーマントの年代が不ぞろいとなり、各地点間の相互比較が困難と思われたためである。また、最近になって書籍などでハエずしを知り作り始めた地域についてはこれを非存在地とし、逆に、以前には存在していながらも現在では全く作られなくなってしまった地域は存在地として判断した。

調査により、ハエずしの存在が確認されたのは図1において黒い丸印で示した地点である。この図は点により分布状況を示しているが、分布点の集合を面としてみなすならば、ハエずしはひとつの分布領域を有しているといえる。そしてその領域は、名古屋市が中心とは断言できないまでも、名古屋市の周辺地域といってさしつかえない。

次に、ハエずしの分布領域の周縁部について考察する。まず、西端の境界には養老山脈と揖斐川がある。これらは一般に「自然的障害」といわれるもので古くから交通の障害となって来たものとされるが、同時に現在でも県境などの行政区界として人々の生活に作用しうるものである。一方、東端線（愛知県内）はほぼ境川に沿っているという事実も指摘できる。境川は揖斐川に比べると小規模で、自然的障害の程度も低いとは思われるが、かつて尾張国と三河国がこの川を境に区分されていたことから、この川はこの地域の人々の生活圏の形成に少なからず影響を及ぼしたものと考えられる。これらに対して、岐阜県内の北端部や三重県内の南端部には、いずれも明確な境界線は画しえず、河川や山地、行政区界などの地理的障害も見出されない。

以上、ハエずしは名古屋市周辺に分布する文化であることが確認されたが、分布域の限界線は必ずしも明確にはならなかった。なお、名古屋市の近くでありながら知多半島部にはハエずしが分布していないことは興味深いことである。

✳ 3 ハエずしのバリエーション

前項で示した分布領域内で作られるハエずしはみな一様というわけではない。ここでは各地で聴いたハエずしの様々なバリエーションについて記す。なお調理法の一例として、写真を提示しておく**（写真Ⅲ－2－1〜Ⅲ－2－7）**。

(1) ハエについて

先述の通り、ハエという名称の魚は特定されていない。いわゆる川魚の総称としてこの語が用いられている場合が多く、本稿もそれに準じたが、オイカワを指す場合[注5]や小ブナの別称として用いられる場合[注6]などもある。これらは地域的な差異といえるものでは

なく、同一地区（大字）内でハエの指す魚種は人によって異なるという例も多くあった。

ハエの捕獲は、かつては個人によるものであった。漁法としては、小川をせき止めて水をかき出し魚を獲る「かいどり」注7、「サデ」や「ヨツデ」などの網で獲る場合、「ウゲ」（筌）注8「ガラスびん」注9などの道具を仕掛けて獲る場合など様々で、これも地域的に形態が異なるというわけではない。アユやウナギは大人も捕獲したが、ハエ獲りは子どもの遊びの延長という感もあり、家によってはハエ獲りを子どもの仕事と決めていたところもある。原則として、自家用のハエは自らの手で獲るのだが、「かいどり」は複数の人間で行なわれる（用水池などを干上げて「かいどり」をする場合には部落を挙げて参加する）ため、獲った魚を皆で分配することもあった。また極めて寡例ではあるが、ハエの獲れる地域においても、祭り近くになるとこれを売りに来ることもあった（愛知県北名古屋市（旧・西春町）、岐阜県恵那市など）注10。ハエ獲りの時期は周年とされるが、厳寒期には行なわぬ人も、また逆に、美味とされる寒バエの捕獲のために冬季に集中して行なう人もいる。春先のハエも骨が柔らかいため美味とされる。最も盛んにハエ獲りが行なわれるのはハエずしを作るべき春秋の祭礼時前である。なお、いずれの地域も昭和30年代半ばから水質汚濁によるハエの減少を理由に、ハエ獲り（とくに食用としてのハエの捕獲）の機会は激減したとのことである。さらに現在、愛知県では「ガラスびん」の使用は禁じられている。

獲ったハエはたいていの場合、水洗いをしてぬめりを落とした後にそのまま調理されるが、針などを使って、1尾ずつ腹わたを出す人もいる。また、このハエをすぐに煮つける場合と、数尾ずつまとめて串に刺し、囲炉裏の火などであぶり、さらに串のまま藁束（「ツト」「ワラスボ」と呼ぶ）に刺して乾燥させてから煮つける場合とがある。後者のようにして作った干しバエは長く保存でき、一度にたくさん作っておけば、煮つけを作るごとにいちいちハエを獲りに行く手間はかからない。この干しバエは煮つけのほかに、汁物のダシとしても重宝された。味つけはすべての人がしょうゆと砂糖を用いており、みそ味のものは1件もなかった。弱火で長時間煮るのが良く、骨まで柔らかく、かつ煮くずれしないのが上手な煮方とされた。現在では前述の如くハエ自体が容易に獲れなくなり、一般の魚屋でも生のハエを購入し難いため、各家庭にてハエを煮つけることは稀となった。市販の甘露煮や佃煮を用いることが多い。

（2）すしご飯

ご飯の水加減については、たいていのインフォーマントが「普通に炊いたご飯」と答えた。そうしてできあがったすしは、「落としてもくずれないくらいに固く押さえつけられている」とのことである。ところが、普通に炊いたすしご飯ではどれだけ強く長く押さえつけても、食べる時に持ち上げるとご飯がパラパラとくずれてしまう。普通のすしご飯よりやや水気を多くする（普通のすしご飯は固めに炊くため、通常通りに炊けば普通のすしご飯よりも柔らかくなる）か、もしくは、も

ち米を少量混ぜるかして炊くなどの工夫をした。

（3）すし箱（すし枠）

すし枠はハエずしの定義からは除外したが、ハエずしの大半は特定のすし枠を用いて作られている。加藤参郎(1974)はこれを「ヤジメ」という名で紹介しているが、現地調査においてはこの名称がすし枠の名称として用いられている事例が全くなかった[注11]ため、以後本稿ではこれを「ヤジメ型押し枠」と呼ぶことにする。ヤジメ型押し枠は、箱を積み重ね、それらをまとめて外枠にはめ込み、圧力をかける仕組みになっており、常に圧力をかけておくために、外枠にあいた穴から三角形のクサビ板[注12]を打ち込む工夫がなされている。箱は通常5段重ねであるが、1段から5段まで箱の数に応じてクサビ板が打ち込めるように外枠には多くの穴があいている[注13]。ほかに7段重ね（愛知県知多市）、3段重ね（愛知県名古屋市）のものもある。ひとつの箱には約2合のご飯が入るが、これは詰め方によって異なるもので、「ご飯を少なくして具をたくさん入れるのはお金持ちのやること」とのことである（愛知県東郷町など）。

ヤジメ型押し枠のサイズはほぼ一定しているが、これは昨今、規格化されてきたためである。現在この押し枠を製作販売している業者によれば、「昔は各家庭で作ったもの」であった。現に各地で様々なサイズの押し枠が確認されている。岐阜県八百津町の資料館所蔵の押し枠は明らかに素人の手で作られたものであることがわかり、全く異なったサイズの押し枠がいくつかある。

ヤジメ型押し枠がいつ頃、どこで発明されたかは不詳である。各家庭や各地の資料館で保有している押し枠は、それほど古いと思われぬものばかりであった。ヤジメ型押し枠の材質がヒノキであることから、発祥地は木曽の方ではないかとの憶測の声も聞かれたため、長野県南木曽町にて聴き取りを行なったところ、そちらの方ではヤジメ型押し枠の存在すら知られていない状態であった。

ヤジメ型押し枠以外の押し枠でハエずしを作る例も若干みられたが、これらの家庭でも以前はヤジメ型押し枠を使用していたことが多い。ヤジメ型押し枠は「すしが一度にたくさんできすぎる」ため、この頃「ハエずしを食べる人が少なくなった」時代には敬遠されているとのことであった。これらの家庭では、段重ねにせぬ、小ぶりの平型枠（大阪方面で使用する枠で、たいていの雑貨屋にて購入可能）を用いている。愛知県津島市や名古屋市熱田区では大型の平箱にてハエずしを作っている家があったが、いずれも稀な存在である。とくに津島市の例では、周辺の旧家がみな一様にヤジメ型押し枠を使用しているにもかかわらず、同じく旧家であるこの家がこの枠を使っていないというのは不可解である。大型の平箱はこのほかに岐阜県瑞穂市（旧・巣南町）などでもみられ、「座ぶとんほどの大きさであった」そうである。

調査の中でただ1例しかみられなかったが、ヤジメ型押し枠の変型として岐阜県大垣市（旧・墨俣町）の枠がある。外枠は全く同じであるが、箱の大きさが通常の箱の真半分になっており、1段に箱がふたつ並ぶことになる。この押し枠は5段重ねであったから、

箱は10個で1セットになっている。

(4) 敷葉

ヤジメ型押し枠の中に直接ご飯を入れたり、具の上に直接ふたをしたりすることは少ない。たいていの場合、底板の上には葉を敷き、ご飯と具を乗せ終わった後にはその上にまた葉を置いて上ぶたをする。この時に用いる葉は、大半がハラン（ヒトツバ）である。そのほかには「うす皮」（木を薄く削ったもの）や、竹の皮などを使用する場合もあるが、数はハランに比べて少ない。愛知県尾張旭市ではハランのほかにバショウが有用で、すしを作るために、各家庭に1本ずつバショウが植えてあった。

近頃では葉の代わりに、ポリエチレンのラップフィルムやアルミホイルなどを使う家庭も多い。

(5) 具

具は「スシコ」または「コ」と呼ばれる。ハエの煮つけを使用することはもちろんだが、ハエのみを具とする場合と、ハエのほかにシイタケ、レンコン、角麩、ニンジン（いずれもしょうゆと砂糖で味つけする）、そぼろ[注14]、玉子焼などを一緒に並べる場合とがある。後者の方が色どりもきれいなためか数多く作られている。前者のようなすししか作らない家庭は、愛知県津島市、岐阜県大垣市（旧・上石津町）などで数例みられた程度である。朝日新聞社刊の『世界の食べ物』では岐阜県の郷土料理としてハエのみのハエずしが紹介されているが、どこの市町村の事例か判明しない[注15]。

ハエと一緒に使用する具は特定されておらず、その時にあるものを使えばよい。したがって場合によっては、ハエ自体が削除されることもある。これは厳密にいえばハエずしとは呼べないものであるが、具の不確定という性質から生じた、ハエずしの一変種であるとみなした[注16]。

箱の中に具を並べる際には、それぞれの具が箱の縁に対して斜線を描くように置く。これは、切った時にひと切れのすしに種々の具が乗るようにとの配慮である。複数の具を使用するハエずしを作る家庭のほとんどすべてがこの方法を採用している。

(6) 調製法、食法

ハエずしは、一般に食べるべき日の前夜に作られ、一晩加圧されるが、当日の朝に作りその日の昼食に食べることもある。すしご飯は数分間押しただけでも充分固まるが、時間をかけるほど具の味がご飯に浸み込んで美味となる。

加圧されたすしは、具が下になるようにして箱から抜き、底板をはずし、裏側から庖丁を入れる。箱の大きさによっても異なるが、通常8等分する。ひと切れのすしはほぼ正方形で、単純計算をすれば3勺弱の米から成っていることになる。これひとつで結構腹がいっぱいになる。

こうして作られたすしは大皿や「すし箱（押し枠ではなくできあがったすしを入れておく箱。重箱のような塗りを施してある場合もあるが、白木のものもある）」に盛られて食膳に出される。これを小皿に取り箸を使って食べるが、子どもたちは手づかみで食べること

が多かった。

（7）調製時機、用途

ハエずしが作られる最も一般的な時機は春秋の祭礼時であるが、特定の宗教、信仰と結びついているわけではなく、それぞれの地域の氏神祭の折に作られるものである。また、婚礼、法事や寄合などいわゆる「人寄せ」の時にも欠かすことのできないものだが、正月料理と葬儀時の料理としてはこのすしが作られることはない。そのほか、名古屋市緑区で は女子が一人前になった祝いとしてこのすしを隣家に配ることがある。年頃の女子がいる家からハエずしを贈られると、隣家の人々はその成長を察したものであった。

かつてはハレの日の料理として盛んに作られたハエずしは、料理屋や仕出屋の増加に伴って次第に作られなくなった。「人寄せ」の食事は店屋ものが多くなり、すしといえばハエずしでなくすし屋が作るすし（多くは握りずし）を指すようになった。こうした変化は昭和30年代後半から40年代前半にかけて

Ⅲ-2-1 岐阜県海津市のハエずし作り
（昭和63年2月撮影）
すしご飯をすし箱に詰める

Ⅲ-2-3 岐阜県海津市のハエずし作り
（昭和63年2月撮影）
「ヤジメ型押し枠」にすし箱を重ねている

Ⅲ-2-2 岐阜県海津市のハエずし作り
（昭和63年2月撮影）　伊藤はりゑ氏
ご飯の上に具を載せる

Ⅲ-2-4 岐阜県大垣市の箱ずし作り
（平成元年5月撮影）
複数の具を置いたところ。具はすし箱の縁に対して斜めになるように置く（ハエは入っていない）

起こったようである。現在でもハレの日の料理として必ずハエずしを作る家庭もあるが、一般には、むしろ懐旧の材料として、ごくたまに作られる程度である。ヤジメ型押し枠はめったに使わないためにかえって傷みがすすみ、これをみてもこれがすし作りの道具であることさえ知らぬ若い主婦も増えた。「せっかく作っても、孫が食べてくれない」から作らなくなったというインフォーマントの声も多かった。

すしは食膳に並べられるほかに、客への手土産として持ち帰られた。特に祭礼時が顕著で、この時には近在に住む親戚縁者が集まり食事を共にした後、その家の手料理をもらって帰るものとされた。本家と呼ばれる家ともなるとつき合わねばならぬ家が多くなるため、ヤジメ型押し枠は何組も準備されており、3升も4升もすしを作った。すしは数切れ包まれることもあるが、家によってはすし箱(ヤジメ型押し枠の1段)ごと渡すこともある。その場合、すし箱は持ち帰った人の家にて保管され、その家の祭礼時にその持ち主を招き、同様にすしを作って持ち帰らせることによって、箱を返却する。したがって各家はすし箱が自らの所有と判るため、箱に名前を墨書したり家号を焼き印したりした。ヤジメ型押し枠は外枠と5つ(7つ、3つの場合もある)のすし箱がセットで販売されるが、箱だけの別売りもある。これは、外枠に比べ箱の方が損傷が著しいこともあるが、箱ごと他家に渡すこともあるため余備の箱を準備しておく必要があったためである。家によっては100を越える箱を常備していた例もある。

Ⅲ-2-5 愛知県みよし市のハエずし作り
(昭和58年6月撮影)
すし箱を裏返して、抜き取った中身

Ⅲ-2-6 愛知県みよし市のハエずし作り
(昭和58年6月撮影)
底板をはずして、裏側から包丁を入れる

Ⅲ-2-7 岐阜県大垣市のハエずし
(平成18年5月撮影)

（8）すしの名称

前述のように「ハエずし」の名前は聞かれなかった。大半が「箱ずし」と「押しずし」の併用であったが、一部の人がそれに加えて「切りずし」「抜きずし」の名も併用している。

愛知県津島市内の業者はハエずしを「モロコずし」の名で販売しているが、一般家庭では具をモロコのみに特定することはなく、この名称は全く聞かれなかった。なお、滋賀県下にも「モロコずし」なるすしが存在するが、これはモロコの発酵ずしであり、津島市のものとは異なる。

（9）ハエずしの歴史

今回の調査においては、ハエずしの発祥に関する文献や伝承は全く見出されなかった。今回のインフォーマントの中の最高齢者は愛知県常滑市に住む96歳（昭和60年当時）の男性であるが、この人の幼児期にもすでにハエずしは存在していたとのことである。

各地でみられるヤジメ型押し枠の中には新調年度が記入してあるものもあるが、それらの上限は明治20年代である。年代が未記入のものはいつ頃購入もしくは作製されたものかわからないが、みた限りでは、明治20年代のものよりも古いと思われるヤジメ型押し枠はなかった[注17]。

各家庭でいつ頃からハエずしが作られるようになったか、の問に対し、明確な回答を示したインフォーマントは1人もいなかった。年代から考えると、少なくとも60年前には現在と同様のハエずしの分布域が形成されていたことになる。それ以前についてはわからないといわざるをえない。

❖ 4 ハエずしの文化圏設定の可能性

ハエずしは東海3県、特に名古屋市周辺の特有な文化で、ひとつの分布領域を有することが確認された。この地域は、ハエの煮つけを作るもののそれらをすしにすることはないとされる地域とは、明らかに区別される。また、ヤジメ型押し枠や、具を斜めに並べるというアイデアが広範囲でみられることは、ハエずしという文化が各地域で独立別個に発生したものでなく、特定の起源からの伝播の結果であることを暗示していよう。すなわち、ハエずしの分布領域はひとつの中心（＝起源）を持った圏域としてみることができる。

この中心地がどこであるかは全く憶測の域であるが、周辺地域から多くの人口を集めそれらに影響を与えることのできる名古屋市や、古くから天王信仰の拠点として津島神社に多くの人口を集めた津島市などに、その可能性が高い。

一方、ひとつの文化が単独で伝播したとは考えられず、他の文化とともに伝播して行ったと考えられる。ハエずしもおそらくは他の現象とともに伝播したものと想像される。それらの現象が何なのか、現段階では明らかでないが、ハエずしの分布領域と類似の分布をなすものは、その可能性が強いと思われる。ハエずしとそれらの文化現象を複合した文化領域を考える時、ハエずしを一要素として持つ名古屋市周辺の文化圏の設定が可能となろう。

❖ むすびにかえて

ハエずしの特徴と分布について述べ、その局地性と分布領域を確認した。しかし前項で

述べたように、ハエずしを一文化として単独で扱うのでなく文化複合体の一要素として考慮しなければ、ハエずしの分布を決定づけたもの、すなわちハエずしの形成に影響を及ぼした地域の諸条件なるものは明らかにならない。また、分布領域の限界線を文化伝播過程におけるバリヤとみれば、そのバリヤに関する考察は、伝播時期の推定やさらには文化の地域的差異形成のメカニズム解明の糸口にもなるものである。

本稿は単に一文化事象の事例報告にとどまるものであるが、これらの点を今後の課題として提起しておきたい。

❖注

注1 たとえば、近藤弘（1982）、高野悦子・伊藤和枝（1882）など多数の書籍が紹介し、海外でもAsako Kishi（1983）の紹介例がある。

注2 片岡幸恵ら（1982）が「はえずし」の名で岐阜県の郷土料理として紹介しているが、現地調査において「ハエずし」の名称は一度も聞かれなかった。また同氏らは「ハエ」を「ハヤ（ウグイ）」としているが、この地方で「ハエ」ないしは「ハヤ」をウグイの別称として用いることは極めて稀である。

注3 芥子川律治（1983）による。

注4 注1で挙げた各書はハエずしを愛知県の名物料理としているが、これは必ずしも愛知県に特有であることを意味するものではないことが本調査によって明らかになった。誤解が生じやすい一例である。

注5 成魚を「ハエ」と呼んで他の魚種と区別する場合は、大半がオイカワを指す。シラハエ、ナガバエ、サクラバエなどもたいていはオイカワを指す。

注6 小魚（いわゆる雑魚）はモロコとハエに大別され、体型が細いものがモロコ、丸味をおびたものがハエとされる。後者は小ブナであることが多い。

注7 せき止めた水たまりを「ポンツク」（愛知県安城市）、「ガマ」（岐阜県土岐市）と呼ぶこともある。

注8 「ウゲ」「ウエ」が一般的呼称である。そのほか、「ノゾキ」「ノドギ」（愛知県津島市、同飛島村、三重県桑名市）、「ナゴジ」（愛知県知多市）、「センボンヂゴク」（岐阜県海津市（旧・南濃町））、「モンドリ」（三重県鈴鹿市）などの呼称がある。

注9 「テンモク」（愛知県豊川市、同新城市（旧・作手村））、「ギヤマン」（愛知県東郷町、同飛島村）、「ガラス玉」（愛知県岡崎市（旧・額田町））、「ハエトリビン」（岐阜県本巣市（旧・糸貫町））、「テンブク」（三重県鈴鹿市）などとも呼ばれる。

注10 川魚売りは「ポンツク」と呼ばれ、彼らは差別待遇の対象となる場合もあった（愛知県幸田町）。

注11 通常、「すし箱」、「箱ずしの道具」などと呼ばれ、単に「箱ずし」だけでこの道具を指すこともある。

注12 愛知県一宮市、岩倉市ではこの板のことを「ヤジメ」と呼ぶ人もいる。

注13 厳密にいえば、1段だけを使って押圧をかけることは困難である。こういう時は空の箱を加え、2〜3段に重ねてから押す。

注14 「デンブ」「オボロ」とも呼ばれる。魚肉のほぐしたものに味をつけたもの。昔は自家製で、山間部ではアユ、海浜部ではサバやボラなどを使った。現在では市販品を使うことが多い。

注15 片岡幸恵・小鷹ふさ（1982）前掲。

注16 たとえば、三重県いなべ市（旧・藤原町、

旧・北勢町）などでは、しぐれ（貝の剥き身に味つけしたもの）、シイタケ、ニンジン、玉子焼などを具に用いて箱ずしを作る。これらの地域ではハエをすしの具に使用することはない。

注17　その後の調査で、岐阜県各務原市で「文政年間」という墨書があるすし箱をみつけた。

❖参考文献
- Asako Kishi（1983）『Sushi』NICHIBO。
- 片岡幸恵・小鷹ふさ（1982）「岐阜県の郷土料理」市川健夫・向山雅重編『週刊朝日百科　世界の食べ物　86』朝日新聞社。
- 加藤参郎（1974）「愛知県の衣と食」『南中部の衣と食』明玄書房。
- 芥子川律治（1983）「江戸時代の料理」『食べ歩き365店』中日新聞社。
- 近藤弘（1982）「全国の名物すし」奥村彪生編『週刊朝日百科　世界の食べ物　98』朝日新聞社。
- 高野悦子・伊藤和枝（1882）「ふるさとの家庭料理」樋口清之・柳原敏雄監修『ふるさと日本の味4　信州・東海味覚の旅』集英社。

3　すしの名称
近畿地方各地のジャコずしとジャコの正体

✿ はじめに

「ジャコ」と聞いたら、ある人は「チリメンジャコ」を思い浮かべる。では、それは何という魚か、と聞けばどう答えるだろう。ある人はカタクチイワシであるといい、ある人は決まっていないという。答えを先にいうならば、チリメンジャコは特定種を示すわけではない。小さな魚を食塩水で煮た後、天日で干した食品で、魚を平らに広げて干す様子が細かなしわのある「ちりめん（縮緬）」を干すようにみえることからこの名前がついたという。魚種としては、春から秋はカタクチイワシ、冬季はマイワシやウルメイワシをいうことが多いが、シロウオやイカナゴも用いられる場合がある。

しかし、本稿で取り扱うのは「チリメンジャコ」ではなく、単なる「ジャコ」である。ジャコとはザコ、すなわち「雑魚」のことで、「雑多な魚」、つまり、これもまた「特定種を示すことばではない」と答える人がいるかもしれない。と思えば、「ジャコという魚がいる」という人もいるだろう。また、「ジャコとザコは違うのではないか」とする人もあろう。しかし、それも当を得ているかどうか。

筆者は主に近畿地方のジャコずしを取り挙げ、これまでに聞いたジャコのすしを紹介する。他地域ではほとんどみられないからだが、その近畿地方でも、ジャコずしは一様でない。中にはめずらしいものもあるので、本稿をレシピの伝導書としてみてもらってもかまわな

い。ひと口に「ジャコずし」といっても、その内容はさまざまであることを、まずわかってもらいたい。その上で、人間にとってジャコがどんな魚であるのか、考えてみる一助になれば、と思っている。

✻ 1 滋賀県のジャコずし

1-1 滋賀県栗東市中沢のジャコずし
（1）栗東市のジャコ

　毎年5月5日は栗東市中沢の菌神社（くすびら）の祭礼である[注1]。神事、湯立て（カマドの湯をサカキの枝でふりかける神事）、神輿の巡行、直会（なおらい）（宴会）の順で祭礼が行われ、その直会で出される料理の中にジャコずしがある[注2]。ジャコずしは発酵ずしで、酒を使った改良型ナマナレに分類される。

　以下は、宮司の亀田和彦氏と平成19年（2007）度宮総代の北川光三氏の話による。

　ここのジャコは「雑魚」と書くこともある。特定の魚種を指すわけでなく、単に「小魚」という意味であろう。かつては地元の池や川のカイドリで獲ったものであった。

　毎年12月25日までが、近くの池を含めて、漁業権の有効期間であった。その権利が切れると同時に、近くの池でカイドリをした。そこで獲れる「小ジャコ」を塩漬けにしておき、すしに漬けたのである。池はふたつあったが、現在、ひとつは埋め立てて小学校が建てられ、もうひとつは、ブラックバスなどが増えて小ジャコなどおらず、ここ20年ほど、カイドリもしたことはない。

　その後、魚はフナを用い、次にハイジャコで試みたが、頭が硬いと不評であった[注3]。アユも1年だけ試してみたが、やはり頭が硬くて食べられなかった。近年は琵琶湖産のワカサギを用いているが、これはかつてのジャコと食感が似ており、おおむね好評である。

（2）ジャコずしの製法

　まず下準備として、12月中旬にジャコの下漬け作業が始まる。材料は、1尾5〜7センチほどのジャコ4キログラムと塩が3キログラムである。ジャコのうろこを剥ぎ、内臓を取り出す。魚を清水で洗い、1尾ごとにていねいに並べ、水分をよく切る。桶の底に塩を一面にまき、ジャコをていねいに並べ、塩を振る。この作業をくりかえし、最後に竹の皮を敷き、ふたを乗せる。重石は（魚の大小によっても異なるが）おおむね20キログラムをめどとする。ときどき水の上がり具合をみながら塩を入れ、カビの発生に気をつける。

　本漬けは、食用とする約7〜10日前である。桶は2〜3日前によく洗い、水漏れのないことを確認する。塩漬けしていたジャコ1尾ごとにていねいに出し、頭、腹、目玉、うろこなどを清水で洗う。ザルの上にふきんを敷いてその上にジャコを並べ、約2時間おく。米飯2升を、少しやわらかめに炊く。また、この時に、魚の水分、特に腹の部分をしっかり取り去る。

　ジャコを焼酎に浸ける。酢は、米飯2升に対し飯茶碗1杯程度で、そのほか、味の素を盃に2杯程度を準備する。これを火にかけ、冷めたら、普通のすしご飯と同じく、ご飯に混ぜ合わせる。

　桶の底に焼酎（または清酒）を少し打つ。最近はビニール袋を敷いて、酒を振りかけて

Ⅲ-3-1 滋賀県栗東市中沢のジャコずし
（平成4年5月撮影）

Ⅲ-3-2 滋賀県栗東市中沢のジャコずし
（平成19年5月撮影）

いる。ご飯は2升、塩は5キログラムを準備する。魚は、塩漬けにしたものが3キログラムである。また、すしは全部で7層（加えてご飯が8段めになる）にするため、ご飯や魚はそれ相当に等分しておく。

　すしご飯を底一面に敷く。その際、焼酎を塗った手で平らに押し並べる。その上に魚をすき間なく並べ、さらに、上にすしご飯を並べて押す。これを繰り返し、最後のすしご飯には相当多く酒を降りかける。その後、竹の皮で覆い、その上にふたを置き、重石（約15キログラム）を置く。漬け置き場所は、日陰で少し暖かいところがよい。漬け込みして2～3日目に、焼酎を桶の縁から少し流し込み、取り出し日までそのまま放置する。食する前日に桶を逆にして水分を取り除く。こうすると甘みがまんべんなくゆき渡る（**写真Ⅲ-3-1～Ⅲ-3-2**）。

1-2 滋賀県草津市下笠のめずし

（1）草津市下笠のめずしとボテジャコ

　滋賀県草津市下笠の老杉神社では毎年2月15日に、オコナイという豊作祈願の神事が行われる。殿村、細男村、王之村、獅子村、鉾之村、天王村、十禅師村、今村の8つの組が毎年変わって当番役を担当し、数々の神饌を供える[注4]。中のひとつに「めずし」がある。昔はフナずしを使ったらしいが、今はその痕跡はなく、氏子の人たちもフナずしのことは知らないという（**写真Ⅲ-3-3**）。これが「すし」であるかは議論が分かれるところであろうが、とりあえず「ジャコ」が出てくるので挙げておく。

Ⅲ-3-3 「老杉神社行事録」より
（平成27年2月撮影）　中央に、「めずし」がかつては「鮒すし」であったことが記されている
滋賀県草津市　山本義晴氏蔵

以下は、平成4年（1992）神事元の山元弘也氏の話と、岩井宏実・日和祐樹（1981）による。

　「めずし」の語源は定かでない。作り方は、150グラムの酒粕を直径10センチほどの球状にする。上から生きたボテジャコを突き刺し、窒息死させたものを「めずし」と呼び、18個作る注5（写真Ⅲ－3－4～Ⅲ－3－5）。ボテジャコは「ボテ」ともいい、滋賀県の方言ではコイ科タナゴ亜科に属す魚を指す注6。当番に当たった組の者が琵琶湖へ捕りに行った。寒ボテは特に美味であったが、現在では捕りに行く人がいなくなった、というより、琵琶湖でほとんど捕れなくなった。今では形はそのまま残しておきながら、突き刺す魚にはこだわらない。ボテジャコが手に入ればボテジャコを使うが、入手できなければアジであったりイワシであったりする。

　なお、神饌は撤下後、下笠の全戸に配られるものもあるが、大半は、先の8村の世話役が持ち帰る。めずしもそうであるが、味については美味とも不美味とも聞かない。もとより、味にこだわるものではないのであろう。食しているかどうかも疑問である。

❋2 京都府のジャコずし

2－1　京都府南丹市船枝のジャコずし
（1）南丹市のジャコ

　ジャコとは田から水を落とす頃に捕まえた「雑魚」の総称で、特定の魚種を指すものではない。ジャコずしはそのジャコを使った発酵ずしで、糀とダイコンを使った改良型ナマナレである。周辺でもめずらしく、同市内および近隣地区にてこのすしを作っていたのは井上トシエ氏宅1軒しかなかった。

　ジャコずしは井上氏の義父や主人の大好物であったが、氏もその娘の塩貝ふじ子氏も「なま臭ものは苦手」という。すしを漬けはしたものの、魚をさばくのは主人だけであった。後にご飯だけは食べられるようになったそうだが、義父や主人のふたりが亡くなった後は、自分で魚を捕まえてきてまでやりはしなかったので、正確なことはわからない。以下、40年ほど前の思い出を語った井上氏の話による。

　船枝地区はダムのすぐ下にあり、昔は川の

Ⅲ-3-4　滋賀県草津市下笠の老杉神社の神饌
（平成4年2月撮影）

Ⅲ-3-5　めずし
（平成4年2月撮影）

水もきれいであった。コイやフナ、ウナギ、ナマズなどがおり、よどみ水に棲むザリガニなどみたこともなかった。川魚を獲る権利は売買され、秋口の「水落とし」の時の一大イベントだった。大家で、敷地内を用水路が流れていた井上家は、毎年、たくさんの権利を買い入れ、シーズン中にはまさに家の中がなま臭くなるくらい、川魚でいっぱいだった。

ジャコは10センチ前後の大きさであった。とにかく骨がやわらかかった。ナマズは白身の魚で、ブツ切りにして砂糖、しょうゆで甘辛く炊いたり、蒲焼きにしたりして食べた。主人が川魚好きであることはまわりもよく知っていて、ナマズなど食べないという人は、持ってきてくれる。これをすしにすることもあったが、コイはすしにすることはなかった[注7]。

（2）ジャコずしの製法

昭和40年頃まではよく作っていた井上氏に、実際に漬けていたのを思い出してもらい、塩貝氏とともに作ってもらった。ただ、今の船枝地区ではジャコは獲れない。また、近くの魚屋やスーパーマーケットで売っている安いジャコは外国産で骨が硬いという。そこで、フナずしを作る琵琶湖産のニゴロブナを選んだ。ニゴロブナは琵琶湖の特有種で、国産の魚であることはいうまでもないが、フナずしにするニゴロブナでは大きすぎるので、20センチくらいの小振りなものを使った。

フナはすしにするため塩漬けにしてあるので、塩抜きした。また、「ツボ漬け」というように、骨も抜かずに腹も開けないで漬けてあった。これを井上氏の好きなように処理してもらった。その結果、3枚に開いて、骨を取ることになった。昔はフナずしも作ったことがあり、骨ごと漬けたこともあったという。地元の、しかも10センチくらいまでの小さなフナだと骨までやわらかく食べられるそうであるが、今回のフナは「やや大きすぎる」とのことであった。

12月上旬、まず、塩漬けしておいたフナをサッと洗って、塩味が適当に残る程度に塩抜きする。ご飯を普通に炊き、あら熱が冷めて人肌になったら糀を加えてよく混ぜる。糀は、ご飯5合に120グラムくらいである。このご飯を握り飯にし、フナに抱かせる。握り飯は、フナと同じくらいの長さである。

桶の底に下が表になるよう竹の皮を敷き、次にダイコンを振り、最後に糀を振る。ダイコンはナマスのように細長く切る。その後、握り飯を抱いたフナを並べる。1段並べたら、ダイコンと糀を振り、下が表になるよう、竹の皮を敷く。再び、ダイコンと糀を振って、また同様の手順をする。2～3段終わったら最後にダイコンと糀を置き、上が表になるよう、竹の皮を置く。落としぶたをし、重石を置く。重石は、漬物ほど重くなくてよいが、水が上ってくるまでは多少重く、それから軽くするなら軽くしてもよい**（写真Ⅲ－3－6～Ⅲ－3－7）**。

約2か月ほど過ぎたら食用にできる。食べる前にはサカオシをして水気を切る。今回も同様にしたのだが、2か月経つと、底が浅過ぎたのか、表面はアオカビが生えていた。桶の中身はすしを2段漬けてあったのだが、上段はご飯にもアオカビが生えていたため、食用にはならないとのことであった。しかし、

Ⅲ-3-6 京都府南丹市船枝のジャコずし作り
（平成18年12月撮影）　奥にフナと糀がみえる

Ⅲ-3-7 京都府南丹市船枝のジャコずし作り
（平成18年12月撮影）　ふたを閉めるところ

1段目のアオカビをどけ、下段に箸を入れると、甘酒のような香りが漂い、漬けた時と同様の銀色のフナの魚肌が現れた。これなら食用になる[注8]。

ご飯は、しっかり糀が効いているのか、半分くらい米粒は消え、少しねっとりしていた。漬ける時は、握り飯を魚身で包み込むように漬けたのだが、すしを取り出す時、桶の中をかき回すため、皿に出す時には、そんな形は全くない。魚の切り身はご飯に混ざっている状態になった。

みた目に「てかり」が光っているように、甘そうである。実際、筆者にはかなり甘く感じ、魚の風味を奪っているかのようにさえ思えた。ところが、井上氏は「こんなもんや」と満足そうであった。これが本来の味であるらしい（**写真Ⅲ－3－8～Ⅲ－3－9**）。

❋3 大阪府のジャコずし

3－1　大阪府泉南地方のジャコずし
（1）泉南地方のジャコ

貝塚市をはじめとする泉南地方では、ジャコといえば「ジャコエビ」のことをいう。「ジャコエビ」は泉州沖、すなわち海に住む小さなエビで、だれもが知っている名前であるが、

Ⅲ-3-8 京都府南丹市船枝のジャコずし作り
（平成18年12月撮影）　漬け上がったところ

Ⅲ-3-9 京都府南丹市船枝のジャコずし
（平成18年12月撮影）

Ⅲ-3-10 大阪府泉南地方のジャコ（サルエビ）
（平成18年12月撮影）

Ⅲ-3-11 大阪府泉南地方のジャコの箱ずし
（平成18年12月撮影）

正式名称はサルエビで、中でも小ぶりなものをこう呼ぶ[注9]（写真Ⅲ－3－10）。

泉南地方ではジャコを使った早ずし、具体的には、箱ずし、押し抜きずしやちらしずしを作る。今は自分で作る人は少ないが、以前は夏祭りや秋祭りによく作ったものである。

以下、貝塚市在住の奥野文子氏の話による[注10]。

（2）ジャコの箱ずし、押し抜きずしの製法

ジャコのソボロ作りから始める。ソボロにするジャコは夏場が旬で、大きさは6センチほどである。それが秋から冬になると、10センチほどに成長する。これをトビアラと呼ぶ。トビアラでソボロにしてもよいのだが、すりつぶしてしまうからもったいないので、小さいうちのジャコを使う。

ジャコを煮る時、頭を取ってしまうとうま味が出ないため、そのまま煮る。煮汁は砂糖、しょうゆ、みりんである。ゆでてから殻をむき、包丁で大きく刻んで、すり鉢ですり下ろし、また煮汁に入れ、炒り煮にして、煮詰める…、といった面倒な手間がかかるが、最近はフードプロセッサーを使うため手早くできる。ただしフードプロセッサーは細かく刻み過ぎてしまうため、自分の力で手加減しないといけない。

すしご飯は通常通りの固さに作る。これを握って、上からソボロをかける。押すのは特別の押し枠がある。

昔の押し枠は、ひとつひとつに穴が空いていた。これはご飯がたくさん入るが、ご飯がくっつきやすい。また、ハランを切って穴をふさぎ、次にジャコのソボロを入れ、すしご飯を詰め、その上からふたをし、ぎゅっと圧力をかけた後、ふたをとり、後ろの穴から指を入れて、すしを抜き出す…、というような苦労があった。

今の押し枠は5連式のもので、幕の内弁当の飯を抜き出すものとよく似ている。穴は空いていない代わりに枠が抜けるようになっており、ご飯もくっつかない。また、穴が空いていないためハランを敷く必要もない。さらに、ぎゅっと押さえながら枠を抜き出す構造になっており、すしを取り出すのははるかに簡単になった。

味は、エビの味が強烈に出ている。奥野氏にいわせると、ソボロの方が味つけを濃くしてあるのだという。また、ソボロは頭ごと煮るため旨味がたくさん出、殻ぐるみ煮るために肉がやわらかいのだそうである(**写真Ⅲ－3－11**)。

(3) ジャコのちらしずしの製法

混ぜずしともいう。ジャコを姿のまま入れて混ぜるすしである。具は、ジャコのほかには何でも手に入る物を使えばよい。

ジャコは殻をむく。生のエビの殻はむきにくいので、一旦、軽く冷凍する。頭と尾も取ってしまった方がよい。煮汁は、砂糖、薄口しょうゆ、みりんだけである。人によってはしょうゆを嫌がり塩を使うこともある。ジャコを煮た時、色が悪くなるためである。

あとは具を炊き込んで、ジャコは姿のまま、かき混ぜればよい。めずらしい来客などの場合は錦糸玉子などで飾りつける。味は、やはり姿煮にしたものの方が薄い(**写真Ⅲ－3－12**)。

Ⅲ-3-12 大阪府泉南地方のジャコのちらしずし
(平成18年12月撮影)

✤ 4 和歌山県のジャコずし

4－1 和歌山県紀ノ川流域のジャコずし
(1) 紀ノ川流域のジャコ

紀ノ川中流域の人寄せ料理にアユずしやジャコずしという押し抜きずしがある。昔は秋祭りには欠かせないもので、新米との組み合わせは絶品であったという。このほか春祭りや夏祭り、「インノコ(田植え明けや稲刈り明けなど農業の休み時)」など人寄せなどにもこのすしを作った。

以下は紀ノ川市桃山町の片山信代氏の話による。片山氏は「じゅげむ」という持ち帰り専門のすし屋を経営しているが、従来の押し抜きずしであったのを今のような握りずしに変えた人である[注11]。このあたりのジャコ事情とジャコの握りずしについて語ってもらった。

ジャコとはハエ、すなわちオイカワの小魚をいう。「アユずしはごく限られた家のごちそう、ジャコずしはどこでも作られるごちそう」で、「金持ちはアユのすし、貧乏人はジャコのすし」といわれるくらい、庶民の味方の食べ物であったとされる。ただ、それも都会がかった地域だけで、本当に田舎になれば自給自足で獲るので、どちらが価値が高いというものではなかった。むしろジャコの方が下準備に手間がかかり、すしの単価もアユよりジャコの方が高い[注12]。

ジャコは付近を流れる紀ノ川でたくさん獲れ、和歌山市より奥に入った紀ノ川中流部の名物であった。年中獲れるが、12月から4月までの寒ジャコが脂が乗って最も美味である。また、4月頃になるとメスは卵を抱き、

それもおいしい。特にメスは身が厚く、好まれやすい。しかし産卵期直後は身がやせ、とたんにまずくなる。とりわけオスは婚姻色で身に赤い縞が入ってくると「アカペラ」と呼ばれるくらい身がぺらぺらで、不美味とされる。

ジャコは釣りで取る。店で使う分は釣り好きな老爺から分けてもらっている。今は有田川産であるが、昔は目の前にある貴志川でよく取れた。

（2）ジャコの握りずしの製法

握りずしタイプのすしは新しくできたものであるが、先にこちらを述べておく。

ジャコは腹を取って素焼きにする。焼くのはガスコンロで、そこに1斗缶を立てて乗せ、1串にジャコを10尾ずつ、尻尾の方を刺す。それを1缶あたり10串をぶら下げる。缶の上部はくり抜いてあるが、そこに濡れた新聞紙をかぶせ、蒸し焼きにする。新聞紙が乾いたら蒸し焼きのできあがりである[注13]。

その後、いったん冷凍する。これが身をやわらかく煮るコツだという。昔はやわらかくするため番茶で炊いていたが、どうしても「茶くさい」。そこでいろいろ試した結果、冷凍が最もやわらかくなることに気づいた。

冷凍の後、ジャコを煮つける。ジャコが大きければ400尾、小さければ800尾ほど入るような鍋に酒と水とを入れ、冷凍されたままのジャコを入れて、沸騰させる。これを約20分続け、その後タレと砂糖を入れ、約20分煮る。さらにしょうゆとみりんを加えて煮からめる。このとき煮からめ過ぎないのが大事で、調味液を残しておく。この残った調味液を、次にジャコを煮るときのタレとして用いる。

煮からめたジャコを冷ましてあら熱をとり、身がしまったら、頭や骨を取る。まず頭を取り、尻尾を取り、腹を大きく指で開いて、背骨を取る。大きなジャコは毛抜きを使って小骨も取る。取った頭などは捨てる。最初から頭や骨を取っておけばよさそうであるが、姿のまま煮ないと頭の部分から調味液が入って、つぶれやすくなる。また、この部分をミンチにして何かに利用できないか考えてみたことがあるが、目玉だけは何ともならず、失敗に終わっている。

すしご飯を握り、ジャコを貼りつけて、もう一度握る。これで握りずしの完成である。すしは日持ちがして、真夏でも常温で2日間持つ。ジャコの甘露煮は保存食でいつまでも持つが、ご飯の方が固くなってしまう。ただ、ご飯には酢が入っているから、傷むことは少ない（**写真Ⅲ-3-13**）。

「じゅげむ」の店先にはジャコずしのほか、アユずし、サバずし（切り身酢サバの握りずし）、巻きずし、稲荷ずし、サンドウィッチ

Ⅲ-3-13 和歌山県紀ノ川市のジャコの握りずし
（平成20年8月撮影）

などが並んでいたが、早朝から店にやってき
た30歳前後の主婦は、迷わずジャコずしを
2パック購入していった。若い人にも人気が
あるようである注14。

（3）ジャコの箱ずし、押し抜きずしの製法

アユやジャコの下処理の方法は概していえ
ば同様だが、細かくいえばいろいろ違う。以
下は同じ紀ノ川市粉河町に住む児玉久子氏に
よる別の製法である。また、氏が作るのは伝
統的な箱ずしのため、先の片山氏の握りずし
とは、若干、異なる。

アユやジャコは1度蒸し焼きにし、その後、
高級な煎茶で下煮する。こうすると臭みがと
れる。次に、酒、しょうゆ、砂糖で煮るが、
はじめは味を薄くし、2度目で味を決める。
1度目から濃く煮てしまうと身が固くなるた
めである。その後、箱に魚を入れ、酢飯を詰
めて、押し出す（**写真Ⅲ－3－14**）。

押し抜きずしを今なお作り続けている店が
紀ノ川市貴志川町の「橋豊」である。主人の
山田豊氏に聞く。昔の枠は小さなもので、ひ
と口サイズをひとつずつ抜き出した木の枠で

Ⅲ-3-15 和歌山県紀ノ川市の
ジャコの押し抜きずし（平成20年8月撮影）

Ⅲ-3-16 和歌山県紀ノ川流域の押し抜き型
（平成20年8月撮影） 山田豊氏旧蔵

あった。今は樹脂製になってしまって、もう
木製のものは使わないという。また、すしに
するジャコは、頭を取って開いてある（**写真
Ⅲ－3－15～Ⅲ－3－16**）。

（4）ジャコの柿の葉ずしとザコのすし

紀ノ川上流に行くと、奈良県にかけて、柿
の葉ずしが名物になる。柿の葉ずしといえば
小さなすしを柿の葉に包み、大きな箱で押す
すしで、中のすしは塩サバであることが知ら
れている。しかし、紀ノ川上流部ではその柿
の葉ずしに、ジャコのすしを使う。ここのジャ
コもオイカワである。

Ⅲ-3-14 和歌山県紀ノ川市のジャコの箱ずし
（平成12年1月撮影）

スーパーで2〜3種類買った。外見は普通の柿の葉ずしで、外にサバ、サケ、アユ、ジャコなどとシールが貼ってあり、中身がわかるようになっていた。ただ、ほかのすしが複数種類まとめて売っているのに、ジャコずしだけはジャコずし1種類のパックである。メーカーの話では、「ジャコのすしは汁気が多いから、ほかのおすしとは別に包装する」とのことである。そういえば片山氏も「昔は煮汁がご飯に染みこんで、茶色くなってるのもあった。あれがまたおいしいんだが、若い人に嫌われるからうちではやめた」と語っていたのを思い出す。また別の業者のジャコずしは柿の葉を巻きつけてあるだけで、横からご飯がみえている。これではご飯と外気とが遮断することなく、ご飯がそこから傷んでしまって防腐作用も何もあったものではない。この業者は「エビ」のすしも作っており、そちらの方はキッチリと包み込んでいるのであるから、葉でくるみ込むことの意味を知らないわけではあるまい。ちなみに、このメーカーのジャコずしだけ1尾漬けではなく、半分だけを漬けた半身漬けであった。

なお、「エビ」とは「川エビ」のことである。片山氏はこれを「ザコ」と呼んで、ジャコとは区別する。「ジャコはオイカワ。ザコは『雑魚』と書くんだけれど、実際はエビ」だという。5ミリにも満たない、小さなエビである**(写真Ⅲ−3−17)**。

✱ 5 兵庫県のジャコずし

5−1 篠山市東岡屋のジャコずし
(1) 篠山市東岡屋のジャコ

9月の第1土曜日は篠山市の諏訪神社の祭礼である。同社は東西岡屋地区の氏神で、聖武天皇(別説では孝謙天皇)の頃に信濃の諏訪神社から分霊されたという。慶長5年(1600)、当時、神職を辞めた松下采女正の旧記にしたがって神事を行っていた。

昭和33年(1958)当時の記録、奥田楽々斎著『多紀郷土史考』によれば、諏訪神社の神饌の内容は次の通りである。「毎年八月三日(旧六月二十五日)より、ドジョウずしを作る。ドジョウは一斗に対し、塩二升とタデ少々。白米二升を炊いて、これを混ぜる。一斗桶を二個準備し、そこに上記の飯を入れ、ひとつは二十二貫、ひとつは三十二貫の重石を置く。ただし、東岡屋は七月二十五日(旧六月十日)より雑魚ずしを作る。旧記には「ドジョウずし」とあるが、今は「雑魚ずし」を作る。その理由は明らかでない[注15]。

ドジョウずしや雑魚ずしは発酵ずしで、古式ナマナレに属するものであったが、それからしばらくして、祭礼は簡素化した。トウヤ(神饌を作る当番家)は置かず、組の持ち回りの行事となってしまい、ドジョウのすしも

Ⅲ-3-17 和歌山県紀ノ川流域の柿の葉ずし
(平成20年8月撮影)
左側がジャコずし、右側が川エビを握ったザコずし

Ⅲ-3-18 兵庫県市川町のジャコ
（平成19年10月撮影）
上から、メスのジャコ、カワギス、オスのジャコ（2尾）

「雑魚ずし」もなくなってしまった[注16]。それが平成15年（2003）、まずは東岡屋で「雑魚ずし」の復活をみ、続く翌々年、西でもドジョウずしの再現がなされた。もちろん、実際に現物を作った人はもういないが、みたり食べたりしたことがある人はいる。その記憶をたどって復元してみようというのである。ちなみに東岡屋の人々は、復元第1作目は塩辛すぎて失敗、第2作目はまずまずであったとのことで、自分たちで気に入るように作っているかのようであるが、なくなった神饌を復元しようとは評価すべきである。

さて、東岡屋の人たちが作る「雑魚ずし」を地元では「ザコずし」または「ジャコずし」と発音する。以下、篠山市の郷土史家・小山剛久氏と実際にすし作りを実施した小山泰夫氏の話による。

ジャコは小さい雑魚の総称で、その中身はハエやモトが大半である。ハエは兵庫県の方言でオイカワのこと、モトはムツともいうカワムツのことである[注17]。また、「雑魚（ふな）」とする説もある[注18]が、その根拠は明らかでない（写真Ⅲ－3－18）。

（2）ジャコずしの製法

まず下準備として、篠山川の川原に自生しているタデを抜いてくる。その葉を茎から落とし、葉を塩で揉む。

材料となるジャコは篠山川で獲ってくる。最近は獲れなくなったため、山奥まで足を伸ばす。今日ではハリアミで追い込みトアミで獲るが、昔はヤナで獲ったのではないかという。ジャコは、獲ったらすぐに塩水で洗い、ハラワタを抜いて、新しい塩水と氷につけておく。

バケツに塩で揉んだタデを敷く。次にご飯を入れ、酒を振る[注19]。上にジャコを重ならないように重ね、再びタデ、ご飯、酒、酒の順に重ねる。2～3段重ね、最後にご飯を入れて落としぶたをし、30キログラムのオモリイシ（重石）をする。このまま約1か月おく。途中ですしから水が上がってくるが、そのままにしておく（写真Ⅲ－3－19～Ⅲ－3－21）。

1か月後、重石をはずすと、中ぶたは底にしっかりとくっついている。少し重みをかけ過ぎたのか、雑魚はペラペラに押しつけられていた。小山氏にいわせれば「もう少し押しが軽い方がよかった」とのことである。ご飯の発酵臭はほどほどで、まずまずの香りは出ている。漬けるときに酒を振ったのがきいたか魚に酒の香りが出ており、それが主原因となってなま臭みは気になるほどではなかっ

Ⅲ-3-19 兵庫県篠山市のジャコずし作り
（平成17年7月撮影）　タデを粉にしているところ

Ⅲ-3-21 兵庫県篠山市のジャコずし作り
（平成17年7月撮影）
ジャコの陰からご飯とタデがのぞいている

Ⅲ-3-20 兵庫県篠山市のジャコずし作り
（平成17年7月撮影）
箱の中がジャコで、中に浮かんでいる白いのは氷

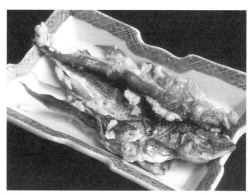

Ⅲ-3-22 兵庫県篠山市東岡屋のジャコずし
（平成17年9月撮影）

た。なお、皿に盛るときにはご飯は取り除いてあったが、ご飯もタデもちゃんと食べられた（写真Ⅲ－3－22）。

5－2　神崎郡市川町上田中のジャコずし
（1）市川町のジャコ

　兵庫県神崎郡市川町上田中にはジャコの握りずしがある。握りずしといっても店で売っているものではなく、握り飯のようなものである。以下、ジャコ獲りの話は川と山と海の「三界の漁（猟）師」・森本輝男氏による。中でも川漁は40年というベテランで、だいたいの魚の動きやベストポイントはわかっているという。また後半のすし作りの話は妻の春子氏による[注20]。

　川漁は市川の本流で行い、網を使って獲る。支流の岡部川も魚がたくさんいるが、網漁は禁じられているので、原則的にここでは獲らない。

　ジャコは「稲の花が散る頃、脂が乗る」といわれている[注21]。そのジャコには2種類いて、ひとつはハイジャコ、いわゆる「ハエ」、すなわちオイカワのことである。このハエにも2種類あって、色が赤っぽいのとふつうのがいる。赤っぽいのは「アカモチ」「ビヤキ」ともいうオスで、6月頃から秋の産卵期まで

体色を赤く変える[注22]。色を変えないのはメスで、メスの方が脂が乗っていて美味だという。いまひとつはカワギスで、兵庫県の方言でいうカマツカのことである[注23]。これにはオスとメスの差はないが、いちばん美味だという。カワギスでもハイジャコでも、これらのジャコをサッとあぶりしょうゆをかけて食べると本当に美味であるという。

獲ってきたジャコは、いったん焼き干しにする。ジャコのはらわたを取って串刺しにするが、注意して腹を開けないと焼き干しにした時に腹から折れてしまう。また、できるだけ空ける穴は小さくしておく。そして串刺しにしたまま素焼きし、陰干ししてしばらく待ち、もう一度素焼きしてまた陰干しにする。これを繰り返すと身が固くなり、骨が砕きやすくなるためである（**写真Ⅲ－3－23**）。

（2）ジャコずしの製法

干しておいたジャコを、しょうゆ、砂糖、ワインで煮る。昔は骨がやわらかくするために番茶で煮、その後は、しょうゆ、砂糖、日本酒であった。これで3日ほど、身がボロボロになるまで煮詰める。煮汁が少なくなったら補充して、火にかけ、しばらくしたら火からおろし…、を続ける。したがって、煮汁は

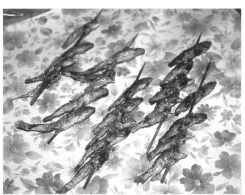

Ⅲ-3-23 兵庫県市川町のジャコずし作り
（平成19年10月撮影）　ジャコの串刺し

Ⅲ-3-25 兵庫県市川町のジャコずし作り
（平成19年10月撮影）　握り飯に煮汁をかける

Ⅲ-3-24 兵庫県市川町のジャコずし作り
（平成19年10月撮影）　ジャコを芯にして握る

Ⅲ-3-26 兵庫県市川町のジャコずし
（平成19年10月撮影）

充分必要である。また、ジャコは焦げついたら味が落ちる。弱火で、あせらないことが肝要である。できあがる頃には魚の形はかなり崩れている[注24]。

ご飯はやや硬めに炊き、普通に酢味をつける。すしご飯の中心にジャコを包み、俵型の握り飯にしっかりと握る。その後、握り飯のまわりに煮汁を塗って完成である。昔は刷毛で塗ったというが、今は手でかける。

最後に握り飯が割れるのを防ぐためラップをかけ、ご飯が硬くなるのを待つ。できあがるまで時間のかかるすしで、握って1時間ほど経ってようやく食べることができる**（写真Ⅲ－3－24～Ⅲ－3－26）**。

すしは傷みかけたご飯のにおいがするが、輝男氏に聞けば、これがジャコの香りで、独特のほろ苦味があるのだという。

このすしの旬は秋から冬である。10月に入ってからのジャコでないと身が弱く、「つぶれてしまう」。昔は、地元の諏訪神社の祭りは10月16日と17日であり、このときにはどこの家でもジャコずしを作ったものだった。こうして握ったジャコずしは1週間ほど保存できるのだが、それまで持たせることはせず、早く食べてしまった。

（3）ジャコずしの由来

ジャコずしは市川町でも上田中地区だけの伝統料理である。ほかのジャコずしの由来がはっきりしないものが多い中、市川町のジャコずしだけは比較的はっきりと来歴がわかっている。同地区には酪農家が多かった。彼らが搾乳の手間で忙しくない晩秋に川で漁をし、そこで取れたハエをおにぎりに入れて食べたことから始まったという。上田中の酪農が盛んだった頃には家庭でよく作られたが、酪農家が減り、川漁もやる人が少なくなった今では、ジャコずしはすっかり稀になってしまった。

この地区で酪農を始めたのは上田中の上尾敬子氏の義祖父の時である[注25]。同じ頃、近くに住んでいた大塚治良蔵氏（昭和32年11月死去）は、鶴居村（現・市川町）の親戚からすしをもらって食べていた。大塚氏は自分で釣りをすることも好きだったので、やがてすしの作り方を聞き出したが、自分の妻は早死にしてしまったので（明治35年6月死去）、代わりに長男の嫁・よしに伝えた。そのすしがジャコずしで、以来、上田中地区に広く伝わった。酪農経営者の「昼の暇つぶし」に釣りがよかったのであろうか酪農農家のつき物となり、逆にそれ以外のところ、すなわち酪農家ではない家庭ではまったく作られていない。

✻ 6 その他の地方のジャコずし

6－1 長野県佐久地方の「雑魚」ずし

田の周辺や川などから獲れる雑魚を使った箱ずしである。「雑魚」は「ザッコ」と読むらしいが、参考までに挙げておく。以下は佐久市の高橋あや子氏の話と昭和61年（1986）の『聞き書　長野の食事』による。

秋彼岸や秋祭りなど、秋のハレの日の料理としてよく作った。雑魚はフナ、ハエ、ドジョウなどの、3～4センチくらいの魚をいう[注26]。小魚を獲るのは大人の漁仕事というより、子どもの遊びの延長でもあった。しょうゆと砂

糖で甘辛く炊いた雑魚を、押し箱に入れたすしご飯の上に並べ、押す。しばらくしてから切る。

ただ、最近は作る人が減った。作り手の問題もあるが、一番大きいのは獲る相手と獲り手の問題である。一時期、農薬などの散布があって田や川から雑魚がいなくなったことと、子どもたちが外で遊ぶほど時間にゆとりがなくなったことである（写真Ⅲ－3－27〜Ⅲ－3－28）。

6－2　岐阜県下呂市萩原のザッコずし

正確にいえばこれもザッコずしで、ジャコずしではない。

晩夏から秋口にかけて作る早ずし・ホオ葉ずしの1種で、砂糖やしょうゆで甘辛く煮つけた魚をすしご飯の上に置き、ホオの葉で包んだものである。一般にはアジメドジョウのすしがよく知られており、それ以外のザッコ、すなわちカブやゴトチ、ジャスなどの小魚のすしは、作るには作るが、味覚の面では明らかにアジメに負けていた[注27]。しかし、環境の激変からアジメドジョウの漁獲は奮わず、結果としてザッコのすしがアジメドジョウの代替品として残っていた。それも現在ではどこまで残っているかわからない。

筆者が調査したのは平成3年（1991）のことで、アジメドジョウのすしとザッコのすしの両方をみた。同席していた話者・都竹佐賀子氏の孫はザッコのすしには見向きもせず、アジメドジョウのすし、それもすしご飯は食べずに魚ばかりを食べていた。いかなる味か、わかるであろう[注28]（写真Ⅲ－3－29）。

Ⅲ-3-27　長野県佐久地方の押し箱
（平成4年10月撮影）　高橋あや子氏蔵

Ⅲ-3-28　長野県佐久地方の「雑魚」ずし
（平成4年10月撮影）
新しい型を使って「押し抜きずし」にしたもの

Ⅲ-3-29　岐阜県下呂市のザッコずし
（平成3年9月撮影）

6-3 広島県瀬戸内海島しょ地方のジャコずし

広島県瀬戸内沿岸の高根島では秋祭りにジャコずしという発酵ずしを作ったという。糀や酢を使った改良型ナマナレである。この場合のジャコとは海魚を指し、メバルやタイゴ（スズメダイ）、タナゴ（ウミタナゴ）、グチ（イシモチ）、ギザミ（キュウセン）など白身魚の、10センチにも満たない小魚をいう。

ジャコははらわたや骨、目を取った後、1週間ほど塩漬けにしておき、すし漬けの前に塩出しする。ご飯は固めに炊き、ご飯と同量の糀を混ぜる。桶にご飯と糀を敷き、酢を振り、タデの葉を置き、ジャコを一面に並べる。これを何階も繰り返し、最後に重石を乗せておく。2～3日たったら食べられるという。

ただ、このジャコずしの話は筆者は未確認で、ジャコずしという名前さえ聞いたことがない。以上の話は昭和62年（1987）の『聞き書 広島の食事』からの引用で、あるいは、この全集が意図した昭和初期の一般的な家の食生活ではふつうにあったのかもしれない[注29]。

Ⅲ-3-30 広島県尾道市のジャコずし
（平成3年10月撮影） 漬け上がったところ

Ⅲ-3-31 広島県尾道市のジャコずし
（平成3年10月撮影）
サケ、キス、タイ、タコなど、魚は何でもよい

✤ 7 ジャコについて

ただ単に「ジャコ」というだけでも、地方によってこんなに差がある。そして、「ジャコずし」というだけでもこれだけ違う。その上で、ジャコずしのジャコという魚はどういう性格の魚であろうか。

まずいえることは「小さい」ことで、それも淡水魚を指す。海水魚を指すのは大阪府泉南地方と広島県島しょ地方があるが、これらは範囲的には限られている。オイカワを指すことも多いが、それがすべてではない。むしろ「雑多な魚」であり、その俗称として「ジャコ」や「ザコ」、「ザッコ」があるとみた方がよい。

Zaccoを学名にしたといわれるのはシーボルトであるが、彼がオイカワやカワムツなどを命名したのは、むろん、そこにいた日本人に呼称を確かめてからのことであろう。日本人が「雑多な魚」の総称で「ジャコ」だの「ザコ」だのと呼んでいたのであろう。しかしシーボルトにはそこのところがよくわからず、Zaccoと名づけたに違いない。

このように、ジャコとは価値のない魚にみえる。ところが、これは本文には書いていな

いことであるが、ジャコにはある共通点がある。それは、「食用になる」ということである。食用にならない魚はジャコとは呼ばない。

　ジャコは大の大人が偉そうに獲ってくるものではない。つまり、漁の対象にはなりえない。そういう場合もないわけではないが、多くは大人が、あるいは子どもでもよいが、遊び半分で獲る性格のものである。

　遊びで獲った、それは毒ではなく食べられる、じゃあ食べよう…。これが石毛直道や安室知が主張する水田漁業や水田漁労につながるかどうかは別としよう[注30]。だが、内水面漁業のデータには基本的に出てこない「おかずとり」の漁労の結果にジャコがいるのではないか。これはオイカワやカワムツやカマツカや…、といった特定魚種にまつわるものではない。むしろ1尾では価値のない、しかし

たくさん獲れる、だが名前も種類もよくわからない、いわば「何でもあり」のジャコという魚だからこそ、「おかずとり」の結果がジャコで許されたのではないか。そういうことは淡水魚のジャコに限らず、海水性のジャコでも同じことがいえるのではないか。ここに、ジャコという魚の本質があるような気がする。

✤ むすびにかえて

　本稿では方言地理学的な考察をしようというわけではない。まず、こういう歴然とした差が存在すること自体を知ってほしかった。そして、「ジャコ」という有用な魚（時にはエビ）がわれわれの身の回りにいて、その中身はどうあれ、「ジャコずし」というわれわれのハレの食文化のひとつをかたち作ってき

表1　ジャコずしの諸相

地域名	「ジャコ」の示す魚種	ジャコずしの内容
滋賀県栗東市中沢	淡水魚の小魚の総称	改良型ナマナレ
＊滋賀県草津市下笠 （ボテジャコ）	オイカワ	
京都府南丹市船枝	淡水魚の小魚の総称	改良型ナマナレ
大阪府泉南地方	サルエビ	箱ずし、押し抜きずし
和歌山県紀ノ川流域	オイカワ	箱ずし、押し抜きずし
＊同上（ザコ）	淡水のエビ	握りずし（柿の葉ずし）
兵庫県篠山市	オイカワ、カワムツ	古式ナマナレ
兵庫県市川町	オイカワ、カマツカ	握りずし
＊長野県佐久地方 （ザッコ）	フナ、オイカワ、カワムツ、 ドジョウなどの小魚	箱ずし
＊岐阜県下呂市萩原 （ザッコ）	カジカ、ヨシノボリ、 アカザなどの小魚	握りずし（ホオ葉ずし）
広島県島しょ地方	海水魚の小魚の総称	改良型ナマナレ

＊印は、呼称がジャコでないもの

た。

　今、ジャコずしは、いずれも存続が万全だとはいい難い。京都府の場合は消えかかっているし、大阪府や兵庫県上中町の場合も、限られた人が細々と守っているにすぎない。兵庫県篠山市の場合は一度消えたものが復活されているが、それとて未来は決して明るくない。

　こうなった理由を、地元の人は「時代の流れ」だという。人が集まって楽しむことが今流ではないのだそうだ。筆者もそれに同調しないわけではない。

　しかし、問題はそんなところにあるのではない。身の回りにいる種々雑多なものをジャコと呼び、それを食べてしまえるほどに愛してきた、人間たちの未来がなくなってゆくことこそが問題だといっているのである。自然と人間のつながりが脆弱に、希薄になっていることは否めなかろう。

❖注

注1　菌神社は舒明天皇９年（637）に勧請されたと伝えられる。社伝によれば、初めは「口狭比良大明神」と称していたが、室町時代に「草平大明神」となり、明治時代に「菌神社」と改められた。膳所藩主の崇敬を集め、慶長５年（1600）、本多下総守の時より境内１町四方を免除地とした。また慶長10年（1605）、戸田左門が神領３反を寄進した。その後、菅沼、石川、本多の各城主が神領を安堵し、明治９年（1876）、村社に列せられた。この神社が有名なのは「きのこの神」としてである。このため、醸造やきのこ栽培の関係者の信仰も篤い。弘仁６年（815）の『新撰姓氏録』の中に「景行天皇の時代（西暦100年頃）、武田折命（タケタオリ）が乳母に田を与えたところ、一夜にしてキノコが生え、このことがきっかけで武田折命に菌田連（クサビラタノムラジ）の姓を送った」と記録されている。しかし、このきのこの神社の祭礼にジャコずしという発酵ずしが食べられるという理由はみつからない。宮司によれば「偶発的」とのことである。

注2　すしを漬けるのは「六人衆」が担当するものであった。「六人衆」とは村の長老役で、年を取った男性６名が住む家が担当する。すしを漬けた桶は公民館で保管しているが、それ以前は「六人衆」が責任を持って保管した。もし「六人衆」の家に不測の事態が発生すれば、その事態が起こった家の中で代理者（多くの場合、年長者の長男）が役を務めた。しかし平成元年（1989）より「定年制度」が設けられ、70歳以上は役からはずれることとなった。また平成６年（1994）から14年（2002）までは直会も中止されたが、平成15年からは直会が復活した。今では「六人衆」ならぬ「十人衆」がすしを守っている。

注3　ハイジャコは滋賀県の方言で、オイカワのことを指す。コイ科ハエジャコ亜科に属し、学名をZacco platypusという。なお、西洋にはいない魚で、ヨーロッパに紹介したのは長崎に赴任したドイツ人医師シーボルトであった。オイカワやカワムツの属名Zaccoは日本語の「雑魚」、すなわちザコに由来するという。

注4　この八か村は地理的区分ではなく講の名前である（注5の文献によれば「獅子村」は「師子村」と記）。下笠の人はすべて、いずれかの村に属している。この組の中に６名の世話役がおり、彼らが中心となって神饌をこしらえる。神饌は、銀葉（白米とホンダワラを搗いて薄く切り、４寸２分ま

で積み重ねたもの）、アズキ入り赤飯、タイ、カマス、めずし、ダイコン、ゴボウ、アラメ、スズメ、ホンダワラなどを各種折敷に乗せ、膳組みにしてある。これを本膳と二の膳、ともに9膳分と、ほかに5膳も準備する。

注5　神社蔵の写本『獅子村神事元行事録』（原本は山本義晴氏蔵『老杉神社行事録』 成立年不詳）によれば、「めすし」に使う酒粕は「五百目（約1.9キログラム）」とあり、今よりもずいぶん少ないことがわかる。また、昔、フナずしを使ったこともこの記録による。

注6　ボテジャコは複数種を指し、タナゴのうちの特定種を指すことばではない。

注7　このように、ジャコはフナやコイ、ナマズなどとは違い、魚全体のことを指し、大きさが10センチくらいのものという限定がつくらしい。なお、コイは一時期、田んぼで飼うことが奨励され、莫大な量を獲っていたものの、あまり食べなかったらしい。売りに出していたのだろうか。

注8　井上氏の話によれば、大きい桶で何段漬けても、いちばん上の段はうまく発酵させることがむずかしい。また、井上氏は「魚嫌い」である。亡き主人がこのすしが好きで、やむなく作るようになった。自身は「ジャコは嫌いだが、ご飯は食べる」という人である。そういう人には、このご飯の味の方がよい加減であるのかもしれない。

注9　サルエビは、十脚目長尾亜目クルマエビ科サルエビ属に属する。学名はTrachysalambria curvirostrisといい、英名をSouthern rough shrimpという。体長は10センチほどで甲羅は硬く、体表は細かい毛で覆われている。全体に赤味が強い体色で、サルの顔を連想させるためこの名がついたという。棲息水温は7〜29℃で、日本では仙台湾以南の太平洋沿岸に棲息するが、特に瀬戸内海ではカワツと呼ばれて漁獲量が多く、関西ではよく料理に利用されているエビである。初夏から晩秋にかけて旨味が増してくる。

注10　奥野氏は泉州の郷土料理研究家で、現在、何軒もの料理教室を持っており、若い人にも郷土料理を教えている。「やる気を出さないと作れない、そんなものは長続きしない。菜っ葉だけ、イモの軸だけで作れる郷土料理こそが料理を長続きさせる」というのが氏の持論である。

注11　最近はこの手のすしが増えてきたが、頭を取って握りずしにするというのは片山氏の発明であった。片山氏が奈良県斑鳩町に生まれ、和歌山県かつらぎ町から桃山町（現・紀ノ川市）に嫁に来た頃は嫁ぎ先に姑がいた。彼女はジャコが好きで、絶えず人からもらって炊いていたが、晩年歯が悪くなり、ジャコも食べられなくなった。その頃はジャコは丸ごと煮ていたので、片山氏は頭を取ることを工夫した。パン屋を始めた32年前、近所のすし屋が「すしを置いてほしい」とサンドウィッチの隣にすしを置いていった。ところがこれがまったく売れない。これをみて氏は「もっと若い人にアピールするすしでないと…」と思ったという。若い人は郷土食のジャコを食べなくなっていたことを知っていた片山氏は姑のことを思い出し、ジャコの頭を取ることを考えついた。また、ジャコの味の「好き嫌い」のもとになっていたほろ苦味を消し、さらには「茶臭さ」も取る方法を考案した。さらに、それまでのすしは押し抜きずしで、片手に入るような木枠で、ひとつずつ抜き出していた。ジャコのほか、子ブナや油揚げ、シイタケ、マツタケなどのすしもあった。これを握りずしに変えたのが片山氏で

注12 平成20年（2008）8月、片山氏の店で、アユずしが1パック630円、ジャコずしが680円であった。ただしアユは養殖物である。

注13 処理の仕方はアユもジャコも同じであるが、アユは1尾ずつ焼き、この1斗缶は横にして使う。

注14 これらと並んでちらしずしやソボロずしもあった。ちらしずしにはヒジキが入っており、稲荷ずしの中身もこれだという。「身体にいいから」という理由で、片山氏のアイデアである。ソボロずしも、合挽きミンチを使ってある。氏は「料理が好きなのね」と笑う。

注15 「文化四年」の表記がある諏訪神社の書きつけに、「さこすし」「どじゃうすし」の文字を発見した。真文書とすれば相当に古いものである。また、『多紀郷土史考』に書かれた諏訪神社の由来から祭りの記事を、以下に抜粋しておく。

　　両地区のトウヤ（神饌を作る当番家）宅では、八月十五日（旧七月七日）より九月一日（旧七月二十三日）まで、濁り酒を作る。九月二日（旧七月二十四日）、濁り酒とドジョウずしの口開けをする。翌九月三日（旧七月二十五日）、氏子がトウヤ宅に集まり、神事の後、酒を飲む。

　　九月四日（旧七二十六日）、新米で餅を搗く。また、この新米で甘酒を作る。そのほか、新藁で、「七荷半」の荷物や、それらにつけるしめ縄を作る。また、飯台、竹かご、竹箸（東岡屋は杉の箸）なども準備する。

　　九月五日（旧七月二十七日）午前六時、東西トウヤ宅から三度の誘引があって、四度目に双方が出会い、礼をする。その後、

ある。こうしてパン屋「じゅげむ」から今のような「じゅげむ」になった。

家に戻り、行列を組む。西岡屋は、御幣、三玉（雑魚三尾を竹串に刺し、萱を添えて、和紙で巻いたもの）、礼酒、鏡餅（の入った竹かご）、濁り酒、ご飯、ドジョウずし、ナス（の入ったかご）、お膳、雑かご、の順。西岡屋の行列がトウヤ宅を出ると、東岡屋のトウヤも家を出る。順序は、三玉、礼酒、雑魚ずし、鏡餅、ご飯、濁り酒、ナス（の入ったかご）、お膳、雑かご、敷き物、の順。

両トウヤは「うぉーい」と声をかけ、神社・鳥居前に集まり、神職の誘導で神社に入る。この時の行列は、御幣（西のトウヤ）、三玉（東西トウヤ）、甘酒（西のトウヤ）、以下、西のトウヤが行った後に東のトウヤが続く。その後、東西の氏子が神殿の東西に並び、献供する。甘酒が東西トウヤから、三玉二膳も東西トウヤから出す。

次に大御料膳が東西トウヤから二膳ずつ出される。それは、ご飯一升四合を扇形に盛ったものをワラヅトで包んだもの、御汁（ナス青和え）、ドジョウずし（東岡屋は雑魚ずし）、イノシシ肉（塩サバで代用）、餅七個（土器盛りではない）、で、四つ足膳に乗せる。また、小御料膳が、やはり東西トウヤから四膳ずつ出る。それは、ご飯七合を松形に盛ったもの、御汁（生ナスの青和え）、ドジョウずし（東岡屋は雑魚ずし）、イノシシ肉（塩サバで代用）、餅五個（土器盛りではない）、である。

祝詞が終わると撤饌し、「拝受式（直会に似ているが、直会ではない）」を行う。この時は、お箸、ご飯、お汁、イノシシ肉、餅、である。これが終わったら、両地区そろって挨拶する。初献が終わると、講当の（東なら東、西なら西の）飯、講当のすし、講当の餅、講当の酒、中酒（これは汁椀を用いて杯の代わりとする）、東西トウヤの飯、東西トウヤのすし、東西トウヤの酒を

飲食する。その後、大御料一膳はトウヤに。小御料一膳は当人（青年会長）と庄屋に渡す。小一膳は「島者」に下す。これとは別に、ご飯八合（八寸盆の裏に、杉形にふたつ盛りとする）、汁ナス二切れ、サバ（肴）二切れ、すし土器に山盛り、酒が湯呑みに一杯、も準備して、みんなで食する。

注16　祭礼が簡略化された時期は記録がなく、わからない。西のドジョウずしと東の雑魚ずしが同時に辞めたか否かも妖としている。地元でも、ドジョウずしを辞めたのは昭和30年（1955）代あたりだという人がいれば、昭和33年（1958）のことといいきる人もいる。反面、篠田統（1966）『すしの本』にはまだ現行の習慣のように書いてあり、それは同書改訂版が出る昭和45年（1970）でも続いているように書かれている。

注17　オイカワはコイ目コイ科ハエジャコ亜科に属するZacco platypus、カワムツも同じコイ目コイ科ハイジャコ亜科のZacco temminckii　である。このほか、「イシグチ」という魚もいると聞いたが、学名は不詳である。骨が硬く、喜ばれない魚だという。

注18　梶原周逸（2004）より。

注19　この「酒を振る」という行為が昔ながらのものかどうかがわからない。前述の由来書によれば酒は使わないはずであるが、手水代わりに使っていたとするならば、このすしは古式ナマナレではなく、初期の改良型ナマナレになる。

注20　市川町商工会長が、平成19年（2007）10月27日に実施する神崎郡のイベントでジャコずしを売り出そうと森本家を訪ねた。今なおジャコを獲っている人は輝男氏しかいないし、昔ながらのジャコずしを作れるのは春子氏しかいないとのことであった。

注21　ジャコは群れになって固まっていることが多い。寒くなってくればその傾向はますます強く、比較的深いところでジッとしている。まず群れを深い方へ移動させるため、石を投げる。次に、群れを浅い方へ動かすよう石を投げ、動いたらそこに網を張る。網を張り巡らせたら、もう一度、群れが深いところへ移動するよう石を投げる。そうして網を巻き上げてゆくと網に魚がかかっている。

注22　オイカワが身体色を赤くするのは産卵期であるが、それは6月から8月にかけての夏のことで、秋ではない。

注23　カマツカはコイ目コイ科カマツカ亜科の魚で、学名はPseudogobio esocinusという。

注24　作り方は家によってさまざまで、ここに書いたのは森本家の場合である。今だに番茶で煮る人もある。また近頃は川漁をする人も減り、ジャコが手に入らなくなった。代わりに焼きギス（海魚のキスで、スズキ目スズキ亜目キス科の総称）を用いる人も多いという。

注25　上尾敬子氏は筆者がインターネットでみつけた「ジャコずしの名人」で、最初に連絡を取った人である。その後電話でやり取りがあり、さらに名人の森本春子氏をご紹介いただいた。なお上尾氏のジャコずしは焼きギスを使うもので、「邪道」といわれたこともあるという。けれども氏の義母（上尾氏は上田中以外から嫁いで来た）も、はじめから焼きギスを使っていたという。ジャコずしの作り方は1通りでなく、各家庭の味が守られていることがあらためてわかる逸話である。

注26　ハエとは総称名で、長野県ではオイカワやカワムツのことを指す。

注27　カブはカブチともいいカジカ、ゴトチはゴトともいいヨシノボリ、ジャスはアカザのことをいう。カジカはカサゴ目カジカ亜目カジカ科で、学名はCottus pollux、ジャスはナマズ目アカザ科で、学名はLiobagrus reiniである。ゴトチはハゼ亜目ハゼ科ヨシノボリ属の総称で、Rhinogobiusという。

注28　このすしについては別稿にて少し触れたことがある。日比野光敏（1993）、同（2012）。

注29　尾道市因島でもこれと同じようなすしを漬け、「しばずし」と呼んでいる。筆者の取材によれば、話者の村上かよ子氏らからは「ジャコずし」ということばは知らないといわれた。なお、「しばずし」の語源は明らかではない**（写真Ⅲ－3－30〜Ⅲ－4－31）**。

注30　水田耕作者の日常の食事には河川ばかりでなくそれから水田につながる水路や水田自体を舞台にした漁労で獲ったものが多い、というのが石毛直道の水田漁業という考え方である。それについては石毛直道・ケネスラドル（1990）などに詳しい。また、それを食生活の側面だけでなく、もっと大きな概念の中で考えたのが安室知である。それについては、安室知（1998）などに詳しい。

❖参考文献

- 石毛直道『魚醤とナレズシの研究』岩波書店。
- 奥田楽々斎（1958）『多紀郷土史考』多紀郷土史考刊行会。
- 梶原周逸（2004）『西岡屋　ちょっとむかしの話』私家版。
- 篠田統（1966、1970）『すしの本』柴田書店。
- 日比野光敏（1993）『ぎふのすし』岐阜新聞社。
- 日比野光敏（2012）「東海地方のドジョウのすし」『日本風俗史学会中部支部・衣の民俗館　民俗と風俗』22号。
- 安室知（1998）『水田をめぐる民俗学的研究』慶友社。

4 川沿いの文化
新潟県糸魚川市の笹ずし

✱ はじめに

糸魚川市は新潟県の南端部に位置する。北西部は日本海、南は北アルプスの急峻な山で、西には交通の難所として有名な親不知がある。当然、人々の関心は関西より関東方面にある。

この糸魚川市に「笹ずし」という郷土料理がある。この名を聞いて思い当たる人も少なくないだろうが、「JR糸魚川駅で駅弁として売られている」といえば、その具体的な姿かたちが思い浮かぶことであろう。これらは笹の葉を皿代わりにして、上に白いすしご飯、さらに上に具を乗せて軽く押さえたものである（**写真Ⅲ-4-1**）。

糸魚川市という地域は東方面に向いた目を持っていると書いた。しかしながら新潟市の文化圏にあるというよりは、むしろ富山や金沢の文化であるといった方がよいかもしれない。たとえば糸魚川の港では富山湾のホタルイカが上がり、それがホタルイカ漁の北限にもなっている。人々の買い物も、新潟市より

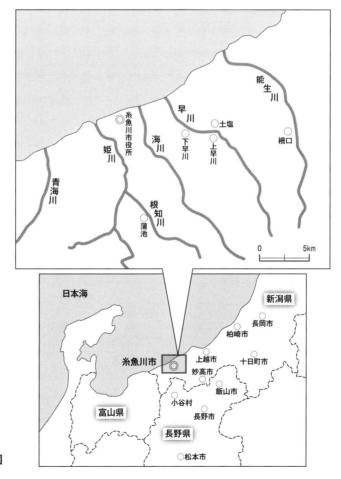

図1 地域の概観図

は上越市、さもなくば富山市、金沢市の方が普通であるとの印象がある。

笹ずしの分布は、東はこの糸魚川から上越までといわれている[注1]。それ以東はすしはなくなり、代わって笹だんごになる[注2]。西には笹を使ったすしがないわけではないが、これがそのまま糸魚川の「笹ずし」につながるものかはわからない。また南は、最近、小谷（長野県北安曇郡）で作り始めたが、元来、長野県には入っていない。つまり「笹ずし」は非常に限られた分布を示し、文化圏は糸魚川市を中心に描かれることになる。

ところが、ＪＲの駅弁販売が影響しているのかどうか知らぬが、笹ずしは一般に思い描かれる「笹ずし」のかたちばかりではない。その内容は、もちろん、あるところでは上に乗せる具に何々を使い、あるところでは別の何々を使う、というような地域差ではなく、製法が違う。しかも大まかにいえば、市内を流れる川筋ごとに違う笹ずしの分布域を持っていそうである。

ここでは本当に川筋によって「笹ずし」の中身が異なっているのかを検証する。あわせて、それぞれの分布域がどのような関係があるのか、考察を試みるものである。

❋1 糸魚川市付近の川と笹ずし

糸魚川近辺には、数本の川が流れている。いずれも日本海に直交するように注ぎ、5〜10キロメートルというほぼ等間隔で並んでいる。今ここで話題になるのは東から能生川、早川、姫川、青海川の4本の川で、それらは約10キロメートルおきに流れている**（図1）**。

このうち、青海川流域には笹ずしはない。というのも青海川は非常に短い川で、しかも後配する山地が日本海側までせり出しているため、流域といっても人口は海側のみに限られているからである。地元の人の話では、元来、笹ずしは「山の文化」であり、「海が近いところでは、ほとんど作らない」とのことである。そういえば材料の笹はもちろんであるが、このすしは具がほとんど野菜や山菜類、もしくは塩や酢で締めたサケやマスなど、内陸部の物ばかりである。活魚を用いることなどない。

以下に述べる地域についても、分布域は海側というより山よりであることを付記しておく。

❋2 能生川流域の笹ずし

(1) 能生川流域

能生川は、今話題にする中では最も東に位置する川である。

こちらの笹ずしは、別名「わらじずし」ともいう。笹の葉の上にすしご飯を握って置き、その上に具を乗せたもので、基本的に押し箱に入れず、押しはかけないものである。能生

Ⅲ-4-1 ＪＲ糸魚川駅弁の笹ずし
（平成19年5月撮影）

では祭りや祝い事などに作るが、特別なごちそうというより、何かというとすぐに作られるもので、親しみのあるすしである。ただ、すしご飯の酢加減や具の煮方、ご飯と具のバランスなど、すべてのところに家庭の主婦の知恵が出ており、その知恵は、姑から嫁へと受け継がれている。

　能生川流域（俗に「能生谷」と呼ばれる）の奥は、通称、柵口(ませぐち)地区と呼ばれる。ここは権現岳の雪解け水で有名で、その水で名米・コシヒカリを育て、そのコシヒカリを再び権現岳の雪解け水で炊く。だからすし米が美味なのは当然であるという。ここの旅館「山水館」の女将・斉藤礼子氏に話を聞いた。

（2）材料と製法

　笹ずしは傷みにくくて、笹の香りもよく、万人向きである。最近は、4月の祭り（白山さんの祭礼）、七夕（7月7日の祇園さんの祭礼）、盆には必ず作るほか、近頃では地区の文化祭などで、PTAが話題づくりに作ったりもする。しかし笹の状態からすると、8〜9月が旬である。7月の笹はやわらかくて「まわってしまう」（すしの葉としては弱い）し、10月のは固くてだめだそうである。今は、時期のものを冷凍保存しておく。

　能生谷では笹ずしは握りずしで、押しはかけないに等しい。

　ご飯は普通より固めに炊き、砂糖、酢、酒を合わせた合わせ酢を作っておく。山水館では、ご飯は約40グラムである。笹の葉は、表面を下向きにして、裏面にご飯を薄く貼りつけ、上に3種類の具を彩りよく乗せる[注3]。

　具は、基本的に何でもよいが、痛まぬよう

Ⅲ-4-2　柵口の笹ずし作り
（平成19年5月撮影）　ご飯を握っているところ

Ⅲ-4-3　柵口の笹ずし作り
（平成19年5月撮影）　具のいろいろ

に大きなものを避け、切り身の場合は小さく刻んで、味をしっかり煮含めておく。山水館では、ゼンマイ、フキノトウ、コゴミ、ウドの頭、マイタケ、ミョウガ、タケノコ、モウソウチク、ヒメタケなど山菜の煮物[注4]、トリアシ（山菜の一種）のみそ漬け、キンピラのゴボウとニンジン、シイタケの煮物、レンコンの煮物、ヒジキの煮物、昆布の煮物、小エビの佃煮、サケ缶やサバ缶のソボロ（なま臭くならないように、しっかり火を通す）、カニ缶、玉子焼き、紅ショウガ、シソ漬け、ピー

Ⅲ-4-4　柵口の笹ずし作り
（平成19年5月撮影）　具を乗せているところ

Ⅲ-4-5　柵口の笹ずし（わらじずし）
（平成19年5月撮影）

マン漬けなどが準備してあり、これを好みに応じて乗せる。昔は具を選んで乗せるのは、子どもの役目だったという。

これで笹ずしのできあがりである。だが「すしは4〜5枚ずつ重ね、軽い重石をしてから2時間ほどして、食べる」と書いた本もある。また昔は、すしをオリバコと称する押し箱に入れ、重石を乗せたこともあったらしい。斉藤氏の家でも、子どもが全身の力をこめて乗りかかった程度であるが、よその家では重石を使っていたようだという（**写真Ⅲ-4-2〜Ⅲ-4-5**）。

（3）笹ずし（わらじずし）の商品化

能生川流域には「笹ずし」の看板を掲げて商売をしている店がほかにもある。まだ実際に一般家庭に残っている料理が、多少小さくなったとはいえ、このように商品化されていることに、まず敬意を表したい。

斉藤氏は旅館・山水館の女将でありながら、新潟県の農村地域生活アドバイザーであり、農山漁村女性交流協議会会員という肩書きも持っている。当然、地元の産品を名産化するアイデアにも長けている。こういう人が笹ずし（わらじずし）に関わっているとは、未来が楽しみである。

なお斉藤氏によれば、「能生の下の方（能生川の下流域および海岸部）」にも「笹ずし」があったという。それはここで紹介したものとは違う製法で、押し箱に詰めて押す形態であった。氏が若かった頃、地元の老女が作っていたという。今はあるのかどうかもわからず、もちろん商品化もされていない。いつの日にか、そちらの笹ずしが人目につくようになるかもしれず、その商品化には期待する。しかし、これが「能生の下の方」の文化であるとする見解はどうかと思う。筆者が聞きえた限りでは、笹ずしは山側の文化であり、海辺のものではないからである。

✽3　早川流域の笹ずし

3-1　早川中流域の笹ずし
（1）早川中流域の下早川地区

早川は、今話題にする川のうち、東から2本目の川である。同時に「早川」という地区もあり、早川中流域の下早川とその上流の上

早川である。

　下早川地区の磯貝ヒサヨ氏、藤田けい子氏、斉藤康子氏に話を聞く。3名とも斉藤氏と同じく、新潟県が指定する新潟県農村地域生活アドバイザーに認定されているが、彼女らが作る早川中流域の笹ずしは、日常には市販していない。なお、すし作りの際はいつでも具やそのほかの食材は手作り品ばかりでまかなうとのことである。

（2）材料と製法

　作る時期は夏場である。子どもが小さいうちは手伝ってくれたが、大きくなると手伝ってくれない。よってたいていの家は、よほどのことがない限り、日常時に作ることはない。作るのは祇園祭り（下早川の新町では7月7日～14日だったが、現在は第2土曜～第3土曜）と盆に決まっており、盆を過ぎると笹が悪くなる。

　製法は、すしご飯を握り、笹の葉に乗せる。笹は、葉の裏側に防腐作用があるといわれており、裏側にご飯が面するように乗せる。次に、だいたい5～6種類くらいの具を置く。具の置き方に特に決まりはない。

　具は、ニンジンやシイタケをしょうゆで煮たもの、フキ、ゼンマイ、クルミなど山菜をしょうゆで煮たもの、玉子焼き、ソボロ、サケのフレーク、サズイカ（サズイとは、じめじめしてうっとうしい梅雨時の様子で、その頃に捕れる小型のイカをいう）の二杯酢、アミの佃煮などである。要するに手近にあるものを用意すればよく、それゆえに各家庭の「持ち味」が出てくる。

　能生川流域の笹ずしであればここで終わりであるが、早川流域ではすし箱を準備し、こうしてできた「わらじずし」を中に並べてゆく。

　まず、すし箱には何も敷かない。すし箱はいろいろなサイズがあるが、標準サイズのもので1段に6個のすしが並ぶ。1段が並べ終わると、2段目、3段目…と続き、最高6段まで入る。最後に、上が表になるように笹の葉を敷き、落としぶたをする。重石を乗せ、2～3時間たったら重石をはずして食べる。重石が効いているので、ご飯がポロポロしない[注5]。

　食べる時は箸など使わず、葉の頭の方（根

Ⅲ-4-6　下早川の笹ずし作り
（平成19年7月撮影）

Ⅲ-4-7　下早川の笹ずし作り（平成19年7月撮影）
箱の中の最後に乗せた笹の葉

Ⅲ-4-8 下早川の笹ずし作り
（平成19年7月撮影）落としぶたを乗せたところ

Ⅲ-4-9 下早川の笹ずし
（平成19年7月撮影）

Ⅲ-4-10 下早川のすし箱の裏側
（平成19年7月撮影）

元に近い方）を口元へ持ってゆく。葉を下にめくるとすしだけが飛び出てくるので、そこをかぶりつく。

　昔は旅に出る際、すし箱ごと持ち、弁当にした。押しをしっかりとすれば長持ちしたという。**(写真Ⅲ－4－6～Ⅲ－4－10)**

（3）早川中流域と能生川流域の笹ずし

　ここ早川中流域の笹ずしは、能生川流域のものとは違うタイプのものであるが、強いていえば、能生谷で聞いた古いタイプのすしであった。つまり笹ずしをわらじ型に作る点では能生谷と同じであるが、今日の能生谷では押さないのに対し、早川中流域ではしっかり箱に詰めて押している。これは、かつて能生谷でやられていた方法である。

　かつての能生谷がたどったように、重石をだんだん軽くしてゆく方法は、昨今の早川流域でもみられることである。あるいは早川中流域の笹ずしも、今後、今日の能生川流域の笹ずしと同じ風になってしまうのだろうか。

　新潟県農村地域生活アドバイザーに認定された人たちが守ってくれる笹ずしの未来は明るいが、それだけに重石を軽くしてしまう「今流」のやり方に走ってしまう傾向には、いまひとつ、慎重になってもらいたい[注6]。

3－2　早川上流域の笹ずし
（1）早川上流域の上早川地区

　笹ずしは、同じ早川地内でもさらに違った製法がある。すしご飯を一面に敷き詰め、具を並べて押さえておき、食べる時に箱から出して、切って食べるものである。

　下早川の3名の中にはこの方法をとってい

る人はおらず、上早川地区でひとりみつかった。土塩地区に住む原百代氏で、以下、原氏に聞いた。もちろん、商品化はされていない。また上早川ではすべての人がこの方式でやっているというわけではなく、各家、各人によって違う。

（2）材料と製法

このすしは夏場のものである。冬場でも作らなくはないが、寒いとご飯が早く固くなってしまう。

箱は、原氏宅では底の抜けるタイプを使っていたが、これは特注で、本当は底の抜けないものを使う。原家のようにすしを箱から抜き出す方式を採る家はめずらしいのだそうで、奥から出してきた昔ながらのすし箱は、1升用で、底は抜けないものだった。知り合いの大工に作ってもらったという。

笹はたくさん必要で、1升を押す箱で60枚くらいだという。今年の笹は近所で採ってきたものだが、「ケバダチがよくない（色つやがよくない）」という。笹がなければミョウガの葉を使うというものの、やはり笹がよく、近頃はかなり奥までとりに行くこともある。

箱の底に笹の葉を敷く。葉は表面が下向きで、頭の方（根元に近い方）の向きもそろえておく。葉はなるべく重ねないほうがよいが、それがもとで隙間ができてはいけない。その上にすしご飯を置く。少し薄めで、ほんのりと笹の葉の緑色が透けるくらいがよい。なお、すしご飯を炊く時、1割ほど餅米が混ぜておくとよい。

ご飯の上に具を広げる。箱の短辺に平行になるよう葉を置くが、具は箱の長辺に平行になるように置いてゆく。原家では具はいろいろなものを乗せるのがしきたりで、具材はレンコン、シイタケ、タケノコをしょうゆで煮たもの、玉子焼き（少し厚めに焼き、細かく切る）、昆布の佃煮、クルミの炒ったもの、サバ缶、紅ショウガ、ピーマン漬けなどであるが、要するにその時々にあるものでよいという。

魚は、脂が多くて若い人が好むサバを用いる場合もあればサケの方がよいという人もあるし、秋はカタナ（タチウオ）がよいという人もある。昔は川魚のカジカを入れたというが、今は農薬を使うためいなくなった。また

Ⅲ-4-11　上早川の笹ずし作り
（平成19年7月撮影）　箱の中にご飯を敷く

Ⅲ-4-12　上早川の笹ずし作り
（平成19年7月撮影）

焼いてほぐしただけでなく、酢に漬けると保存が利く。

　こうして１段が終わると、表が下向きになるよう笹の葉を敷き、また同じことを繰り返す。箱がいっぱいになったら、最後に表が下向き、短辺に平行になるよう笹の葉を置き、その上に重ねて、長辺に平行になるよう笹の葉を置く。最後に落としぶたをし、重石を置く。しっかりと重みをかけ、かつては２日かけて、約36時間押したという。今はそこまでおさえることはしない。代わりに大人が２人がかりで、箱の上から乗っていた。

　すしは固まってくると板のようになる。これを抜き出して包丁で一気に切る。ただし、箱の短辺に沿って平行に切るだけで、垂直方向には切らない。１升押せる箱で４等分した。下早川の笹ずしに比べると幅が広いのが特徴で、都合、１人前が、笹の葉２枚分ほどの大きさになる勘定である。

　食べるときは箸は使わず手のひらに乗せ、葉っぱを下に折り曲げて頭の方から食べる。このため、笹の葉を置く向きが一定であることは大切になる。まだ全部を切るほどではないが、ちょっと小腹が空いた時には「２枚取ってくんない（２枚、すなわち１人分を取ってくれないか）」という具合に笹の葉の枚数をいって取って行く。昔はこんな具合で包丁も使わずに手で取ってゆくため、すしは縁がギ

Ⅲ-4-13　上早川の笹ずし作り
（平成19年7月撮影）　具を乗せる

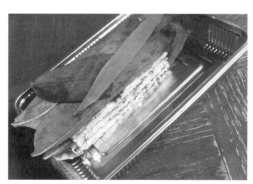

Ⅲ-4-15　上早川の笹ずし（4分の1に切ったもの）
（平成19年7月撮影）

Ⅲ-4-14　上早川の笹ずし作り
（平成19年7月撮影）　すしを抜き出して切る

Ⅲ-4-16　上早川の笹ずし（一人前）
（平成19年7月撮影）

ザギザになってしまう。

　原氏は、ふたこと目には「こんな田舎の料理…」というが、その「田舎の料理」がなかなか残っていかない。現実にこれだけめずらしい方法を守っている人は少ない。この笹ずしの味も残しておいてほしい。

　なお、ここでも下早川と同じような話が残る。昔、盆の時は京都へおまいりに行ったものだった。その時、弁当代わりにこのすしを箱ごと持って行き、枕代わりにしたという**(写真Ⅲ－4－11～Ⅲ－4－16)**。

（3）上早川の笹ずしと昭和初期の「押しずし」

　ここで見聞きしたことは、かつて筆者が『聞き書　新潟の食事』で下調べした時にみたものに最も近いと思われる。

　昭和60年（1985）の『聞き書　新潟の食事』「頸城海岸の食」に出ていた製法を書いておく[注7]。調査場所は筒石、能生、小泊（いずれも現・糸魚川市）で、昭和初期をイメージして聞き取ってある。ちなみに、ここで書いた製法は「笹ずし」ではなく「押しずし」のものである。笹ずしは「一名わらじずし」として別にまとめられ、製法は先に能生川流域で書いたものと同じ方法が書かれていた。

　具は、シイタケ、ニンジン、カンピョウ、ちくわ、ヒジキを甘辛く煮たもので、これを「五目」と称する。ほかに、梅シソ、塩ザケの酢漬け、黒ゴマ、ダイコンのみそ漬け、アミの佃煮、厚焼き玉子も用意する。すし箱の内側を酢で湿らせ、底に笹の葉を敷き、すしご飯を平らに置く。上に「五目」をかぶせ、笹を置く。これが1段目に当たる。次も同じくすしご飯を敷き、今度は玉子焼きを乗せ、また笹を置く。これが2段目に当たる。同様に、3段目は「五目」、4段目は梅シソ、5段目は「五目」、6段目はアミの佃煮、7段目は「五目」、8段目は塩ザケの酢漬け、という具合に漬け、最後に笹をかぶせてから押しぶたをする。石臼を重石代わりに乗せ、1時間ほど押さえておく。包丁で切り、できあがると皿に盛って出す。春の田植えの小昼や盆のもてなし料理として食べる。

✴ 4 姫川流域の笹ずし

（1）姫川流域

　姫川の支流・根知川筋の根知地区は俗に「根知谷」と呼ばれている。ここではこの笹ずしを、昔から、だれでもどこでも作っている。旬は初夏であるが、春から秋まで、盆や祭り、法事の時などによく作ったという。

　根知谷の笹ずしは「九郎右ェ門」という屋号で営業する「笹すし総本舗」により平成17年8月から商品化された。以下、この店の主人・安田勝氏に聞く[注8]。

（2）材料と製法

　笹ずしとは「押しずし」のことである。すなわち、ひと口大に握ったすしご飯を笹の葉に乗せ、それをまとめて押し箱に詰めて押したものである。ただ、ひとつひとつは握り飯状でなく、細長い長方形を呈している。

　笹の葉は表面が上である。葉の上にすしご飯を乗せ、葉ごと箱に詰める。詰め込む際は、葉の向きを一方向にそろえておくことが必要である。また、葉の片側を外にみえるように

出すため、1段詰め終わると「ご飯ばかり」でなく、すしの数だけ笹の葉の一部が表れている。ご飯の量は家々によってまちまちであるが、九郎右ェ門では笹の葉1枚につき80グラムと決めている。なお、昔の方が握りは大きかったという。

すしは「1本、2本」と数え、笹の葉1枚に乗るものが1本である。九郎右ェ門では5

Ⅲ-4-17　根知のすし箱
（平成19年5月撮影）

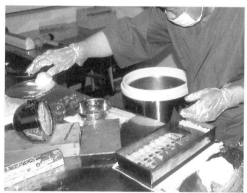

Ⅲ-4-20　根知の笹ずし作り
（平成19年5月撮影）

Ⅲ-4-18　根知の笹ずし作り
（平成19年5月撮影）　笹の葉とご飯を箱に詰める

Ⅲ-4-21　根知の笹ずし作り
（平成19年5月撮影）　重石を乗せたところ

Ⅲ-4-19　根知の笹ずし作り
（平成19年5月撮影）　具を乗せるところ

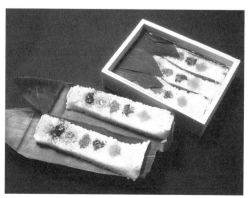

Ⅲ-4-22　根知の笹ずし
（平成19年5月撮影）

本から詰められる箱もあるが、一般の家庭では2段式（1段は10本）、もしくは3段式が普通であった。ただし箱の底板は抜けてはおらず、正確には「押し箱」とは呼べない。また、押し抜くための穴が開いているわけでも、押し出す棒がついているわけでもないから、押し抜き枠でもない。単なる「箱」である。

このご飯の上に具を乗せる。具は九郎右ェ門では7種類で、玉子焼き、フキのしょうゆ煮、紅ショウガ、ピーマン漬け、クルミ、サケのソボロ、桜デンプである。だが一般家庭ではそんなに多くはなく、せいぜい4〜5種類である。また、昔はサケなど使わず、逆にイワナやカジカなどを獲ってきて焼き、骨まですりつぶして用いたという。桜デンプは購入品である。

具を乗せたら落としぶたをし、重石を乗せて1時間ほど押す。だいたいひとつの重石が5キログラムとしたものだが、昔はもっと重いのを長時間乗せた。当然、その方が日持ちがし、常温でだいたい4〜5日は持ったという。

食べる時は1段ずつはがし出して食べる。笹の葉の縁には目にみえないギザギザがある。これに逆らって口に入れると、口が傷ついてしまう。そのため、先に述べた下早川と同様、口には葉の頭をあててすしを入れる**（写真Ⅲ－4－17〜写真Ⅲ－4－22）**。

（3）姫川流域と海川流域

姫川は糸魚川と松本を結ぶ千国街道に沿って流れている。この道は戦国時代、越後の上杉謙信が宿敵である信濃や甲斐の武田信玄に塩を贈ったとされる「義塩街道」として知られている。「敵に塩を贈る」の語源にもなったこの話は、もちろん事実としては怪しいものであるが、新潟県民としては鼻が高くなるところであろう。その上杉謙信は笹ずしの創始者とも伝えられる[注9]。根知はその街道の東側に位置する、海岸部まで8キロメートルくらいという内陸部である。

この姫川の東に、姫川と平行するように海川が流れている。早川と姫川の間に位置し、姫川から5キロメートルくらいのところである。この海川の上流域、中流域にも笹ずしがある。たとえば海川流域の西海という部落は、峠をはさんで谷は異なるが姫川流域の根知谷と親交が深く、互いに通婚圏に入っている。ここのすしも、根知谷のものと似ているという[注10]。

✽ 5 笹ずしの新旧

糸魚川市においては、笹ずしは川筋によって異なった製法を持っていることはこれで確認された。では、これらは単に地域的な差であろうか。

すでに能生川流域や早川中流域で述べたように、昔の笹ずしは押しを強くかけたが、今

Ⅲ-4-23 長野県飯山市の笹ずし（謙信ずし）
（平成18年5月撮影）

Ⅲ-4-24 長野県飯山市の笹ずし作り
（平成18年5月撮影）
すし箱にご飯を入れ、具を並べる

Ⅲ-4-25 長野県飯山市の笹ずし作り
（平成18年5月撮影）
笹の葉を置く

Ⅲ-4-26 長野県飯山市の笹ずし作り
（平成18年5月撮影） 切り分ける

Ⅲ-4-27 長野県飯山市の笹ずし
（平成18年5月撮影）

のすしはあまり重石をかけないという差があった。これに従えば、笹ずしの諸形態の新旧関係がおぼろげながらもみえてくる。

このヒントになるかどうかわからないが、隣の長野県飯山市の例を挙げておく。飯山市

富倉の笹ずしは「謙信ずし」と銘打ち、全国に向けて販売をしている[注11]。今、有名なのは「わらじずし」とも呼ばれるもので、押し箱を用いない、まさに能生川流域で紹介したものと同じである。**（写真Ⅲ－4－23）**しかし地元ではこれは新しいもので、古くは「押しずし」、すなわちここでいう上早川地区で作っているようなものであったとされている。長野県飯山市の大口しずか氏によれば、「わらじずし」は持ち運びに便利でみた目にも美しいことから「発明」されたものだという**（写真Ⅲ－4－24～Ⅲ－4－27）**。

この説が本当だとすれば、早川上流部に伝

わる笹ずし、すなわち押し箱を使ってすしを作り、しかも、重石をしっかりかけるタイプが最も古いことになる。ついで、早川中流部に伝わる笹ずし、すなわち箱の中で「わらじずし」を作るタイプが続き、さらに、今の能生川流域のような箱なしの「わらじずし」へと移る。そして、総じて重石をかけない方が、新しい方法である。つまり、地域差は時代差を示すこととなるわけである。

ただ、姫川流域の笹ずしは形態が少し違う。早川流域のような箱を使ったものに似ているが、これを早川流域のものと同系とみるか別系とみるか、見解は別れよう。筆者は同系であるといいたいが、それは憶測にしかすぎない。

✻ むすびにかえて

本稿においては、糸魚川市では、川筋が違えば笹ずしの製法も違ってくることが確認された。能生川流域では笹ずしは箱に入れず押さないという「わらじずし」の方法であるのに対し、早川流域では箱を使って押しをかけるものであった。この早川流域でも下流部では押し箱の中に「わらじずし」を入れて押す方法が大半であったが、上流部へ行けばご飯の上に具を置き、押さえて抜き出した後に切るという方法もみられるという差があった。それに対し姫川流域では、同じような押し箱を使いながらも早川流域とはまた違う。

これらは地域差に加えて時代的な差を表していよう。また、次第にすしの重石が軽くなってゆくのは多くの人が経験しているところで、すしの発展史としてもおもしろい。今後、より一層の研究が進むことを望む。

最後に笹ずしの商品化について述べる。

能生川流域の「わらじずし」タイプは、ＪＲ糸魚川駅の駅弁販売でもわかるとおり、非常に盛んに売り出されている。姫川流域の根知谷でも、昨今、商品化がなされた。当分の間はこれらのすしがなくなることは心配ないであろう。だが早川流域にいたっては商品化される気配はない。現在は地元の人たちが普通に作っているから問題はなさそうであるが、作り方は人知れず変わってゆき、知らぬ間になくなってしまうものである。上早川でみせてもらった笹ずし作りがそうである。あれは、今となってはめずらしいが、だれがめずらしいと知っているのか、だれがこれから守り次いでゆくのか、わからない。

各川流域で異なる笹ずしの製法が残るためには、残す努力をせねばならない。商品化すれば済む問題ではなかろうし、商品化だけで済む問題でもない。しかしながら地元に根づいた食文化を次代に継承していく、その方法のひとつとして、商品化されることを希望する。

❖ 注

注1　この項、糸魚川市根知公民館の安田修氏による。氏は、後に出てくる安田勝氏の実弟である。高田地区、直江津地区、新井地区の笹ずしの存否については、筆者は詳しく調べていない。

注2　食文化上、笹ずしと笹だんごを同等に扱ってよいのかは議論の余地がある。しかし、笹ずしが作られなくなると笹だんごが作られるようにはなるのは事実である。

注3　山水館ではこれを1枚（すしは1枚2枚と数える）100円で販売している（平成

19年＝2007　5月現在）。なお、昔は笹の葉も大きく、ご飯の握りも大きかった。それに伴い、具も5種類ほど乗せたという。

注4　これら山菜は一度塩に漬けてやらないと煮た後でクシャクシャになってしまうため、塩漬けして保存してある。

注5　古くは重石をしっかり効かせ、また、長時間乗せたともいう。笹の葉が黄色くなるまで押しておくという人もいた。近頃は固くなるほど押したのは嫌だし、かといって、ご飯は押しておかねばならず、で、ギリギリの線を見計らって重石を軽くしている。また、筆者がみたすし箱には「一九四七年　高瀬商店」と書いてあった。持ち主は磯貝氏である。「高瀬商店」とは磯貝さんの屋号だといい、今は「商店」が取れて「高瀬」だけになった。このあたりの家はみな屋号を持っており、今でもそれで呼ぶことがある。

注6　早川流域は能生川流域とはほんの10キロメートルくらいの近い距離だが、食習慣の違いは明らかにある。このことについて藤田氏の体験談である。氏は能生川流域（旧・能生町）の出身で、早川地区に嫁いで来た。その頃、嫁ぎ先でおはぎを作ったところ「気味が悪い」「こんなもの、よう食べん」といわれた。よくよく聞くと早川のおはぎは「半殺し（米粒を半分つぶしてしまう）」にして握るが、能生のおはぎは米粒はそのまま残して握るのだそうである。藤田氏は今は笑っているが、「もう、情けないやら、寂しくなるやらで」という。

注7　ここでいう「頸城海岸」の意味は新潟県を地域区分したもので、特に「海岸部」を意識したものではないと思われる。

注8　安田氏は若い頃はすし職人として修行を積んだ人であるが、結局は地元の根知に戻り、建築業の父親の後を継いだ。ようやく定年の時期を迎えてから根知の笹ずしの販売を思いつき、実践した。根知の笹ずしとしては初めての商品化である。社屋に使用しているのは蒲池にある旧・根知小学校の施設で、職員でなく小学生の下宿所であった。昭和50年代まで使っていたが、以後は荒れていたところに目をつけ、安田氏が手を入れた。改装後は立派な社屋になっている。玄関には「根知谷笹すし本舗九郎右ェ門」と大書してある。

注9　上杉謙信が柿崎城（現・上越市）から枇杷島城（現・柏崎市）へ行く途中、農村に立ち寄った際に笹の葉を利用し、あり合わせの山菜などをご飯にのせて供されたのが、今日の笹ずしの由来と伝えられている。山奥での食事の時、よそう器がなかったのでそばにあった笹の葉にご飯をよそい、おかずをのせて食べたともいわれる。ただ謙信の生きた室町末期には酢を使ったすしは発明されていない時期で、この逸話は後世の作であろう。

注10　安田勝氏とその弟・修氏の談による。

注11　ここでも笹ずしは上杉謙信にまつわるものとし、彼が兵糧食として使用したと伝えられている。よって謙信の戦陣跡地には笹ずしが点々と残っているとされ、「謙信ずし」という名もそこから名づけられた。飯山市役所によれば、飯山市は地元の郷土料理として売り出しているが、長野県というより新潟県の郷土料理であるという。事実、長野県では北部、すなわち越後の上杉方の影響が及んだと思われる地方にしか笹ずしはみられず、上杉謙信の伝説もさもありなんと感じさせるが、謙信の頃にはまだ酢を使うすしが発明されていなかったことは前言のとおりである。また上杉謙信はともかく、笹ずしが越後側から入ったとする伝説が本当であるならば、伝えた側の笹ず

しの存否も気になるところである。今回調べられなかった関川流域（上越、新井、妙高の各市）や信濃川流域（十日町市）については、今後の課題である。

❖参考文献
- 渋谷歌子「頸城海岸の食」（1985）「日本の食生活全集　新潟」編集委員会編『聞き書　新潟の食事』農山漁村文化協会。

5　東西交流の結末（1）
静岡県東部の箱ずし

✽ はじめに

わが国のすしは、西日本では種類や形態が豊かであるのに、東日本ではすし自体が乏しくなってくる。この事情を称して筆者は「すしの西高東低」と呼んでいる[注1]。統計を取ったわけではないが、新潟県、長野県、静岡県あたりが東西の分岐点であろうか。

箱ずしも同様である。箱の形はいろいろであるが、すしを作る際に箱を用いるのは、西日本では各地でみられることである。それが、新潟県西部や岐阜県、愛知県あたりを境として新潟県東部、長野県、静岡県以東へ入るとほとんど見受けられなくなる。

ところが静岡県の伊豆半島東部の一部に、西日本でよくみる「箱ずし」がある。これは伊豆半島が船の風待ち港としてたくさんの場を持っていたことから、西日本の船が時として長らく停泊していたため、西日本の文化がもたらされたのだと想像される。しかし実際に訪れてみると、箱ずしは西日本のままではない。西日本とは違ったすしの側面もみえてくる。これらの地方と西日本はいかなる関係があるものなのか。

本稿はこれらのすしが伝わっている地域を調査し、箱ずしの実情を報告する。それとともに、現状に至った背景について考察を試みるものである。

※1 静岡県御殿場市の箱ずし

(1) 御殿場市の箱ずし

　昭和61年(1686)の『聞き書　静岡の食事』の中に、御殿場市に「箱ずし」があると記されており、写真ものっている[注2]。箱ずしは西日本のもので、東日本にはあるものではない。そこで現地に赴いて聞き取りをすることにした。とはいっても聞き取り相手はみつからず、結局、『聞き書　静岡の食事』の話者である梶美恵子氏に語ってもらった。以下、農文協の本と共通する箇所もあるが、筆者がきいたことを書く。

(2) 箱ずしとすし箱

　田植えがすむと苗を持ち帰って荒神様に供え、ご馳走を作って「早乙女(実際に田植えをする人。隣近所の人たちが多い)」たちをもてなすが、そのご馳走の中にあるのが箱ずしである。かつては「まんがありゃぁ(馬鍬洗い＝田休み。田植えが終わったお祝いの日)の箱ずし」として有名だったが、今ではあまり知られていない。また、秋のお日待ちにも食べた。蚕を飼い始める前にも力をつけるため、これを食べる人があった。

　すし箱は「箱ずしの箱」と呼ぶ。今はみなくなったが、ひと昔前はどこにでもあったものである。梶氏の家のものもなくなっており、「すしを作ることはどうということもないが、箱がない」という。箱は15センチ×25センチほどで、深さ6センチくらいの大きさである。下底が抜けるかたちで、1段式の浅いものである。漆塗りのものもあるが、たいていはそうでない。しかし無垢の木を白木で使っているのではなく、

Ⅲ-5-1　静岡県御殿場市のすし箱
(平成16年7月撮影)

Ⅲ-5-2　東海地方のすし箱(岐阜県)
(平成18年5月撮影)

光のないものが塗ってあった[注3]。

　ただ、現在「箱ずしの箱」として売っているものとは、ほぞが入れてあることで違う。通常売られているものは隅が直角にはめ込んであるが、梶家の箱は長辺が短辺を突き抜けている。参考までに、東海地方(愛知県、岐阜市)で使われている箱と比べてみればよくわかろう。(写真Ⅲ－5－1～Ⅲ－5－2)

(3) 箱ずしの製法

　すしご飯は非常に甘く、たとえばご飯3升に対し酢3升、砂糖を飯茶碗に山盛り2杯入れ、塩はほとんど入れないか、ごくわずかで

Ⅲ-5-3　静岡県御殿場市の箱ずし
（平成16年7月撮影）

ある[注4]。すし箱にすしご飯を9分目ほど入れ、その上に具をきれいに置く。

具は、ニンジン、シイタケ、ササガキゴボウ、ミョウガ、油揚げ、ちくわ、チチタケ（キノコ）などのしょうゆ煮、煎り玉子、オボロ（サバや削り節をしょうゆと砂糖で煮つけたもの）などと一定しておらず、各家庭で工夫する。またマグロの身は、ぜいたくといわれても必ず準備した。「まんがありゃぁ」といえばそれくらいのぜいたくをしても許される時であった。これを生じょうゆに漬け、3時間ほど置く。

最後にミョウガの葉をのせ、ふたをする。ただし押圧をかけることはなく、ふたはほこりが入らないようにするため、軽く置く。

この箱ずしの特徴はこの押さないことであるが、それに加えて切らないことがある。つまり、これが1人前であるということである。出される時はこのままひと箱ごと出され、出されたらその場で食べる。すし箱を持ち帰ったり持ち帰らせたりはしない。確かにご飯を薄く引き延ばしてあるため量は少ないようにみえるものの、1人に1箱というのは多すぎるように思える。

作られた箱ずしは押して時間を置くことをしないのであるから、即時に出される。中に葉も何も敷かずにご飯を入れているため食べづらい。地元では「天気がいいとご飯が箱やふたにくっついてしまう」といわれるほど、乾燥には敏感であった（**写真Ⅲ-5-3**）。

（4）五目ずしとちらしずし

「お盆、節句、お日待ちなど行事の時といえば献立は決まっており、前夜が蕎麦かそうめん、翌朝が餅をついて汁粉、そして昼がすしで、箱ずしか五目ずしかちらしずしであった」と梶氏から聞いた。

「五目ずしか、ちらしずしか」と問われているように、このあたりでは五目ずしとちらしずしは別個のものである。五目ずしはすしご飯に具を入れてかき混ぜるが、ちらしずしは具をご飯に混ぜないで白いすしご飯に具を貼りつけるという。これらはともに人寄せの時によく作られるが、特に五目ずしは葬儀後の忌み明けの三十五日の時に、うどんとともに有名だった。逆にちらしずしは「まんがありゃぁ」のほかさなぶり、風祭り、十五夜、七夕など主な行事の際には作られたものである。

すしご飯は、五目ずしもちらしずしも箱ずしのすしご飯と変わりがない。

五目ずしの具は、ニンジン、シイタケ、ゴボウ、ニドナリ（インゲン）、油揚げ、タケノコ、イモガラ、凍み豆腐、ちくわ、チチタケ、切り昆布、サクラエビなどの中から5種類を選ぶことになっているが、5つにはこだわらない人もいて、そのあたりは一定してい

ない（ニンジン、シイタケ、ゴボウ、油揚げ、タケノコ、イモガラ、凍み豆腐、ちくわ、チチタケ、切り昆布はせん切りにしてしょうゆと砂糖で味をつける。ニドナリは塩ゆでしてからせん切りにする。サクラエビはしょうゆと砂糖で味つけする）。そして好みの具をザッとすしご飯に合わせ、軽くかき混ぜる。

　ちらしずしの具は、生マグロ、サバオボロ、玉子、ニドナリ、カマボコ、鯛デンプ、紅ショウガを準備し、白いすしご飯に貼る。彩りよく具を盛りつけて、最後にカマボコと紅ショウガ、海苔を乗せてできあがる。また、ちらしずしは丼につけることが決まっている。今回の調査でみた丼は梶氏が「名主さん」から借りたもので、昔ながらの大型品であった。これはご飯が想像以上に入り、今の人なら2～3人前は入るだろうとのことだった[注5]。

「丼が出回る前は箱だったのではないか」という声がある。箱ずしはそれほどまでに忘れられているわけだが、丼に入ったちらしずしも今では忘れられている。ただ箱ずしはちらしずし以上に古いという印象が受けられ、時代的な前後関係がわかるような気がする（写真Ⅲ－5－4～Ⅲ－5－5）。

❋ 2　静岡県熱海市の箱ずし

（1）熱海市の箱ずし

　これも初見は書籍である。『静岡の文化　静岡県の「食」文化』[注6]という雑誌の表紙で写真をみた。記事は何もなかったが、写真の取材地とすし箱に屋号が書いてあったので、これを手がかりに探すことにした[注7]。やがて熱海市でも南の、漁村の方の習慣だとわかった。

　市役所教育委員会の鈴木秀明氏と図書館の梅原郁三氏の案内で、郁三氏の実兄の梅原素夫氏を訪ねた。

（2）箱ずしの製法とすし箱

　箱は御殿場のものと同デザインであるが、やや小型で、白木製である。これにすしご飯を敷き、具を乗せるという製法も同じである。具は、ソボロ[注8]、玉子、サクラエビ、シイタケ、ニドナリ（インゲン）などで、玉子は煎り玉子に、サクラエビ、シイタケはしょうゆと砂糖で甘辛く煮、ニドナリは色よく塩ゆでする。ソボロは、一般にはアジがよいとかカ

Ⅲ-5-4　静岡県御殿場市の五目ずし
（平成16年7月撮影）

Ⅲ-5-5　静岡県御殿場市のちらしずし
（平成16年7月撮影）

Ⅲ-5-6　静岡県熱海市の箱ずし
(平成16年7月撮影)

マスが色がきれいとかいわれるが、梅原家では「脂が乗っているから美味」という理由で昔からサバで、これを蒸して身を取り、白身とやや色が黒っぽいところに分ける。白身は砂糖と酒と塩で味をつけ、赤い粉で色をつける。黒っぽい身は砂糖としょうゆで味をつける。

　このようにして具を置いてゆくが、具の置き方はとくに決まっていない。

　ふたは、箱4個に対して1枚しかない。つまり、箱を4つ重ねてその上にふたを乗せる仕掛けになっている。しかも、これを押さえることはしない。また、抜きも切りもしない。すなわち、この箱を受け取った者がその1箱を片づけなくてはならず、箱はまさに1人前を表す。これも御殿場市で聞いたものと同じで注9、御殿場と違うのは、箱の中に葉を敷かないことである。

　ところで箱ずしは、南熱海でも下多賀(熱海市内)と網代(熱海市内)ではやるが、それ以外の地域ではやらない注10。網代と下多賀では祭りの時、互いに箱ずしをやりとりした。片方が祭りに行った時、帰りに箱ずしを持ち帰らせ(祭りは下多賀が10月18日〜19日)、その人の家へ祭りに行った時、その箱で返してもらったものだった。だから、箱に屋号などの焼き印は不可欠であった**(写真Ⅲ－5－6)**。

(3)「押し出し」と「叩き出し」

箱ずしではないがこの地方の代表的なすしとして「押し出し」と「叩き出し」を挙げる。どちらも箱ずしとは違い、押圧をかけるすし

Ⅲ-5-7　静岡県熱海市の道具(平成16年7月撮影)
手前と奥に四角い型が、奥の左とさらに奥に扇形や梅花形の「押し出し」型がある。中央に横たわっているのが「叩き出し」の道具

Ⅲ-5-8　静岡県熱海市のすし盛り
(平成16年7月撮影)
奥から稲荷ずし(最後列)、「叩き出し」(中列)、「押し出し」(梅花、扇、松葉)、のり巻き(前列)、「叩き出し」(四角に複数の具)(最前列)

である。

「押し出し」とは「押し抜きずし」のことである。押し抜くための道具は、古くは梅花型、松葉型、扇地型など、新しくは四角の型がある。また同じ四角の型でも、新しいものはより小型化している。

具は箱ずしと同じであるが、全部の具を乗せるのではなく、1～3種類を選んで彩りよく置く。大きな「押し出し」は小さな箱ずしのようであるが、違いは押すか押さないかであり、「押し出し」は必ず押しがかかっている。

一方「叩き出し」は「押し出し」よりさらに小さい。握りずしのようなひと口サイズのもので、羽子板型の木枠の真ん中に穴が開いている道具を使う。穴の中にご飯と具を詰め、指で押してから叩き出す。具はソボロ一色である。

なお、ソボロがこの地方の名物であるが、よその土地ではそれがわからないらしい。梅原氏の妻（函南町＝内陸山間部の出身）が結納の時、土産にもらったすしがソボロばかりであったので、「なんとつつましい土地に嫁にきたことか」と、悲しくなったという。(写真Ⅲ－5－7～Ⅲ－5－8)

✳ 4 静岡県伊東市の箱ずし

(1) 伊東市の箱ずし

筆者は以前から「新井（伊東市内）の箱ずし」という文字だけは観光パンフレットでみたことがあり、漠然と「西日本のような箱ずしがある」とは思っていた。ところが「箱ずしは伊東市から来たのではないか」という説を、先の熱海で聞いた。伊東市では今も盛んに作るといい、熱海市の梅原郁三氏も「つい最近、伊東の祭りで食べた」という。

そこで伊東市新井出身の漁業組合の斉藤譲一氏の紹介で、市漁業組合にて西野松枝氏の話を聞けることになった。

(2) 箱ずしの製法とすし箱

箱は底が抜ける形態で、木は白木であった。ほぞもあり、御殿場市や熱海市のものと、ほぼ同じものである。

中に詰める具は、オボロ、ニンジン、シイタケ、小エビ、玉子焼き、酢締めのアジ、インゲン[注11]であった。そのほか、タケノコ、カンピョウ、生魚など、なんでもよい。置き方にも決まりはない。

魚は、調査に行った日はアジが手に入ったので酢で締めたが、いつもはメジマグロを生のまま使う。やはり生魚が入らないと漁港の料理らしくない。作る時期は年中である。何を入れねばならぬかは決まっていない。

オボロはこのすしには欠かせないものである。この地方ではサバを使う。トビ（トビウオ）も使わないが、1匹あたりから取れる量が少ないのと、何よりコクがないので嫌われる。熱海ではタイを使うが、淡泊すぎて調味料の味ばかりする。値段のことからしてもサバが一番である。脂があまり乗っていないものを数回湯こぼしして、サバの臭みがなくなるまで煮る。こうするとサバのにおいは消えるが、それゆえ、ほかの地方の人にはサバだとは思われない。若い人の中にはシーチキンで作る人もあるが、脂っぽい。ただ、最近はオボロを作る人がめずらしくなった。手製のオボロは今や貴重品である。

Ⅲ-5-9　静岡県伊東市の箱ずし
（平成17年1月撮影）

　箱の中に白いすしご飯を入れ、上に具をはる。押しはご飯だけにし、上に具をはるともう押さない。ふたも押しぶた式のものがあるが、ほこりをよけるだけで、押しには使わない。箱は数段積み重ねておき、一番上になるものだけにふたをする。製法自体、御殿場や熱海のものと変わりがない**（写真Ⅲ－5－9）**。

　さて筆者がみたパンフレットでは、このすしは1月の新井地区のはだか祭りに食べるものと紹介されている。新井のはだか祭りは県の無形文化財にも指定された有名な祭りだが、地元民の話によれば、この祭りではあまり食べず（もちろん、食べる人はいるにはいるが）、むしろ7月の新井神社の夏祭りによく食べたという。祭りに来てもらうと土産にこのすしを持ち帰らせた。箱を2段重ねにし、ふたをつけて1軒分とした。背負子に入れて配ることもあった。

　新井が夏祭りで親戚にこのすしを配ると、親戚では箱を自分たちの祭りまで持っており、それで返してくれる。湯川や松原（ともに伊東市内）なら秋祭りである。このため1軒の家では何箱も準備しておく。祭りの日は地区地区によって日が変えてある。それゆえ、箱は数軒から10数軒にも渡って行き渡ることになる。

　大きな家になると箱は相当数に上り、しかも自分の家の箱とよそから来て預かっている箱とがあって、入り乱れてしまう。そこで箱にはちゃんと焼き印が押して、所有者がはっきりさせてある。この地区の人々のつきあい方はこんな風であったが、ただ、最近の若い主婦はそれを知ってか知らずか、箱だけを洗って返すという。

　最近、ここ10年くらいは、箱ずしは作らなくなった。近ごろは握りずしにしてしまうことが多い。その方が見栄えがいいし、何より子どもたちが喜ぶからである。また店屋ものを取る場合も多い。この場合も握りずしである。

（3）箱ずしの店・石庄

　このすしが市の観光課でも教育委員会でも情報がほとんど得られなかったことは注目に値する。市としては観光資源としても文化財

Ⅲ-5-10　静岡県伊東市の「石庄」で使っているすし箱
（平成17年1月撮影）

としても全く相手にしていないわけである。漁協が伊東市新井にあり、担当者が新井の出身者でなければ、今回の取材も実現したかどうかわからない。

同市湯川に「箱寿し総本舗　石庄」として飲食業と仕出し業を営んでいる店がある。箱ずしを商品にしている店で、伊東市内ではここだけだと聞いた[注12]。現代の当主・石井基雄氏が3代目である。

店内で食べさせる分は昔ながらのすし箱を使っているが、持ち帰りのものは略式の底が抜けないものを使っている**（写真Ⅲ－5－10）**。具は伊東市漁協で作ってもらったものとだいたい同じで、ニンジン、シイタケ、玉子焼きが主になっている。オボロが重要で、サバを使っている点も同じである。税込みで、1人前が680円（平成19年＝2007　7月現在）である。

さて、石庄が箱ずしを商売にしている以上、このすしでは商売にならないという理屈は通らない。少なくとも市役所が「知らない」というのはあまりにもお粗末である。「子どもが食べない」とか「見栄えがよくない」などという理由でこのすしを敬遠するのではなく、もう少し真剣になってこの料理を守ったらどうか。やり方ひとつで、人気の土産物になりそうな気がする[注13]。

❋4 押さない箱ずしと西日本の影響

例に挙げた3か所の箱ずしには共通点が見出された。箱にはほぞが入れてあり、ふたは箱の数より少ない。すなわち、すしをふたで押さえない。押さないし、抜かない、切らない箱ずしである。

すしを押さないのであるなら、普通の箱か、あるいは皿や丼などでもよいはずである。実際、御殿場では丼に盛るちらしずしがある。また同地にある「丼が入ってくるまでは箱か」という説は真実味を帯びてくる。しかしそうではない。あくまでもすし箱であり、それは底板がはずれる形式のものである。

なぜこのすし箱を使うのであろう。地元の人に聞いてみると「すし箱は1人前になっており…」と一応の説明はつけるものの、それとて取ってつけたような説明である。1人前の分量はほぼ決まっているのだから、箱にせよ丼にせよ、適当な大きさのものを準備すればよいことである。要するに、確たる理由はわからない。

作って供する側にしてみれば、何に入れて作ってもたいして手間は変わらない。食べる方にとっても同様である。いや、実際に食べてみるとわかるが、底板が不安定であるために持ち上げにくく、さらに残り少なくなってくると、底板と箱本体の間の隙間が箸にひっかかり、最後のご飯をすくうのが大変難しい。食べる側にとっては食べづらいものでしかない。それをもってしてもすし箱を使っている。これはある意味、不可解なことである。

次に、通常このすし箱の形態では押さえ込むのが普通であるのに、実質はそうではない。なぜ押さないのだろうか。押さえ込まないのは3地区それぞれに理由はつけるけれども、要はこれも詳しい事情はわからない。というより、押さえないのが普通であり、押さえ込んでしまうのが異常であるとのことである。ふたの使いようはあくまでもほこりが入らないようにとのこと以外にない。誤解を生じる

ことを恐れずにいうならば、押さない箱ずしは、まさに確たる事情がないままに生まれた、もしくは育った、というほかにない。

✱ 5 伊豆半島のすし箱

さらに推論を重ねよう。なぜこういう事態が起きたのか。筆者はすし箱が外部から伝わったからであると考える。そしてそれには、西日本側の影響を考えざるをえない。

伊豆半島の漁村の中には漁船の風待ち港、すなわち船を逆風から避難させるための港も多くあった。下田港は規模的にも大きく、その最たる例である。そのため西日本から来た漁船も停泊したことがあり、上方からの文物も多く伝わっているという。

今日、下田名物となっているサンマずしは、周辺ではほとんどみかけない。地元では田子(西伊豆町田子)から伝わったものといわれている。田子も風待ち港で、ここに伝わる「田子ずし」は関西から伝わったものだとされる[注14]。サンマずしも同じく関西から伝わったといわれ、それは熊野灘のサンマずしと似ている。

すし箱の形態からいうと、熱海も伊東も下田も田子も、みな同じような格好をしている。すなわちどれもがほぞ、すなわち「耳」を持っている[注15]。伊豆半島の各地、それもいずれも漁村に似たような箱が点在することは、箱ずしの盛んな西日本のどこかから船(おそらくは小規模な漁船)が何度となくやって来て、それぞれに根づいたことを暗示する[注16]。

その中で熱海や伊東の、いわば東海岸部のすし箱は、南部(下田)や西部(田子)のとは異なり、押さえない。これはこのすし箱が東部と南部西部では独立してもたらされて、互いに影響を授受しないまま発達した傍証としても捉えられるが、ここでは深入りは避けておく。今はなぜ押さえないかである。筆者は、このすしを作り始めた、あるいは発達させたのが西日本の人ではなかったのではないか、と考える。もし西日本の事情に詳しい人であったら、どうしてこのすし箱のようなかたちになったのかわかるであろう。すしも押しずしを作ったはずである。つまりは西日本の漁船からすし箱だけは伝わったものの、中身の押しずしは、無意識にか意図的にかは知らぬが、とにかく伝わらず、代わりに中には付近でめずらしくもなかったちらしずし(五目ずしではない)を入れ、押さないで食べた、と考えるのである[注17]。そしてそれはちらしずしが世に知られるようになった1800年頃以降のことであろう、とつけ加えておく。

✱ 6 御殿場とすし箱

一応これで、伊豆半島部の説明はついた。では御殿場はどうであろう。漁村でもなんでもない、海から離れた山間部である御殿場にぽつんと1か所だけに箱ずしがある。製法は熱海や伊東と同じであるが、はたしてここまで遠いところに、また、途中に何の痕跡もなく、熱海や伊東のすしが伝わるだろうか。

結論を先にいえば、わからない。御殿場で食べられる海産物の水揚げ場所や搬入地と搬入回路、また、御殿場と熱海、伊東とを結ぶ線上の地域の食事などを調べれば、多少の結論めいたことはいえようが、今は材料がない。

ただ、興味深い話がある。山中兵右衛門家という家である[注18]。

この家の初代である山中万吉は、享保3年

(1718)、御殿場村に店を出した。「御殿場叶日野屋本店」と名乗るその店は次第に頭角を現し、万吉はその後「兵右衛門」を名乗った。以来、この名は襲名となるのであるが、彼の故郷（彼は分家であった）が近江国、すなわち現在の滋賀県日野町なのである。その後、寛保年間（1741～1743）に、潰れていた近江の日野屋本家の屋敷を買い戻している。

2代目兵右衛門の時、宝暦7年（1757）度分の総勘定額は2153両を数えた。当時の店は米、麦、大小豆から繰綿、茶、砂糖、そうめん、果ては紙、瀬戸物、呉服、金物、人形にいたるまで、何でも手広く扱う百貨店のようなものであった。さらに3代目兵右衛門は寛政12年（1800）、御殿場で酒屋を始め、文化文政時期には小田原近くまで手を伸ばして酒造店を開店させた。ここに至り、酒造の日野屋の評価は決定的となる。

以後も山中家の流れは続くが省略して、すし箱について考えてみよう。筆者が知る限り、山中氏が率先してすし箱を持ち込んだという記録はない。もちろん膨大に上る山中家の古文書を逐一調べたわけではないのであるが、少なくとも、すしを商売に利用したという事実はない。

しかし、彼らが御殿場に家屋敷を構え、生活の舞台を置いた時、日野という近江、さらにいえば西日本の生活文化と無関係に生活したとは考えられない。とりわけ食生活はすぐには変わるものでなく、むしろ新しい土地でも古い時代のものを取り寄せて、あるいは再現して、食べたことも考えられる。西日本から持ってきたすし箱ですしを作っていても、不思議ではない[注19]。

また、酒屋をはじめ、4代目兵右衛門の時には醸造業も営むのであるが、そこでは当然、酢の販売も行っていたはずである。どうも山中家とすしは関係がありそうでならない。しかも3代目兵右衛門が暮らした1800年頃といえば、ちらしずしが発生したと目される時期である。

ところが山中家がすし箱をもたらしたのだとすると、奇妙なことに気づく。山中家本家は日野町にある。したがって西日本からすし箱を持ち込んで押しずしを作ったのだったら、当然、作るのは押しをきかせた箱ずしのはずである。しかるに御殿場で作っているのは押さない箱ずしである。要するに、道具は伝わり、製法は伝わらなかったことになる。

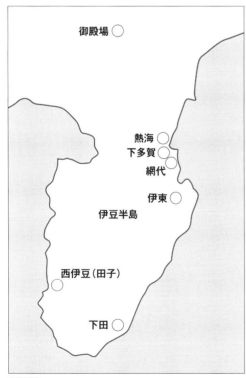

図1 地域の概観図

こんなことが起こりうるだろうか。

ここは推論に推論を重ねた説であるから安易に書くが、起こるとすれば、モノだけが渡ってきたからではないか。たとえばある関東の人が関西へ行ってすし箱を買って来た場合を考えてみよう。土産に箱を買ってきて「なにやら、すしを作る道具らしい」というが、作り方は知らない。だったら今はやりのちらしずしを入れて食べてやれ、という具合である。ただこの場合、山中家とは直接の関係はなくなる。

このようなわけで、御殿場のすし箱についてはわからないままである。

❋ むすびにかえて

静岡県東部の箱ずしは、押さない箱ずしである。知らない人には風変わりな、それでいて当地の人には当たり前の習慣である。

これらのすしのルーツとなると確たる説はない。しかし筆者は西日本から伝わったのではないかと類推する。東日本、それも静岡県の一地方だけに、形の似かよったすしやすし箱があるのはどう考えても伝播説を出さざるをえない。では具体的なルートはどうだったか。「漁民が伝えた」とか「山中兵右衛門家が影響しているのでは」とかいわれるものの、もとより決定的なものではない。今後の研究課題として挙げておきたい。

ところで、こういうすしの話も、現地では一部の人にしか通じない。やがては忘れられ、反面、伊東市でいわれているような日蓮のような俗説が通説となって通用してゆくのだろう。行政の手は入らない。ちょっと残念な気がする。

❖ 注

注1　ここでいう「すし」とは、原則的に家庭で作るものをいい、いわゆる「すし屋」の作る握りずしを指すものではない。

注2　中田鈴子（1986）による。

注3　この薬が何なのかは、梶氏は知らないとのことであった。

注4　ほとんどの家庭が、すしご飯は「普通」というが、実際には甘い。

注5　筆者がみたところ、盛りつける容器だけが違うだけで、ちらしずしも箱ずしも同じものであるように思えた。梶氏の夫・文雄氏らと食卓を囲んだ時、「あなたはどっちを食べる？　箱ずし？　それともちらしずし？」と聞かれ、「どこか違うんですか」と聞き直すと、「いや、分量が違う」と返事を受けた。作る側からみても、両者に製造上の差はつけていないと思われる。

注6　静岡県文化財団編（2003）による。

注7　当該記事の筆者の八木洋行氏に世話になった。しかし写真はどこの誰の家で取ったものか、記憶にないという。

注8　熱海市梅原家では「ソボロ」、伊東市漁協の話では「オボロ」で、いずれも魚の身をほぐしたものをいう。違いはないように思うが、ここでは聞き取ったそのままを書く。

注9　梅原素夫氏の奥さんは、「要はちらしずしだね」といっていた。まさにその通りで、すし屋のちらしずしが1人前ずつ箱にしつらえてあるのと同じであることも御殿場と共通している。ただし量は熱海の方がリーズナブルで、やや少ない。

注10　熱海市の南部地方では漁村と農村が混在している。しかもその対抗意識は強くあった。箱ずしのある下多賀や網代は漁村であるが、たとえば和田木（農村）の人間（主に子ども）は網代の人間を「ショッパー

（塩からい＋頭がパー）」と呼び、逆の場合は「ドンビャクショウ」と呼ぶごとくである。この差意識は民俗行事にも現れ、漁民の行事は派手で農民の行事は地味といわれている。狭い地域ながらも地域性はしっかり持っている。

注11　ここでは「ニドナリ」とは聞かなかった。

注12　伊東市生涯学習課職員の話である。実際にはここ1軒ではなく、駅前の郷土料理店でも箱ずしを出していた。そちらの方ではこのすしを「おまつりずし」と称していたが、これは店側の命名であろう。少なくとも街中では聞いたことがない。

注13　石庄の商品に添える小さなパンフレットに、箱ずしの発生について書いてあった。

それによると、「七百年の昔、日蓮上人が伊豆（現・伊東市）の俎板岩（まないたいわ）に流罪になった。このとき、漁師の舟守弥三郎が上人を助けて岩屋に隠まって、朝夕の食事を運んだ。これを入れたのが井桁の重箱で、今のすし箱のもとである（ただ、筆者がみた限りでは「井桁の重箱」は使っておらず、「耳」が両方に突き出ていない、片方だけのすし箱である）。人命を助けたという善行はやがて伊豆全土に伝わり、今なおお物日（祝祭日や家庭的な寄合）には、箱ずしが作られるようになった。これを贈り贈られことにより、友情を温め友情を深めるという、まことに風情のある習慣となった」という。日蓮上人とすしとのつながりを示す話は初めてで話としてはおもしろいが、史実とし

Ⅲ-5-11　静岡県西伊豆町の田子ずし
（平成9年3月撮影）

Ⅲ-5-13　静岡県下田市のサンマずし作り
（平成9年3月撮影）　右側の押し型ですしの模型を作りその後、箱で押して作る　鈴木啄江氏製

Ⅲ-5-12　静岡県西伊豆町の田子ずしを作る枠
（平成9年3月撮影）　山本多津子氏蔵

Ⅲ-5-14　昔のサンマずしの箱
（撮影年月不明）　ベック編『地の貌・味の象』より

注14　てはどうだろう。すしに酢を使うのが一般化したのが江戸時代の初期から中葉の頃で、鎌倉時代の日蓮の頃には酢を使うすしはなかった。100歩譲って日蓮の話が実話だったとしても、運び入れたのが「すし」であるとはどこにも書いていない。少なくとも今の箱ずしのルーツとはいいづらい。

注14　田子ずしとは箱ずしの1種である。ただしすしご飯の上にニンジンやシイタケなどの精進の具を置き、さらに上からすしご飯を重ねて1段とする「サンドウィッチ状」のすしである。すし箱は深く、1段を詰め終わった後「ヤマミョウガ（ミョウガのこと）」の葉を敷いて、板を置き、また同じように「ヤマミョウガの葉、すしご飯と具とすしご飯、葉」と置いてゆく。なお、箱は「耳」があるものである**（写真Ⅲ－5－11〜Ⅲ－6－12）**。

注15　下田のサンマずしは、木型で形を作ってから4〜5尾まとめてすし箱で押す（木型を使うようになったのは新しいというが）。そのすし箱は筆者は「耳」のないものしかみたことがないが、資料によると「耳」があるものも使う（ペック編（1982））。ただし、これは横方向にだけではなく、縦方向にも「耳」がある「井桁」型のものである**（写真Ⅲ－5－13〜Ⅲ－5－14）**。

注16　これがどこの船だったかというのは、箱ずし、あるいはすしの箱の姿かたちだけではなんともいえない。無責任にいえば「サンマずしのある熊野」とでもいえそうであるが、もとより根拠はない。これらのすしが伝わっている地域の別の習慣、たとえば信仰や民謡などを詳しく調べてみなければならない。

注17　こうして考えてみると、伊東に伝わる日蓮伝説も荒唐無稽な説ではなくなる。具体的な年代や人名はおくとして、このすしが山側ではなく海側で生まれたことや流刑者という「外部の人間」が絡んでいることは、ここに挙げた伝説と共通するものがある。

注18　以下、山中兵右衛門家については、松元宏の論文（2005）による。この論文はほぼ同じ内容で別の論文集にも掲載されている（松元宏（2006））。

注19　とはいうものの、現在、日野町では、御殿場で使っているものと同型のすし箱はみつかっていない。かつてはあったものが近年なくなってしまったのであろうか。また近隣の市町村にはすし箱があるが、大型で、御殿場と同系統ではない（日比野光敏（2006）、およびⅣ–2「すしの将来性」を参照）。

❖参考文献

- 静岡県文化財団編（2003）「静岡県の「食」文化」『季刊　静岡の文化』73号。
- 中田鈴子（1986）「富士山麓の食」「日本の食生活全集」編集委員会編『聞き書　静岡の食事』農山漁村文化協会。
- 日比野光敏（2006）「滋賀県湖南地方のすし」『地域社会』55号。
- ペック編（1982）『地の貌・味の象』講談社。
- 松元宏（2005）「日野商人山中兵右衛門家の歴史」『地方史研究　御殿場9』御殿場市教育委員会。
- 松元宏（2006）「日野商人山中兵右衛門商店の歴史」筒井正夫編『近世・近代における商業資本発達史の研究　－近江商人・山中兵右衛門家の経済史的研究　平成15年度〜平成17年度科学研究費補助金研究成果報告書』。

6 東西交流の結末（2）
「べっこうずし」の正体

✿ はじめに

　昭和63年（1988）の『聞き書　東京の食事』の中に、「べっこうずし」なる記事がのっている。東京といってもこのすしのフィールドは伊豆諸島の大島であるから、実際には伊豆国、すなわち静岡県のことであろう[注1]。

　「べっこう」とは鼈甲、すなわち海亀・タイマイの甲羅のことで、その細工は飴色に輝く鮮やかな艶で有名であるが、ここでいうのは刺身のようなものである。冷蔵後のなかった時代、保存のために、切り身にした生魚をしょうゆの中に放り込んでおいた。そのため魚の身が黒く染まってしまったのだが、その黒光りのする魚を亀の甲羅に見立てたのだそうである。『聞き書　東京の食事』にあるべっこうずしの記事も、しょうゆに漬けたアジやタカベ[注2]の握りずしの写真がのっていた。

　一方、『三重　味の風土記』には「べっ甲ずし」「べっこずし」の記事がのっている。「べっこ」とは「べっこう」のこととと思われ、いずれも、しょうゆに漬けた生魚を使っている。前者は志摩地方のすしで、ブリ、ワラサ、ハマチ[注3]、キハダなどのしょうゆ漬けを握ったものをいう。対して後者は志摩半島のつけ根にあたる大紀町錦地区に特有のすしで、ブリやハマチ、マグロ、カツオなどのしょうゆ漬けを使った混ぜずし、とある。また、『わたしたちの村の行事と行事食』では、これも志摩半島で、先ほどの大紀町とは逆のつけ根側にある伊勢市村松町の名物として「べっこうずし」を挙げている[注4]。

　さて、東京都（伊豆諸島）と三重県というかけ離れたふたつの場所に、同じ名前のすしがあるわけである。この現象を筆者は偶然とは考えておらず、筆者は漠然ながら「海上交通の産物」だと思っていた。伊豆半島では船によい風が吹くまで出帆を待った風待ち港がたくさんあり、付近は関東でありながら関西の船もたくさんいて、関西風の文化が根づくことがあったという。すしでも、下田市のサンマずしや松崎町の田子ずしなど、明らか

Ⅲ-6-1　静岡県静岡市清水区のべっこうずし
（平成10年9月撮影）

Ⅲ-6-2　静岡県静岡市清水区の
べっこうずし作り（平成10年9月撮影）
箱ずしとして復元されたもの　井上氏製

に関西風と思われるすしが存在している[注5]。伊豆大島と三重県志摩半島とにある「べっこうずし」もそんな一例であろうと思っていたのである。

　しかしながら筆者は、静岡市（旧・清水市）に「べっこうずし」というすしがあると聞いた。明治生まれの人の昔話であるから、時期は昭和初期のことであろう。「大きな魚が印象的である」と語った。また、やはり清水の人から「べっこうずし」のことを聞いた。こちらは昭和生まれの50代のすし職人で、「今は作っていない」とのことであったが、復元してもらった。大きなマグロの刺身が乗った箱ずしである。上に乗るマグロは魚屋に頼んでマグロのサクを切ってもらうのだが、これを「べっこう」と呼んだのだという**（写真Ⅲ－6－1〜Ⅲ－6－2）**。

　こうなると、話は伊豆と志摩だけにとどまらない。また、伊豆大島にはあることがわかったが、大島対岸の伊豆半島東海岸はどうなっているのか、旧清水市にはあったがもとの静岡市はどうだったのか。そこで静岡県の海岸部全域に対してアンケート調査を実施し、「しょうゆに漬けた生魚を使ったすしがあるか」と「それを『べっこう』と呼ぶか」を尋ねてみた。結果、意外にも「べっこうずし」の正体がよくわからなくなったのである。

　「べっこうずし」または「べっこう」が何であるのか、各地の状況を調べた結末を書いたものが本稿である。末説に、このすしの起源と系譜について、筆者の仮説も記しておいた。

✾ 1　東京都（伊豆諸島）のべっこうずし

1－1　伊豆大島のべっこうずし
（1）べっこうずしの正体
　べっこうずしは形態的には握りずしで白身魚のすしであるが、握る前にタネをしょうゆに漬けるため白身に色がつく。身が黒光りを帯びるため「べっこう」と呼ばれる。

　大島では一般家庭でよく作られる料理で、周辺では利島にも伝わっている[注6]。ハレの日には必ず作られるもので、子どもたちに人気も高い。ただそれゆえに、各家庭での変化も著しい。筆者が訪れたのはこれを売り出して商売にしているところである。海の玄関口・元町近くで、こだわりを持って作り続けているところだと役所で紹介された。

　なおこれらのすしは観光客が予約なしで来ても食べられる。この島ではこのすしが家庭料理として伝わっているというが、一般には口にしづらいことがままある。こうした習慣は観光客に取って貴重であり、続いていってほしいと感ずる。

（2）べっこうずしの材料と製法
　握る魚は白身魚で、べっこうずしにするには何でもよい。筆者が訪れた店ではメダイだけを使っている[注7]。これを切り身にし、酒としょうゆに漬ける。時間は普通の刺身程度で10分、薄切りだと1〜2分ほどだという。これだけでもけっこう色がつく。すしご飯はごく普通に作る。注文が来たらこれをひと口大に握り、べっこうを乗せる。

　辛味は必ずしも一定してはいない。店では

Ⅲ-6-3 東京都伊豆大島の
メダイのべっこうずし（平成22年1月撮影）

Ⅲ-6-5 東京都八丈島の「しょうゆ漬けのすし」
（平成19年3月撮影）

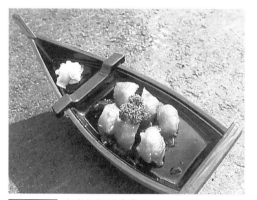

Ⅲ-6-4 東京都伊豆大島の
ブダイのべっこうずし（平成22年1月撮影）

Ⅲ-6-6 東京都八丈島の「島ずし」
（平成19年3月撮影）

アオトウガラシを使っている。大島ではこれを「シマトウガラシ」という[注8]。これを刻んで酒としょうゆの混合液の中に混ぜておくと、かなり刺激的な味になる。すしにつける辛味はこのシマトウガラシと酒としょうゆの混合汁か、またはワサビを入れるものだという。また、練りガラシが好きという人もいる。ともあれこの辛味の液を先のしょうゆと酒の汁の中に混ぜて、魚をピリ辛のタレの中に漬けておくとべっこうができあがる。

元町の別の店でも作り方は同じであったが、使う白身魚はブダイに決めているという[注9]。ブダイは南洋の魚という印象があるが、伊豆でも水揚げがあるとのことで、この店では地元のブダイにこだわっている（**写真Ⅲ－6－3〜Ⅲ－6－4**）。

❋ 2-2 八丈島の「島ずし」（べっこうずし）

（1）「島ずし」の正体

八丈島では、正月、ニアイトリ（魚の初荷）、誕生祝、麦まき、芋掘りなど宴会のたびに「島ずし」が作られる。隣接する青ヶ島でもみられる[注10]。

「島ずし」は握りずしで、一度しょうゆにくぐらせたタネを握り、ワサビ代わりにカラシ

を使うもの、といわれているが、現実にはそうでもない。

　しょうゆで漬けたタネを握ったすしはもともと「しょうゆ漬けのすし」とか「べっこうずし」とか呼ばれていた。これとは別に八丈町三根のすし店・「あそこ寿司」では八丈島で獲れた魚で作ったごく一般的な握りずしを「島ずし」と銘打っていたが、それがいつの頃からか混同してしまった。本稿では以後「あそこ寿司」で名づけていたような八丈島産の握りずしを指すすしを「島ずし」、しょうゆ漬けのタネを握った昔のべっこうずしをいう場合には「しょうゆ漬けのすし」と呼ぶことにする。（写真Ⅲ－6－5～Ⅲ－6－6）

　あるタクシードライバーもしょうゆに漬けたタネの握りずしを子どもの頃から食べたという。だが、呼び方は「島ずし」でもしょうゆ漬けでも、またべっこうずしでもなく、「ヅケ（意味の詳細は次項）のすし」であった。

（2）べっこうずし（「しょうゆ漬けのすし」）の材料と製法

　以下「あそこ寿司」を営む浅沼弘毅氏からの聞き取りである。魚はマグロが有名であるが、八丈島でのマグロの漁期は冬で、観光シーズンとは異なっている。代わりに年中獲れるのが白身魚で、それゆえ白身のすしが生まれたものと思われる。

　白身の魚ならすしにするのに何でもよいが、「しょうゆ漬けのすし」の中でも特に美味なのがトビずしと呼ばれるトビウオのすしで、2月から5月までの小型のものがすしダネとして適している。このほかメダイ、アオダイ、ハマダイなども使われるが、こうした材料で作る時には「メダイですしを食べる」などという[注11]。

　すしご飯は、酢が米の量の5分の1から10分の1くらいがよく、概して甘い。砂糖をきかせることによって日持ちがよくなる。タネの魚は切り身にし、しょうゆに漬ける。これを「ヅケにしておく」という。きれいなべっこう色になると美味である。ヅケにする時間は、トビウオで10分、メダイだと20分ほどで、脂が多い魚の方がヅケにする時間は長い。「あそこ寿司」では客に最も美味なものを味わってもらいたいため、「しょうゆ漬けのすし」は要予約である。すしの盛り合わせに甘辛く佃煮にした岩海苔の握りずしを添えることがある[注12]。

（3）「しょうゆ漬けのすし」の発生について

　このすしの発生については、確たる話は伝わっていないが、本土と島を結ぶ船が生み出したという説がある。

　形からみて「しょうゆ漬けのすし」が江戸の握りずしの影響を受けていることはほぼ間違いない。江戸の握りずしが江戸末期の文政年間のこととされるから、「しょうゆ漬けのすし」の成立も、時代的にはそれ以後のことであろう[注13]。インターネットのウィキペディア「島寿司」の項には、八丈島の「島ずし（「しょうゆ漬けのすし」のこと）」の始まりを明治時代としている。この論拠は書いてないが、時代的には当を得ている。

　このように「しょうゆ漬けのすし」は江戸文化の産物であるとする他方で、次のようないい伝えもある。八丈島では昔はすし酢は使

わず、ダイダイの絞り汁を使った。今でも酢の物に使う人があるらしいが、ダイダイは島民にとって酢の代用であった。ところがいつの頃からかダイダイが値上がりしてしまい、酢に変わったのだという[注14]。ダイダイの酢は酸味が強い。だからこそすしご飯に砂糖をきかせるのかも知れない。本土でダイダイの絞り汁を入れるのは聞かないが、ユズの絞り汁を混ぜるところが高知県である。高知の漁民は黒潮に乗って、熊野灘や伊豆半島、房総半島などに進出している[注15]。古い「島ずし」には高知の文化が残っていた可能性も否定できない。

小川武（1958）は次のように指摘している。すなわち、伊豆諸島の御蔵島と八丈島の間にある「黒瀬川（日本海流）」は船の難所として古来から恐れられている。御蔵島や三宅島から望見できる島でありながら八丈島へ渡れなかったのはこのためである。そして、八丈島の住民は北部の伊豆諸島ではなく、偶発的な西からの漂着によってであろう、と述べた。さらに「漂着によって移住した人びとの故郷は、熊野・土佐・南九州や奄美・沖縄の諸島に求められる」と述べることになるのだが、ここに出る「土佐」の文字は単なる偶然とは思えない。

（4）小笠原諸島の島ずし、大東諸島の大東ずし

この八丈島から伝わったものが、ひとつは小笠原諸島の島ずし、いまひとつが沖縄県大東諸島の大東ずしである。いずれも現地での調査は未行であるが、概説を紹介しておく。小笠原では今でも各家庭でもてなし料理とし

Ⅲ-6-7 沖縄県の大東ずし（那覇市内で）
（平成8年7月撮影）　割烹喜作製

て作られ、作る時期は特に定まってはいない[注16]。サワラが主な魚であるが、そのほかサヨ[注17]やマグロも使う。島ずしはこれをしょうゆ漬けしたものをタネに握ったすしで、辛味はカラシを使う。

小笠原諸島に伝わった時期も事情も、現在のところ詳らかでない。しかしこの島でこのすしを「島ずし」と呼んでいることから、伝わったのは八丈島からだと思われる。しかもそれを「しょうゆ漬けのすし」「べっこうずし」とは呼んでいないことから、八丈島で「島ずし」が「しょうゆ漬けのすし」「べっこうずし」を意味するようになる前のことではないか。すなわちそれほどの歴史にすぎないと思われる。一説に明治時代のことであるとされるが、ひょっとするとそれ以降かもしれない。根拠となる文献の存在は知らない[注18]。

一方、南北大東島でも家庭料理として作り続けられているが、近ごろは店で簡単に手に入るし、「空弁（空港弁当）」としても人気が高い。こちらもサワラが主な魚で、ほかにはマグロを用いる。またしょうゆ漬けしたものを握っており、辛味はカラシである[注19]。

このすしが大東諸島に渡ったのは、明治33年（1900）のことである。鳥島でアホウドリの羽毛の収穫で財をなした八丈島の玉置半右衛門が、今度はサトウキビの栽培を目指し、その年、無人島であった南大東島へ入植した[注20]。その際、大東ずしも八丈島から持ってこられたといい伝えられている。

もちろんこれは確たる史料があるわけではないのだが、この島が無人島であった以上、すしがいずれかの地域からもちこまれたのは事実である。そしてそれは、玉置が雇った大東諸島開拓民の出身地・八丈島か開拓民の下働きとして連れて来られた人の出身地・沖縄かであろうが、現在の沖縄県には大東諸島以外にこのすしの痕跡がみられない（伝統的なものではない）ことから、八丈島経由であるとするべきであろう**（写真Ⅲ-6-7）**。

✱3 静岡県のべっこうずし

3-1 静岡県におけるべっこうずしの分布

べっこうずしの話が伊豆大島だけにおよばず本州にもあった以上、その分布を調べる必要がある。筆者は静岡県の海岸部地方に対し、アンケート調査を実施した。質問の主なところは「べっこう」の存在としょうゆに漬けた生魚を使うすしの存在で、答えてくれたのは各市町役所の商工観光部局や教育委員会である。

その結果、「べっこうずし」という呼称は遠江地方ではまったく聞かれなかった。逆に伊豆地方と駿河地方では、「べっこう」の存在が確認できた。

3-2 遠江地方と伊豆半島のべっこうずし

遠江地方では、べっこうずしおよび「べっこう」の存在がないようである。浜松市役所では相当大がかりに聞き取りを実施してくれたようであるが、「べっこう」なるものは確認されなかった。またしょうゆ漬けの魚のすしの存在も確認してみたが、それも皆無という状態であった。他の市町も同じようなものであった。

一方、伊豆半島でもべっこうずしの存在は明らかにならなかった。しかし「べっこう」がないわけではない。高齢者に限って、という限定詞がつくが、マグロの身のことをいう。普通は刺身として食べるため刺身用に切ってもらうが、すしにするには別の切り方があった。平たく、さらに正方形に近い長方形に切ってもらう。この、握りずしのタネのように切ってもらうことを「べっこうにする」といい、「べっこう10枚ちょうだい」というふうに魚屋に頼んだという。

マグロの種類は問わない。またあくまでも生の身のことで、しょうゆ漬けにはしない。その「べっこう」を握りずしにすることも、昔はごく一般的に行われていたが、それを「べっこうずし」とは呼ばない。いうとすれば「べっこうをすしにする」である。よって「べっこうずし」といっても、伊豆半島の人には意味がわからない。

3-3 駿河地方のべっこうずし
（1）べっこうずしの正体

伊豆半島から西進して駿河地方へと入る。具体的には、沼津市、富士市あたりまでは「べっこう」の存在すら希薄なところである

Ⅲ-6-8　静岡県焼津市のべっこうずし
（平成21年6月撮影）　齋田清氏製

が、旧・清水市（現・静岡市）や静岡市に入ると、相当に高齢者の話としてべっこうずしの名前が出てくる。その傾向は焼津市あたりまで続く。

焼津市内のすし屋では「べっこうとは古い話」であり、今の若い職人は知らないことばであるといった。聞けば、生のマグロをすしダネのように切ったものだという。ただ、ある店で復元してもらった時には「ヅケにするとおいしいから」と、わざわざマグロをしょうゆに漬けた[注21]（**写真Ⅲ－6－8**）。

今でも盛んに行うのが島田市、掛川市、御前崎市などである。また旧・川根町（現・島田市）という内陸部でもべっこうずしの存在が確認された。ここでもべっこうとはマグロの生身をいう。マグロの種類は問わない。いわゆる刺身であるが、すしに握るためにマグロを平たく薄めに切ったものをいう。魚屋に依頼する時に「べっこう○枚」と頼むのも同じである。昔はマグロを保存するにはしょうゆ漬けしかなく、すぐに黒い色になった。その色が鼈甲の色を連想させるのであろう。これをタネにして握ったすしを「べっこうずし」という。魚の種類は、当然、マグロのみであ

る[注22]。単に「べっこう」といっただけで「べっこうずし」のことを指すこともあるという。

ここでは掛川市の例を紹介する。掛川市でも旧の掛川市ではなく大須賀町、大東町あたりの旧・小笠郡、いわゆる掛川市南部は今でも盛んに作る。同市大須賀（旧・小笠郡大須賀町）の名倉光子氏から聞いたことを記す。

（2）べっこうずしの材料と製法

昔は結婚式や葬式などで作ったし、今では春の三熊野神社の例祭、秋の村の鎮守祭り、法事、新しいところでは子どもの誕生会などでも作る[注23]。

べっこうずしを作ることを「漬ける」という。べっこうずしの漬け方は、まず、すしご飯をひと口大に握る。ここでワサビが必要な人はワサビをつけ、しょうゆ漬けにしたべっこうを乗せる。あとは、整形のために握ったりはしない。また、つけじょうゆはいらない。

べっこうのしょうゆ漬けは、通常はひと晩、生じょうゆに漬けておく。ただしマグロの種類によってひと晩も漬ける必要はなく、1時間くらいでやめることもある[注24]。しょうゆが手作りで味に個性があった頃はべっこうの味もいろいろで、「ウチは○○のしょうゆを使っているからすしはうまい」とかいった口論が絶えなかった。

これを大きな桶などに盛りつけて、宴会の客席などに出す。本来、客席に出さねばならない数より多く作って台所において置き、たまに宴席へ行って桶を覗きに行く。桶に隙間が目立ったら、作りおきのすしから新しいものを持っていって埋める。主婦はこれのくり返しであった。

Ⅲ-6-9　静岡県掛川市のすし盛り
（平成21年6月撮影）
中ほどのマグロの握りずしがべっこうずし

1時間ほどのしょうゆ漬けでもしっかりとべっこうに味がしみこむものである。名倉氏の知人という若い人は「なんだか、いつも食べるマグロと味が違う」と不服そうであった。この人の知っているのはマグロの刺身の味であって、しょうゆ漬けは食べ慣れていないのであろう。生のマグロが簡単に手に入るゆえの、ぜいたくな悩みである。しかし年輩者は違い、同じ生マグロでも、そのままの刺身よりしょうゆ漬けの方がよいという人が多い[注25]（写真Ⅲ－6－9）。

（3）べっこうずしの利便性

べっこうずしは、忙しい主婦にとって実に便利なものである。

まず、ちらしずしのような具、すなわち「混ぜ物」を作らなくてよい。この地方のニシメ（煮物のこと）は具、たとえばニンジンやシイタケなどを別々に炊く。そのため具の調製にはけっこう時間がかかる。べっこうずしであればこうした手間はいらない。

次に、配膳が楽である。祭りの時など、大きな桶に盛っておけばよい。時間がたてばのぞきに行って、どこが空いたかみてくればよい。子どもにでもいっておけば、子どもが代わりにやってくれ、その分、女性たちも自由な時間ができる。

衛生的に考えても、しょうゆ漬けのマグロは傷みにくい。また、なまのマグロは外気にあてるとすぐに変色してしまうが、しょうゆ漬けなら色は落ちない。すしご飯もまた、酢が入っているから腐りにくい[注26]。

さらには後片づけも容易である。銘々にハランを渡しておけば、各自に取る小皿がいらない。使い終わったハランは、自分で庭にでも捨てればよい。またつけじょうゆもいらないから、しょうゆを入れる小皿もない。洗い物は漬けたすしを置いた桶だけである。

✻ 4　三重県のべっこうずし

4－1　三重県におけるべっこうずしの分布

三重県では志摩地方を中心にべっこうずしを作っている。

土肥久代（1984）の記事によると、志摩市阿児町安乗では旧暦8月14日から15日までは夏祭りで、人々は漁を休み、海の神に船の安全と豊漁を願った。ごちそうは握りずしとべっこうずしで、握りずしはサヨリ、タコを、べっこうずしはハマチ、ワラサ、ブリ、キハダなどのしょうゆ漬けを、それぞれ握ったものをいう。

志摩地方を中心にべっこうずしを探してみたところ、今でも作るという3箇所をみつけた。以下、伊勢市と志摩市、大紀町の例を報告する。

Ⅲ-6-10　三重県伊勢市有滝町のすし盛り（平成16年6月撮影）
手前がべっこうずし（握りずし）で、中央がアナゴの箱ずし、奥の左側がエビのホゴシずし

Ⅲ-6-12　三重県伊勢市有滝町のべっこうずし（箱ずし）（平成16年6月撮影）

Ⅲ-6-11　三重県伊勢市有滝町のべっこうずし（握りずし）（平成16年6月撮影）

Ⅲ-6-13　三重県伊勢市有滝町のすし箱（旧型）（平成16年6月撮影）

4－2　伊勢市村松町のべっこうずし

（1）べっこうずしの正体

村松港は、現在は絶好の釣りスポットとして知られているが、昔はこの地方屈指の漁港であった[注27]。ここでは握りずしが祭りや結婚式、法事など人寄せの時のごちそうとしてよく作られたもので、とくに生魚のキスやアジ、ウミゴイ[注28]、火を入れたものではアナゴなどはよくそのタネになった。このうちアジやウミゴイは酢にくぐらすが、キスだけはしょうゆ汁につける。この黒く染まったキスの身を「べっこう」と呼んでいる。

このすしを作るのは伊勢市村松町周辺だけで、まわりでもほとんど聞かない、同地区独特の文化である。以下の前段は村松町の隣の有滝町で、「会式（盆が開けた時の寺社の祭り）」の準備をしていた天白秋枝氏らから聞いた方法である[注29]。キスは通常1尾ずつ握っているが、大振りのものは2切れに切って使う。また「握るのは大変だから」という理由から、これをすし箱に入れて箱ずしのように作る人もいる。これらをいずれも「べっこうずし」と呼んでいる。筆者が訪ねた時はべっこうずしは握っていたが、同時に作るアカエビやシバエビのホゴシ（オボロ）を具にしたエビのホゴシずしやアナゴずしには押し箱を

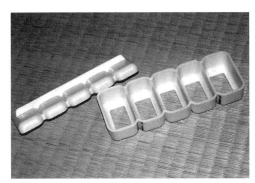

Ⅲ-6-14 三重県伊勢市有滝町のすし箱（新型）
（平成16年6月撮影）

使っていた。箱は2種類あり、木でできた古い方ではなくプラスチック製で底に穴の開いた新しい方を使っていた。**（写真Ⅲ－6－10 ～Ⅲ－6－14）**

以下の後半は夏の風物詩・祇園祭り、通称「ぎおんさん」（7月23日頃）に作られるすしである。村松の漁港は、入り江が深くなっており、ちょうど池のようになっていた。そこで市が立つ。昼に漁に出るから、市が立つのは夕方である。現在、市場近く、亀池なる地名のあるところに、亀池社がある。平成13年（2001）に修復され、立派な鳥居も立っているが、単なる祠で、神社の社格はない。よって、ここにいる神様は「神社の神様」ではなく、「祭りの神様」である。

「ぎおんさん」は五穀豊穣と家内安全を祈願するための祭礼である注30。亀池社の祭神を御幣に移し、そのまわりで氏子が乾杯する。囃子を行って祭りの無事を祈ってから山車を町内に繰り出し、夕刻、提灯に火を入れ、再度町内を練り歩く。かつては午前1時頃までかかって町内の運行をしたが、今日では夕方5時半に始まり9時半に終わってしまうものである。

以下、後半部のべっこうずしの作り方は森下隆生氏、悦子氏より聞いた。

（2）べっこうずしの材料と製法

有滝町では、すしご飯は普通どおりに作り、ピンポン玉よりひとまわり大きく握る。このとき、キスより小さく握ってことが肝要である。キスは中くらいの大きさのものを用意する。またできるだけ新鮮なものがよい。うろこを取り、3枚におろす。あまりに大きすぎたら、ふたつに切り分ける。

これをつけ汁につける。つけ汁は甘く、しょうゆとみりん、もしくはしょうゆと酒と砂糖である。個人の好みであるが一応の割合を述べておくと、しょうゆが2分の1カップに対してみりんが大さじ3程度である。つけておく時間もいろいろあって、一瞬サッとしょうゆにくぐらせるばかりから長い人で2時間ほどであるが、30分〜1時間という人が多い。ちなみに日持ちさせるためには長い時間漬けておく。握ったすしご飯の上にキスを乗せるとべっこうずしのできあがりである。

エビのホゴシずしはエビをオボロにしてから砂糖を合わせたもので（これを「ホゴシ」という）、しょうゆ気などいらない。アナゴはしょうゆを煮詰めた甘いタレがついている。キスも、つけじょうゆがいらないという点ではエビやアナゴと同じであるが、魚身をしょうゆ汁に漬けてしまったキスを握りずしにすると味は全然違い、普通の握りずしよりも辛味が直接的でなく、まろやかである。あえてキスのすしだけを「べっこうずし」と呼ぶのもわかるような気がする。

一方、村松町でも、キスは10〜15センチ

Ⅲ-6-15 三重県伊勢市村松町のべっこうずし
（平成23年7月撮影）
手前が昔ながらの方法で作ったもの、後ろが「秘伝のたれ」を使ったもの

のもので、獲れたての新しいものを3枚におろす。しょうゆの中へキスを浸し、好みにより浸す時間は異なるのも有滝町と同じである。

　こちらの家では酒とみりんを4：1に混ぜ、火にかけ、さらに火をつけてアルコール分を飛ばす。冷めたら、しょうゆを酒と同分量ほど入れる。これが最近作った「秘伝のたれ」で、これにキスを2〜3分間、浸けておく。すしご飯はやや細かく握る。その上に、しょうゆから引きあげたキスを乗せる。形を整えるための握り直しはせず、キスの身をだらりと乗せたらできあがりである。キスの身からしずくがぽたぽた落ちても、決して布巾でふき取ることはない。

　昔ながらの方法でもいろいろやってみた。しょうゆだけに10分ほどつけたものと、しょうゆとみりんを1：1で混ぜたものに10分ほどつけたもので、前者は近所で聞いたもの、後者は、隆生氏の友人の森下幸一氏が母親から教わったものだという。やってみなかったが、しょうゆを水で薄めたものやしょうゆを酒で薄めたものを作ってたれとしていた人もあるという。

　有滝町と違うのは、キスとすしご飯の間にオオバやミョウガのせん切りを入れるところである（ただし森下隆生氏宅ではミョウガが嫌いのため、入れない）。また、ワサビやショウガなどの辛みはすしご飯の上に塗りつけるのではなく、キスを浸けるたれに混ぜてしまうのだという。

　みた目は、「秘伝のたれ」を使ったものは白っぽいが、しょうゆだけのものだと色がしっかりついて黒っぽい。しょうゆとみりんのものは、色は中くらいであるが、テリがついている。味もそれぞれ違い、「秘伝のたれ」は上品な味であるが、やや物足りない。しょうゆだけのものは、味は重いが、濃かった。しょうゆとみりんのものは甘みが強かった**（写真Ⅲ－6－15）**。

4－3　志摩市阿児町のべっこうずし
（1）べっこうずしの正体

　志摩市阿児町安乗地区では、古い習慣としてべっこうずしが作られた。べっこうずしとは握りずしの一種で、魚をタネにする時、しょうゆに漬け込んでおいたものが「べっこう」である。

　旧8月14日〜15日（現・9月14日〜15日）は安乗地区の夏祭りである。人々は漁を休み、これまで無事で過ごせたことに感謝してこれからの豊漁を願う。今は安乗文楽の日としても有名である。この祭りの際に作られたのが握りずしとべっこうずしである。まだ暑い中、しょうゆに浸した魚は日持ちがする。人々は重箱に何段もすしを詰めて集まってきた。他

の地区の人からは「安乗ずし」と呼ばれていたという。

　べっこうずしは結婚式やおめでたい時には必ず作ったものである。作るのは男たちによってで、女性たちはご飯を炊くのみであった。握るのも男の手によるもので、そのため、握りはもちろん稲荷ずしさえも、ご飯を油揚げに詰め込み過ぎて「ゴツかった（無骨で固かった）」という。また、すしはべっこうずしや握りずし、巻きずしや稲荷ずしなど5種類もしくは7種類を作って持って行ったものであった。

　それが終戦直後までは残っていたが、以後は作られなくなった。作る人がいなくなってしまったのである。以下、松井うめの氏からの聞き取りである。今のままでは伝統食が消えてしまうとの声があり、松井氏らが婦人会で講習会を開いたことがあるが、衰退は衰えを知らない。

（2）べっこうずしの材料と製法

　魚はワラサやイナダを使う。昔はボラやキスなどでも作ったが、今のボラは油臭くてダメだという。これを刺身状に切り、しょうゆと砂糖の汁をひと煮立ちさせて漬け、1時間半〜2時間くらいで引き上げる。

　ご飯に合わせ酢を入れる。合わせ酢は2升の米に酢が510グラム、砂糖が800グラム、塩大さじ1杯くらいでかなり甘めであるが、これは松井氏の個人的な好みである。なお、ご飯につやを出すため、炊きあがったらすぐにみりんを入れる人もある。ご飯を握り、ワサビをつけてべっこうを乗せる。握りは、今は型押しするが、昔はひとつずつ握ったものだった。

　べっこうずしは、ほかにアサリなども作った。磯にいるアサリを取ってきて、しょうゆで煮つけ、握りずしのタネにした。

　そのほかのすしの製法を略記すると、握りずしはタコ、アナゴ、コノシロなどを使う。タコは塩に漬けてから、アナゴは蒲焼き、コノシロは酢締めである。シビ（マグロ）は高くて、あまりやらなかった。サヨリのすしは冬場のものである。ご飯を棒状にして簀の子で押し固め、塩で締めた後、酢に浸したサヨリを乗せる。そしてもう一度巻き簀で成型し、切る。なお葬式にはご飯を握ることはなく、サバの手こねずし（混ぜずし）ばかりであった。サバはひと晩塩にして翌日しょうゆ漬けにしたもので、これは「べっこう」とは呼ばなかった（**写真Ⅲ-6-16**）。

4-4　大紀町錦のべっこう（べっこ）ずし[注31]

（1）べっこうずしの正体

　大紀町錦地区は、かつてはブリがたくさん獲れたことで有名なところである。このブリをしょうゆに漬けて、混ぜずし（ちらしずし）

Ⅲ-6-16　**三重県志摩市阿児町のべっこうずし**
（平成22年6月撮影）　魚はキス

の上に乗せたものが「ブリのべっこうずし」である。錦では昔から作られているもので、今でも祝い事がある時などはどこの家でも大量に作り、来客をもてなす[注32]。

べっこうずしにするのはブリばかりではない。たしかに冬場は寒ブリの季節で、冬のべっこうずしといえばこればかりだが、その他の季節は刺身にできる魚ならハマチ、カンパチなど何でもよく、入手できるものは手当たり次第にしょうゆに漬けてべっこうずしにする。

同じように作る志摩の名物料理・手こねずしに似ているが、手こねずしが白いすしご飯に具を混ぜ込んでしまうのに対し、べっこうずしは、そのままでも食べられる混ぜずしの上にべっこうを乗せる点で違っている。

（2）べっこうずしの材料と製法

以下は坂口貴己子氏、鰐淵きり子氏、谷口都氏、谷口りよ子氏、谷口早苗氏、加藤寿子氏、港真弓氏らのグループがヨコワ[注33]のべっこうずしを実作するところでの聞き取りである。

漬け汁はしょうゆと砂糖だけで作るのが伝統的だが、最近は酒やみりんを入れる人も多くなった。やや甘めで、これを一旦煮立てて冷ます。その漬け汁に魚の刺身を1時間くらい漬け込む。この漬け時間が肝心であるが、それぞれの家によって異なる。長くても短くてもうまくなく、概して、食べる30分〜1時間前から漬けておくのがよいとされる。

下の混ぜずしはごく普通のものでよい。具はニンジン、シイタケ、ゴボウ、グリンピース、錦糸玉子などであるが、このほかにタコ、サバなどの海の幸が入っていることもある[注34]。

Ⅲ-6-17 三重県大紀町のべっこうずし作り
（平成16年7月撮影）
手こねずしとは異なり、混ぜずしの上に魚を置く

Ⅲ-6-18 三重県大紀町のべっこうずし
（平成16年7月撮影）

Ⅲ-6-19 三重県大紀町のべっこうずし
（小分けしたもの）（平成16年7月撮影）

(写真Ⅲ-6-17～Ⅲ-6-19)

✻5 べっこうずしの起源と系譜

　以上が、現在までに筆者が知りえているべっこうずしの情報である。べっこうずし、およびべっこうが指す内容が違うことについて確たる説明をした例は知らないため、以下、筆者の想像を交えつつ、その起源と系譜を類推する。

5-1　駿河起源説

　まず「べっこうずし」と称するすしが伊豆大島と八丈島、駿河地方、そして三重県志摩地方周辺に残っていることについてである。それは伊豆諸島や駿河では握りずしに限っていたが三重県では握りずしや箱ずし、ちらしずしであるなど、確かにすしの区分としては別れる。だが、それぞれが独立した文化とは考えづらい。相互依存したもの、さらにいえば、どちらかが他者へ伝わったものであると想像される。

　海岸部にぽつんぽつんと分布域が存在するということは、陸上交通で語ってもうまく説明がつかない。海を伝って交易があったとみるべきであろう。

　ここで、遠い離島である八丈島が発祥地であることは考えづらい。もしそうだとすればべっこうずしは周囲の島々でもっと広くみられよるはずだが、それはない。また、伊豆大島は離島ではないが、本土に分布するべっこうずしの発祥地とする積極的な理由は見当たらない。

　それでは、残る伊豆半島部、駿河地方、志摩地方のうち、どこが文化の発祥地といえるだろうか。

　伊豆地方が上方船の風待ち港であったことはすでに述べた。今日、伊豆半島部にべっこうずしの習慣がないことは疑問であるが、少なくとも、伊豆と関西とは交流があった。また、駿河にも上方との結びつきを示す話がある[注35]。こうした交易の途中、熊野や志摩など現在の三重県下で荷を下ろすこともあったであろう。それこそ、また「黒潮文化圏」の議論になってゆく。

　しかし筆者は、べっこうずしの発祥は現在の三重県下ではないと想像する。今日、べっこうずしは確かに三重県に分布するものの、いずれも局地的である。しかも伊勢市村松町での聞き取りで明らかであるように、独特、すなわちよそからきた文化である。そうすると消去法で残るのが静岡県下である。伊豆か駿河かが問題となるが、伊豆半島部にはべっこうずしの分布がないため、駿河地方がべっこうずし発祥の最有力候補になる。

5-2　志摩起源説

　ところが、話はそんなに簡単ではない。伊豆半島にはべっこうずしはないが、べっこうはある。そこで今度はべっこうについて考えてみよう。べっこうとはいったい何を指すのだろうか。

　かつて魚は切り身にし、しょうゆに漬けて保存した。しっかり黒く色のついた身を鼈甲を模して「べっこう」と呼んだ。ここまでは間違いがない。ここから筆者の推論である。上等の料理屋ならいざ知らず、漁村部では、むだになりそうな魚は白身魚であろうが青身魚であろうが、全部しょうゆに漬けてしまう。

つまりしょうゆに漬ける可能性がある魚すべてが「べっこう」になるわけであって、特定の魚、たとえばマグロだけに限られるわけではなかった。

　年月が下って冷蔵技術が進んできた頃、マグロの需要が上がってくる。焼津市や旧・清水市などマグロの水揚げが有名なところ、また伊豆半島のように普段から海魚を豊富に食べるところでは、マグロ以外の魚など「まずい」と称して食べる気にならなかった。普通なら「べっこう」が魚種を特定しないのに対し、こういうところでは「べっこう」というとマグロだけを指すようになる。当初はその名の通り鼈甲にたとえられるくらい赤黒いしょうゆ漬けであったのが、冷凍技術が発展してくると、生のサクのことまでも「べっこう」と呼ぶようになった。

　さらに、すしに握るために平たく薄く切ってもらったのが「べっこう」となる。すしにしたものが、伊豆半島では「べっこうをすしにする」と呼び、駿河では「べっこうずし」と呼んだ。伊豆大島では、「べっこう」がマグロという特定種に定まる前に「べっこうずし」ができた…。

　このように考えると、マグロだけを指す駿河のべっこうよりその他の魚のしょうゆ漬けをも含む志摩半島、および伊豆大島のべっこうの方が、原形により近いのではないかと思えてくる。

5-3　江戸起源説

　しかし多くの場合、べっこうずしが握りずしであるだけに、握りずしの発祥の観点からもみておく必要がある。

Ⅲ-6-20　**千葉県南房総市の「すしな」**
（平成16年7月撮影）　佐久間節子氏製

Ⅲ-6-21　**千葉県勝浦市のカツオのはらもずし**
（平成3年10月撮影）　魚鱗荘製

　握りずしが文政年間に江戸で誕生したというのはほぼ定説である。また最初から商品として作り出されたものであって、少なくとも家庭のすしが発展して売り物になったとは考えにくい[注36]。タネは下味をつけたもので、中にはしょうゆ漬けにしたものも含まれていた。マグロも、下魚ではあるが握りにされ、安いタネとして食べられていた。ただ、これらを「べっこう」と呼んでいたかどうかは明らかでない。

　当初は店売りだけの握りずしであったが、それは当然、江戸の周辺部へと広まり、また、家庭料理にも進出するようになる。たとえば

Ⅲ-6-22　神奈川県秦野市のすし盛り
（平成16年10月撮影）　巻きずしの脇にはアジ、マグロ、タコ、凍み豆腐の握りずし　湯山富江氏と坂口律子氏製

Ⅲ-6-23　神奈川県松田町のすし盛り
（平成16年8月撮影）　手前左からシイタケ、タマゴ、アジ　中津川陽子氏製

千葉県白浜地方で作られる大ぶりの「すしな」や勝浦地方の発酵ずしであるはらもずし、あるいは神奈川県などどこでもみられるアジやマグロ、タコの握りずし、といった具合である[注37]（写真Ⅲ－6－20～Ⅲ－6－23）。

その波は静岡県にも伝わる。陸沿いか海路か、また海路であれば江戸から直接か神奈川か千葉からか、などはわからないが、ともかく、静岡県の伊豆地方から駿河地方にかけて、家庭でのもてなし料理として握りずしを作る習慣ができた。冷蔵技術が発達していない頃にはしょうゆ漬けの魚をタネにすることもあったであろう。それを「べっこうずし」と

呼んだ。ところがそれは伊豆半島部では根づかず、あるいは根づいたけれども早々と消えてしまい、単なる「べっこうのすし」と呼ぶにいたる。マグロをべっこうと呼ぶ地域ではマグロのすしを、ほかの魚をべっこうと呼ぶ伊豆大島ではほかの魚のすしを、「べっこうずし」と呼んだ。

さらにそれが海路を使って三重県志摩地方に入ると、「べっこうずし」の「べっこう」はマグロに限らない。そればかりか、すしが握りずしであることも忘れられてしまう。キスの箱ずしやブリやヨコワの混ぜずしなどまでが「べっこうずし」と呼ばれるようになってしまった…。

このように、江戸起源説だと志摩半島の「べっこう」はマグロのべっこうの亜流になってしまう。

5－4　筆者の仮説

本稿を終わるにあたって筆者の仮説を提言しておく。だいたい、「べっこう」「べっこうずし」はなぜこんなにも多様であるのだろうか。あくまでも仮定の上に仮定を重ねた説であることをあらかじめ断っておく。

筆者は、べっこうずしの大元は江戸の握りずしにあると思う。だが「『べっこうずし』と呼ぶすし」の起源は静岡県の伊豆地方や駿河地方にあったと想像する。そのためにはまず「べっこう」の正体から述べてみよう。

魚身をしょうゆに漬けておくことが、江戸後期、すなわち江戸の握りずしが生まれた頃には普通に行われていた。冷蔵技術の乏しかった時代の知恵で、特にマグロなど「下魚」と呼ばれる魚の保存法としては一般的であっ

た。そのような魚身を一部地方では「べっこう」と呼んだ。場所は、現在もこのことばを使用する静岡県下の、駿河から伊豆地方であろうか。あるいは、現在では「べっこう」も「べっこうずし」も伝わっていない江戸であろうか。

ともあれ「べっこう」は元来、漁師たちのことばであって、魚種は何でもよかった。マグロでもキスでもブリでも、とにかく腐りにくくするため、獲れた魚はすぐにしょうゆに漬けられ、「べっこう」にされた。やがてそれは漁師たちによって海をわたってあちこちに伝わる。現在の三重県にも「べっこう」は伝えられた。今日、志摩地方およびその周辺で、ブリをはじめさまざまな魚が「べっこう」の材料となるの、その影響であろう。結果、「べっこう」を使う三重県のすしは、握りずしのみならず箱ずしや混ぜずしまでもが「べっこうずし」と呼ばれるにようになる。

静岡県駿河地方の静岡から焼津や御前崎、掛川あたりにも「べっこう」があった、もしくは、伝わった。ここでも当初は「べっこう」は魚種は何でもよかったが、時代が下ってマグロが高級視されるようになる頃、すなわち冷蔵技術や冷凍技術が進んで生のマグロが流通するようになった頃、マグロの水揚げを誇る地域などでは、「べっこう」といえばマグロに限定する動きが出てきた。よってこうした地域では、今でも「べっこう＝マグロ」とされる。ただ、こういう地方でも人によっては「白身魚もべっこうと呼ぶ」という声があるのは、古い習慣の名残りであろう。

表1 各地のべっこうずし

	べっこうずしの有無	すしの種類	すしにする魚の種類	しょうゆ漬け	主な辛味
伊豆大島	あり	握りずし	メダイ、ブダイなどの白身魚	する	ワサビ、アオトウガラシ
八丈島	昔はあった 今は「しょうゆ漬けのすし」という	握りずし	マグロ、トビウオ、メダイ、アオダイ、ハマダイなど	する	マスタード、練りガラシ
小笠原諸島	なし（島すし）	握りずし	サワラ、ササヨ、マグロ	する	練りガラシ
大東諸島	なし（大東ずし）	握りずし	サワラ、マグロ	する	練りガラシ
伊豆地方	なし ただし、「べっこうのすし」はあり	握りずし	高齢者に限り、マグロ	しない 生のまま	ワサビ
駿河地方	あり	握りずし	マグロ	する	ワサビ
志摩半島（志摩市） 伊勢地方	あり	握りずし 一部、箱ずし	ブリ、ワラサ、ハマチ、キハダなど（志摩） キス（伊勢）	する	ワサビ
志摩地方（大紀町）	あり	混ぜずし	ブリ、ハマチ、カンパチ、ヨコワなど	する	使わない

一方、江戸時代末期に江戸の町中で生まれた握りずしは、当初は店売りのものであったが、「握る」という行為の簡潔さから周囲にも広がり、次第に家庭料理としても伝わっていった。江戸から西をみれば、相模国（神奈川県）には全域的にマグロのすしがあるし、その流れはやがて静岡県域にもやって来る。伊豆地方や駿河地方でもそれはみられた。

しょうゆ漬けの魚を「べっこう」と呼ぶ地域、たとえば静岡県の伊豆地方や駿河地方では、「べっこう」は握りずしにしたようである。これをもとに、刺身のようにではなくすしダネとして切ることを「べっこうに切る」と呼んだ。また、ところによっては、すなわち駿河地方ではこれを「べっこうずし」と呼んだ。

最後に、辛味について述べておく。

この論に従えば、本来のべっこうずしに使った辛味は、駿河地方で用いているワサビであったことになる。それが手に入りにくかった、たとえば三重県などでは練りガラシを使った。伊豆大島ではそれがシマトウガラシ（アオトウガラシ）であった。はるばる海を越えて、八丈島では、練りガラシやマスタードであった。

以上が、形態が多岐を極めている理由を含めて、べっこうずしの起源と系譜に関する筆者の仮説である。

✲ 6 むすびにかえて

べっこうずしはべっこうを使ったすしである。べっことは、魚種はマグロをはじめとして各種ある。またべっこうずしの形態は、握りずしや箱ずしもあれば混ぜずしの上に散らしたものもある。分布は、静岡県駿河地方と東京都の伊豆大島や八丈島、三重県志摩地方にみられるが、反面、べっこうを使ったすしでもべっこうずしと呼ばない地点もあり、静岡県伊豆地方がその例である。以上が今回の調査でわかったことである。前項で述べたのも筆者の仮説にすぎないことであって、どれもまだ検証が必要である。

また、八丈島のべっこうずし、すなわち「しょうゆ漬けのすし」についても疑問が残っている。たとえば八丈島の「しょうゆ漬けのすし」はどこからやってきたのか。こんな単純な問いにも答えは出せないままである。

握りずしは、その成立時期から、江戸との間に航路を持っていた八丈島に伝わっていたことは容易に想像される。ただ、べっこうずしを中心に考えるとやや不自然で、再びいうように、江戸の街で「べっこう」あるいは「べっこうずし」という名前を聞かないのである。もちろん、かつての江戸にも「べっこう」や「べっこうずし」ということばがあって、今は消えてなくなってしまった可能性もないわけではないが…。

加えていえば、数ある江戸の握りずしのうち、なぜしょうゆ漬けだけが八丈島に渡ったのだろうか。なぜ酢絞めや塩ゆでの方法が伝わらなかったのだろうか。さらに、今なお伊豆大島にはべっこうずしがある。あるいはべっこうずしは、江戸から直接ではなく伊豆大島経由で伝わったのかもしれない。

べっこうずしに関しては謎が多く残っている。本土のみならず、海を渡った可能性さえある。海運の歴史を含めて、今後の研究課題といえる。

❖注

注1　伊豆諸島は元来、駿河国、のちに伊豆国に属していたが、現在は東京都の飛地として存在している。実際、明治11年（1878）、静岡県から東京府に移管されている。これは東京の財政が静岡よりも余裕があったからという説もあるが、江戸時代、伊豆諸島が幕府の直轄地であり、物産の売買などは江戸に置いた島会所を通じて行われていたことや、それゆえ航路が江戸の方に向いていて、物的人的交流はともに江戸の方が緊密であったことなどからであろう。江戸との繋がりは思いのほか強かった。

注2　タカベは学名をLabracoglossa argentiventrisといい、イスズミ科に分類される魚の一種である。

注3　ハマチ、ワラサはブリの幼名である。ブリは一般に、35センチ以下のものは関東でワカシ、関西でツバス（関西では40センチ以下を指すことが多い）、35〜60センチのものは関東でイナダ、関西でハマチ（関西では40センチ以上を指すことが多い）、60〜80センチのものは関東でワラサ、関西でメジロと呼ぶ。80センチ以上のものは、関東関西ともにブリと称する。なお魚の名称は『三重　味の風土記』にしたがったが、関西型のハマチと関東型のワラサが併存しているのは、東西の文化が混在していることを示している。

注4　三重県生活改善グループ連絡協議会編（1982）『わたしたちの村の行事と行事食』であるが、筆者は原書の存在は知らず、大川吉崇の論文の中で知った。

注5　下田のサンマずしは熊野灘沿岸部のものが、田子ずしは漠然とながら「関西」から伝わったといわれている。これについては日比野光敏（2007）が少し触れたことがあるし、本書Ⅲ-5「東西交流の結末（1）　静岡県東部の箱ずし」でも述べた。

注6　この項は、筆者が行った伊豆諸島各町村の産業観光課および教育委員会へのアンケート調査によった。

注7　大島元町の乗船場で食堂を営業している店「イズシチ丸」で話を聞いた。経営母体は伊豆七島の交通を担う東海汽船株式会社で、乗船場の2階にて「べっこうずし」「べっこう丼」を出す。すしは4個入りでアシタバのごま和えもついて500円（平成22年＝2010　1月現在）である。べっこう丼はご飯を握らずに丼仕立てにしたもので、「べっこう」自体は変わらない。盛りは少し多めで、1人前が800円（同）であった。なお、メダイはスズキ目イボダイ科に属する大衆的な魚である。

注8　アオトウガラシはトウガラシCapsicum. Annuunoの実が若くて青いものをいう。また、シマトウガラシといえば沖縄のものが著名であるが、大島のはそれとは種類が違う。こちらのシマトウガラシの実は2センチほどで、しかも、かじってみると比べ物にならないくらい辛い。沖縄産は1.5センチほどで、大島のものよりも小さく、正式には「キダチトウガラシ」Capsicum. frutescensという。

注9　元町港に面した定食屋兼居酒屋の「めし処　かあちゃん」で話を聞いた。ここのべっこうずしは普通の握りずしの握り方より球形で、ゴルフボール状であった。1人前が6個で、1050円（平成17年＝2005　1月現在）であった。

注10　この項も筆者が行った伊豆諸島各町村の産業観光課および教育委員会へのアンケート調査によった。

注11　メダイは前述。アオダイはスズキ目フエダイ科に属し、暖地系の高級食材である。ハマダイはオナガともいい、これもスズキ

目フエダイ科に属する。深海魚で、こちらも高級食材として名高い。

注12 「しょうゆ漬けのすし」は2100円（平成19年＝2007　3月現在）である。要予約で、店では「ヅケ島ずし」と呼んでいる。「島ずし」も2100円（同）である。また島では使う辛味は料理ごとに違っており、「しょうゆ漬けのすし」の場合はマスタード、島ずしはワサビ、刺身の場合はシマトウガラシだという。一般に「ワサビがないからカラシを使った」といわれているが、それならば「島ずし」のワサビはどこから来たのだろう。筆者は「島ずし」の成立が、ワサビがめずらしくなくなってからの、ずいぶん遅くになってからのものではないかと想像している。

注13 江戸で握りずしが生まれたのは文政の頃、創始者は華屋与兵衛だといわれている。もっともこれを疑問視する人も多い。当時の握りずしは生のタネをそのまま握ることはせず、下味をつけてから握った。これは冷蔵技術のない江戸時代にあっては一種の保存方法で、塩でゆでたり酢で締めたりした。しょうゆにザッとくぐらせるヅケもそのひとつであるが、魚の身が黒く染まるためにあまり品のよいものとはされなかった。したがってヅケにする魚もあまり上品なものはせず、下魚といわれたマグロなどに用いられた。

注14 かつては正月前のダイダイを絞り、いったん沸かして瓶詰めにしておいた。各家庭では5〜6本作って縁の下などに保存しておき、大切に使ったという。今でも「あそこ寿司」では商品に使いたいのだが、高価で使えないという。

注15 昔から「文化は南から黒潮に乗ってやって来た」という、いわゆる「黒潮文化圏」説は根強くあった。食文化の例では、これらの地方には共通する料理、たとえばサンマずしやツワブキのすし（ツワブキの葉を敷く箱ずし）、ウツボ料理やマンボウ料理などがある。

注16 この項は、筆者が行った小笠原村産業観光課および同村教育委員会へのアンケート調査によった。

注17 ササヨはミナミイスズミの地方名で、スズキ目イスズミ科の魚である。

注18 小笠原諸島の発見は、日本では寛文10年（1670）、紀州みかん船が母島に漂着したときのこととされる。その5年後、江戸幕府が調査船富国寿丸を派遣し、島々の調査を行い、さらに「此島大日本之内也」という碑を設置した。本格的な入植は文化14年（1831）、ハワイで結成された西欧の移民団に始まる。以後は主に西欧人の入植が進むが、安政7年（1860）、幕府が測量を行い、翌年、正式に日本への領有を宣言した。明治9年（1876）、日本への帰属が認められ、内務省の管轄となった。その時に島に居住していた外国人は日本へと帰化した。その4年後、東京府（現・東京都）に移管した。しかし太平洋戦争の激化によって、それまでの小笠原諸島民は東京に疎開させられた。その後の小笠原諸島はアメリカ統治下で、島民は欧米系島民（日本が領有を主張する以前から島に住んでいた人）135人以外は帰島できなかった。昭和43年（1968）に小笠原諸島は日本に復帰し、ようやく島民たちは島に帰ることができた。この項はダニエルロング（2002）や石原俊（2007）の書にしたがった。

注19 この項は、筆者が行った南大東村産業課、同村教育委員会、北大東村経済課、同村教育委員会へのアンケート調査によった。なお、辛味にワサビを使うこともあるようで、こちらの方が本当の大東ずしだと

注20　大東諸島は1542年、スペイン人のB・デ・ラ・トーレの発見によるとされるが、それ以前、かなり昔から、沖縄の人の間では「ウファガリジマ（東の果ての島）」と呼ばれていた。明治18年（1885）、正式に日本領へと組み込まれた。玉置は南大東島への入植から3年の後、北大東島へも渡った。以後、製糖業でも成功し、玉置商会を作り上げた。南北大東島は同社の所有物として、役所はもちろんなく、警察や消防、学校すら私立のものしか建てられなかった。この項は、主に鎌田慧（1991）『ドキュメント村おこし』にしたがった。なお、玉置は大東諸島入植の前に小笠原諸島の開発にも取り組み、そこでジョン万次郎こと中浜万次郎とも交流があったという。中浜は土佐人（高知県人）である。

注21　焼津市内の勇喜寿司と松乃寿司で聞いた。マグロをしょうゆ漬けにしたのは松乃寿司の主人・斎田実氏である。

注22　同じ掛川市でも人によっては、しょうゆ漬けにしたマグロだけでなく、白身魚も青身魚もそう呼ぶ。これを「べっこうはマグロのこと」という人たちに語ったら「青身魚をしょうゆ漬けにするなんてありえない」と一笑されてしまった。

注23　ご飯を1升や2升炊くのは、昔の冠婚葬祭では普通のことであった。筆者が調査をしている最中、名倉氏を訪ねて来た人がご飯がたくさん炊いてあるのをみて、「祭りでもないのに『べっこう』（=『べっこうずし』）かな」といっていたのが印象的だった。

注24　名倉氏の作ってくれたのはキハダ（=キハダマグロ）のすしで、これは1時間ほどであった。最近はしっかり味がついたものより淡白なものの方が好まれる。

注25　ある老女などわざわざ刺身を残してしょうゆ漬けにするという。バス旅行をする際でも、お年寄りは必ずタッパーに入れてしょうゆ漬けのべっこうとネギとショウガを持って行く。しょうゆ漬けは今でも愛されている。

注26　名倉氏は「べっこうずしは保存食なのよ」といった。確かに酢を多用するすしは腐りにくい。また筆者は「明日の朝に食べてちょうだいね」と土産にもらったが、その時いわれたのは「冷蔵庫へ入れちゃだめよ」だった。冷蔵庫に入れなくとも保存ができる上、冷蔵庫に入れると、ご飯がぱらぱらになってしまうという。

注27　伊勢市で港といえば伊勢神宮への参詣客の海の便が思い浮かべられるが、それは南部の港町・大湊である。大湊は近くに神宮直属の塩田・大塩屋御園があったこともあって、東海道や東国各地にあった荘園からの年貢などの納入をはじめ、神宮への参拝客を乗せた船が集まり、神宮と東国を結ぶ中継地として栄えた。これに対し村松港は、あくまでも漁港であった。

注28　ウミゴイとは赤い魚体で体長5センチほどの魚をいい、別名アカイワシともいう。スズキ目ヒメジ科のヒメジの地方名と思われる。

注29　天白氏のほか、天白春子氏、三宅小やす氏、三宅まさ氏、浜口崇子氏らにご協力をいただいた。

注30　村松町の祇園祭礼はいつ頃から始められたか定かでないが、始まった当時の田植えの時期はおそく、6月中頃が田植えであった。7月に入って雑草を取り、一段落ついた頃が祭りの季節であった。長い梅雨も明け、暑さも厳しく、人々は病気にかかりやすく、農作物も病害虫におかされやすい時でもあった。神頼み以外に方法のない

注31　土肥久代が『三重　味の風土記』で「べっこずし」と記しているが、筆者が聞きえた限りでは、すしは「べっこうずし」と呼んでいた。その人その人の発音法もあり、あえて「べっこずし」と注釈をつけるまでもないように思われる。

注32　「大平つつじ山祭り」や町の産業祭には、漁業組合の婦人会員の手によって、このべっこうずしが来客たちにふるまわれる。楽しみにしている人は多く、会場での人気は高い。

注33　ヨコワはクロマグロの若魚のことで、主に関西地方での呼び方である。関東地方ではメジマグロという。

注34　「サバのちらしずし」と称し、混ぜずしの具に酢サバが入っていることがある。サバのダシがすしご飯によくなじんで旨みがあり、地元の人たちがいうには「錦はべっこうずしが有名だけど、実は私らは秋からのサバのちらしずしの方が好き」とのことである。手こねずしはしょうゆにつけこんだまるっきりなまであるが、これは塩サバを使うので、それほどなま臭くない。また、魚の歯応えがよいし、何よりご飯に旨味がしっかり移っているからだという。すしご飯がまだ熱いうちに、ご飯、サバ、ご飯、サバ…といった具合に交互に重ねて、20〜30分ほど置く。つまり酢サバにも熱を通すのであり、こうするとサバにうまく熱がまわる。その後、ニンジン、シイタケ、ゴボウなど別に炊いた具を混ぜる。針ショウガや大葉などを混ぜるとより一層風味が増す。

注35　たとえば掛川市の三熊野神社の例がある。同社は熊野本宮の分社で、奈良時代に海を渡ってこの地に伝わった信仰だという。奈良時代云々の話は真偽を確かめる必要があるが、上方との海上交通が盛んだったことを物語る逸話である。

注36　現在、筆者が知りうる限り、江戸の握りずしの原形となったようなすしは、家庭のすしの中には存在しない。すしご飯を道具を使って押すのではなく手で握るという製法は、だれかが発明しなければ生まれえないであろう。筆者は、江戸のすし商・華屋与兵衛がそれまでのすし屋の商法に行き詰まりを感じて手で握るようになった、とする説が、最も的を射ていると考える。

注37　千葉県白浜地方の「すしな」は家庭で作る握りずしで、マグロやアジ、サンマ、イカ、タコ、マンボウなどの刺身をタネにする。店売りの握りずしによく似るが、素人の手作りらしく、とにかく大きい。勝浦地方のカツオのはらもずしはカツオの脇腹の脂肪部分をタネにした握りずしで、笹で巻いた後、数日間、発酵させる。神奈川県下では相当な山奥にまで、家庭料理としてのアジやマグロやタコの握りずしがみられる。保存に自信が持てない時代は、アジやタコは塩や酢で締めて、マグロはしょうゆ漬けにされて運ばれてきたものであった。

❖ 参考文献

- 石原俊（2007）『近代日本と小笠原諸島　移動民の島々と帝国』平凡社。
- 大川吉崇（1997）「三重県のすし百科」『三重民俗研究会会報』23号。
- 小川武（1958）『黒潮圏の八丈島　風俗と慣行』八丈町観光協会。
- 鎌田慧（1991）『ドキュメント村おこし』筑摩書房。
- ダニエルロング編（2002）『小笠原学ことはじめ』南方新社。
- 土肥久代（1984）『三重　味の風土記』大橋学園。

- 時得孝良・時得捷子（1988）「日本の食生活全集　東京」編集委員会編『聞き書　東京の食事』農山漁村文化協会。
- 日比野光敏（2007）「静岡県東部の箱ずし」『地域社会』57号。
- 三重県生活改善グループ連絡協議会編（1982）『わたしたちの村の行事と行事食』同会。

は、元来が練りガラシであった。ところが戦中のモノ不足の時代に粒ガラシが入り、さらに戦後に入ってきた粉ワサビが今も続いている、とのことである。

付記

平成28年7月、南北大東島で大東ずしの調査がかなった。両島は10キロ足らず離れているだけだが、内実はずいぶん違う。先に拓いた南大東島では、開拓者の八丈島出身者が大量の沖縄の人たちを下働きとして雇った。八丈の文化は開拓者ゆえ「上流階級の文化」として扱われたが、一方で、多数いた沖縄の人々の文化と融合していった。3年後、リン鉱採掘で拓いた北大東島は、開拓者である八丈側の人口割合が、南大東に比べ、少なかった。よって、沖縄色の濃い島になっている。

すしは八丈から来た、という認識は両島ともにある。代表的なすし魚はサワラであるが、これは商品化されるようになってからのことで、古くはマグロも使った。しょうゆ漬けのマグロは時間がたつと色が黒くなってしまい、今日、沖縄本島でも売られるほど観光化した南大東島のすしでは見向きもされない。対してそこまで商品化が進んでいない北大東島ではマグロを堂々として使い、今もマグロとサワラの両方を握る。「マグロだと色が黒くなるのでは？」と聞くと、「色が変わってしまう前に食べればいいのよ」と屈託がない。

辛味については北大東島の高齢者から、信憑性がある話が聞かれた。大東ずしの辛味

Ⅲ-6-24　沖縄県南大東島の大東ずし作り
（平成28年7月撮影）　サワラをしょうゆに5分くらい浸ける　菊池涼子氏

Ⅲ-6-25　沖縄県南大東島の大東ずし
（平成28年7月撮影）

Ⅲ-6-26　沖縄県北大東島の大東ずし
（平成28年7月撮影）

Ⅳ
すしの民俗に関する研究

1 すしの民俗性に関して

　民俗学におけるすしの諸問題についてはすでに愚稿にて述べた（日比野光敏（1993））。詳しくはそちらに委ねることにして、ここではその一部の要約から始め、筆者の興味へと述べることにする。

　すしはハレの食物であることに意義を申し立てる人はいまいが、同じハレの日でもさまざまなレベルがある。たとえば正月は「第一級」のハレの日であるのに対し、地域の祭りや個人的、あるいは家庭的な誕生日とか結婚記念日などは正月ほどのハレの日ではない。食物でも同様で、正月に食べることが決まっているものと、別に決まりごとではないが、高いから普段（ケの日）は食べられないので祭りの時のごちそうとして食べるものでは、重要性はかなり異なる。

　愚稿では前者の代表である雑煮と後者である場合が多いすしとの比較から、行事の重要性の差が食べられる料理にも表れているとした。つまり、正月という行事にささえられて形態的変化が少なく、過去の姿を比較的忠実に遵守している雑煮に対して、すしはめまぐるしい食生活の変化にともなって姿かたちを変えやすい性格をもっている。

　また、同じことはすしの中でもいえる。ひとくちに「○○祭りの○○ずし」といっても、それが神前に供えることが決まっているすしか来客に振舞う「ごちそう」レベルで済まされるすしかによって、すしの定着度は違う。神前に供えられるすしは、ひとたび形式が決まってしまえばそれは容易に変わることは少ないが、単に「ごちそう」であるなら、たとえば来客の反応やもてなす側の経済状況によって、内容はどんどん変わる可能性がある。そういうすしだからこそ、なくなってしまうことも考えられる。事実、日本各地では多くのすしが絶滅の危機に瀕している。筆者はそれに対して商品化による存続を考え、たとえば前章で新潟県糸魚川市の笹ずしの商品化について、若干述べた。本稿では滋賀県南部の早ずしと京都市近郊のサバずしを例に、各家庭単位での存続をあきらめ、地域行事として、あるいは学校の授業や介護の現場などで生かしている実例をも紹介する。

　さて、筆者が関心を抱いているテーマに、食品としてのすしの意味がある。たとえば発酵ずしは保存食であるといわれる。たしかにできあがるまでに何日もかかる発酵ずしは食べる時期を遅らせるものであるが、だからといって、すしは食べる時期を遅らせるためだけに作られるのだろうか。筆者はこの点に対し、福井県若狭地方のサバずしの例を挙げる。かの地ではヘシコと呼ばれる糠漬けのサバを発酵ずしにするが、ヘシコと発酵ずしの保存性の比較から保存食の意味を掲げ、その答えになるべく準備をしてみたい。

　今ひとつは、すしが食物としての意味以上の意味を持つ場合である。筆者はここで滋賀県栗東市に伝わるドジョウとナマズの発酵ずしの例を挙げる。ここのすしは地元神社の祭礼の神饌で調製には7ヶ月半を要するが、このすしを作るために定まる当番家は足かけ3年もの月日がかかって役目を終了する。もちろん、地区は総動員で、すしを中心に地区行事が決まっていた。当然すしは単に食物の域を超えている。そんな現状を報告したい。

❖ 参考文献
- 日比野光敏（1993）「民俗事象としてのスシ」『日本民俗学』195号

2 すしの将来性
滋賀県湖南地方の早ずしと京都府京都市に北接する地域のサバの発酵ずし

✤ はじめに

本稿は滋賀県湖南地方と京都市北郊におけるすしについて記すものである。

滋賀県の郷土ずしというと誰もが「フナずし」と答えるであろう。フナずしは文献にも古くから確認される、わが国最古とも称される発酵ずしである。これが本当に古くから存在するのか、今の製造法は本当に昔通りの製造法か、などという課題については本書Ⅱ-2「『古さ』の再認識　滋賀県のフナずしの『原初性』」で述べた。

フナずしのほかの滋賀県の郷土ずしの例を挙げてみると、ウグイの発酵ずし、イサザの発酵ずし、ジャコの発酵ずし、オイカワの発酵ずし、ドジョウの発酵ずし、サバの発酵ずし、と、判で押したかのように発酵ずしの名が出てくる。発酵ずしとは（原則として）酢を使わず、発酵によって酸味を出すすしのことであるが、こう書くと、滋賀県の郷土ずしとは発酵ずしばかりであるかのようで、いかにも県民は発酵ずしが好きであるかのようにみえる。

その一方で、滋賀県にも握りずし屋が数多くある。握りずしは握ったすしご飯の上に生魚のタネを乗せたもので、すしの中では最も新しい仲間である。滋賀県民は、というより日本人は、新しい料理としてのすしも大好きで、「すし」といえばこの握りずしを指すのである。

最古（と思われている）形態と最新の形態の名前が売れすぎているために、その中間形態の郷土ずしが全くかすんでしまっている。実際、フナずしやさまざまな発酵ずし以外にも興味深いすしが数々あり、それはこれまで紹介されることはあまりなかった。本稿前半は湖南地方の一部の例を報告するものである。

一方、京都市は古くから日本の首都として機能してきた。御所をはじめとして数々の政治の中心的建築物が立ち並び、かつての賑わいを感ずることもできる。もちろん、京都にかかわった歴史上の人物も多く、有名、無名を問わず、さまざまな人がこの街の文化を支えてきた。いわゆる京の都は海が遠く、それゆえ海の産物は保存食となってこの街に入ってきた。サバもその例で、海辺で塩サバにされた後、街道を通ってきた。この道を「サバ街道」といい、京の都と若狭とを結ぶものが有名である。

ところで、京都市内ではサバずしが名物になっている。これは、今は、サバを塩と酢で絞めて酢を合わせたご飯を抱かせた早ずしであるが、古くはサバの発酵ずしであった。そしてその発酵ずしは、サバ街道に沿って、今も分布している。

そこで、京都市と若狭を結ぶサバ街道（P239参照）をたどり、そこに伝承されているサバの発酵ずしのあり様をみることにする。これもこれまでにはあまり紹介されたことはなく、本稿後半は京都市の北部の3ヶ所の報告である。

本稿を単なる稀少化するすしの事例報告とみる場合はこれでこと足りるが、筆者はそれらの置かれた現状も合わせ書く。日常のひとコマひとコマを記したにすぎないが、そこにはすしが背負った運命のようなものさえ感じられることがある。これらのすしはどうすれば残るか、あるいは残せるか。放っておいていいのか、何か役に立つことはないか。本稿がすしの未来について考える機会になればありがたい。

✼ 1 滋賀県湖南地方の早ずし

1-1 甲賀市水口町宇川の宇川ずし
（1）宇川ずし

甲賀市水口町の、野洲川と杣川の三角州上の集落・宇川だけに伝わる料理で、しかも春（おもに天満宮の春祭り）だけに作る。宇川の民家は、今だと150軒あるが、昔は30軒であった。宇川ずしにまつわる由来や来歴は伝わっておらず、なぜこの地だけにあるのかは不明である。

天満宮の春祭り（4月25日）のご馳走は宇川ずしと決まっていた。昔は宵宮の太鼓（24日の午後4時ころ）を聞きながら、すしを作ったものだという。何箱も作っておけば、出す方は簡単である。女たちも、その分、楽ができ、おしゃべりなどで楽しんだ。男たちは、何もいわなかった。また、昔は祭りの翌日（4月26日）を「ゴエン」と呼び、女だけで慰労のため、野外に出かけた。その時の弁当も、決まって宇川ずしであった。

さて、すしは箱ずしに似ているが、箱には底板がなく、巨大な「押し抜き型」である。つまり宇川ずしは「押し抜きずし」と認定されよう[注1]（**写真Ⅳ-2-1**）。

以下、石川富美代氏からの話である。石川

Ⅳ-2-1 滋賀県甲賀市の宇川ずしの押し枠
（平成17年4月撮影）

氏は水口町出身であるが宇川ではなかったため、宇川ずしのことは結婚するまで知らなかった。

（2）材料と製法 注2

材料はすしご飯のほか、シイタケ、タケノコ、カンピョウ、塩ブリと、乾燥湯葉、木の芽である。米は、石川家では「日本晴」が一番よいとされる。搗くのは、すしを作る1日前で、酒をふりかけてから炊く。シイタケ、タケノコ、カンピョウは別々に煮る。味はすこしずつ違い、それぞれの味がご飯に染み出すことになる。カンピョウは湯で戻してから切り、それを煮る。塩ブリの作り方は、まず2日間、ブリをサクごと塩じめにする。ここまでは魚屋でもやってくれる。その後、塩をザッと洗い、小さくこま切れにする。これを生酢につけて、ひと晩置く。この生酢は、竹皮を浸すのに使う。乾燥湯葉は水などで戻さずに、そのままの状態で、手で揉みほぐしてから使う。玉子焼きを使いたいのだが、傷むので使わないで、その分、乾燥湯葉を用いるという。

押し枠の大きさは一定でない。中には3升用とか8升用とかもある。石川家で使ったのは、2枠で1升5合のご飯が入るものである。1枠に3段作り、これを2枠重ねる。つまり、1回で2枠6段まで作れる。

すしを作るのは、ご飯もすしの具も完全に冷めてからである。すしは、枠の中に竹皮を表（うぶ毛のある方）が下になるように敷き、すしご飯を入れてならし（ご飯の厚さが約1～2センチ）、具を並べる。具はあとで切りやすくするため、切り取り線を描いて、今回は8つに仕切って置いた。

具は、まずタケノコ、シイタケ、塩ブリを互いに重ならないように置き、そのほかのすしご飯の部分に、すしご飯が隠れてしまうようにカンピョウをかぶせる。その後、乾燥湯葉をふりかけ、木の芽をひとつずつ置く。これを竹の皮を表を下にしてかぶせる。これが1段である。以後、通算5回繰り返し、都合6段になったら落としぶたをし、重石を乗せる。このままひと晩置く（**写真Ⅳ－2－2～Ⅳ－2－3**）。

枠から抜く時は、重石を外し、落としぶたを押さえつつ、枠を上方に抜き上げる。このときが一番楽しみで、すしご飯と竹の皮が平行になっていると成功である。竹の皮にも酢が効いており、すしは2～3日は傷まない。土産には、抜いて切って渡すか、竹の皮ごと1段まとめて渡すか、する（**写真Ⅳ－2－4～Ⅳ－2－6**）。

一見、手間がかかりそうで、実は手がかからない。しかも、みた目に美しく、とりわけ、黄色い湯葉の色が、華やかさを演出している。また、塩ブリがすしご飯の具としての味に

Ⅳ-2-2 滋賀県甲賀市の宇川ずし作り
（平成17年4月撮影）

Ⅳ-2-3 滋賀県甲賀市の宇川ずし作り
（平成17年4月撮影）

なっており、すしにぜいたく感を与えている。

（3）宇川ずしの現状と未来

　近頃は宇川ずしを作らなくなった。ある程度の数ができるため、今の核家族では食べ切れないからである。

　今は貴重になった枠が家にあるという者もあるが、ある家では、すしを作ったことがない。宇川にいながら宇川ずしを食べたことがないのである。後にその家にお嫁さんが来て、子どもができる。当然、その嫁も子どもも宇川ずしを知らない。結果、枠だけが残るが、その枠は何に使うか、誰も知らないというこ

Ⅳ-2-4 滋賀県甲賀市の宇川ずし作り
（平成17年4月撮影）　箱から抜き出す

Ⅳ-2-5 滋賀県甲賀市の宇川ずし
（平成17年4月撮影）　竹の皮ごと出して土産に渡す

Ⅳ-2-6 滋賀県甲賀市の宇川ずし
（平成17年4月撮影）　切って出す

とになる。こんな「笑えない話」もある。

　石川氏の家族は、宇川ずしを大切に守ってきている。母と娘で別々にすしを作って、出

来映えを競うこともあり、特に、段の美しさにはお互い気を使うという。「昔は、娘なんかまったく相手にならないほどヘタだった」と石川氏は笑うが、近ごろはそうもいっていられないほど娘がうまいらしい。「枠から抜き出すと、段がゆがんでる。『しまった、娘に負けた』と思うこともあります」。その娘も、先ごろ結婚した。嫁入り道具の中に、すし枠もあった。石川氏は「娘に持たせてやろうと思って新しいのを作ったんですけど、娘は使い慣れた古いすし枠を持って行きました」と苦笑する。新しい家で、宇川ずしが作られていることだろう。

石川氏はまた、最近ボランティアでいろいろなところに出かけ、宇川ずしの作り方を教えている。小学生の高学年にもなれば、作り方はほぼ完ぺきにマスターできるが、時には保育園からの依頼ということもある。しかし石川氏は、保育園児には保育園児の「参加のさせ方」があるという。たとえば、具の湯葉をふりかけさせる、とか、シイタケを置くだけ、とか、部分的でもいいから料理に「参加した」という自覚を持たせる。そうしたら、「この次は、ブリを置いてみようか」「ブリを酢でしめてみようか」と欲が出てくる。何度も何度も作っているうちに、宇川ずしの作り方は、自然に憶えられるという。石川氏には、がんばってボランティア活動に励んでもらいたいものだが、こういうかたちで伝統のすしは作り続けられている。

1-2 東近江市蒲生町のひとかわずし
(1) ひとかわずし

昔は、祭り（5月8日）、嫁入りの披露、赤ん坊の宮参りなどの時には必ず作った。隣近所の主婦を招いてにぎやかにお祝いしたものだが、最近はほとんど作られず、すしといえば店屋物ばかりになってしまった。

ひとかわずしのヒトカワとは「一皮」もしくは「一側」で、「一段一段」という意味だと思われる。

すしは浅い木箱に作られる、箱ずしと五目ずしの中間形態である。

以下、福永みつ氏の監修、片岡せつ子氏ほか旧・エルダー婦人会の諸姉の協力で製作してもらった時の話である。

(2) 材料と製法

具は五目ずしと同じで、ニンジン、シイタケ、タケノコ、カンピョウ、高野豆腐、湯葉（または玉子焼き）、紅ショウガなどである。ただ、五目ずしのように混ぜることはなく、白いすしご飯に具を押しつける形態である。具の分量は決まっていないが、五目ずしを作る時より、いくぶん多めに作る。

餅箱（モチジュウと呼ぶ。30×50センチくらいの箱）の中に、まずカマボコを散らす。これはすしを出す時、箱から抜けやすくするためだという（**写真Ⅳ-2-7**）。すしご飯を置き、上に具を適当に散らして、手で押さえる（これがヒトカワ）。押さえる加減は「強くなく、弱くなく」という加減があるらしい。強く押さえると固いすしになり、弱いとすしが固まらない（**写真Ⅳ-2-8**）。それの上に、仕切りのための葉っぱなどは何も置かず、また同じく、すしご飯と具を置く（**写真Ⅳ-2-9**）。これを2～3回くり返す。ちなみにこの日は、2段式のを作った。一番上の飾り

Ⅳ-2-7 滋賀県東近江市のひとかわずし作り
（平成17年5月撮影）
モチジュウの中にカマボコを散らす

Ⅳ-2-9 滋賀県東近江市のひとかわずし作り
（平成17年5月撮影）
また同じく、すしご飯と具を置く

Ⅳ-2-8 滋賀県東近江市のひとかわずし作り
（平成17年5月撮影）　ご飯を入れて押さえる

Ⅳ-2-10 滋賀県東近江市のひとかわずし
（平成17年5月撮影）
できあがって、半日ほど置く

だけは具を多めにし、さらに、青味を加える。これはみた目が良いからで、ご飯にはさまれる層の具に青味を混ぜると、切った時に青身が抜けて汚くなる。この日はグリンピース（インゲンマメ）を使ったが、これをご飯ではさむと、熱気で早く傷むためでもあるらしい。

　上から「ほどよい加減」で、手で押さえる。そして、そのまま、しばらく置く。ふたも重石もしないで、半日くらい置いておく（**写真Ⅳ－2－10**）。押した後、というより、味をなじませた後は、しゃもじで切って餅箱から出し、食べる。実に簡単なものであるが、「ほどよい押さえ加減」というのは、回数を重ねないとわからない。

　ひとかわずしといっても作り方はいろいろあるようで、蒲生町蒲生堂ではこのように何段もすることはなく、すしご飯を4〜5センチにして「ヒトカワ」だけを作っている。ここには昔、専用の櫃があって、中ぶたで押したという。

　これを切るには、まず、しゃもじを立てて、食べたい分だけ、長方形にすしに切り込みを入れる。縦と横に切り込み線を入れたら、1段（ヒトカワ）だけをすくい取る。これが実

Ⅳ-2-11 滋賀県東近江市のひとかわずし作り
（平成17年5月撮影）　縦と横に切り込み線を入れ、「ひとかわ」だけをすくい取る

Ⅳ-2-12 「ひとかわ」ずつ切り出したひとかわずし（平成17年5月撮影）

際には非常に難しい。特に、最初の1切れを出すのが大変である。押さえて置く時間が短かいと、すしが固まっていないために、ご飯がポロポロ落ちてきてしまう。また、必ず「ひとかわ」ずつ出さなければならない。「ヒトカワ」ずつ出すからひとかわずしと呼ぶらしい（**写真Ⅳ－2－11〜Ⅳ－2－12**）。

（3）ひとかわずしの現状と未来

このすしは、作り手をみつけるのが大変であった。若い人はもちろん、相当に歳のいった人に聞いてもわからない。だいたい、名前を聞いても「そんなすしなど聞いたこともない」という。滋賀県が出している民俗報告書注3にこのすしが出ていることを知ったが、記事を書いた人は亡くなっていた。それでも話者はわかったため連絡をとったところ、それが福永氏であった。同時に、『近江の飯・餅・団子』注4にも、このすしがのっていることを知った。

福永氏はすしのことも本に出たこともよく憶えている様子であったが、実際に作るとなると、台所は若嫁に任せてあるし、もう10年近く台所へは入ったことがないから作れないという。やむなく、福永氏に作ってもらうことはあきらめざるを得なかったが、誰かにひとかわずしを作ってもらい、横であれこれ教えていただく役目、すなわち「監修役」をお願いする約束は取りつけた。

あとは、実際に作っていただく人を探せばよい。前々から地元の人には「ひとかわずしって知っていますか」と多くの方に聞いている。その関係で、地元の婦人団体「エルダー婦人会」（東近江市ができるにともない解団）代表の片岡氏と知り合いになり、「だれかが教えてくださるなら、作ってみましょう」との返事をいただけた。これで「監修役」と「作り手」がそろった。なお、実際に作っていただく日の直前になってお互いの紹介をしたら（それまでは、福永氏と筆者、片岡氏と筆者という具合に、個別に交渉していた）、2人は親しいという。片岡氏の前のエルダー婦人会の会長が福永氏ということであった。

ここで、なぜ福永氏が知っているひとかわずしを、エルダー婦人会という、いわば料理の専門家集団の会長の片岡氏が知らないの

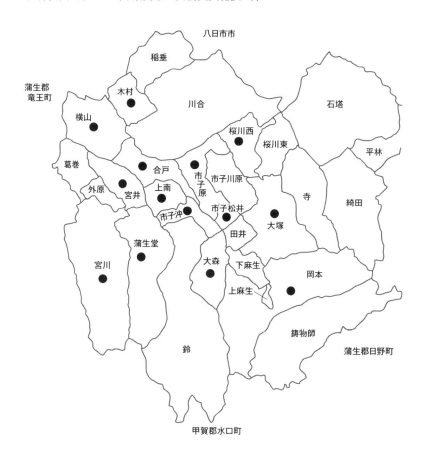

図1 滋賀県東近江市(旧・蒲生町)のひとかわずしの分布
(滋賀県教育委員会(1996)『滋賀県の伝統食文化』より)

か、不思議に感じられた。あまりに当たり前すぎて、わざわざ伝え残す必要はないと思われたのだろうか。集まったエルダー婦人会の諸姉は、このすしをみて「めずらしい」といった。料理の専門家の間にも知られていなかったわけである。いずれにせよ、このすしは忘れられようとしている。エルダー婦人会の多くの方々に知ってもらえたことで、この味が忘れられないようにと願う。

(4) 民俗報告書について

　滋賀県の民俗報告書にも『近江の飯・餅・団子』にも、一応、このすしの作り方やどんなものかは書いてある。写真も出ている。しかし、記事の内容は妖としており、要を得ないことも多い。○○町のすし(ひとかわずしとは無関係のすし)はあんな魚を使っている、カンピョウはどこの産で何センチに切る、など直接関係のない話で埋まっており、当のすしの説明になっていない。

　ひとかわずしは、一番の特徴である「すしご飯は白いままで、上に具を置く」ことや、「何の仕切りも置かずに、すしをかさねる」こと、さらには「1段ずつ、木杓子で切ってすくい

出す」ことなどの記述がない。これでは、料理本として使うことはもちろん、民俗の報告書としても用をなさない。また、写真ものっているが、両方とも同じ写真である。執筆者が同じなのであるから仕方がないのかも知れぬが、その写真は、フラッシュで色が飛んでいる。よって、何の写真なのか、判断に困る[注5]。これをもって「ひとかわずしの記録ができた」「ひとかわずしに興味を持つ人が増えて、作る人が多くなるだろう」などとは思わないで欲しい。

　ただ、報告書などに出ている写真から教わったことがひとつある。容器についてである。今回作ってもらったのはモチジュウで押したものであるが、写真では重箱で作っている。モチジュウよりはるかに小さく、それでいて、ちゃんとすしは2層になっている。これはアイデアである。大家族が減り核家族化が進むと、当然、一度にたくさんできる調理法は敬遠される。「ひとかわずし」も同じ理由で作られなくなる。しかし、容器を小さく変えれば、少ない量を作ることも可能である。「切る」ことや「すくい取る」ことの厄介さも残すことができる。ひとかわずしはこうやって生き延びる可能性も持っているのである。

1-3　蒲生郡竜王町のこけらずし
(1) 竜王町のこけらずし
　ここでいうこけらずしは、前述のひとかわずしと同じような、箱ずしと五目ずしの中間形態である[注6]。昔は丸い木桶のようなものの中で作ったようであるが、福山氏（平成17年＝2005当時65歳）には記憶がない。記憶がある頃からホシジュウ（モチジュウ＝小餅を並べておく浅い木箱）で作っている。

　嫁入りや宮参りなどのお祝い事や祭り（春祭り）、また、ひと七日や法事などの仏事（葬式は別）の時などに作ったものだった。

　以下、農村環境改良センターに勤めている福山泰子氏に話を聞く。氏は元学校栄養士の能力を活かし、改良普及員として料理の指導にあたっている。筆者が福山氏を訪ねたのは「ふれあいプラザ」という施設で、10人ほどの老人に食事を出すサービスをするところであった。その老人たちからも話を聞くことができた。

(2) 材料と製法
　米の分量は2升より少し足りない1升8合で、昔からのホシジュウちょうど1杯分（2段分）である。

　具は五目ずしに用いるものなら何でもよく、この日は、ニンジン、カンピョウ、高野豆腐、シイタケ、カマボコ（アカイタともいう）、ジャコ（チリメンジャコ）、グリンピース、薄焼き玉子、紅ショウガであった。ニンジン、カンピョウ、高野豆腐は、後で「切れ」が良いように細かく刻んで、一緒に炊く。高野豆腐は、慶事の時は普通であるが、仏事の時は、色粉で緑色に染めたものを用いた。シイタケは、「米1升に対して5枚」としたものである。カマボコ、ジャコは、それぞれ2時間ほど酢に漬けておき、時間が来たらザルに揚げて、残りの酢は捨ててしまう。グリンピースは塩茹でしておく。このほか季節の野菜、たとえばタケノコとか木の芽（サンショウの若い芽）などを用いることもある。また、

Ⅳ-2-13　滋賀県竜王町のこけらずし作り
（平成17年6月撮影）
手でしっかりと押さえる

Ⅳ-2-15　滋賀県竜王町のこけらずし作り
（平成17年6月撮影）
菜切り包丁で切る

Ⅳ-2-14　滋賀県竜王町のこけらずし
（平成17年6月撮影）
できあがり、1時間くらい置く

Ⅳ-2-16　滋賀県竜王町のこけらずし作り
（平成17年6月撮影）
菜切り包丁で切り分ける

　法事など仏事の時はカマボコ、ジャコ、玉子焼きなどのなま臭は除き、代わりに湯葉や高野豆腐などを用いる。

　作り方は、まずホシジュウに、ニンジン、カンピョウ、高野豆腐、シイタケ、カマボコ、ジャコをザッと敷く。その上にすしご飯を敷き、その上に具（薄焼き玉子とグリンピース、紅ショウガは除く）を乗せる。これを数段積むのである。積む段数は家庭によって異なるが、たいていは2段が普通である。1段目を作り終えた際、表面を均さないのがしきたりである。というより、均すと「次の段」がう まくくっつかない。こうして同じく、2段目も作る。2段目まで作り、薄焼き玉子、グリンピースも振りかけたら、手で押す。このときしっかり押さえないと、次に切る時、切りにくくなる。手で押したら、1時間くらい放置しておく（写真Ⅳ－2－13～Ⅳ－2－14）。

　切る場合は、ホシジュウの短い辺を4等分、長い辺を7等分に切り分け、合計28個に切り分ける。切るのは菜切り包丁で、必ず、両方向から包丁を入れる。たとえば、右方向から包丁を入れたら、その後必ず、左方向から

Ⅳ-2-17 滋賀県竜王町のこけらずし
（平成17年6月撮影） スシザラに盛ったこけらずし

も包丁を入れる。このとき、刃の方向を変えることが必要である。ホシジュウの中で切り分けられたら、同じ包丁で抜き出す。特に、初めてのすしを出すのは難しい。抜き出すのは1段2段に関係はなく、すべてひとつとして扱う。つまり、うまく作ってあれば、ご飯のサンドウィッチにトッピングがされているような感である（写真Ⅳ-2-15〜Ⅳ-2-16）。こうして切り出したすしは、すし専用の皿（スシザラと呼ぶ）に盛りつける。これは、小皿よりも一回り大きく、中皿よりも一回り小さい（写真Ⅳ-2-17）。

（3）竜王町のこけらずしの過去

このすしは、竜王町の多くの地区で作られたが（山之上地区はやっていなかった）、今ではほとんどの地区で衰退し、消滅している。ただし、福山氏が暮らす庄地区では、まだ盛んな様子である。

氏は、現在は庄の人であるが、生まれ育ちは近江八幡である。当然、こんなすしの風習は知らず、嫁に来てから教わった。若い頃は人前で作る必要があり、若い娘が3人ばかり集められ、年寄り連中に仕込まれた経験もあるという。付近には「麦湯」という行事がある注7。庄地区の「麦湯」は6月25日であるが、このとき参る苗村神社の脇に寺があり、そこでトウヤ（当番家）が昼飯を出す。出された方は寺の本堂で食べるのだが、その飯がこのこけらずしである。また、神社の「節句」行事も各地区に伝わっており、庄地区の場合、ここでもすしが出る。トウヤに選ばれるのは、その年に子どもができた長男の家である。その直会（宴会）の最初の「シュウシ（酒交わしの儀式）」には、肴としてエビとワカメが出、さらにこけらずしが出る。これはシュウシの後で苗村神社まで練り歩くため、腹に何か入れておかねばならないからという意味であろう。こういう機会があるため、若い娘が集められ、仕込まれたわけである。

このほか、宮参りの思い出として「笑えない話」もある。このあたりではだれかれなく、食べ物を他人に食べさせる習慣がある。「お味見」すなわち「味をみてください」的なもので、素手でやりとりする。宮参りの際も同じで、この時はこけらずしをやりとりする。いつものすしの半分くらいで幾分小さいが、きれいに着飾り、しかも子どもを抱いている時に「お味見」として出されると、身動きが取れず、よそ行きの着物が汚れることが心配で、泣きたくなってしまったという。

「ふれあいプラザ」では地元の老女たちにこけらずしを食べてもらった。彼女らはこけらずしを食べ、「なつかしい」「昔と同じ」と喜んでいた。みんな若い頃、このすしを食べていたという。「サカエジュウ（塗りのしてある深い木箱）」で作る、という人も1人だ

けあったが、後は全員がホシジュウで作り、2段式のものであったという。

以下は、その中の一老女から聞いた話である。昔は、嫁の里帰りにはこけらずしを持たせた。ある時、嫁が作ったすしの中に縫い針が1本混ざっていた。姑が入れておいたのである。嫁の実家では「こけらずしの中に針を入れるなんて、そんな嫁はうちの嫁にはふさわしくないから、もう帰ってこなくてもよろしい」といわれているのかを悟り、もう2度と娘を婚家に帰すことはしなかったという。嫁に実家へ帰るよう、こけらずしが「利用」されたのである。

（4）竜王町のこけらずしの現状と未来

福山氏は職業がら、食に関する造詣も深い。その人をしてこのこけらずしは、「今はずいぶんめずらしくなって…」といわしめる。このすしも、なくなるのは時間の問題なのかもしれない。こけらずしおよびこれに類するすしはほかではみたことがないともいい、改めてこけらずしは竜王町だけの文化であると実感した。

福山氏はかつて体験学習の一環として、地元の中学生にこけらずしと「ぜいたく煮（たくあんを塩抜きして煮たもの）」を教えることがあった。幼稚園でも機会があったという。ともに手応えは充分あり、とくに具を散らすところは「楽しい」との感想を得たという。子どもたちに「楽しい」といってもらえるすしなら、きっと未来は明るいだろうと思うのだが、中学校も幼稚園も、昨年は依頼がなかった。もう少し継続的にやってくれれば、あるいはこけらずしの存続にもつながるのに、と思う。

（5）東近江市蒲生町のひとかわずしと蒲生郡竜王町のこけらずし

この2者はともに、餅を入れる浅い木箱で、層をなして作られるすしである。食べる際には、木杓子か包丁かの違いはあるが、木箱から直接切って出される。ゆえに、「違うのは名前だけ」と思われるかも知れない。

しかし、明らかに違う点がある。1段ごと（すなわちヒトカワずつ）に分けるか、層をなしたまま1人前とするかである。竜王町のこけらずしの場合、「1段目を作り終えた際、表面を均さない」「ならすと『次の段』がうまくくっつかない」と、層を作ることを明白に意識している。

隣町同士であるが、こんな差がある。

1－4　愛知郡愛荘町のこけらずし
（1）愛荘町のこけらずし

滋賀県教育委員会発行の『滋賀県の伝統食文化　滋賀県伝統食文化調査報告書　平成六年度〜平成九年度』でひとかわずしを調べている最中にみつけた、焼きサバを使ったちらしずしである。

以下、吉岡澄子氏から話を聞いた。

（2）材料と製法

サバは生でなく必ず焼いたものを用いる。米1升につき、焼きサバ1本としたものである。焼きサバは背骨をむしって身を細かくほぐし、ほぐした身の中に骨が入ってないか確認する。これは、昔は子どもの仕事であった**（写真Ⅳ－2－18）**。酢、砂糖、塩を混ぜ、

Ⅳ-2-18 滋賀県愛荘町のこけらずし作り
（平成18年7月撮影）
焼きサバの身をほぐす

Ⅳ-2-20 滋賀県愛荘町のこけらずし作り
（平成18年7月撮影） 混ぜる

Ⅳ-2-19 滋賀県愛荘町のこけらずし作り
（平成18年7月撮影） サバを浸けておいた酢をご飯に混ぜる

Ⅳ-2-21 滋賀県愛荘町のこけらずし
（平成18年7月撮影）

ほぐしたサバの身を浸ける。なお、酢と砂糖は同量、塩はその15％程度で、酢と砂糖が1カップ、塩大さじ1杯が基本である。

ご飯を炊き、よく蒸らしてから、あら熱を取る。まだ熱いうちに、サバを浸けておいた酢を、サバの身と一緒に、サックリ混ぜる（写真Ⅳ-2-19～Ⅳ-2-20）。サンショウは香りが出るよう、よくたたき、紅ショウガを細かいみじん切りにして、上から振りかける（写真Ⅳ-2-21）。

このすしは、暖かい時はもちろん冷めてからも、なま臭みをまったく感じなかった。普通であればショウガで臭み取りをするとか酒を振るとかするものであるが、そんなことにまったく手を加えることはなかった。やはり、サバを焼いてあることが理由であろう。

（3）焼きサバのやりとり習慣

春の農繁期が終わると「五月見舞い」と称して嫁の実家からあいさつに訪れた。その手土産は焼きサバと決まっており、隣近所へも1軒に2尾ずつ分け与えられるほどたくさん持ってきた。もらった家では焼きサバですしを作ったものだった。それが田植え終いの光

景で、家族全員で無事田植えを乗りきったことのお祝いであった。

いわば祝儀物であるサバは、保存のため、今とは違う焼き方であった。冷蔵装置のない時代、5月末という初夏に、長い間もたせるために準備する焼きサバだからであろう、しっかり焼いたためである。この日のサバは、魚屋に頼んで焼いてもらったものだが、日持ちさせることを念頭に入れていないので、仕上がりが少々やわらかかったが、昔通りの作り方なら、サバはもっと固いはずである。すしも、やや「固い味」になったという。

このサバを振る舞う習慣は湖北のものであるらしい。焼きサバには竹串が刺さっていたという。この習慣は若狭（小浜）のものである。湖北には今でもさまざまなサバ（若狭のサバ）料理の伝統がある。

ただし、今日の湖北で焼きサバをすしにする例はなく、このすしは愛荘（地元の人は合併前の「秦荘（はたしょう）」と呼ぶ）付近特有のものであった。そして秦荘では今、この風習は廃れてしまった。その場に居合わせた町内会長が「小さい頃に骨取りをやらされた」という感想を述べた以外、だれも聞いたことがなかった。吉岡氏の例では、実家が焼きサバを出してくれたという。同氏は昭和7年生まれで実家は豊郷町だが、両親は九州出身だからこんな風習は知らず、サバのことは近所の人に教わった。すしは、吉岡氏自身は食べたこともみたこともなかった。一方、湖北の方ではサバを贈ることは今だ健在の習慣で、秦荘から湖北へ嫁に行った娘が、母親に、サバを贈る習慣のことを尋ねてきた。当然、秦荘に住む母親（50代後半）は、そんな習慣があったことさえ知らなかったという。彦根市鳥居木でも、焼きサバを贈ることがなされている。

なお、大正3年生まれの吉岡みわ氏は、地元ではたった1人になってしまったすしの証言者である。昔の話を聞くつもりであったが、約束の日の朝、お体を悪くされ、その日のうちに入院であった。もちろん、お話を聞くことはできなかった。唯一の証言者は、こうして消えていってしまうのである。

（4）こけらずしの名称

名称は「こけらずし」と称していたというが、老人の記憶のことで、よくわからない。それほどまでに、このすしの印象は地域の人々にとって薄い。今はこのすしを称して「焼きサバのこけらずし」と呼ぶ。一般に「こけらずし」というと生サバのすしをいうことが多い。

竜王町の「こけらずし」とは、直接の関係はみつかっていない。

1-5 甲賀市甲賀町鳥居野のふじずし
（1）ふじずしについて

この料理は鳥居野地区の郷土料理であるが、すべての家で行っているのではなく、バンバスジ（大鳥神社の前の道で、鳥居より内側を参道（サンドウ）といい、外側をバンバという）の家でのみ伝わっている。よって甲賀町はもちろん鳥居野でも知らない人がいて、秘伝でもないのに「秘伝」といわれたりする。今回話を聞いたのはバンバスジに位置する家の増井朋子氏と奥村千恵子氏である。

時季は7月23日、24日の大鳥神社の祭礼、通称「大原祇園祭り」の時によく作られる。

地元では相当大きな祭りで、県の重要無形民俗文化財にも指定されている。話者の増井家は、その社家である。

さて、「ふじずし」とは何か。実はこの単純な疑問に答えられる人はいなかった。教育委員会や商工観光課では「フジの葉っぱを使う」といわれるばかりである。俗に「藤の葉で包むすし」といわれているとは耳にするが、実際、あの細い葉ですしを包むことができるのか、不思議であった[注8]。甲賀町特産加工グループ連絡会のホームページには「ふじ寿司：昔から甲賀町は配置薬買が盛んで、ふじ寿司は行商のため日持ちのする食品として持参されていた。現在は一部の地域の行事食として残るものである」と説明があるものの、肝心の写真はない[注9]。

答えは、「ふじ」とは「藤」のことであるが、通常のものでなくクルマフジ、すなわち「クズ（葛）」のことであった。ただし、クルマフジという名を知っている人はほとんどだれもいない。「ふじずし」は正式には「藤の葉ずし」といい（これも、今はほとんど、そう呼ぶ人がいない）、すしご飯をクルマフジ（以下「クズ」と記）の葉で巻くものだった。

（2）材料と製法

まず、クズの葉を取る。クズの葉はマメ科の植物のため葉が3種類あって、中央の葉っぱがズレがなくてよい。虫の食ってないものや色形のよいものというと案外少なく、すぐに半日くらいたってしまう。近ごろは無くなったのでよいが、昔は農薬の空中散布があり、人里のクズの葉では危なく、ずいぶん山奥まで行ったものである。すしは、米の分量は1升で約80個くらいを目指す。よって、クズの葉は100枚程度であろうか。これをよく水で洗い、ふきんで水気を落とし、最後の点検をする。この状態で冷蔵しておいてもよい。この葉っぱの準備ができたら、すし作りの半分は終わったようなものである。

具は、サケ、シイタケ、湯葉である。サケは昔は塩ザケで、祭りが近づくと伊勢から売りに来た。近ごろは美味なので生ザケを使っている。これを塩でしめ、塩と酢に漬け込む。2時間ほどでよいというが、食中毒が怖いので、この日のは、ひと晩漬けた。シイタケは甘辛く煮る。が、普通の煮シイタケよりも甘味は少ない。湯葉は干し湯葉を切って、生酢（砂糖も塩も入れない）に漬けておく。

すしご飯を握る。よく冷ましたご飯で、ゴルフボールよりも2まわりほど大きい。これを、3人（増井氏、奥村氏、増井氏の嫁）で握る。全部で76個できた（**写真Ⅳ-2-22**）。かつてはこの仕事は近所の主婦が集まってワイワイ楽しくやったものだという。ご飯を準備するのも大変で、昔は3升や4升は炊いたため、釜がひとつではたりない。ひと釜たいたらまた次の釜を準備する…。こんなことを1人でやっていたら気が滅入ってしまう。ご近所の奥さんたちが集まって、「ここの家が済んだら次は○○さんの家。その次は○○さんの家…」と、家を渡り歩いていったものだという。

クズの葉っぱを、テカテカした方が内側になるように置き、その中央にご飯を乗せ、上に3種類の具を乗せる（**写真Ⅳ-2-23**）。この時、順序や位置に決まりはない。これをクズの葉っぱで、「巻く」のではなく、きれいに外気を遮断するように「包み込む」。こ

Ⅳ-2-22 滋賀県甲賀市のふじずし作り
（平成17年7月撮影）
すしご飯を握ってクズの葉で包む

Ⅳ-2-24 滋賀県甲賀市のふじずし作り
（平成17年7月撮影）　箱に詰めたふじずし

Ⅳ-2-23 滋賀県甲賀市のふじずし作り
（平成17年7月撮影）

Ⅳ-2-25 滋賀県甲賀市のふじずし
（平成17年7月撮影）

れをすし箱に詰める**（写真Ⅳ－2－24）**。クズの葉は、若いものは少し黄緑色でやわらかい。このやわらかさが落とし穴で、うまく包めない。また若い葉で包むと、漬け上がって食べる時に葉の色が変わってしまうため嫌われる。少々黒ずんだ葉がよい。すし箱は、指物屋に頼んで作ってもらった。1段が高さ30センチくらいで、中身は中ぶたで3段に仕切れる。約1升の米が漬けられる。足りなければもうひとつ段を足して、2段にすることもできる。1段に25個ほど詰め、いったん落としぶたを置いてしめ、また落としぶたをはずして中ぶたを敷き、さらに1段並べる。これを繰り返して、最後に落としぶたを閉めて重石をする。増井家では5キログラム程度の重石を乗せたが、重ければ重いほどよい。このまま半日ほど置く**（写真Ⅳ－2－25）**。

（3）ふじずしの現状と未来

　クズの葉を使うすしというのは全国でもここだけしかない、めずらしいものである。今でも、すし自体は健在で、まだまだ作られている。中身も、サケ、シイタケ、湯葉の3種類であると決まっていたという。

IV-2-26 滋賀県甲賀市の「錦茶屋」のふじずし
（平成17年7月撮影）

　最近は人気が出てきて町の講座の「男の料理教室」や中学校の総合学習にも採り上げられた。簡単であるし、おいしくて人気がある。増井氏も奥村氏も滋賀県が選ぶ「滋賀県農の匠」で「甲賀七彩名人」に認定されている。今ではできるだけ広まってくれればいいと思い、講習会などを開いて普及に務めているが、市よりも県からの方が要請は強いという。また、「ふじ寿司やよもぎもちを使った出前講座は町内の七小中学校の総合学習に位置づけられている」として食の伝承活動にも重点を置き、好評を誇っている（前出ホームページより）。中学校1年生の総合学習では料理は選択制となっているが、とくに希望者が多い。ただ、実施時期が11月で、クズの葉がない。やむなくサランラップで代用したという。

　ふじずしは、立派に生き続けている。市でも県でもよいが、これからもよきパートナーとして、このすしを作らせてやってほしいものである。

　なお、甲賀町大原中（通称、田堵野）の「錦茶屋」では、このすしを商売にしている。10個入って700円（平成17年＝2005　7月現在）である。具は、サケとシイタケとゴマであった（**写真IV-2-26**）。興味深いのは葉の使い方が逆で、テカテカしている側が外側を向いていることであった。筆者には、主婦たちが作っている方が「清潔（クズの葉っぱの裏側は結構毛羽立っていて、ご飯がくっつきやすい）」であるように思われた。

❋ 2 京都府京都市に北接する地域のサバの発酵ずし

2-1　高島市朽木の「サバのナレズシ」

（1）「サバのナレズシ」

　京都へのサバ街道沿いのサバずしとして必ず例に挙がる滋賀県高島市朽木（旧・朽木村）のサバずしについて、簡単にまとめておこう。地元では「サバのナレズシ」と呼んでいるが、正確には発酵ずしの中のナマナレ、しかも、糀を使わないという意味では「古式ナマナレ」に属する。

（2）材料と製法

　以下、平成3年（1991）の『聞き書　滋賀の食事』にもとづいて略記する。

　サバは25～30センチ前後のものを使う。5月中旬ごろ、若狭から売りに来る塩サバを買う。腹は取ってあり、卵も処理をして取ってある上、塩気はしっかり効いているため、サッと洗って目玉を取り除く程度で下処理は済む。

　ご飯は普通に炊く。米1升に2～3合の塩を混ぜ、サバの腹にご飯を抱かせる。桶にこのご飯を厚く敷き、サバを桶に詰める。1段並んだらサンショウの葉を散らし、塩ご飯を置いて平らにしてまたサバを並べる。最後ま

Ⅳ-2-27 京都府高島市の「サバのナレズシ」
（平成17年6月撮影）

Ⅳ-2-28 京都府高島市の「サバのナレズシ」
（平成17年6月撮影）

で詰めたらふたを閉め、強い重石を置く。3日もすれば上に隙間ができるので、濃い食塩水を入れ、涼しい場所に置いておく。

　食べるのは、約5か月程度の発酵期間をおき、だいたい10月頃である。ひと晩「逆押し(さか)」しておく注10。切る時は、5ミリほどの厚さに切る。切りにくい時は、少し冷凍するとよい**（写真Ⅳ－2－27〜Ⅳ－2－28）**。地元商工会ではこのすしを「鯖酪」「海のチーズ」と称して宣伝用リーフレットを作っているが、そこには和食ばかりでなく、サラダやマリネといった洋食への利用もうたっている。

2-2　京都市左京区久多のサバずし

（1）久多のサバずし

　地元では単にサバずしと呼んでいるサバの発酵ずしである。以下、同地区在住の足立ハツ氏に聞く注11。

　毎年6月中旬に漬けて10月下旬にふたを開ける、約4ヶ月の漬け込み期間を持つすしで、昔は祭りの後で作った注12。材料はご飯と魚と塩だけとを原則とする、古風なすしである。以前は同地区では皆漬けていたというが、今ではこのすしを作る人は数少なくなったという。

　足立氏は自分の主人のために漬けていたのだが、最近は、「京都（市内）」の一流の「お茶屋さん（料亭）」から注文が入るようになった。「お茶屋さん」は客に出したりもするが、何本かはなじみ客に分けてあげたりするのだという。

（2）材料と製法

　ご飯は前日に炊いておく。普通の固さでよい。これが暖かいうちに塩と酒を混ぜる。塩と酒の分量は、足立家では、米1升につき塩1合5勺、酒7勺である。この混ぜ具合は各家庭によっていろいろで、酒ではなく酢を使ったり、酒も酢も用いない家もある。米は、サバ1本につき1合、サバが30本に対して米が3升炊く。こうしてすし漬けの当日を迎える。

　すし漬けは、大きなプラスチックの樽に分厚いビニール袋を敷く。まず、バラバラとご飯を入れる。

　サバは塩サバで、背開きになっている。これを軽く水洗いし、ご飯とサンショウをはさ

Ⅳ-2-29 京都府京都市久多のサバずし作り
（平成17年6月撮影　サバにご飯を詰める）

Ⅳ-2-31 京都府京都市久多のサバずし作り
（平成17年6月撮影　桶にサンショウを満たす）

Ⅳ-2-30 京都府京都市久多のサバずし作り
（平成17年6月撮影　サンショウの葉を詰める）

Ⅳ-2-32 京都府京都市久多のサバずし作り
（平成17年11月撮影　桶からすしを出す）

む。頭の方からご飯を入れ尻尾の方まで詰めるが、分量としては多くない。先に「サバ1本に1合」としたが、1本のサバの中に1合の米を詰めるわけではない。サバの外側に詰めたり振ったりするものも含んでいる。このサバを樽に漬けてゆく。サンショウは若い芽だけを採る。軸も本来入れないが、この初夏に出た若芽の軸はやわらかく、これなら入れてもよい。入れる分量は、米の半分くらいである。ただ、やっている方は鷹揚なもので、適当な量をつかんで入れているしかみえない。

　サバとサバの間にすき間ができるが、そこにご飯を詰めてゆく。ただし、「しっかり詰める」というよりはかなり「いい加減」で、すき間が「埋まる」というほどでもない。漬け上がった時、サバが1尾ずつ取り出しやすくしておくためであろうか。

　こうして7〜8尾並べて、1段が詰め終わる。1段が詰め終わるとご飯を振り、サンショウを多めに乗せる。ただこれも、あまり徹底的に乗せるわけでもない。下のサバがみえるかみえないか、になるくらいである。サバは、腹を上にした方が「ずれない（取り出す時に取り出しやすい）」という**（写真Ⅳ－2－29〜Ⅳ－2－31）**。

　次の段も同じである。7〜8尾漬けたら2段目も一杯になる。再びご飯とサンショウを

Ⅳ-2-33 京都府京都市久多のサバずし
（平成17年11月撮影）

振り入れるが、今度はご飯もサンショウもしっかり振る。今度は、サバもみえない。サンショウも惜し気なく使う。続いて3段目と4段目は1段目と2段目と同じく「弱い仕切り段」で仕切って、最後は、再びご飯とサンショウで終える。最後のサンショウを詰めた後は、塩を1つまみ入れる。中の層には魚やご飯から塩気が出るが、最後の層には塩気がないからである。ご飯は、とにかく「ケチったらダメ」だという。

樽は、ビニール袋を閉じて落としぶたをしてから15キログラムの重石を2個置き、その上からまたビニール袋をかぶせて、再び15キログラムの重石を2個置く。置き場所は漬け物工場の倉庫で、ここで約4ヶ月間、発酵させる。昔は水が上がったらすぐ取り換えたというが、今はしないという。

10月下旬、ふたを開ける。筆者は期日の都合が合わず11月下旬に写真を撮ったが、漬け込み期間は約4ヶ月半である。発酵ずしといえば独特なにおいがするものであるが、においがない。すし桶はどこか別の所に片づけたのかと思っていると、重石をあける音がして、奥の方からサバずしの桶が出てきた。においが出ないような工夫はしていないという。本人たちは意識していないようであるが、漬ける時に混ぜた酒が影響しているのかもしれない。

桶からすしを1尾分取り出すまでの工程は次の通りである。

まずふたを明け、最初にみえるのが、色の黒ずんだサンショウである。これを取り除いて、ご飯を引っかくと、腹を上にしたサバがみえてくる。サバを1尾分掘り起こして取り出し、魚のまわりについたご飯だけ除く。こうしてようやく、サバずしが外に出る。サバずしは、糀を入れない古風なものである。ご飯がねっとりとしているのは酒による影響であろう（**写真Ⅳ－2－32**）。

盛りつけは、普通のサバずし（早ずしのサバずし）よりも薄い。これをサバの姿を想定し、形よく並べる。両側に頭と尻尾の部分がくるが、あえて頭と尻尾を皿に立てて盛る。こうすると、サバが威勢よくみえるためだという。薄く切りづらい時は、軽く冷凍させるとよい（**写真Ⅳ－2－33**）。

足立氏のサバずしは1本1800円（平成17年＝2005　6月現在）で、結構な値段である。だが、昨今のサバの値上がりを考えれば納得させられる価格であるし、なにより、このすしの立派なサバとまろやかな酸味を味わえば、それでも安いと思わせてしまう。

（3）京都市左京区久多というところ

久多は京都市左京区にあるが、左京区といっても一番端である。

久多地区内の地図をみると「学校」と書いた建物がある。しかし今は「ふれあいセン

ター」となっている。昔は学校があったが、児童がいないため、ずっと休校だったという。何年かたって児童ができても教育委員会から「再開校するには年間1億円」といわれ、代わりに3校の名前を挙げられて「自由に選べ」とのことになった。この時、一番近い京都市立の小学校は八瀬であり、車で小1時間かかるところであった。残る2校は滋賀県の大津市と朽木村の分校で、結局、大津市の葛川(かつらがわ)小学校へ通うようになった。かかる時間は車で10分足らずである。このような有り様で、京都市内というのは名前ばかりのところである。

　さて「久多はサバの道にある」とはよくいわれることであり、それはここへ来てみてよくわかる。いわゆる「京都市内」とはまったく異なる山の中である。

　この久多地区の東側、つまり滋賀県側は「江州裏街道」筋である。大津市と北東に接するところに「朽木村（現・高島市）」がある。朽木といえばかつて日本海岸・若狭から京都市内へサバを運んだサバ街道の道中で、若狭―朽木―久多―大原―京都と道はつながっている[注13]。なお、久多は何にでもサバを使うところである。「ぬた（ネギやワケギの酢みそ和え）」にも粕汁にもサバを入れるという。やはり、サバ街道の道中である。

2-3　南丹市美山町のサバずし
（1）美山町のサバずし

　南丹市は平成16年に誕生したばかりの市である。訪ねた美山町は、以前は北桑田郡美山町であり、美山町洞地区は旧・鶴ケ岡村にある[注14]。鶴ケ岡には諏訪神社があり、この秋祭りがサバずしに最適なシーズンである。

　洞地区はもちろん、美山町ではまだ結構な人がサバずしを作っている。ただその漬け方はいろいろで、酢を全く使わないところ、頭骨の中の目玉をとらないところ、サバの身を2つ割りにしてしまうところなどがある。また、今は全部他人任せにする人が多く、おかげで他者からの依頼で生計を立てる者も多くなった。

　以下、洞公民館にて、芝原綾子氏と氏が代表を務める食生活改善グループ「洞しゃくなげグループ」のメンバーの岡本光栄氏と松井宣枝氏に話を聞く[注15]。

（2）材料と製法

　このすしは9月末に漬ける。材料は塩サバとご飯、酢と塩が少々である。サバ1尾につき7勺のご飯を詰めるが、「詰めご飯（サバとサバとの間に入れるご飯）」用を見込んで、サバ1尾に対し米8勺を用意する。サバが200尾準備してあるため、米は1斗5～6升炊いた。

　塩サバは若狭の産である。昔はひと月くらい塩をして、魚屋が山越えで持って来る。その中から小ぶりのものを選ぶ。大サバでは脂っぽいし、外皮も剥かなければならないからである。

　塩サバは水洗いしながら、背骨と目玉を取り除く。ヒレや小骨はそのままである。これをひと晩、生酢に浸ける。ご飯は、新米だと水っぽいから古米がよい。1割ほどもち米を入れ、酒を少々混ぜて炊くのがコツである。普通か普通よりやや柔らかめに炊き、炊き上がったら塩サバを浸けておいた酢をパッパッ

と散らす。これは味をつけるほどのものではないが、ご飯に味をつけるのはここだけである。

あら熱が取れたら、ご飯をまず「ソフトボール」くらいにまとめ、さらに熱が冷めたらラグビーボール型に形をまとめていく。その後、サバにラグビーボール状のご飯を抱かせる。一旦詰めた後、サバの口に笹の軸を差し込み（笹の葉の裏表は関係ない）、笹の葉の上にサバずしが乗るようにして、まとめて布巾で形を整える**（写真Ⅳ－２－34）**。笹の葉はクマザサで、普段だったら周辺の山で採れるが、採れない年は７月くらいから採って冷凍保存しておいたものを使う。なお笹はサバ１尾に３～５枚ほどいり、単純計算で600～1000枚採ったことになる。鹿の食害もあって、笹の入手には苦労する。

このサバを桶に詰める。桶の底に笹を敷き、サバを並べる。この時、笹が下に来るように置く。１段に６～10尾で、１段詰め終わると笹の葉を敷き（これも裏表は関係ない）、次の段へと移る**（写真Ⅳ－２－35）**。こうして漬ける桶の８分目くらいが漬け終わると、

Ⅳ-2-34 京都府南丹市のサバずし作り
（平成17年9月撮影）「ラグビーボール」状のすしご飯をサバに抱かせ、ふきんで巻く

Ⅳ-2-35 京都府南丹市のサバずし作り
（平成17年9月撮影） 桶にサバずしを並べている

Ⅳ-2-36 京都府南丹市のサバずし作り
（平成17年9月撮影） 最後に並べるサバの中骨

最後は「詰めご飯」である。これは最終段のみにおこなう。サバにご飯粒の跡がつくのが嫌だから笹の葉を敷き、その上にご飯を乗せるのが詰めご飯である。あらかじめ握っておいたご飯を丁寧に詰め込んでゆく。このご飯は、普通は食べないが、一緒に食べてもよい。初心者は焼いてから食べるとよい。こうしてまんべんなくご飯を乗せたら、最後に、サバの中骨（塩サバから取り除いたもの）をご飯の上に並べる。これは、やる人とやらない人があるが、芝原氏たちは「これをしないとダシが出ない」という**（写真Ⅳ－２－36）**。

落としぶたをして、重石を乗せる。重石に

使うのは石臼と漬け物用の重石で、70〜80尾漬けの桶で50キログラムくらいだという。これを1週間保存して、発酵させる。桶を置いておく場所は、土間ではやや発酵が悪く、畳の部屋に敷き物を敷いて置いておく。ひと晩はこのまま放置し、「空押し(からおし)」という。翌日からは、落としぶたの上に水を張る。水がボコボコ入るようだったら「詰めご飯」の具合がよくなく、水っぽいすしになってしまう。「洞のすしは美山一」と自慢するだけあって、作業の手際はすこぶる早い。とくに、塩サバの身にご飯を詰め込む過程は目を見張るものがあり、200尾を漬けるのに、4人で4時間少々である。

できあがりは、約1週間後である。たとえば9月27日に漬けたすしは、10月5日に口開けの準備をする。10月5日は「逆押し(さかおし)」と称し、重石ごと桶をひっくり返す。これで1日置き、翌日が口開けである。

サバずし桶の口は、漬け込んでから9日めに開けた。芝原氏によると「1日よけいに漬けた」という。なんでもその1日が重要で、味も微妙に変わるらしい。味は、全然くさみがない。そして姿ずしなら気になるはずの外皮が、全く気にならない。また、漬ける時は酢の味などしないに等しかったが、酸っぱくなっている。しかも、発酵くささも出ていない（**写真Ⅳ−2−37**）。

「詰めのご飯」も残してあった。おにぎりにして、さらにフライパンで焼いたという。なるほど、焦げ目がついている。単なる塩味のおにぎりではなく、酢の味とも違う。これを芝原氏は「サバの（中骨の）ダシがご飯についたのよ」というが、そうだとすれば、サバの中骨をご飯と一緒に漬けるというのは、ものすごい知恵である。

なお、すしは寒くなるとだめだそうで、11月に入ると、もう発酵しないという。このすしの季節が終わると、年末行事の始まりとなる注16。

（3）鶴ヶ岡の秋の祭礼

祭りは、鶴ケ岡では4ヶ社で、10月4日から7日、どこかで開かれている。洞地区の八坂神社は7日である。

最も大きい諏訪神社の祭りは「棚野千両祭」ともいい、10月5日である。その前日に「前夜祭」と称し、子どもによる（昔は大人による）奉納相撲がある。大人たちはそれをみながら、明日の準備をしてしまうと、各家のすしを持ってきて、酒を飲みながらの「味見品評会」となる。ただしこれは男だけが参加するもので、女の人はそこでどんな話をしているのか知らない。

30年に1度は「大祭り」と称して、4ヶ村から「練り」の行列が出るなどいつもより盛大に行う。平成17年がそうであった。昔は50年に1回だったという。ただ、平成16

Ⅳ-2-37 京都府南丹市のサバずし
（平成17年10月撮影）

年から、祭りはいつでも「10月5日」ではもう無理だといい、直近の日曜日に行うようになった。また、15年めの祭りは「中祭り」といって、「大祭り」ほどではないが、いつもよりやや盛大に行われる。

（4）すしのパック売り

現在、芝原氏らのサバずしは、祭り用のパックとして売られている。5日に「逆押し」をし、6日に口開けでパックに詰め、7日から店で売る。芝原氏たちは、「サバずしが安すぎて、もうけが出ない」とこぼしながらも、彼女らが作るサバずしは「洞のサバずし」として名高い。

すしの漬け込みの時で、予約が150尾あり、あとの50尾が店に卸す分だという。その予約も、「1尾だけ」「2尾だけ」という注文が多い。そんな分量では各家々で漬けるわけにもゆかないはずである。ちなみに、注文してくれた家にはすべて配達する。「だから、収支はトントンか赤字」だそうだ。

口開けの際には予約数がもっと増えて、祭り当日に売るのが10尾くらいになっていた。予約注文分は1尾ずつアルミホイルで包み、自宅へ届けた。祭りのために売るのはビニールパック入りで、ラベルもついている。「多少はキレイにせにゃいかん」という。

小型のもので650円である（平成17年＝2005　9月現在）。「せめて750円で売りたいわ」というが、予約者の年代層をみると老人のひとり暮らしが多い。芝原氏たちは「無理だわねぇ」と諦め顔である。

2－4　京都市右京区旧京北町の「ナスビずし」

（1）「ナスビずし」

京北町も旧・北桑田郡で、平成16年の4月から京都市右京区になった。周辺は「北山杉」の産地として名高く、今でも床柱用材などを中心に産出している。小浜からのサバ街道は何本もあり、この旧・京北町も街道沿いにある。小浜、高浜あたりの魚は朽木経由の道よりもこちらを運ぶ方が主であった。

「ナスビずし」は旧・京北町のみ、しかも弓削地区にしかみられない、独特でめずらしい文化である。毎年の秋祭り（10月14日、15日。今は直近の土日曜日）にはサバの棒ずしを作るが、その際にアラとして出た頭、中骨、ヒレなどを再利用して発酵させる。ナスも一緒に漬け、名前も「サバずし」「サバのナレズシ」ではなく、「ナスビずし」と呼ぶ。今ではぜいたくになって、魚の身も使う[注17]。また、祭りの時でなくとも、好きな人は、秋になれば作るという。

右京区京北上弓削町中ノ町の、田中誠氏、敏代氏夫妻に作り方を聞く。誠氏は地元の高校の林業の教員であり、辞めて10年ほどになる。林業科があるのは京都府ではここ1校だけなので、転勤はなく過ごしてきた。つまり生え抜きの京北町の人である。

（2）材料と製法

材料は、米1升に対し塩サバ（尾頭つき）が3尾、秋ナスが20本くらいで、あとは塩が目分量である。サバは、前夜、少しだけ塩を塗ってある。

塩サバは2枚に下ろし、あとはひと口大に

IV-2-38 京都府京都市京北の「ナスビずし」作り
（平成17年9月撮影）　サバを切り刻む

IV-2-40 京都府京都市京北の「ナスビずし」作り
（平成17年9月撮影）　材料を混ぜる

IV-2-39 京都府京都市京北の「ナスビずし」作り
（平成17年9月撮影）　皮を剥いたナス

IV-2-41 京都府京都市京北の「ナスビずし」作り
（平成17年9月撮影）　桶に詰める材料

切る。頭も尾もヒレも、みな食べやすい大きさに切り刻む（写真IV－2－38）。ナスはどんなものでもよいが、秋のナスゆえ小ぶりである。ヘタを取ってから皮を剥き、2つ割りにし、水に浸ける。さらにアクを取るため、1～2センチほどの小口切りにして、再び水に浸ける（写真IV－2－39）。浸けておいた水は、アクが出ていた。ご飯は炊き上がった後、よく冷ましておく。昔は冷やご飯も入れてすしにしたというから、とにかく冷めた方がよい。

　たらいにご飯を入れ、サバとナスを3分の1ほど混ぜる。よく混ぜたら残りのサバとナスをまた3分の1ほど混ぜ、かき混ぜる。そして、残りを入れてまたかき混ぜる（写真IV－2－40）。この時、好みに応じて塩を混ぜる。塩はサバからも出てくるが、ナスから水が出てくるため、加減がむずかしい。よく混ざるとご飯にサバとナスの味が「しゅんでくる（なじむ）。ナスもねっとりとなじんでくる。漬ける人はこの時のご飯の具合で塩加減をみるのだという。

　これを桶の中に詰める[注18]（写真IV－2－41）。桶は、昔は木桶を使っていたが、今は鍋にビニール袋を敷いて使っている[注19]。先のご飯（とサバとナス）を造作なく詰めて、

Ⅳ-2-42 京都府京都市京北の「ナスビずし」
（平成17年10月撮影）

ビニール袋でふたをし、落としぶたをして、重石を乗せる。このまま、涼しいところに置いておいて、約10日〜2週間で食べられるようになる。

「ナスビずし」は漬けてから10日めには食べられる[注20]。盛られたすしにはまったく生ぐさみはなく、ナスにもにおいが移っていない。どろりとした食感が印象深い。ご飯が少し塩辛く、また酸っぱすぎるような気がしたが、サバとナスはむしろ塩が足りない。このあたりの味つけは家によって異なるのであろう。誠氏は「こんなようなもんだ」と満足げであった**（写真Ⅳ−2−42）**。

サバは骨も混ぜているが、いわれなければ気づかない。また、どこが頭でどこが尻尾かもわからない。すべてが発酵によってまろやかに仕上がり、骨も皮もなくなっている。ナスは、これもいわれないと気づかない、それくらい無味無臭である。

昔は農作業の手間どきに重宝され、ご飯のおかずになった。「メシ（すし）がメシのおかずになる」と誠氏は笑う。また、酒の肴には重宝され、誠氏のおじいさんはとびきり大好きだったという[注19]。

ところでこの地区に行った時、なぜこのすしを「サバずし」と呼ばないのか不思議に思ったが、この村の「サバずし」は「サバの棒ずし」がある。また、このすしに使うのはサバの頭骨や中骨や尻尾といった、くず同然の部所ばかりである。考えてみれば「サバずし」や「サバのナレズシ」などといった名称は、「ありがたすぎて」つける気にはならなかったのであろう。魚は廃物利用で、新たに準備するのはナスだけである。したがって「ナスビずし」である。

（3）ナスビずしと行政

「ナスビずし」を作れるのは田中氏たちが一番若い世代で、それより若い年代は食べたこともないだろうという。田中氏夫妻に、これを売りに出してはいかがかと聞いてみた。敏代氏は「売り出したいのはやまやまなんですが、見栄えが悪いし、だいたい若い人は食べないでしょ」との話だった。旧・京北町役場も、名物として売り出すことを考えてはいない。

しかし先にも触れたとおり、このすしの最大の特徴は「残り物のリサイクル」ということである。こんな例は全国でも聞いたことがない。その意味でも、このすしがなくならないだけの保護はしてほしい。今なら、まだできると思うのである。

❋ 3 郷土ずしの未来

ここの前半で紹介したのは、湖南地方の一部地域に伝承されるすしである。この地方には、こんなにも郷土色豊かなすしがある、も

しくは、あった。しかしながら、これらのすしの将来を考える時、少々不安にならざるを得ない。

　今挙げた5つのすしのうち、昔ながらの姿を最もよく残しているすしは甲賀市甲賀町鳥居野のふじずしである。「鳥居野地区の郷土料理」として今や人気も出、カルチャーセンターや小中学校の総合学習にも採り上げられている。伝承者が「滋賀県農の匠」の「甲賀七彩名人」に認定されていることも大きい。また、このすしは商品化もされており、その存続は、当分の間は大丈夫そうである。

　次に甲賀市水口町宇川の宇川ずしも、細々とながら続いてゆくであろう。伝承者のひとり、石川氏のような人がおり、彼女らがボランティアで各地を回っている限り、存続はする。考えてみれば小中学校の総合学習というのは、大変大きな機会である。大量の人間に、一時に、同時に、作る楽しさを教え、おいしさを味わわせるのである。これを数年でも続ければ、存続が可能になるかもしれない。今のうちにたくさんの人に食べてもらい、1人でも多くの人にこの味と作り方を憶えさせれば、さらに長い存続が約束されるであろう。ただ、今の状況に甘んじ、「まだなくならない、大丈夫」「ウチがやらなくなっても、まだほかの家がやっている」などと考えていると、蒲生郡竜王町のこけらずしのようになってしまう。このすしは、水口町の宇川ずしほど作り手が多くはない。元学校栄養士で現職改良普及員の福山氏が頑張ってくれているうちはよいが、それが途絶えると伝承も途切れてしまう。すし作りのおもしろさも忘れられてしまう。

　現在、ほとんどの人が「知らない」というのが、東近江市蒲生町のひとかわずしと愛知郡愛荘町のこけらずしである。その伝承と存続の状況は本文中にも述べたとおりであるが、惨憺たるものがある。今回、2つとも作ってもらったのであるが、今思うと、貴重な体験だった。

　後半部は、京都近郊のサバずしについて取り上げた。サバ街道沿いには確かにサバずし（サバの発酵ずし）が存在しているが、ひと口に「サバずし」といっても今回報告した3か所のサバずしはひとつとして同じものはないことがわかった。

　まず、形態的に滋賀県朽木の「サバのナレズシ」と酷似しているのが、京都市久多のサバずしである。これは約4ヶ月の発酵期間をもつ、代表的なナマナレである。材料も、酢や酒を用いることもあるが、基本的にはご飯と魚と塩だけで作る古式ナマナレといってよい。漬け方は、滋賀県のフナずしのように「土用越し」、すなわち夏の土用を越させる。ただ、日本の発酵ずしの中で「土用越し」をさせるものは実はめずらしく、その代表例としてフナずしが挙がる。6世紀の中国で発行された農書『斉民要術』が伝える当時のすしの漬け方の注釈に、「鮓を作るには春か秋がよい。冬は発酵しないし、夏はウジがわく」旨の記述がある。「土用越し」はまさに「ウジがわく」季節に漬け込みをする。これをもって筆者は、フナずしは『日本最古の保存食』ではなく、高度に完成された貯蔵形態だとしたわけであるが、この久多や朽木のサバずしも、夏を越させる点においてはこの『斉民要術』の記載とは異なっている、筆者にいわせれば「高度

に完成された」食べ物であるといえる[注22]。なお、発酵期間が、京都市久多の方が１か月ほど短いが、これの理由がわからない。この１か月を個人的な（あるいは地域的な）好みの差として片づけてしまってよいものかどうか、判断に迷う。

発酵期間が１週間ほどのものが南丹市美山町のサバずしである。これも材料からいって古式ナマナレであるが、小サバを用いて全体的に小ぶり、しかも、発酵期間が極端に短いところが先の久多や朽木のすしとは違っている。また、秋に漬けて土用越しはさせない形態や、典型的な秋祭り用のすしで、正月料理ではないところも違っている。サバの大きさやすしの調製機会が違うのはまだよいとして、発酵期間がこんなにも違うということに、筆者は違和感を覚える。それに、確たる証拠はないものの、調製時期の差、すなわち、土用越しをさせない時期にすしを漬けるか否か、ということも、双方のすしの系統が異なっていることを示しているようでならない。ここでは大いなる憶測をこめて、この２つは、所詮違った食べ物といわざるを得ない、と結論めいたことをしたためておく。

さらに変わったものに、右京区京北町のナスビずしがある。このすしは、先に挙げた２例とは、全く違う位置づけにある。まさに、サバの廃物を利用しているにすぎないものであった。

さてこちらもこれからについて予想してみたい。

京都市久多のサバずしは今後も残ってゆくだろう。とくに足立氏のサバずしは京都の街中から注文がくるほどの人気商品である。これを作るのをやめてしまったら途端に苦情が来るだろう。期待に応えるということがどれだけ存続にとってプラスになっていることか。また、南丹市美山町のサバずしもなくなりはしないであろう。秋祭りの料理として欠かせないという一面はまだ持ち合わせており、各家自慢のすしを持ち寄ることがまだ行われている。一方で、ここの老人たちが担い手となってすしのパック販売がされており、「食べる人数が少なくなって、自宅ですしが作れない」という人たちの「最後の砦」になっている。これはこれで、今後のすしの存続に大きな力となっているだろう。

問題なのは京都市京北のナスビずしである。積極的に残そうとする団体がない。地元の人にいわせても「見栄えが悪い」。行政も無関心である。いくら日本のすしの中でめずらしい形態だといっても、何人の人が理解してくれるだろう。「なくならないように」と、ただ祈るしかないのである。

❋ 4 他地域の例

最後に他地域の例を２例、述べておこう。

ひとつは三重県南伊勢町（旧・南島町）古和浦のツワブキの箱ずしである。ツワブキの箱ずしとは、合間に敷く（はさむ）葉にツワブキの葉を使ったすしのことである。押し箱は東海３県では著名な「ヤジメ型押し枠」を使用するも、箱の中で２段ずつ敷く「２段式」のもので、一般的にみられるものとはやや異なる。

漬け方は、まず一番底にツワブキの葉を敷く[注23]。この時、箱にピッタリ合うよう、葉をあらかじめ直角に切っておく。葉は、中の

ご飯につるつるした面が当たるように敷く。その上にすしご飯を約1合敷き、ふたで平均にならす。そこへ甘辛く煮たニンジンとゴボウを、箱の縁に斜めになるように並べ置く。その上に、ツワブキの葉を、つるつるした方が上になるように置く。さらにふたで平均にならして、約1合のご飯を置き、ハマチとシイタケを並べ置く。このシイタケも甘辛く煮てある。ハマチは、しょうゆ、酒、みりんの混合液にひと晩浸けておいたもので、なまである[注24]。これらを、やはり先ほど同様、縁に斜めに置いてゆく。最後にツワブキの葉を置いて終わるが、この時だけは葉を裏向きに、つまりすし本体には葉のつるつるした面があたるように置く。最後にクサビを打って、翌日までおく。

ひと晩おいたすしはさすがによく絞まっており、とくにハマチは、魚とは感じさせないやわらかさである。ニンジン、ゴボウの野菜くささがなく、シイタケも干したもの特有のだしがよく効いていた。ツワブキの葉は、すしご飯も具も熱くはないのに、ところどころ黒く変色していた。

このすしはほかの土地ではみられない、古和浦地域だけのものである。箱（ヤジメ型押し枠）も地元の大工に注文するとかで、この地方どこにでもあるというものではない。伊勢の方に注文する人もあるという。あるいは、どこかからか流れ着いたのかもしれない。

またこのすしは年中作られるが、厄年の初午（厄年に当たった人の家が作り、縁者に配る）や結婚、出産などの祝い事にはとくに作られたという。ただ、それも昔のことで、いまでは古老のいる家でしか作られない。

Ⅳ-2-43 三重県南伊勢町のツワブキずし作り
（平成17年2月撮影）
島津小学校での製作実演風景

町内で開かれる「未来祭」にも出品された。販売値は、4切れ入って500円（平成17年＝2005 2月現在）で、少々高い気もするが、古和浦以外の地区の人には知られていないため、よい宣伝になったという。また、旧・島津小学校（平成19年より南島西小学校に統合）では教員やPTA関係者らが計画を立て、都合3日間で子どもたちにこのすしを作らせた。指導者は婦人会長の吉田佳知子氏らである。地元に住んでいてもこのすしを知らない子どもたちが多く、喜んですし箱に向かっていた**（写真Ⅳ－2－43～Ⅳ－2－44）**。

しかし南島町は今は南伊勢町となり、島津小学校は南島西小学校に統合されてしまった。ツワブキのすしを他地区の人々や地元の子どもたちに伝えたことはよいことであるが、新しい環境下でこれらのイベントがどう変わってゆくのか、予断は許されない。

いまひとつは、長野県阿智村（旧・清内路村）の箱ずしの例である。ここの「清内路はなもも会」の活動を紹介する。

清内路の名物といえば葉タバコ、カイコ、炭であった。このうちカイコ産業はほぼ全滅

Ⅳ-2-44 三重県南伊勢町のツワブキずし
（平成17年2月撮影）

Ⅳ-2-45 長野県阿智村の箱ずし
（平成20年7月撮影）

し、葉タバコも昭和の終わりとともになくなり、炭は今でもやっている人がいるが、産業としては先行きが寂しい、と、将来展望は誠に暗いものである。しかし葉タバコは、江戸時代には「おいらんタバコ」にも使われていたほど上等で、一時は名前が売れた。その行商も盛んで、手作り花火も葉タバコ商人が三河から移入した。箱ずしの箱も江戸中期に、葉タバコをはじめ木曽の「お六櫛」などを持って京方面に行商に行った村人が持ち込んだと伝えられている。

清内路村は上清内路と下清内路の二つの地区からなるが、この箱ずしは下清内路だけの文化である。上清内路の人が行商に行かなかったというわけではないが、上清内路の人は「何でもうっちゃってしまう（放り出してしまう）」人が多いから、箱ずしの箱をわざわざ持って帰る人がいなかったらしい（下清内路出身者の談）[注25]。

「清内路はなもも会」は平成6年（1994）から箱ずし作りを始めた、有志団体による工房である。それまでは、箱ずしの道具はあるものの使わない家がほとんどであった。もと

もとこのすしは結婚式や子どもの誕生祝い、花火、「かまどタタキ（炭焼きの窯を作って、最後に赤土で塗り固める作業のこと）」など、作る時期は、仏事は別として、特に決まっていない。同会では5月から12月上旬まで、毎月第1と第3の土曜日に、1パック600円（平成20年＝2008 7月現在）で、村の名所「一番清水」において「清内路名物」として売り出している[注26]（写真Ⅳ－2－45）。

具として上に置くものは、昔は「けずりぶし（市販の花かつおを手で揉みほぐし、砂糖としょうゆを加えて煎ったもの）」とシイタケだけであったが、今は「けずりぶし」をはじめタケノコ、ソボロ（サケ）、シイタケ、キヌサヤ、デンブなどで、真夏でなければタマゴ焼きを入れるし、クルミを入れることもある[注27]。要するに、何でもよいのである。

作り方は、箱に笹を敷き、すしご飯を詰める。これを専用ヘラでならすが、昔はヘラなどなく、すし箱のふたを使った。すしご飯の上に具を散らして押し、切って食べる[注28]。昔は「チャツ」と呼ばれる木製皿に盛って食べたという。

Ⅳ-2-46　長野県阿智村の箱ずし作り
（平成20年7月撮影）
箱を「13段」重ねて押している

　箱は地元の大工が作る。複数まとめて押す形態でヤジメ型押し枠によく似ているが、それを持ち運べるような仕組みになっている。白木製であるが、漆をかける場合もある。特筆すべきは箱の段数で、11段、13段など奇数がよいといい、10段もあるが稀だという注29**（写真Ⅳ-2-46）。**

　このように華々しく復活を飾った旧・清内路村の箱ずしであるが、調査に訪れた日は「少なめに作って」40食であった。会員のひとりは「なかなかモトが取れんでいかん」と笑うが、それが一番の問題であろう。過去を懐かしむノスタルジーならいざ知らず、「清内路はなもも会」では工房を構え、道具も新調した。存続は笑い事では済まないのである。

❀ むすびにかえて

　滋賀県民は、いつの時代にもフナずしなどの発酵ずしを食べてきたのではない。ここにはそれ以外にも郷土ずしと呼ぶにふさわしいすしがあったのであり、それらは祭りの時あるいは嫁入りの時、法事の時などさまざまなハレの日に食卓をにぎわせてきた。その意味ではなんら他の地域と差異はない。しかしそれは記録に残ることは少なかった。一方、京都市北郊の人々も秋祭りなどにサバずしを食べる習慣があったのであり、場所によっては今もその習慣は残る。こちらのサバずしも記録に残ることはなかった。

　筆者がこの種の論文を書くのは、ひとつには消え行く民俗事象を書き留めておきたいということがある。こうした断片的な記述でもだれかの研究の一助になり、やがては日本のすしの地域性や歴史、民俗の研究の解明につながるかもしれない。

　いまひとつの理由として、この貴重な民俗が、今後も残っていくか否か、また、どうしたら残せるかを考えることにある。滋賀県では老人施設ですしを提供する場がある一方、子どもたちにすしの作り方を教えている。老人には、すしが昔を懐かしむよすがとなっている。これはこれで、意味あることである。子どもたちにすし作りを指導するのは、すし作りがいかに楽しいものであるかを子どもたちに伝授するためである。しかし重要なのは、若い世代、別に子どもばかりではあるまいが、そうした次の世代にすし作りの楽しさを知らしめることではない。本当に大切なのは、ふるさとの味を伝えることである。ともに同じ食べ物を食べた思い出を持ってもらうことである。この思い出を共有しているからこそ、何10年がたっても、「あのすしはうまかった」だの「どこそこのすしは一番甘かった」だの、話が出てくるのである。つまり、このすしを残すためには子どもたちと高齢者の担当部局、たとえば教育委員会と高齢福祉課のよう

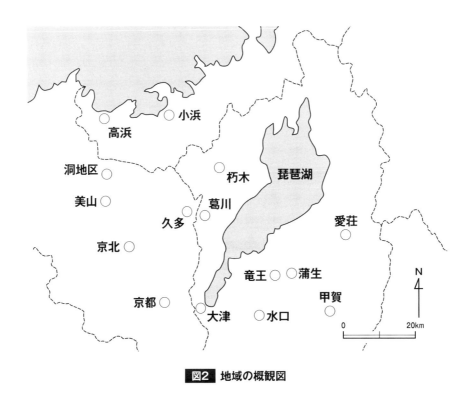

図2 地域の概観図

なところがセットになる必要がある。

　京都市北郊のサバずしでも、同様のことがいえはしまいか。放っておけばなくなってしまうかもしれない田舎のすしが、本来とは違った目的、たとえば京都町屋の土産物として使われていたり独居老人用にパック詰めで売られていたりして、新たな道を進んでいる。それはおおむね将来展望が明るく思える。しかしこれは作り手自らが独自に開発したルートであって、いずれかの団体、とりわけ行政が主導して切り開いたものではない。やはり行政なりが大がかりに関与する必要があろう。

　食べ物を文化として後世に残すには、その食べ物を食べること、味わうこと、そして美味しいと感ずることが第一である。それに加えて、その料理を作り出す工程の楽しさを共有するのが肝要であろう。それが将来、語り合う機会を作るきっかけになる。そのためには、たとえば市役所の○○部が、教育委員会が、と、個別に行うのではなく、もっと広範囲に対処して策を講じねばならないであろう。

❖注
- 注1　正確にいうと、底板がないわけではなく、底板が押し箱に「固定されていない」のである。
- 注2　宇川ずしのレシピが紹介されている書籍として、滋賀の食事文化研究会編

注3　秋永紀子（1998）。
注4　秋永紀子（2000）。なお、この本の中には前述の「宇川ずし」の記載もあった。
注5　注２の滋賀の食事文化研究会編（2001）にひとかわずしの写真だけ、滋賀の食事文化研究会編（2003）にはひとかわずしの文字だけが掲載されている。いずれも、ひとかわずしがどんなすしなのか、説明はない。
注6　滋賀県には、「こけらずし」の名で呼ばれるすしはいろいろある。以前、筆者は「湖西地方で、混ぜずしをこう呼ぶことがある」と書いたが（日比野光敏（2001））、不勉強であった。ここでの「こけらずし」は箱ずしまたは五目ずしである。また、次項の「こけらずし」は「五目ずし」であるが、湖西地方のそれとは違う。認識を改めなくてはならないと感じている。
注7　麦湯行事とは、麦が採れたお礼と五穀豊穣の願いに各地区にある小さな祠を祀るものである。各地で、かまどに大ナベをかけて大麦を煮出す。これを「麦湯」と呼び、アセモに効くといって自宅に持ち帰って飲む人もいる。
注8　宮尾しげをは三重県伊賀上野地方の習慣として、「のりの小巻の上に藤の葉をあしらった」「藤ずし」を揚げている（宮尾しげを（1960））。これなら可能性がありそうであるが、伊賀上野はまだ調査を行っておらず、詳細不明である。甲賀市甲賀町とは一山しか離れていないだけに、興味がある。
注9　ホームページはhttp://www.rdpc.or.jp/h14syoku/kougatyou.htm。なお、前掲（**注2**）の滋賀の食事文化研究会編（2001）に「藤ずし」の写真とキャプションだけはみつけたが、解説はない。藤の葉を知らない人がみれば、藤の葉とはこんなに幅が広いと思うだろうし、藤の葉を知っている人にとってみれば、何の葉が巻かれてどういう理由で「藤ずし」と呼ばれているのかがわからない。また、甲賀は薬と忍者の里であり、一説にはこのすしは「薬屋がどこかから教えてもらって広まった」というが、伝説はそれだけである。このすしがどこから伝わったのかも書いていない。
注10　逆押しの意味は後述の南丹市美山町の項目を参照。
注11　足立ハツ氏も若嫁も、久多の生まれではない。したがって、嫁に来るまでこのすしを知らなかったという。足立氏は初めは食べられなかったが、食べる人があまりおいしそうに食べるので、試しに食べてみたところ、以降食べられるようになった。若嫁は、未だに食べられないという。
注12　足立氏が嫁に来た頃（昭和20年代）、おばあさんから聞いた話である。「昔は、サバずしには身を使うんやのぉて、サバの『残りもん』を使ったもんや。サバなんてもんは祭りの時しか食べられへん。それで、祭りの後がサバずしの漬け込み時や」。もちろん、足立氏はそんなすしをみたことがない。なお、６月19日が祭りの日である。昔は祭りは２日間あって賑やかだったが、今では神主が来てご祈祷があるのみである。それにともなってか、すしの漬け込みも、本来、６月の下旬であったのが５月中旬まで早くする人もいる。
注13　近くの売店で「名物」として売られている朽木のサバの発酵ずしも買ってみた。一見、非常によく似た姿かたちである。特にサンショウをたくさん使っている点は共通している。

注14 鶴ケ岡地区は美山町でも最北にある。岐阜（筆者の家があるところ）までの経路を地元の人に聞いたところ、「鶴ケ岡から岐阜へ出るには、美山町の真ん中なら京都市経由の方がいいが、ここ（鶴ヶ岡から）なら敦賀経由の方が近い」とのこと。なんと山越えで、福井県から入った方がよいようである。この道は、かつてのサバ街道でもある。

注15 地元では「サバのナレズシ」と表記して販売しているが、本当は違う。「昔の人はネズシと呼んだのよ。『寝やす（寝かせる）』から『寝ずし』と呼ぶの。だけどもそれじゃ、よその人にわからないだろうからって、商売をするようになってからかしらねぇ、ナレズシってことばを誰かがどこからか聞いてきてつけたの。いまじゃすっかりそっちの方が通りがよくなって。ネズシっていっても、若い人はどうかしらねぇ、知っているかしら」とは、芝原氏のことばである。

注16 10月20日をしきりに気にしていたので、「10月20日には何かあるんですか」と聞くと、「京都の稲荷さん（伏見稲荷）のしめ縄を作るのよ」という。50メートルもある大縄で、10月下旬のこの地区の行事であるという。「一度は断ったんだけど」、今どきこんな大縄作りを引き受けるところもないらしく、「やむなく」だという。

注17 こういう変化はおばあさんの頃には定着しており、敏代氏が嫁に来た頃には、今と同じやり方を教わった。敏代氏の出は、同じ京北町でもナスビずしのないところである。「おじいさんの話で、聞いたことがあるような気がする」とはいうものの、少なくとも嫁ぎ先ではみたこともないという。

注18 昔、おばあさんが漬けていた頃は、桶の中に、ご飯、ナスビ、サバ、ご飯…という具合に層を作って入れていたものだが、今ではたらいの中で混ぜてしまう。敏代氏は、これを「手抜き」と呼んでいたが、実際のところ「手抜き」なのかどうなのか、わからない。

注19 木桶を使っていた頃は、落としぶたをしてから、ふたの周辺部（木桶の内径よりもふたの外径の方が小さい。つまり、そこだけ外部と触れることになる）に、タテ（タデ）を入れた。タテは軸ごと使い、これを丸くして使ったという。なお、タテは栽培しているわけでなく、山水が出る水路や川の脇に生えている。

注20 平成17年は9月5日に漬けて15日に開けた。その後は冷凍庫で保存しておけば、みた目も味も変わらないという。

注21 対して、誠氏の父（養子）は「からきしダメ」であった。誠氏も若い頃は嫌いだったが、40歳を過ぎるあたりから好きになったという。ちなみに、嫁に来た頃にはナスビずしのことは知らず、作るうちに味になれてきた敏代氏は、その頃は、自分の夫がこのすしが嫌いであることは夢にも思わなかったという。

注22 すしを夏越しさせるのは、技法的に、劣っているか、優れているか、の、どちらかであった。筆者の考えは後者である。日本のフナずしやここで出たサバずしのように「土用越し」させるのは、6世紀の中国より進んだ、高度な発酵技術が確立されたからであると考える（日比野光敏（1993）、本書Ⅱ-2「「古さ」の再認識　滋賀県のフナずしの「原初性」」参照）。

注23 ツワブキは解毒剤として効果があると伝えられる。また、早春のツワブキは葉がやわらかく、そのまま食べられる。このため、他の葉で代用することはない。しかし、

そうでないものは小さな葉が重なっており、面倒きわまりない。だから、ツワブキの葉は取るのが大変である。

注24 ハマチは「よう滲みんと美味ない」から、とにかくゆっくり漬ける。ただし、夏場は「朝に仕込んで、晩に食べる」くらいに、時間も減る。なお、ハマチをしょうゆ液に漬けたものを「べっこう漬け」と呼ぶが、それを使うすしは「べっこうずし」とは呼ばない。隣町の大紀町（旧・紀勢町）錦では「べっこうずし」という（日比野光敏（2010）、本書 Ⅲ–6「東西交流の結末（2）「べっこうずし」の正体」参照）。

注25 上清内路には箱ずしはなく、代わりに葬式の巻きずしが名物であった。かんぴょうとけずりぶしだけを芯にしたものであるが、けずりぶしの味がしみ込んでいておいしかったという。今は巻く人が少なくなった。

注26 ただこの「一番清水」は何の変哲もない泉で、人がいるわけでもなく、自動販売機ひとつない。それでも泉質はよいらしく、遠近から水を汲みにくる人でいっぱいである。

注27 「けずりぶし」の作り方を聞くと「花かつおを手で揉んで…」までは語ってくれるのであるが、そこから先は教えてくれない。ひとつは各家庭でやり方がいろいろあって語りきれないのが理由であるが、要は「企業秘密」であるらしい。「やっぱりけずりぶしがないとおいしくできないわねぇ」とは地元の人の話であるが、たしかにこれが入ると味が締まる。

注28 具体的な手順は清内路中学校がＨＰに書いているので、参照されたい。
http://blogs.yahoo.co.jp/sizenyutakanati/9476554.html

注29 「清内路はなもも会」では道具を新調した。13段のものだが、1基60000円（平成20年＝2008 7月現在）である。ちなみに、専用ヘラも、この時、特別注文した。

❖ 参考文献

- 秋永紀子（1998）「ヒトカワズシ」滋賀県教育委員会編『滋賀県の伝統食文化 滋賀県伝統食文化調査報告書 平成六年度～平成九年度』滋賀県教育委員会。
- 秋永紀子（2000）「ひとかわずし」滋賀の食事文化研究会編『近江の飯・餅・団子』サンライズ出版。
- 滋賀の食事文化研究会編（2001）『つくってみよう 滋賀の味』サンライズ出版。
- 滋賀の食事文化研究会編（2003）『つくってみよう 滋賀の味 2』サンライズ出版。

『日本の食生活全集 滋賀』編集委員会編（1991）『聞き書 滋賀の食事』農山漁村文化協会。

- 日比野光敏（1993）「近江のフナズシの「原初性」 ―わが国におけるナレズシのプロトタイプをめぐって―」『国立民族学博物館研究報告』第18巻1号。
- 日比野光敏（2001）『すしの事典』東京堂出版。
- 日比野光敏（2010）「「べっこうずし」の正体」『地域社会』62号。
- 宮尾しげを（1960）『すし物語』井上書房。

3 保存食としてのすし
福井県小浜市のサバのヘシコずし

✿ はじめに

福井県小浜市ではサバのヘシコずしという発酵ずしを漬ける。

ヘシコとは糠漬けにしたサバやイワシなどのことをいう[注1]。概して若狭地方の保存食とされるが、糠漬けにする地域はもっと広く分布する[注2]（写真Ⅳ-3-3）。サバのヘシコずしとはサバのヘシコを使った発酵ずしのことで、冬場に作られる。全国にサバの発酵ずしはたくさん例があり、若狭付近でも福井県越前地方や滋賀県北部、京都府北部などに周辺地域に分布しているが、サバのヘシコまたは糠漬けサバを使った発酵ずしは福井県小浜市付近にしかない。

平成25年（2013）3月21日、小浜市教育委員会はサバのへしこの発酵ずしを「へしこ・なれずしの製作技法」の名称で無形文化財に指定し、伝統的な製作技法を受け継いで現在に伝えているとして、技術保持者に「田烏さばへしこなれずしの会」のメンバー5人を認定した。文化財に指定されたこと自体は歓迎されることであるが、逆にいえば、かつては大量にあってめずらしくもなかったサバのヘシコの発酵ずしが、今や衰退の陰が心配されるようになってきたことがうかがえる。

さて筆者はこのすしを、次のような理由で注目している。

ヘシコは、それ自体が保存食である。ヘシコは、ひとたび漬けて完成すれば、あとはいつでも、また、いつまでも食べられる。ところがヘシコを発酵ずしに加工すると、できあがりの日持ちは決して長くない。よく発酵ずしは保存食といわれるが、ここではヘシコを発酵させることで、それの保存性は妨げられてしまう。つまり発酵ずしという方法は決して保存食ではないのではないか。

本稿では福井県小浜市周辺でのサバのヘシコの製法、ヘシコずしの製法を書き留める一方で、ヘシコずしの保存性について、若干の考察を試みるものである。

✿ 1 若狭とサバ
（1）古代の都と若狭国

福井県南部の若狭地方はかつて若狭国と呼ばれた。今日では平安期の国宝や文化財クラスの寺社や仏像などがおびただしいことで知られるが、それだけ若狭国は奈良や京などの都と深いつながりがあった。また、「お水取り」の名で有名な奈良東大寺の修二会は同寺二月堂前の泉・「若狭井」から汲み上げた水を本尊に供える法会であるが、この井戸の名前にもあるように、若狭国にまつわる行事である[注3]。また、この「お水取り」に先だって小浜市で行われる神事が「お水送り」である。

これらは単に若狭が都に近いからだけでなく、日本海沿岸部であったことにも関係があろう。古くから港町として栄え、大陸文化を日本に伝える玄関口の機能を持っていたと思われる。時代は新しくなるが、応永15年（1408）、足利3代将軍・義満が死去した際、次代の義持にスマトラから国王の親書とともにゾウを積んだ商船が小浜港に入港した記録がある（『若狭国税所今富名領主代々次第』（さいしょいまとみみょう）（建久7年（1196）〜応永30年（1423））。おそらく若狭から多くの大陸人が上陸したことを

示すものであろう。

また、若狭国は御食国であった。御食国とは古代から平安時代まで贄、すなわち皇室や朝廷に海水産物などの御食料（穀類以外の副食物）を献じた国を表し[注4]、ほかには志摩国、淡路国などが推定されている。いずれも小規模な国ばかりであるが、このようなところが国として成立していたことは、皇室や朝廷にとって特殊な場所であったことを暗示する。

延長5年（927）成立の『延喜式』には、若狭国は10日ごとに「雑魚」、節目ごとに「雑鮮味物」、年に1度「生鮭、ワカメ、モズク、ワサビ」の贄を納めることが規定されている。また調に塩が入っている。それに呼応してか8世紀以降に使用されたと思われる製塩施設が若狭の遺跡で発見されている。住民が毎日に使用する塩を作るためには大規模で、時の権力者が強制的に労働力を集めて製塩させたものと考えられる。

（2）サバ街道と「四十物」

古代より、若狭国から京都への交通は陸上が主であった。小浜から京までの道は数本あり、これは近年「サバ街道」と呼ばれている（図1）[注5]。もちろんサバ街道はサバだけを運んだのではなく、若狭国の産品、たとえば古代から有名であった塩やタイ、中世以降では若狭ガレイなど数々の物品をも運んだ。また小浜は、江戸時代には北前船の寄港地となり、若狭以外の産物をも運ぶようになる。とくに京の都に届けるものは、小浜で荷を降ろしてサバ街道を上った。このようにして若狭国は京都の海産物の供給口となり、サバ街道は若狭と京を結ぶ大動脈に相当した[注6]。

若狭の中心地・小浜には「京は遠ても十八里」ということばがある。「遠ても」は「遠くても」の意味であるが、ここでは「たかだか」「せいぜい」という意味にも取れ、逆に「京は近い」という思いが込められている。18里は72キロメートルで、一昼夜かければ着いてしまう。早朝、若狭湾で水揚げされた海産物はひと塩、すなわち軽く塩をしておけば、京に着く頃にはほどよい味加減になる。京の町ではこれを「若狭のひと塩もの」と呼び、人々から喜ばれた。

この「ひと塩ものを小浜では「四十物」と呼ぶ。「四十物」とは鮮魚と塩乾魚の中間である[注7]。若狭湾産の海産物だけでなく、蝦夷や隠岐、丹後などからももたらされたが、小浜の魚加工の中心を占めるものであった。小浜在の板屋一助が明和4年（1767）に刊行した『稚狭考』には「蒸鰈、口塩の鱈、鼻折小鯛、京にて殊更に賞せらる」とあるほか、「他国より塩魚・干魚の来れるに近江山城両国の祭礼を的に上す時は、一駅馬の賃米二斗に及ぶ」とあり、祭例用の商売も確立していることが知れる。

（3）若狭のサバ

若狭国がサバの産地になったのは、比較的新しい。

『延喜式』主計章によれば、サバを貢納していたのは能登、周防、讃岐、伊予、土佐の諸国であり、若狭は入っていない。江戸時代、元禄10年（1697）刊『本朝食鑑』にも「近頃、サバは能登産が頭が小さく肉も美味、それに次いで越中、佐渡産がある。周防、長門の産はさらに劣る」との旨が記されており、ここ

でも若狭国は出てこない。

しかし『稚狭考』には「昔は能登の鯖とて名高かりしに、能登国には鯖すくなくなりて、本国の方へ魚道付たり」とある。つまり18世紀初頭に能登国産のサバが少なくなり、代わりに若狭が出てきたらしい。同書はまた「一人一夜に弐百本釣り」と大漁であるさまを伝え、西津小松原や下竹原（ともに小浜の漁村）は「近年段々繁昌して戸口多くなりたるなり。鯖を釣事第一の業なり」と付近の漁村の変貌ぶりを述べ、主業はサバを釣ることだとしている。サバは刺しサバ（背開きの塩サバ2尾を重ね、頭を刺してひとつにしたもの）であり、関東の諸国までも名が轟いていた。ただしこれは「夥敷塩製して」とあるように塩をたくさん用いたもので、「四十物」ではない。

ただ、同じ18世紀半ばの『市場仲買文書』には、「生鯖塩して荷い、京へ行き任る」旨の記事がある。この頃から本格的にサバの「四十物」が漬け始められたのだろう[注8]。

ところで、サバのヘシコ、すなわち糠漬けの起源はどうなっているだろうか。

糠漬け自体は古代の「須々保利」漬けに端を発する。「須々保利」とは穀物や大豆を粉にし、水と塩を加えて漬け床にしたものである。ところがこれでは明確な糠が取れるわけでなく、現世のような糠漬けは江戸時代に入ってからとされる。山本巌・山本律彦（2005）は、中国から唐臼がもたらされ、それによる精米技術が進んだ江戸時代の初期が糠漬けの濫觴期としている。同時期の『本朝食鑑』には「塩を合して瓜蔬魚鳥を淹蔵して経年の貯えをする」旨が書かれている。鯖に関しても『稚狭考』が、「昔に替わらぬもの

は鯖のぬかみそいり」と述べている。よってサバのヘシコは明和期以前の、江戸時代初期から中期に求められよう。

✻ 2 サバのヘシコずしの製法

（1）ヘシコの製法

ヘシコの製法は人それぞれであるが、以下は小浜市田烏の森下佐彦氏から聞いたサバのヘシコの製法である。

サバは3月〜5月頃の産卵前の、活きがよいものが適している。これを背割りにしてはらわたを取り、水洗いをする（写真Ⅳ－3－1）。このとき目玉を取る人もある。塩漬けするとき、塩が身にまわりやすくするためである。また、昔は頭を取ってしまうことがあった。塩を節約するためである。

桶に背割りしたサバを開いて入れ、「塩押し（塩漬け）」をする。1層終わると塩をまく。塩は、サバ150尾に対し15〜20キログラムである。最後に20〜30キログラムの重石を置き、4〜5日たつと「シエ（塩漬けの液）」が出てくる。1週間ほどで塩サバができあがり、こうしておけば長く持つ。

本漬けはこの塩サバを使う。シエも使う。森下家ではサバの腹に糠と塩を混ぜて詰め、桶に並べるが、身の内側を下にして並べ、上から糠を振る人もある（写真Ⅳ－3－2）。これを桶一杯になるまで続け、最後にサンショウの葉やトウガラシの実を置く。

上に40〜80キログラムくらいの重石を乗せ、シエを注ぎ入れる。シエは一度煮沸し、脂やゴミなどを取って本漬けの時までとっておいたもので、きれいな澄んだ液になっている。夏の土用を越すと味が「やくして（なんで）」来るが、半年は寝かせた方がよい。

Ⅳ-3-1　サバのヘシコ作り　（平成27年5月撮影）
背割りにしたサバ（小浜市立内外海小学校）

Ⅳ-3-3　サバのヘシコ　（平成5年1月撮影）

Ⅳ-3-2　サバのヘシコ作り　（平成27年5月撮影）
糠と塩で漬けられるサバ（小浜市立内外海小学校）

Ⅳ-3-4　サバのヘシコずし作り　（平成5年1月撮影）
サバについた糠を落とす

　アジやイワシ、ギンブク（フグ）注9のヘシコも同様に漬ける。ただ、フグは漁獲が少ないため珍重される。また、トビウオやイカナゴなどもヘシコにする。

（2）サバのヘシコずしの製法

　以下は小浜市犬熊の村松大蔵家で聞いた話である。

　サバのヘシコを出してきて、糠を落とす（**写真Ⅳ－3－4**）。「ケダシ（塩抜き）」は一晩、流水に浸けておく人もあるが、村松家では川の水で洗う程度である。サバの皮を剥く（**写真Ⅳ－3－5**）。ご飯は普通通りにたき、冷めたら、水を打ちながら糀を混ぜる。割合はサバ50尾に対し、ご飯が2升5合、糀が8合5勺である。昔に比べて糀の量が多いが、その方が甘くなって、最近では人気がある。またご飯の温度であるが、完全な冷やご飯にする時からまだ暖かみの残る冷やご飯にする時まで、さまざまである。天候の都合である。

　ご飯と糀を握り飯にしてサバの腹にはさみ、桶に並べてゆく（**写真Ⅳ－3－6**）。1段並べるとご飯と糀を混ぜたものをふりかけ、また1段並べる。これを繰り返し、最後

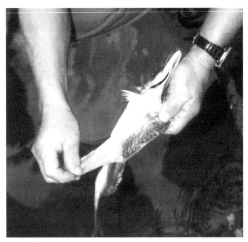

Ⅳ-3-5　サバのヘシコずし作り　（平成5年1月撮影）
サバの外皮をむく

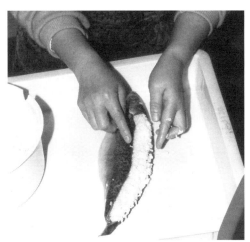

Ⅳ-3-6　サバのヘシコずし作り　（平成5年1月撮影）
サバにご飯を詰めて、もとの姿に戻す

Ⅳ-3-7　サバのヘシコずし　（平成5年2月撮影）

に糀をやや多めにふっておく。最後にハランを乗せ、わらの三つ編みを桶の内側に沿わせて置き、ふたと重石を乗せる。最初は重石は軽く、3日ほどたって30〜40キログラムくらいまで重くする。暖かい年は早く発酵するが、ご飯ばかりが発酵し、魚にうま味が移らない。

　食べるのは10〜20日ほどたった頃である。桶に「シエトリ（カビのようなもの）」が出ると美味とされ、秋口なら14日、冬場なら14〜29日が食べ頃である。長くおいておけば甘ずっぱくなる。なまでもよいしあぶってもよく、また、細かく切ってニシンずしのようにすることもある。だが食べ頃を過ぎたすしは敬遠される。よく作られる年末年始のすしは、梅の花が咲く頃にはだれも食べなくなる（**写真Ⅳ－3－7**）。

　なお、サバ以外のヘシコはすしにすることはない。

❋3 サバのヘシコの食べ方

　ヘシコを食べるにはあぶってから食べる方法が一般的である。適当な大きさに切り、糠を簡単に落として弱火で焼くが、初めて食べる人には、糠を水洗いしてもよい。これはご飯との相性がよく、熱いご飯に身をほぐして食べる。お茶漬けやおにぎりの具としてもよい。ただし半分なまのような状態（「レアの状態」）で食べられるため、焼きすぎに注意する。

　かつてはあまり一般的ではなかったが、そのまま食べる人もある。この場合は糠をよく落とし、水で洗った後、頭の部分は食べない

ので切り落としておくほか、サバの薄皮も剥いておくなど処理をして、薄くスライスする。ご飯のおかずというより、酒のつまみに好んで用いられる。これを応用したのが刺身のようにする食べ方で、スライスしたヘシコを薄切りにしたダイコンにはさみ、ワサビをつけたりレモン酢をかけたりして食べる。

なお、サバを丸々1匹使わない時はラップに包んで冷蔵庫で保存したり、いったん水洗いしてしまうと早く傷んでしまうため、なるべく早めに食べ切るようにしたりするなど、注意が必要である。

そのほか最近では新しい食べ方として、さまざまな工夫がなされるようになった。たとえばヘシコの天ぷらである。ヘシコを短冊状に切り、天ぷらの衣をつけて揚げる。このまま熱いのを食べてもよいし、おにぎりの芯に入れたりお茶づけにしたり、あるいはすしの具としてもよい。この場合のヘシコのすしはヘシコの発酵ずしではなく、なまのヘシコを酢でしめて箱ずしや握りずしにしたり、あぶったヘシコを巻きずしの芯にしたりしたものである。

洋風料理としては、なまのままで、少々塩を抜いたヘシコをパンにはさんでサンドウィッチにしたり、パスタを炒める際に一緒に炒めてスパゲティにしたりする。またピザを焼く時、上にトッピングとしてヘシコを乗せてもよい。

ヘシコの糠も料理が可能である。糠を厚手のフライパンで弱火で炒り、水分がなくなりかけてきたら、白ゴマも一緒に炒る。これが「ぬかふりかけ」で、ご飯にかけてもよいが、これとマヨネーズを好みの分量で混ぜるとドレッシングができる。

❋ 4 サバずしとサバのヘシコのすし

森下佐彦氏が語ったところによると、ヘシコのすしは古いものとは思えない、確証はないが、江戸時代からではないかという。これは筆者が推定した歴史とおおむね一致する。また、ヘシコは戦後、大量にサバが配当され、ヘシコが一気に広まった、その頃はヘシコのすしも多く作られたという。これは一度にたくさんのサバが食べきれず、サバを「保存」するため、ヘシコという技法が使われたことを示している。

ヘシコは保存食である。赤羽義章はヘシコと「ナレズシ（通常の塩サバの発酵ずし）」のおいしさを比較している[注10]。この論文は自然科学的な知識を多分に必要とするもので筆者には細かなことはわかりかねるが、それ以前に、ヘシコが発酵ずしと同列に、すなわち保存食として扱われていること自体が注目される。

さてそのヘシコと発酵ずしについて、赤羽は述べる[注11]。「遊離アミノ酸は、ヘシコのおいしさに大きく寄与すると考えられ」、その量はマサバ100グラムから約1630mgである。これに対し発酵ずしでは4700mgである。もちろん遊離アミノ酸だけがおいしさを決定づけるものではないが、発酵ずしは元来、遊離アミノ酸が多く、「おいしい」要素が高いことは、化学的にも証明されるものである。

さて、生のサバを使った発酵ずしとヘシコのサバを使ったサバのすしの「おいしさ」についてはどうであろう。残念ながら赤羽は述べていないが、順当に考えて、材料にヘシコ

のサバを使う時点で、生のサバを使うより「おいしさ」は勝っていよう。たとえば旨味の強いグルタミン酸の含有量は、生サバ（100グラム）の時に28ミリグラムであったのがヘシコにすると212ミリグラムになるという。発酵ずしの場合は同量の生サバの時に2.8ミリグラムだったのが757ミリグラムの含有が認められる。よってヘシコを材料に発酵ずしをすればとてつもない量のグルタミン酸が生成されることになる[注12]。

専門的な知識を持たない人々の中ではどうだったのか、再び森下氏の言を出しておこう。ヘシコのすしが普通のサバずしと異なるのは、「ヘシコにするサバは土用を越しているから身がしっかり締まっていることと、ヘシコサバは発酵しているためか、なま臭くないこと」であり、だからおいしいのだそうである。

実験で得られた数字ではなく、実体験から得られた体験を表したことばである。

✻ 5 保存食の性格
　　〜乾飯、発酵ずし、フナずし〜

代表的な保存食である乾飯を例に考えてみる。これを作るのに要する期間は1〜2日である[注13]。ところが、それと同じくらいの時間をかけて煮込んだ煮物が保存食と呼ばれることはあまりない。両者の差は加工終了後の可食期間（食用が可能な期間）にある。つまり乾飯が保存食とされるゆえんは、作り上げる時間はさておき、できあがったあとの「保存」が可能なことと認識される。干し野菜や干魚、塩辛、漬物も同様である。

ところが、発酵ずしの多くには賞味期間がある。短いものになると漬けあかってからわずか数日間である。これでは通常の煮物と大差なく、佃煮に比べるとむしろ短いくらいである。可食期間は決して長いとはいえない。

確かに発酵ずしに漬けておけば、捕獲（入手）時から時間をおいても魚肉は損傷しないで済む。その意味では魚肉の保存をなしているかもしれないが、食用にできる期間は非常に限定されている。できあがるまでに時間を要し、できあがったら時がたつにつれ味はどんどん落ちる。保存技術としては決して優れたものであるとはいえない。

わが国の発酵ずしの中で、漬けあがった後の可食期間が長い、数少ない例は、滋賀県のフナずしである。地方によっては年を越させたものの方が喜ばれ、漬け込みから数年を経たものもめずらしくないことがある。いったん漬けあがればいつでも取り出せ、不意の来客に対応するに重宝がられる。

このすしは保存食としての機能を果たしている。ところがやはりこのすしも、他の保存食とは一線を画する必要がある。

フナずしに使用するフナは、すしに漬ける前に「シオキリ（塩漬け）」する。この期間は、フナが獲れる3月末からすし漬けをする6月末までの約3カ月である。フナの捕獲時期もすし漬けの時期もほぼこれに決まっているため、シオキリしたすしブナがその年のすしに漬けられなければそのまま残し、次の年にすしに漬けることになる。一般的かどうかはわからないが、1年以上シオキリしたフナをすしにすることにしている場合もある。

フナは塩漬けのままで次シーズンまで残すことができる。しかも、微妙な風味はいざし

らず、翌年でも前年と同じ調理がほどこせるだけの性質は維持している。もしフナを捕獲時期から後々まで保存することだけを意図するならば、それはシオキリという方法で充分だったはずである。

そのままにしておいても保存食できる塩蔵のフナを、わざわざ塩抜きしてご飯に漬けかえる。この行為は、人々にとってのフナずしが単なるフナの保存技術ではなかったことを物語っている。同様の例として挙がるのがヘシコずしであろう。糠漬けにしてすでに保存食であるヘシコのサバを水洗、塩抜きしてあらためてすしに漬ける

現存するわが国の発酵ずしのうち、すし漬け前に魚肉の塩漬け処理をしないものは皆無に近く、多くが塩蔵魚を塩抜きしてご飯に漬けかえる。つまりすし漬けは加工過程においては二次的なものといえる。第一次加工である塩漬けが、それ自体、確立した保存技術であることから、第二次加工であるすしには、単なる「保存」以外の意図が感じられる。少なくとも他の保存食とは別のものとして扱うべきと考えている。

❖ むすびにかえて

これまでに発表された報告書や刊行物をみる限り、発酵ずしは「保存食」「貯蔵食」と位置づけられている。すしのルーツをたどっ

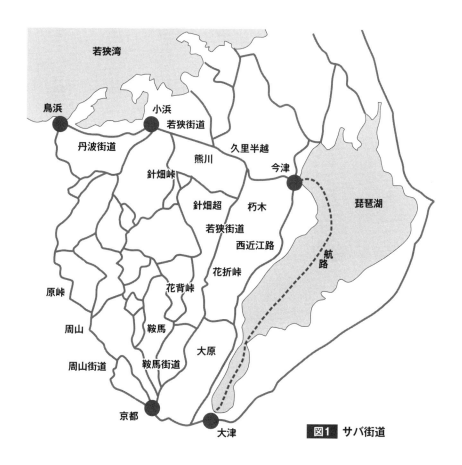

図1 サバ街道

てゆくとそうかもしれないが、調査者の念頭に最初から「発酵ずし＝保存食・貯蔵食」の図式があるならば、それは非常に危険な先入観といえる。保存や貯蔵のための食べ物であるか否かはあくまでも住民が決めることであり、彼らの食生活全体の構造を通じて明らかになるはずである。今日の食生活の中にある発酵ずしは、一概に保存食、貯蔵食とはいいきれない。

現在わが国で作られている発酵ずしの大半は、正月や祭礼など特定行事にあわせて漬けられる。つまり、食べる日から逆算して調製日（時期）が決まっている。正月用のすしでいえば、多くは１週間からひと月の発酵期間を要するから、11月下旬から12月上旬というのがすし漬けの時期である。

漬け込んだら、２週間なりひと月なり、すしによってその期間は異なるが、必要なだけの日数を待たねばならない。この間（すしを漬けた桶や甕の）ふたは開けないのが原則である。また、いったん漬けあがったら、今度は早く食べてしまわねばならない。時期を逸すると賞味に耐えなくなる。発酵期間が短いものや糀を使用するものはとくにこの傾向が強く、遅いものでも、すしの寿命は２月いっぱいまでというのが普通である。まさにここで取り挙げたサバのヘシコずしもそうである。

調理を開始してから食用に供するまでの間を「加工期間」と呼ぶならば、すしの発酵期間はこの「加工期間」に相当する。一般の料理でいうと、煮炊きする時間である。発酵ずしは、調理加工にかかる時間が極端に長い食べ物といえる。だからといって、すしを保存食、貯蔵食とするのには賛同しかねる。

❖注

注1 ヘシコの語源については、魚を「へし込む」、すなわち魚を樽に漬け込むことから取ったという説が有力であるが、ほかに、魚を塩漬けにする際に出てくる水分のことを「干潮（ひしお）」と呼び、そこからきたとする説もある。また、アイヌ語のへしこ＝pe-si-kor（pe とは「何かからにじみ出てくる液」、si は「それを」、kor は「護持する」「生成する」を意味する）に由来するという説や材料となるカタクチイワシの地方名を「ヒシコ」といい、転じて糠漬けイワシを「ヒシコ」といい、さらに糠漬けのこと全体を「ヒシコ」と呼ぶようになったという説がある。

注2 農山漁村文化協会編集部編（1993）によれば、同様のものは福井県のほか、北海道、青森県、岩手県、秋田県、福島県、茨城県、富山県、石川県、静岡県、三重県、滋賀県、京都府、兵庫県、和歌山県、鳥取県、岡山県、広島県、香川県、高知県、熊本県におよぶ。これの多くが北日本に分布するのは、江戸時代の北前船の影響であるといわれている。また北海道へは明治以降の開拓団の影響も強く、たとえば上川地方は富山からの移民により、越中の文化が運ばれている（山塙圭子（1986））。このように文化的な交流が始まると、食の分野でもアカルチュレーションが起こる。一例は糠ニシンで、北陸の糠漬け魚を参考に、地元の魚を使って作られた、新たな食習慣である。

注3 東大寺の開山者である良弁（ろうべん）は若狭小浜の出身であった。造営の実務に当たったの

は良弁の側近・実忠（じっちゅう）で、彼もまた若狭で修行を積んだ。また、旧暦の2月1日から14日まで（現・3月1日から14日まで）行われる東大寺の行事・修二会は僧が世の罪を背負って「代苦者」、すなわち苦行を積む者になり、東大寺二月堂の本尊・十一面観音に国家安泰を祈る法要であるが、その発案は実忠であるとされる。東大寺二月堂の寺伝によれば、天平勝宝4年（752）、実忠が二月堂を建立して修二会を開いた際、全国の神々の名前を唱えて勧請したが、若狭国の遠敷（おにゅう）明神だけが遠敷川で漁をしていたため遅れてしまった。その詫びに明神が遠敷川から水を送るとして二月堂の下の石を叩くと、2羽の黒白の鵜が飛び立ち、そこから霊水「閼伽（あか）井水」が湧き出た。この水が本尊に供えられるのであるが、この泉を「若狭井」といい、若狭井から汲む水は、伝説では若狭小浜の泉「鵜の瀬」から地下を通って流れた水であるという。

注4　当時の税制では租庸調の税が各国に課せられたが、これとは別に、贄の納付も定められていたと考えられる。若狭国は平城京跡などからの出土木簡や『延喜式』の記述から、御食国に該当するとされる。

注5　文献で正式にサバ街道と呼んだ例は知らない。新しい呼び方であろう。さてそのサバ街道で最も多く利用された道はいわゆる「若狭街道で、小浜から熊川、朽木を経て京の出町柳にいたるものである。この道では馬借（馬による運送業者）による輸送を行っていた。このほか、京都と最短距離で結ぶ針畑峠越えをしてから「鞍馬街道」に出るもの（「お水取り」の水はこの道を通る）や、「周山街道」を経由するもの、さらには、小浜から北川の水路を使い「九里半街道」から今津に出て、あるいは、美浜から粟柄峠を越えて今津に出て、あとは「西近江路」経由のもの、もしくは琵琶湖を渡すものなど、多数ある。

注6　若狭から畿内にいたる交通路には、陸路のほか航路がある。ひとつは西日本を迂回して瀬戸内海を経由するもの、今ひとつは若狭湾で陸揚げして琵琶湖を経由し、淀川水系で難波津にいたる内陸水運のルートである。これには若狭以北の日本海側の物品のほかに、若狭以西から対馬海流に乗ってやって来た物品も接続していた。このルートの途中にあたる京都に室町幕府が開かれると、再び畿内が日本の中心となり、若狭以北からの物流では内陸水運ルートが主流となった。

注7　魚の加工品には、完全に塩漬けにしたり干したりする塩乾魚のほかに、少しでも生魚に近い味を残すために塩や乾燥期間を少なくしたものがある。これが「四十物」で、数にして40種ほどあるからこの字をあてたという。これらの品を商うのは海産物問屋で、彼らをはじめ北前船の船頭や船主、回船問屋の多くが「四十物屋」（あいもんや）の屋号を用いた。「四十物」と北前船の関係の深さが知れる。なお「四十物」は承平年間（931〜938）の『和名類聚抄』に「相物」として出ており、「塩物」とは区別されている。

注8　若狭のサバ、サバの糠漬けに関する文献は小浜市役所の下仲隆浩氏のホームページ「鯖街道の可能性　〜現在・過去・未来〜」によった。これは平成21年度に開かれた「福井ライフアカデミー郷土学習講座」の報告資料であるが、小浜市教育委員会が「小浜の歴史」という名のホームページで公開している。http://www1.city.obama.fukui.jp/obm/sekai_isan/Japanese/rekishi/r08.pdf

注9　ギンブクとはサバフグのことだが、サバフグにはクロサバフグLagocephalus

gloveri T. Abe & Tabeta とシロサバフグ Lagocephalus wheeleri T. Abe, Tabeta & Kitahama がある。若狭湾で取れるサバフグはシロサバフグだと思われる。

注10　赤羽義章（2009）による。
注11　赤羽義章（2009）前掲。
注12　赤羽義章（2009）前掲。
注13　大阪府下の実例によれば、丸一日の天日乾燥でできるという（上村幸子（1991））。新潟県蒲原地方の干し赤飯も同様である（仲村キヌ・本間伸夫（1985））。

❖ 参考文献

- 赤羽義章（2009）「伝統食の機能性：マサバ発酵食品のヘシコとナレズシを例に」岩田三代編『伝統食の未来』ドメス出版。
- 上村幸子（1991）「大阪　月給とりの食」「日本の食生活全集　大阪」編集委員会編『聞き書　大阪の食事』農山漁村文化協会。
- 仲村キヌ・本間伸夫（1985）「蒲原の食」「日本の食生活全集　新潟」編集委員会編『聞き書　新潟の食事』農山漁村文化協会。
- 農山漁村文化協会編集部編（1993）『日本の食生活全集50　日本の食事事典Ⅱ　つくり方・食べ方編』農山漁村文化協会。
- 福井県立図書館郷土誌懇談会（1982）『拾稚雑話　稚狭考（復刻版）』福井県立図書館。
- 山﨑圭子「道北〈旭川〉の食」『日本の食生活全集　北海道』編集委員会編（1986）『聞き書　北海道の食事』農山漁村文化協会。
- 山本巌・山本律彦（2005）『へしこ考』山本食品研究所。
- （1893）『若狭国税所今富名領主代々次第』『群書類従　第参輯』経済雑誌社。

4 食物の領域を越えたすし
滋賀県栗東市の「ドジョウ獲り神事」と発酵ずし

❖ はじめに

　戦後、日本農村の変貌は著しかった。とりわけ高度経済成長期におけるそれは、しばしば指摘される。

　「農村社会」という語の中に伝統行事という民俗事象が含まれていることは異論がなかろう。実際、戦後の農村変貌にともない、各地で伝承されている民俗行事もまた変容を迫られた。そしてそれは、農村空間が景観という可視的な側面が変貌しただけでなく、そこに展開される村落社会構造そのものに変化が生じたように、質的な変容も大きかった。その意味では、「農村社会」を構成する他の諸要素と同様であるが、たとえば農法や経営方法の改変が生産効率などの経済的要因を優先させて実施されていったのに対し、民俗行事なるものは、「伝統」「慣習」といった非経済的な要因の束縛を多分に受け、利便性や合理性では説明のつかないような存続がなされてきた。

　筆者は民俗行事のそうした変容の要因解明を望んでいるが、残念ながら、一般論を呈するほどには事例研究が進んでいるとはいえない。本稿では、長い伝統を持ち相応の知名度を有しながらも変容を余儀なくされたひとつの農村民俗行事を取り上げ、その変容の実態を紹介するものである。

✲ 1 栗東市大橋地区と
　　ドジョウ獲り神事

　大橋地区は栗東市の北西部、国道１号線と８号線にはさまれた、名神高速道路栗東インターチェンジの北部に位置する。国道１号線が大橋地区の南側を横断するかたちで国鉄草津線と立体交差するのが昭和23年（1948）、国道８号線の野洲川大橋ができて同線が同地区の西側を縦断するのが昭和32年（1957）、名神高速道路の尼崎〜栗東間が開通するのが昭和38年（1963）のことで、野洲川の灌漑を得た豊かな農村として発展してきた大橋地区は、この時期、東海道と中山道との分岐点であった草津宿に代わって、交通の拠点としての機能を冠せられていった。

　こうした事情を背景に、大橋地区には工場が続々と進出し、昭和29年（1954）には４事業所であったのが同35年（1960）には16事業所、同48年（1973）には128事業所と急増した。地価は昭和39年（1961）には坪当たり3000円であったのが、その５年後には２〜３万円にまで高騰した。昭和30年（1955）には人口の49.3％を占めた栗東町（当時は町制だった）内の農業従事者が、同55年（1980）には6.5％へと激減しているが、昭和33年（1958）、地内に町営の大橋住宅が建設されて入居が始まり、このあたりを機に同地区もいわゆる農村から脱却し始めたものと思われる[注1]。

　この地に鎮座する三輪神社は、大橋地区の在来住民（以下、「旧住民」と記）の氏神社として信仰を集めてきた。社伝によれば、天平16年（744）、大橋寺の守護鎮守として良弁僧正によって、大和三諸山から勧請分祠された神社だという[注2]。毎年５月３日に行われるこの神社の大祭には、約７ヶ月半もの間発酵させたドジョウとナマズのすし（**写真Ⅳ－４－１**）が奉納されることで知られるが（**写真Ⅳ－４－２**）[注3]、「ドジョウ獲り神事」とは、このすしの奉納に関わる一連の行事の総称である[注4]。

　いうまでもなく、ドジョウ獲り神事は三輪神社に関わる行事であるが、これらの行事に直接関与するのは氏子会ではない。「ドジョウ講」と呼ばれる別個の組織である。この講の所属世帯は現在44戸を数え、それはここ

Ⅳ-4-1 大皿に盛られたすし
（平成元年５月撮影）

Ⅳ-4-2 すしを奉納する行列
（平成元年５月撮影）

表1 ドジョウ獲り神事の行事次第と内容（トウヤ決定から稲刈りまで）

年	月　日	行事の名称とその内容	備考
初年度	2月初旬 （第3日曜）	ハツヨリアイ （初寄合） くじびきで東西のトウヤを決める。	すでにトウヤを経験した家はくじから除外。トウヤがすべての家を一巡すると再び全員参加でくじびきとなるが、東西の講員数が異なるため、東西同時に一巡を終えることはない。 トウヤに当たった家では、ふすまや畳を替えたり、水まわりやトイレなどを改築したりして、家の中をきれいにする。 ハツヨリアイでは三輪、伊勢、稲荷、天満、愛宕各社への代参者も東西別に決め、このうち愛宕代参はトウヤが兼務する。
	晩夏〜秋	タデ苗の受け継ぎ すしに入れるタデの苗を前トウヤから受け継ぎ、庭先に植える。	受け継いだ苗から種を落下させて、自然繁殖させる。
次年度	3〜4月	タデ苗の定植 芽生えたタデを間引きし、数株を定植する。	
	5月	田植え 三輪神社の神田にカミサンワセなる早稲品種の稲を植える。その収穫はすしに使用するほか、ドジョウ取り神事の費用に充てる。	戦後は神田は廃止。代わりに、自田の一角を区切ってすし用の米を作るようになった。前年12月10日までに、カケマイと称して米（コウマイ＝講米、ダイサンマイ＝代参米）を集める。 カミサンワセも今はなく、代わりに別の早稲米を植えている。
	旧6月1日	オンダノツイタチ （御田の朔日）、 ホウズタテ ホウズ（竹の小枝に注連縄をつけたもの）を、大橋地区内を流れる川の随所に立てる。	東西のトウヤがそろって立てて回る。 これ以後は、この地内の川でトウヤ以外の者が魚を獲ることが禁じられることは、大橋地区外の人々にも周知のことであった。
	7月 土用の頃	タデの収穫	刈り取りの後、約1週間陰干しし、天日で乾燥。フルイにかけて粉にし、約3升の粉を缶に入れて保管する。株は翌年のトウヤに渡すために、若干残しておく。
	9月中旬	稲刈り	カミサンワセの種籾は次のトウヤに受け渡す。

表2 ドジョウ獲り神事の行事次第と内容（ウオトリからクチアケまで）

年	月　日	行事の名称とその内容	備考
次年度	9月23日	ウオトリ、すし漬け 講員が総出で魚を獲る。獲れた魚は神饌のすしや宴会料理に供される。これと並行してトウヤ家ではすし作りが進められる（写真Ⅳ-4-3）。すし作りがおおむね終わる昼過ぎには魚獲りの方も終わり、トウヤが準備した風呂に入って一時解散する。夕方にそれぞれのトウヤ宅に再び集合し、直会を行う。	原則としてウオトリの日には、1軒から1人ずつ成人男性が参加する。一部は男女一組で参加し、女性は直会の料理やアサコビル（朝小昼＝作業をする人に10時頃に出す軽食の握り飯）作りなど、賄いの裏方を務める（写真Ⅳ-4-3）。 魚獲り作業後の直会は男性のもので、この直会が済み、参加していた男たちが帰ると、裏方を務めた女性だけで改めて宴会（食事）をする。
	ウオトリの翌日	ザン（別名アトザ）	トウヤの身内などごく近い者だけが集まって慰労会をする。かしわのすき焼きを食べる。
	12月中旬	カケマイ収集 コメヨセ（米寄せ）とも称する。東西トウヤに与えるコウマイと三輪、伊勢、稲荷、天満各社への代参担当者に与えるダイサンマイを集める。	コウマイは、東が各家2升、西が3升ずつ。ダイサンマイはそれぞれ2合ずつ。 コウマイの量が東西で違うのは、この制ができた時に東西の組員の数に差があったからであろう。その後、東西の組員数がほぼ同じになっても、なぜかこの量の差は改められることがなかった。
3年度	旧1月17日	オユミシキ （お弓式） 東西のトウヤ当主とそれぞれの最近親者（イチノシンセキ）の計4名が神社境内で的弓を行う。	的を魔物に見立てて矢で射抜き、すしを毒物から守るという意味があるという説がある。弓を射る時に、的前のモリツカ（盛塚＝川砂を盛ったもの）に白酒をかけるのも、魔物を酔わせてから退治するのだという。 矢はトウヤが準備する。的はミヤゼワ（宮世話＝各組の長老）が作る。ミヤゼワはミヤカンヌシ（宮神主）、ミヤドショリ（宮年寄り）とも称する。
	5月1日	クチアケ（口開け） すし桶を開ける。	トウヤはすしを、クチアケ当日の試食分と大祭分、コマツリ分に分けておく。 試食に先立ち、すしを神前に献上する。その後東西のトウヤとそのイチノシンセキ、およびミヤゼワらが社務所に集まり、東西のすしを持ち寄って試食する（写真Ⅳ-4-6）。

表3 ドジョウ獲り神事の行事次第と内容(大祭以後)

年	月　日	行事の名称とその内容	備考
3年度	5月3日	大祭・すしの奉納	以前は5月10日だった。 すしは奉納膳に盛られる。奉納膳は8膳で、すしのほか、ダイコンのさいの目切り3～5切れ、味噌を塗ったダイコンとカブ3～5切れ、青色粉を塗ったさいの目切りの豆腐3～5切れ、ミゴク(型抜きした蒸し飯)、タックリ2尾、サトイモ3個の串刺し、角切りスケソウダラ3切れの串刺し、白豆腐半丁を2個などが乗る。8膳のうち1膳はすし、タックリ、スケソウダラを除いてあり、これを清物膳と呼ぶ。 これらは、ツリダイ(櫃)に入れられて東西のトウヤ家から神社まで行列を組んで運ばれるが、神社前で東西が合流し、参道の祓い所でお払いを受けてから神前に向かう。以後は区長が先導で、行列順は、区長、ミヤゼワ、宮司(高野神社宮司)、御幣、稚児、神酒、ツリダイ、若者、ミヤゼワ、市様(女性神官)で、以下別組も同順で続く。 神前で、献饌の儀(すしの献上)、降神の儀(祝詞奏上)、玉串奉奠、乙女の舞と浦安の舞奉納、昂神の儀(祝詞奏上)、撤饌の儀が執り行い、儀式終了。
	大祭翌日	ゴエンヨビ (御縁呼び) 東西のトウヤ家にミヤゼワなど神事関係者が集まり、すしを肴にして直会をする。	座では盃が回され、全員を一巡することを「1献」と数える。トウヤ家での直会に先立ち、神社拝殿で東西そろって2献まで、3献めからは各トウヤ家で行う。直会終了までに、都合7献が行われる。盃回しは東西がほぼ同刻に行われねばならず、3献めからは、互いの直会の進み具合を確認するため、トウヤが行き来した。これを「シチドハンノツカイ(七度半の使い)」という。 現在は大祭当日に実施。2献までは以前と同じだが、3献目を東西そろって社務所で行い、終了。
	大祭翌々日	ザンヨビ(残呼び) かしわのすき焼きで慰労会をする。	集まるのは、トウヤにごく近しい者。 ゴエンヨビが簡略化されて大祭当日に実施されるにともない、大祭翌日へと期日が繰り上がった。
	5月10日	コマツリ(小祭り)	かつての大祭日の名残り。トウヤやミヤゼワらが社務所に集まり、すしを肴にして酒を呑む。
4年度	翌年の大祭までの間	愛宕参り 東西のトウヤがそろって愛宕山に参拝する。	春季が多い。 参拝から帰った各トウヤは全戸に火除けのお札を、次のトウヤにシキビを配る。

40年近くほとんど変わっていない[注5]。彼らは大橋地区を南北に流れる中ノ井川を境にして東西各組に分かれ、それぞれのトウヤ(「頭屋」もしくは「当家」＝神事の当番)を中心として双方が並立するかたちで役務が遂行される。すしは東西各組でそれぞれ作られるから、双方でそれぞれのドジョウ獲り神事が実施されていることになる[注6]。表1～3に、トウヤが決まってから解任されるまでの、なすべき仕事内容を記す。昭和63年(1988)当時の聞き取りによるもので[注7]、簡略化された現在の様子とは異なるが、ドジョウ獲り神事の本来的な行事次第が把握されよう。

この表から、トウヤは1年限りの役職ではないことがわかる。1軒の家がトウヤに当たってから解任されるまでに、最長で3年数カ月、足かけ4年の年月がかかるのである。こうしたシステムがドジョウ獲り神事の存続に少なからず影響してきたと思うのであるが、それについては後に改めて述べる。

今ひとつ注意すべきは、大橋地区の年間行事はドジョウ獲り神事を中心にして構成されていると表現しても過言ではないほどに、これらの行事が大きな位置を占めていることである。氏子会においても自治会組織においても、ドジョウ獲り神事に匹敵するだけの規模の行事は行われていない。

さて、ドジョウ獲り神事の一連の行事の中で、最も大きな地位をなすのがウオトリ・すし漬けと大祭(すしの奉納)である。以下、このふたつについて、若干の説明をしておく。

ウオトリとは「魚獲り」、すなわち魚を獲ることである。今は行われていないが、かつては実際にこの日に、地内を流れる川をせき止めて魚を獲った。

ウオトリにはドジョウ講の家から必ず1人以上が出て、男性は朝7時頃から、川のいたる所で川ざらえをして魚を獲った。この時に獲れたドジョウやナマズで神饌のすしを作り[注8]、コイやフナなどの魚は夕方に行われる直会(なおらい)(酒宴儀礼)のご馳走となった。ドジョウ汁は、後に「大橋名物」とさえ称されたほどである。これらの準備は、魚獲りとは別の人々、主に女性が担当する[注9]。大橋のウオトリは付近にも聞こえた一大イベントであった。(写真Ⅳ－4－3～Ⅳ－4－4)

魚を獲る場となる周辺の小河川は、ふだんは水利権のない川であるが、毎年7月頃、要

Ⅳ-4-3　すし漬けの様子
(昭和63年8月撮影)

Ⅳ-4-4　ウオトリの日のアサコビル作り
(昭和63年8月撮影)

Ⅳ-4-5 しめ縄が巻かれて安置された桶
（昭和63年8月撮影）

Ⅳ-4-6 クチアケの試食　（平成元年5月撮影）

所要所にホウズと呼ばれる小さな注連縄をつけた竹の小枝が立てられると、その時からウオトリの日まで、ここはトウヤ以外は立入禁止の禁漁区となる。これは、ウオトリ当日に獲られる魚が「神様のもの」であるという意識の表れであり、魚獲り作業は、多分に娯楽的要素は含んでいるにせよ、神饌材料の確保という重要な神事の一環として明確に位置づけられていることがわかる。

また、ウオトリはいわば周辺河川における漁の解禁日であり、この時にほとんどの魚を獲りつくしてしまうため、それ以前にも以後にも、すしにするだけのドジョウもナマズも捕獲できない。ドジョウやナマズを買ってまですしに漬けようとする人はいないから、事実上このすしは祭礼時に神社へ奉納する以外には誰にも作れないことになる。つまり、ドジョウとナマズのすしは三輪神社の神饌以外には存在しえず、そのことがまたこのすしの希少性を高め、大切に扱われる所以になっている。

実際に魚を獲らなくなった今でも、大橋の人は9月23日を「ウオトリの日」と呼ぶ。このことからも、ウオトリ当日の魚獲り作業が相当意味深いものであったことが理解されるが、ウオトリは講員すべてがそろう数少ない機会でもあった。実際、東西各組に別れはするものの、ドジョウ講の全員が一座について豪勢な直会や宴会を行うのは、この時だけである。そのためか、この日に講に属する全世帯が勢ぞろいすることも変わりなく続き、魚獲りに代わって一同で神社掃除を行うようになった[注10]。また、すしを漬けることも続けられているが、当然材料は購入品になった。祭りが近づくとトウヤは魚屋にドジョウとナマズを注文して入手し[注11]、従来と同じ方法で作ったすしが5月の大祭に奉納されている。

9月に作られるすしは非常に神聖なもので、すしが納まった桶には注連縄が張られる。トウヤ家では縁側の隅などに桶を安置し**（写真Ⅳ－4－5）**、開封の日まで厳重に管理するが[注12]、もし不幸などの「不浄なこと」が起きた時には、すし桶はトウヤの一番の近親者もしくは次の年次のトウヤの家に移される。これほど大切なすし作りの舞台となりすし奉納の主役を務めるトウヤに任命されることを講の人々は名誉だと受け止めている。

ウオトリやすし作りばかりでなく、トウヤにはウオトリ後の風呂立て（トウヤは自宅だけでなく、近親者の家にも頼んで風呂をわかし、テッタイの人すべてに入浴させる）も、その後の直会も大仕事となる。直会の料理は近年には料理屋からとるようになり（もちろん、テッタイの人とともに自作する料理も多数ある）、出費はとうていカケマイの収入だけでは見合わない。それでも、この日の当日、テッタイの人々はトウヤに対して「おめでとうございます」と声をかける。トウヤがいかに名誉な立場だと認識されているかもうかがい知れる。

＊2 ドジョウ獲り神事の存続と変容

大橋のすしは、素材自体のめずらしさもさることながら、すしの調製に関わってこれほどまでの組織とシステムが構築され実働している点で他所に類例をみない。それもまた大きな特徴のひとつである。

前掲**表1**をみると、ある時期たとえば3〜4月の時点では4代・8軒のトウヤ（その年のハツヨリアイで選ばれたトウヤ、前年のハツヨリアイで選ばれてその年のすし作りを担当するトウヤ、すでにすし漬けを終えてすし桶を管理しているトウヤ、すし奉納を済ませ愛宕参りのみを残すトウヤ）が存在することすらある。少なくとも前年次のトウヤが解任

表4 ドジョウ獲り神事の改変事項

行事名	改変の内容
ウオトリ	昭和46年を最後に、川での魚獲りは中止。代わりに三輪神社の社屋の補修や境内の清掃作業となる。よって、すしにするドジョウやナマズも、以後は購入品が主体となった。ただし、ヒトリヨビ、フタリヨビの制度は存続。作業後に催されるトウヤ家での直会も、夕時から昼に変わりながらも存続。トウヤが風呂を準備することは廃止。 平成13年にはトウヤ家での直会が廃止。作業後、公民館に集まり、東西一緒にチリメンジャコとスルメで酒を呑む。酒は東西トウヤが各3升ずつ持ち寄る。アサコビルも廃止。これにより、フタリヨビ（フタリテッタイ）の数がぐんと減った。なお、「戦前の話」として、すしは東西が2桶ずつ漬けたという話がある。その後1桶ずつになり、その桶の大きさも小さくなったという。
ザン （ウオトリ翌日の直会）	平成13年、ウオトリ後の直会が簡素化されるにともない、廃止。
カケマイ	ダイサンマイは10年ほど前から金納を許諾。 平成12年12月で、西組がコウマイ集めを廃止。東も3年後に廃止。時期のズレは、トウヤの役目が一巡する時期が東西で異なるため。
大祭	昭和37年、5月10日から3日に期日を変更。
ゴエンヨビ、 ザンヨビ	大祭期日の変更時に、ゴエンヨビが廃止。 それにともない、ザンヨビが大祭翌日に繰り上げ。 平成13年からは、ザンヨビも廃止。
コマツリ	昭和37年、大祭期日の変更にともない誕生。 平成13年に廃止。

される時は、当年次も次年次のトウヤも勤めが始まっている。こういう状況下では一連の行事の1サイクルが終わって次のサイクルに入った（これを「ハネカエリ」と呼ぶ）という認識は乏しくなり、そのことがこの伝統行事を存続させてきた要因でもあると筆者は考えている[注13]。

しかしながら、これらの行事すべてが昔の習慣のままに連綿と受け継がれてきたわけではない。むしろ、すしが持つ古めかしさとは裏腹に、ドジョウ獲り神事は非常にフレキシブルに時代に即応して変化させられてきた。**表4**は、すでに述べたことと重複する箇所もあるが、今日わかりうる限りの改変点をまとめたものである。

このほか、時期は特定できないが、戦後は神田（神社所有の田）もなくなり、カミサンワセの種籾の受け継ぎもなくなった。ハツヨリアイが「2月の第3日曜」、ウオトリが9月23日（秋分の日）など休日に定まっているのも、改変の結果である可能性が高い。細かな点では、クチアケ当日に神前に件するすしをのせる三方の大きさが変わったとか、大祭日の奉納膳にあるスケソウダラが昔はフカだったとかいった記録もある。また、近年では18歳以上の男子がいない家庭はトウヤ選出のくじびきから除外されるようになり、年端もゆかない男児がトウヤの代表として人前に立ったかつてのような光景はみられなくなった[注14]。

表4に書かれた改変点を大まかにみれば、それはおおむね昭和40年（1965）前後に大きな山があり、ごく近年、再び大きな山場にさしかかっているといえよう。

昭和37年（1962）、大祭期日を変えるに至った理由は、5月10日という期日設定ではこの日が平日に当たることもあり、そうなると行事への参加人員が確保できないというものであった。したがって代替日に当てられたのは、最初から休日であることが決まっている3日であった。ここに、当時、ドジョウ講を構成する家庭が専業農家からサラリーマン家庭に移行していったこと、すなわち大橋地区が農村から脱却していく時代性が読みとれる。

昭和46年（1971）の魚獲りの廃止は水質汚濁が原因で、付近の工場から地内の大小河川に汚水が垂れ流されるのを目の当たりにしている住民が、そこで獲れる魚に食物としての評価をみいだせなくなったことが理由である。いうまでもなく、交通や流通の拠点として大橋地区に工場が多数進出してきたことの副産物の現象であろう。つまり、月並みな表現ではあるが、高度成長による勤労形態の変化と環境の悪化が、大橋のドジョウ獲り神事の伝統を変わらしめたのである。

その中で、ウオトリが魚獲りから神社清掃に変化したことは、とくに注目されねばなるまい。魚獲りは、単なる「ムラ総出の共同作業」ではなかったからである。

水田耕作とその周辺水域で実施される自給的漁労とが有機的に結合した「水田漁労」の概念を提唱している安室知（2001）は、大橋地区は水田漁労そのものが祭りとして構築された事例だとしている。すなわち、ドジョウ獲り神事の中で魚獲りこそが、水田漁労が展開される地域を最も直接的に象徴する行事なのであって、それによって産せられるド

ジョウのナマズのすしは、水田漁労の物質的シンボルとして姿を表しているのである。

大橋の人々が、地内の川を汚いと思い、そこで獲れる魚を口にしようとしなくなった時点で、すでにこの地は水田漁労地域ではなくなった。その意味ではその象徴である魚獲りが廃止されたのは理にかなっているが、魚獲りの延長にあるはずのすしの方は依然として存続させられた。要するに、すしは水田漁労とはまったく乖離したかたちで残された。昔ながらの製法で作られて昔と同じ外観を呈し、魚種の細かな相違には頓着せぬため、表面的にはさほどの変化もないままにすしが奉納され続けているようにはみえるものの、現在のすしは水田漁労の物質的シンボルたり得ず、その意味で、このすしは質的に大きく変化したといわざるを得ない。

行事における変化のもうひとつの山、平成13（2001）年の改変は、ドジョウ獲り神事を極力スリム化し、トウヤやドジョウ講員の物質的、精神的負担を軽減しようとするものであった[注15]。これにより、大橋のウオトリの日のもうひとつの名物であった豪華な料理が並ぶ直会はほぼ完璧に姿を消したが[注16]、ここでもやはりすし作りとその奉納に関しては、手つかずの状態で存続させられた。というより、改変の目的は「いかにして負担を少なく、すしを守るか」にあり、最初にすしの存続ありきの改変策だったのである。

✤ むすびにかえて

伝統的な純農村の中で形成された組織とシステムが、昔ながらの民俗行事を存続させることはよくある。そして、組織もしくはシステムのいずれか一方でも維持が不可能となった時、場合によってはその民俗行事の廃絶という最悪の事態になる。これを回避するために、組織もしくはシステムを見直すか、行事そのものを変化させるかの選択が迫られる。大橋の場合も例外ではなかった。

古くからの農村共同体的な旧住民組織であるドジョウ講は、都市化によって新規住民が増大した後も強固に存続し続け、ドジョウ獲り神事を継承してきた。また、行事次第が複年次にもわたり、何代ものトウヤが併存するシステムも、容易にこの行事を消滅させることを阻んでいた。その一方で、行事の期日を変更するなどの改変策がとられ、無理なくドジョウ獲り神事を続ける努力もされている[注17]。

その結果、自らの生活形態を象徴していたはずの魚獲りがなくなり、近年では、共同体意識や組意識を確認する機能を果たしていた直会までもがなくなることとなった。ここにおいて、ドジョウ獲り神事が含み持っていた農村民俗としての意味は消滅するのであるが、一方で、そのシンボルであったすしは確実に残されている。酷な表現ながら、これを「表層の現象であるすしだけが形骸的に残った」と評価されてもやむを得ないであろう。

ただ、大橋地区に特筆すべきことがあるならば、表象現象の特異性、すなわち、このすしが極めて独特な形態で、それゆえあまりにも著名でありすぎたことである。さほどめずらしくもないごく一般的な神饌であったなら、その材料が入手できなくなった時に、それでも存続させようとするこれほどまでの住民意識があったか、はなはだ疑問である。江

戸時代から狂言の参考書に引用されるほど名が知られ、マスコミも取材にかけつける知名度があったからこそ、このすしを守ることが住民の中に共通した至上命題としてあったのであろう。大橋の人々にとって、このすしが伝統的農村社会の中で成立した物であろうとなかろうと、水田漁労の延長にある物質的シンボルであろうとなかろうと、大きな関心事ではなく、いつしか、すしそのものが大橋の財産であるという意識が強く確立していたものと思われる。

すしだけを残したことには賛否があろうし、このすしだけを採り上げて農村民俗と呼ぶべきかどうかも議論が別れよう。けれども、伝統的な民俗行事を昔と同じままに継承することは、現代においては不可能に近い。その存続のために、何を残し何を捨てるかは、まさにそれを支える組織や住民の意識にかかっている。結果の是非はさておき、大橋地区の事例は、変貌する農村社会の中での民俗行事の伝承のあり方のひとつを、実に明確に物語っている。

❖注

注1　この条、大橋区誌編纂委員会編（1997）による。

注2　この条、滋賀県栗太郡役所（1924）による。大橋寺は現存しないが、今日、三輪神社境内にある薬師堂の前身であると解される（大橋区誌編纂委員会編（1997）前掲による）。

注3　その素材のユニークさから、このすしは早くから調理学者や民俗学者らから注目されており（篠田統（1970）、菅沼晃次郎（1971）など）、調製手順についても報告されている（河村和男（1993）など）。また、すし屋向けの専門誌でも紹介されたし（（1990）『近代食堂－別冊　すしの雑誌　総集版13集』）、マスコミでも報道されるようになった。なお、この神饌の由来は不明で、一説には、三輪神社の祭神・大己貴命（大国主命の別名）が化身した蛇に献する生娘の身代わりがドジョウだとする。また、この神饌の成立時期も不明だが、文政6年（1823）刊の狂言解説書『狂言不審紙』中に「東近江国大橋村と云在所の神事ニ、とちやうのすしを備る事吉例也。鯰のすしを備えねば、御輿あがらすと云」（藝能史編集會編（1975））とあるから、江戸後期には成立していたと思われる。

注4　「ドジョウ獲り」はもともと9月23日に行われる魚獲り行事のことであるが、本稿では平成12年（2000）5月作成の大橋区文書「三輪神社神事当番（鰌取り）控」にしたがい、すし奉納にまつわる行事を総称する語として用いた。

注5　現在の大橋地区の世帯数は約650戸、三輪神社の氏子会には、先述の大橋住宅の入居者ら新規住民も含めて現在約160戸の会員がいるから、ドジョウ講の規模がわかろう。ドジョウ講は旧住民のうち米を自作できる家、つまり農業を営む家のみで構成される。よって、旧住民の中でもドジョウ講に加盟していない家もある。また、ウオトリをはじめとする各種神事は原則的に女人禁制であり、適当な男性がいない世帯は神事を遂行できないから、ドジョウ講に加盟はしていても行事に参与しない場合がある。離農や世帯主の単身赴任などの理由によって、講から脱退することもある。

注6　東西の両組の間に上下関係はなく、完全に同格である。双方トウヤが相談しながら、同じ期日に同じ行事を東西でこなし（後

述する魚獲りや神社清掃は東西共同）、すしの調製もその後の宴会も、東西で別個に行われるものの、ほぼ同じ時刻に実施される。祭礼日に神社へすしを奉納する際には東西別個に行列を組むが、神社境内に入る時はいずれかの組が先となる。その順序も、「御幣持ち（行列の先頭で御幣を持つ役をなす者で、東西それぞれのトウヤもしくはその近親家の幼年男児が担当）」の年齢が高い方が先といった具合に、機械的に決まる。また、東西それぞれの組はさらに南北に分かれており、これは大祭日において時に機能する。すなわち、すしを収めた櫃（「ツリダイ」と称）を担う者を南北いずれかが担当し、それとは違う側が随行役（「ワタシ」と称）を務める。

注7　筆者らは、国立民族学博物館特別研究「現代日本文化における伝統と変容」の各個研究（代表・泉幽香）として、昭和62年度より4年間にわたり現地調査を実施した。各年次の調査概要は同館機関誌に掲載されているし（石毛直道（1987）、中牧弘允（1989）、守屋毅・小山修三（1990）、中牧弘允（1991））、取材した映像資料については泉が一部報告している（泉幽香（1990））。

注8　魚に泥をはかせるため、トウヤが前もってすし用のドジョウやナマズを獲っておいて生け簀に飼っておくこともあったが、原則としてウオトリで獲った魚をすしに漬けるのが建前である。それゆえ、魚の下漬け（さばいてからご飯に漬け込むまでに行う魚の塩漬け）期間は極めて短い。というより下漬け期間はないに等しく、ナマズは開いて塩を塗るだけであるし、ドジョウは塩をまぶして生きたままご飯の中に埋め込んで漬けられる。古代のすしは下漬け期間が短かったことから、筆者はこのすしに注目し、これがわが国のすしのプロトタイプに近い可能性があると述べたことがある（日比野光敏（1993）、同（1999）『すしの歴史を訪ねる』など）。

注9　魚獲りは女人禁制であった。これには、川に入って魚を追いかけるのは男のすることという意識のほかに、ドジョウやナマズが神饌材料であるからという理由もあったようである。また、ウオトリ当日に各家から誰が参加してもよいわけではなかった。通常は1人が参加し（これを「ヒトリテッタイ＝手伝い」と呼ぶ）、魚獲り役を務める男性が原則である。トウヤに近しい家（シンセキと称するが、必ずしも血縁関係ばかりではない）からは男女セットで参加し（これを「フタリテッタイ」と呼ぶ）、男は魚獲り作業、女は魚獲り作業の人らの昼飯や後の宴会の準備（いわゆる「料理方」で、ニワバタラキと称）にあたる。東西のトウヤはウオトリ期日が近づくと、半ば儀礼的にそれぞれの講員の家を訪ねてウオトリへの参加を促すが（実際には日時はあらかじめ知れているし、参加は義務である）、この時「お越しください」と声をかけるとヒトリテッタイでよいことを意味し、「みなさんでお越しください」といえばフタリテッタイを意味する。テッタイを頼むトウヤ側では、これらを「ヒトリヨビ」「フタリヨビ」などと称する。すし作りは、魚獲りや食事準備などと並行してトウヤ家で行われるが、それには東西の長老があたり、トウヤとその最も近いシンセキづきあいをしている者（これを「イチノシンセキ」と呼ぶ）が立ち合い、手伝う。

注10　作業後の直会も、夕方から昼に時間が繰り上がりながらも存続した。したがって、ニワバタラキはまだ必要で、ヒトリテッタイ、フタリテッタイの制も残ったが、魚獲

りがなくなったことにより、ヒトリテッタイでも女性が出られるようになった。

注11　近辺に生息するドジョウはMisgurnus anguillicaudatus（和名：ドジョウ）、ナマズはParasilurus asotus（和名：マナマズ）で、魚獲りをしていた頃はこれらをすしにしていたと思われるが、現地で実見した購入ドジョウは、上記種とは明らかに異なるタイワンドジョウも含まれていたことがある。購入されたドジョウもナマズも捕獲地や養殖地は不明で、現地の人々はこれらのことにあまり深くこだわらないように感じられる。

注12　発酵ずしであるため、重石の具合やウワミズ（落としぶたの上に溜まる水）の管理などがすしの出来に大きく左右する。

注13　神事の次第が途切れることなく続くシステムで、区切りがみえにくい上、東西の組員数がかつては違っていたために、双方でハネカエリの時期が異なるから、神事に手を加えようとすると、そのタイミングは非常に難しい。ドジョウ取り神事が今日まで存続したのは、平たくいえば「やめるきっかけがなかった」「やめたくても自分がトウヤに当たっている時にはいい出せず、トウヤを解任された時には次のサイクルの神事次第が動き出してしまっていた」といった理由もあったのではないか、と考える。確固たる理論に裏打ちされて導いた推測ではないが、その可能性は日比野光敏（1999）、同（2001）で述べた。

注14　行事の節目、直会開始と終了時などの挨拶はトウヤの男主人（多くは青年や壮年）が行うが、主人不在の場合はその役目が子どもにまわってくることがあった。

注15　大がかりなもので、行事の見直し作業には数年前から着手し、各世代からの代表者を集めて特別委員会まで組織された。委員会ではすし漬け作業の場をトウヤ家から公民館に移し、その後もすし桶を公民館に置く意見も出されたが、そうなるとすしの管理が甘くなるし、トウヤの存在意義も薄れることになるとして、実施は見送られた。

注16　先にも述べたとおり、ウオトリの日の直会は、講員がそろって酒を酌み交わすことが正式に儀式化された唯一の場であった。漬けられたばかりのすし桶を目にしながら酒を呑むことは、自らがドジョウ講の一員であることを自覚する機会でもあったし、東西に別れて同時進行で宴が進むため、いっそう東西意識が目立ち、各組内の連帯感を高める効果もあったと思われる。

注17　改変の次なる課題は、ドジョウ講員の増加だという。ドジョウ取り神事に関与する人間が経るばかりでは講員の負担も大きくなり、神事の未来も暗いというのがその理由だが、これはまさに母体組織の見直しである。かつては絶対条件であった「米が自作できること」が、加盟要件からはずされるらしい（これまでも、神事用の米は購入でも黙認されてきたのであるが）。ここにも、このすしが完全に農村行事から脱却したことが読みとれる。

❖参考文献

- 石毛直道（1987）「現代日本文化における伝統と変容　昭和61年度の報告」『民博通信』38号。
- 泉幽香（1990）「時を視る」『月刊みんぱく』第14巻2号。
- 大橋区誌編纂委員会編（1997）『大橋区誌』大橋区。
- 河村和男（1993）『食の文化誌』食の文化研究会。
- （1990）『近代食堂―別冊　すしの雑誌総集版13集』旭屋出版。

- 藝能史編集會編（1975）「狂言不審紙」『日本庶民文化史史料集成　第四巻　狂言』三一書房。
- 滋賀県栗太郡役所（1924）『栗太郡志　巻四』（非売品）。
- 篠田統（1970）『すしの本（改訂版）』柴田書店。
- 菅沼晃次郎（1971）「大橋のまつり―栗太郡栗東町―」民俗文化93号。
- 中牧弘允（1989）「現代日本文化における伝統と変容　昭和62年度の報告」『民博通信』43号。
- 中牧弘允（1991）「現代日本文化における伝統と変容　平成2年度（最終年度）の報告」『民博通信』54号。
- 日比野光敏（1993）「近江のフナズシの原初性　―わが国におけるナレズシのプロトタイプをめぐって―」『国立民族学博物館研究報告』第18巻1号。
- 日比野光敏（1999）『すしの歴史を訪ねる』岩波新書。
- 日比野光敏（2001）『すしの事典』東京堂出版。
- 守屋毅・小山修三（1990）「現代日本文化における伝統と変容　昭和63年度、平成元年度の報告」『民博通信』50号。
- 安室知（2001）「水田漁撈と村落社会の結合」琵琶湖博物館編『鯰　―魚がむすぶ琵琶湖と田んぼ―』同館。

V

本書のまとめと今後の課題

1 本書のまとめ
　〜すしは文化であるか〜

　本書をまとめるにあたって、常に筆者の頭中の根底を流れていたのは、すしは研究対象といえるか、すしを文化的に取り扱うことは学術研究に耐えうるか、という点である。この点に関して、まず、すしを研究対象として扱うことについては、文化人類学の見解に照会してみる。同学において文化に対する決定的な定義がないが、「人間が後天的に取得した慣習」が文化の中の一要素たるべきことは共通している[注1]。すしが「人間が後天的に取得した慣習」であることは明白で、すしは「文化」である。しがかって、研究対象として取り扱うことは妥当なことであるといえよう。

　問題は、すしを取り扱うことが学術研究に耐えうるか、である。

　本書はすしを文化誌史的に分析している。これはすしを一物体としてみる、すなわち自然科学的に取り扱うのでなく、人文科学的に、中でも地理学的、民俗学的（文化誌的）と歴史学的（文化史的）に考察したものであるが、この３つのアプローチにおいて、おのおのに立てた問題を解き明かす過程が多くの人の納得するところとなれば、すしは学術的にも耐えうることになったといえる。

　筆者は、すしを扱うことは充分に学術的だと考えうるのであるが、それが「多くの人」の統一見解となるか否か、以下に検証してみたい。本書ではわが国におけるすしの研究史を概観したのち、この３つのアプローチそれぞれの立場ですし文化について述べた。

　歴史学的には、本書では江戸時代における献上ずしについて述べた。献上ずしについてはこれまであまり紹介されることは少なかったのであるが、それでも、というべきか、それゆえ、というべきか、とにかくこれまでにいわれてきた江戸時代の献上ずしについては非常に誤解が多いことがわかった。

　たとえば、献上ずしとしては論じなかったが、すしの歴史の中で「最古形態」とまでいわれている現在の滋賀県のフナずしが、実はあまり古い製法ではなかったということである。フナずしはフナずしとして、常に発達してきたのである。今日の製法をもって「日本最古の形態」といわれては、当のフナずしに対して不謹慎であろう。現在知られている資料を読み返すだけで、昔のフナずしと今のフナずしの違いに気づく。

　また岐阜県岐阜市のアユずしと福井県敦賀市の疋田ずしは、ともに鵜飼をベースに持つもので、尾張徳川家や若狭酒井家から将軍家へ贈られた献上ずしであった。また、越中前田家のアユずしも献上ずしとして世に知られる。しかしながらいずれもその実体は、あまり知られていない。越中富山藩のすしなどはアユであることさえ言に薄く、マスのすしであったかのような伝説がある。筆者はその実状を探りながら、同時にこれらのすしがいかに世間から疎であったかを述べた。

　さらに岐阜のアユずしでは「名物」ということばの意味が問題となった。「名物」とは「有名でだれもが知っている」という現今の感覚とは大きく異なり、まさに「名のあるもの」であり、「名（看板）だけは大きいもの」であった。それを取り違えるととんでもない間違い

を起こすことにもなりかねないし、実際に起こしている。能登の松百ずしに至っては、今となっては何のすしだかわからないようになってしまっている。

筆者はわかっているようでわかっていない献上ずしについて明らかにしようとし、当たり前のことをいったにすぎないのである。

地理学的には、筆者が注目した点は4つであった。まず分布域についてで、愛知県名古屋市周辺のハエずしを取り上げた。だれもが出発点とする分布図であるが、ここではその分布図を描くこと自体が大きな意味を持ち、どれだけ大変かを、実例とともに述べた。

また近畿地方に点在するジャコずしが、同じ呼称でも形態も素材もまったく異なることについても述べた。これがふたつめで、「所変われば品変わる」のことわざどおりのことを実例を挙げて示したにすぎないのであるが、紹介したすしはこれまでまったくといってよいほど、実例としては挙がらなかった。取るに足りないような一地理学の論文ではあるが、身近な現象に目を止めてこなかった地理学徒全体の目を露呈させることにもなってしまった。

3つめは分布のあり方である。新潟県糸魚川市の笹ずしは河川の流域にともなって形態は異なり、しかもそれが時代の新旧を表していることを説明した。これも、結論自体は「時間差は地域差に現れている」ということを上なぞりしただけであるが、糸魚川市の笹ずしについて、これまでこういう目でみてこなかったことが浮かび上がってしまった。

4つめは分布要因についてである。静岡県東部の箱ずしも各地のべっこうずしも非常に偏った分布を示し、ともに過去にあった海上交通を念頭に置くとその分布が解説できるとしたものである。冒頭にも述べたようにこれらは仮説の上に仮説を立てたもので、その意味では学術論文とはいい難いのであるが、地理的分布を説明するのに海上交通が有効な手段になることを、すしは物語っているのである。

民俗学的には、すしの存続のあり方、保存食としての意味、食物の範疇の意味などについて取り挙げた。わが国の家庭ずしや郷土ずしの多くは風前の灯の状態にあり、本書で取り挙げたすしの大半はこの部類に入る。筆者は滋賀県湖南地方の早ずしと京都市近郊のサバずしを例に挙げ、その現状を訴えたが、そこで問題になるのは存続化のことであった。これがことのほか難しいのは実体験でも明らかである。「商品化」ということばが口に出そうであるが、経営学に長けていない筆者にはどうすれば本格的に残ってゆくのか、わからない。また、地域の中で生き抜いてゆく方法、たとえば小中学校や老人施設などの中で教育やノスタルジーの一環として作り続けられてゆくことも考えられるが、これも筆者にはこの先がどうなるのか、わからない。ただうまくゆくことを願い、「続いてほしい」と祈るばかりである。

発酵ずしが保存食であるのか。この設問に対して明確に「No」の答えを突きつけたのは福井県敦賀市のサバのヘシコのすしである。元来が保存食であるサバのヘシコを塩出しして、わざわざ可食期間の短い発酵ずしに漬け変えるのであるから、発酵ずしが保存食であろうはずはない。発酵ずしも普通の副食

と同じように「一料理」として考えればよい。調理期間が極めて長いことから「保存食」「貯蔵食」といわれるに至ったのではないかと考えるが、このような安易な思い込みは、民俗学的だけでなく多くの関連分野の学問でも、一考を要しよう。

食物の域を超えてしまったすしの例としては滋賀県栗東市のドジョウとナマズのすしを取り上げた。もちろん「すし」であるから「食物」ではあるのだが、この地のすしはもはや皆が楽しみに待つようなものではない。むしろ「食べるために作られた物」の域を超えた、神事の一アイテムとして、ドジョウとナマズのすしは使われている。

こうした上で、すしを取り扱うことが学術研究に耐えうるか、本書に所収した文章がすべて「学術的」か。考察してみたい。その取り上げ方が「本当に歴史学的か」「本当に地理学的か」などとと問われれば、それは自信がない。あるいは「学」という文字をなくした方がよいかもしれない。しかしながら、どれもこれもがみな「非学術的だ」といわれると、それには反意を持つ。本当に非学術的で不要なものばかりであろうか。

たとえば歴史学であるが、ものの歴史を語るのには正確な情報が必要である。そのひとつひとつは小さなことであろうとも、それなくしては正確な歴史は構築されない。本書では献上ずしの歴史について述べた。本書で扱った問題が「歴史学」ということばで表すのはおかしいという批判はさておき、たとえば滋賀県のフナずしは古代と現代では作り方が違うとか、岐阜県岐阜市のアユずしが、実はその内情がまったく知れ渡っていなかったとか、能登の松百ずしが何のすしだかわからないまま現存していないとかは、歴史学的には大した問題にならなさそうであるが、反面、決しておろそかにはできない歴史上の実話であることも事実である。何らかの現象の時間的経過に基づく変容のあり方、すなわち「歴史」を述べる際には、歴史的な「逸話」も必要なのである。

地理学的に述べたことも同様である。だいたいが分布図を描くことの意味づけをいちいち書かなければならないほど「地理学」の入り口が窮屈であるのであれば、「地理学」の名前はこちらから返上する。そんなことより、近畿地方のジャコずしや新潟県の笹ずしを知っていながら、そこに現れている、地理学の分野では当たり前すぎるはずの地理学的論理、たとえば「所が変われば品は変わる」だとか「時間差は地域差に置き換えられる」だとかいうものに気づかなかった者がいるとするならば、そちらの方が地理学界には大きな問題だといえるだろう。したがって、本書は「地理学的」な発見は乏しいかもしれぬが、地理学には大きな貢献をしたと信じている。

まったく同様のことは民俗学的に述べたことでも言える。

このように、本書に収めた論考の多くは、ひとつの主たる仮説を立て、それを証明するというタイプのものではない。むしろすしにはそういうかたちでのアプローチは、筆者が関わる分野においては不可能である。それよりも小さな誤解を解いたり数多い疑問に答えたりすることで、すし、およびすしの周辺について、より明確な知識を持てるのである。

たとえばそのすしの歴史を、地理を、そし

て民俗を語ることは、すしの将来に向けて、それぞれの学問分野で不必要なことというよりは、むしろ絶対に必要不可欠なことである。

本書は、すし、およびすし文化の解明に充分に貢献した、または貢献する、と、筆者は信ずる。よって、すしが学術的に耐えうる論題であり、すしを文化誌史的に取り扱うことは充分に学術的であることが証明されたと結論づけられる。

2 今後の課題

すしに関する研究は、すしを主体に扱うにせよ客体に扱うにせよ、さまざまな面からなされるべきで、また、現実になされている。その意味ではすしが学問対象として研究されてゆくであろうことは想像に固くなく、今後の展望は明るいと、筆者はみている。

さて筆者のすしに対する思いは、以前以上にも増して、深くなっている。ともあれ、すしが研究対象である文化現象だと自らが結論づけることができた今、大手を振ってやりたいことをやれるわけである。やりたいことは、筆者の前には山積であるが、最近の課題としてふたつほど出しておく。

ひとつはすしの発祥地のことである。IIの1で、筆者は東南アジアを訪ねてレポートをし、「後にまとめ直すつもりである」と書いたが、その研究過程の概要を報告しておこう。

発酵ずしの起源については、古くは篠田統が東南アジアの山地民の作成であるとしたが、石毛直道の広範なフィールドワークにより、発酵ずしは米と結びついた食品であり、稲作と密接な関連があるとした。発酵ずしを生み出したのは、先の篠田の「山地民」説や松原正毅の「焼畑農耕民」説は消え、今は石毛の「水田耕作民」説に従う声が多い。

発祥地であるが、石毛はメコン川流域がそのひとつとした。氏は高谷好一の東南アジア稲作地帯の5区分をベースにして、「ナレズシ」の分布をそれに重ねたところ、「台地」と「扇状地（山間盆地）」が「ナレズシ」の分布が高い、すなわち、「ナレズシ」の利用が盛んであることを発見した。そしてタイの調査を基盤にし、これらの地域は都北タイとラオス南部であるとして、この地域が「ナレズシ」のセンターであると述べた。「台地」と「扇状地（山間盆地）」は、タイ以外ではミャンマーのシャン高原から雲貴高原までをも含み、この中のどこかで発酵ずしが発生したと考えてよいとした。だが、氏の発祥地に関する論述はここで終わっている。この種の文献がまったくない現状を鑑みるとき、研究は終わらざるを得なかったのであろう。

発明者であるが、石毛はインドシナ半島の先住民であるベトナム人、チャム族、クメール族、モン族のいずれかであるとした。今の発酵ずしは東北タイやラオス南部、中国雲貴高原のシーサンパンナ、ミャンマーのシャン高原などに分布し、そこはタイ・ラオ系諸族やビルマ系諸族の支配下にあるため、発酵ずしを発明したのはタイ・ラオ系諸族、ビルマ系諸族と思われがちだが、実はこれらの民族は中国西南部や中央アジア、チベットなど魚を積極的に利用してこなかった地域の出身であると考えられ、発明者とは考えられなくなってくるのである。

筆者が問題とするのはこの3点である。も

ちろん筆者は石毛に反論するものではない。とくに発祥地や発明者について、もし問いつめられたなら、筆者も石毛と同じような考え方をするであろう。しかし石毛は、ラオスは行っていないしミャンマーの調査期間もわずかである。石毛の調査に不満があるわけではなく、むしろ氏のフィールドワークを補填する意味で、それと、石毛が調査した時と今日では30年の時間差がある。その間の発酵ずしの変遷を調べるためにも、筆者は東南アジアへ出かけている。

　現在はタイ、ラオス、カンボジア、ベトナム、ミャンマー、中国雲南省などをまわり、それぞれの国、それぞれの地域での発酵ずしの製法を聞いている最中である。ひと口にいうと、メコン川の流域では、東北タイとラオスが同じ「ナマナレの製法（日本のナマナレの製法と同様の、魚とご飯と塩だけを用いるもの）」、カンボジアと南ベトナムメコンデルタは「イズシの製法（魚とご飯と塩に加えて、糀を一緒につけるもの）」が卓越する。ミャンマーのタルウィン川流域はよくわからない（たぶん、ないと思う）が、エーヤワーディ川流域は「ナマナレの製法」がみられる。だがこれに用いる魚が、たとえばうろこがある方がよいのかないものの方がよいのかは、国や地域によって、または作る民族によって、差がある。米が、うるち米を用いるかもち米かにも差がある。これらの差を本質的な差とするか、単なる地域差あるいは民族差と捉えるか、筆者には結論がみえない。

　また製法はただ材料と作り方を聞けばすむようであるが、材料の地方名が多く、また製法にも新旧があり、さらに発音法が複雑で、なかなか調査が進まない。たとえばタイにプラーソムという発酵ずしとソムプラー（「魚を酸っぱくしたもの」という意味）があるが、このふたつが同じもの（名前が違うのは作り方の新旧にすぎない）か違うものか2説があって、筆者にはいずれが正しいのかわからない。カンボジアでも、魚とご飯を発酵させる調理法に発酵ずし（プオーク）とナームサットレイ（ソーセージのようなもの）とがあるが、製法を聞いただけでは、このふたつの違いがわからない。

　発音に関する問題もあって、たとえばカンボジアでは、ロンデイン（ショウガの根のようなもので、魚の臭みを取る）とアンデイン、トロッパイェ（すしを漬け込む時に入れる糀）とタペェが、同じものを示すとわかるまでにずいぶん時間がかかった。

　同時に、発酵ずしにまつわる習俗やことわざも聞いている。すしにまつわる習俗は歴史にまつわるものが多く、ミャンマー・バガンのマヌーハ寺院では9月の村祭りの日にウリの発酵ずし（ンガチン）を作る。この発酵ずしは本来モン州のもので、11世紀初頭、モン州の王が捕まってこの地に幽閉された。王を慰めるために地元の発酵ずしを食べさせようとしたが、内陸のバガンでは海辺のモンのように魚が容易に手に入らず、代用にウリを使ったのだという。また、1975年以降のカンボジアではポルポト政権下で、国内が壊滅状態になった。地域性豊かであったカンボジアの発酵ずし・プオークは、そのときどんな運命をたどったか、興味あることである。

　発酵ずしにまつわるエピソードは、それのたどった歴史を知ってこそおもしろい、興味

深いと思えるものである。しかし一般の日本人には、東南アジアの歴史など、まったくといってよいほど知られていない。一応の解説はつけるものの、それが詳しくなればすしに関する解説までたどりつくのに時間がかかるし、粗ければおもしろさがわからなくなるし、ここのところをどう折り合いをつけるか、論文をまとめる者には悩ましい問題である。

このように東南アジアのフィールドワークはまだ途上であり、まとめ直しの完成までには、まだ時間がかかりそうである。

さて、いまひとつのテーマは握りずしに関することである。握りずしはすしの歴史の中で最も新しいもので、これを文章に登場させること自体、論文ではないと思われる風潮すらあるが、筆者はそうは思わない。題材が何であれ、何を問題にし、どういう手順で結論を導き出すのかという道筋がはっきりしており、一連の検証方法が科学的であれば、それは論文として通用する。「江戸前ずし」ということばはよく目にするが、その定義をした者はいない。ある人は東京湾で獲れた魚を使ったすしだといい、ある人は握りずしだという。スタート時で定義をはっきりさせないままに話を始めてしまうから、文章が論文にならないのである。

また、握りずしは起源が新しいが、謎は多い。だれがいつ、どこで作り出したか、こんな基礎的なことが、有力な説はあるにせよ、はっきりしたことは明らかでない。卑近な現象はたいていそうであるが、発生や起源が文献史料に残ることは少なく、歴史学の題材としていえば「わからない」といわざるをえない。その一方で、大トロを握り始めたのは誰か、ガリやアガリなどの符丁をいい始めたのは誰か、２カンづけの起源は…、カッパ巻きの起源は…、軍艦巻きの起源は…、など、親しみやすい握りずしゆえに興味がわく「魅力的な疑問」は尽きない。

テレビや雑誌でこの種の話題を扱うのはよいが、これらの疑問についても、正確に歴史学的にいうならば、答えはわからない。それにもかかわらず答えを出そうとするからおかしなことになる。情報を伝える側が「科学的にはわからない」としつつ情報を発信しても、受ける側が「歴史学的に証明された結果」と認識する。この相反することを根本的に直さない限り、握りずしの世界は科学的に解明されたとはいえない。

ただ、筆者が問題にしようというのはそんなに大それたことではない。

筆者はマスコミからよく取材を受けるが、その大半が握りずしのことで、それこそ、握りずしはいつ頃どこで生まれたのか、とかいった発生論や、「すし屋の湯飲みが大きくて分厚いのはなぜ」などの豆知識的なものに関することが多い。こうした問い合わせにももちろん対応し、「これについては資料がなく、詳しいことはわかりません」などと答えているのだが、そのうち、本当に資料がないのだろうかと思い始めた。新しい文献資料はそうそうみつかるものではないが、そうかといって、確率がゼロではない。民俗知識、たとえば２カンづけの起源や「座り握り（職人が座ってすしを握ること）」の話は、今ならその当時の人に会って、話を聞けるかもしれない。そういうことを自分がやってきたかというと、反省点は大きい。したがってこれか

らは、今までは「わからない」ですませてきたことにでも果敢に挑戦し、少しでも「わかる」ことを多くしてゆきたいと考える。

　今、調べているのは、「カン」についてである。「カン」とは握りずしの数え方をいい、漢字で書くと「貫」の文字をあてる。ではこの「貫」とはどこからきたのか。これまで多くの人が「わからない」と答え、筆者も同じように答えてきた設問である。一説には重さの単位の「貫」から、「握りずし1個には1貫の重さの米が使われている」と答えた人がいるようだが、1貫は約3.75キログラムで、握りずし1個のご飯の量とも思えない。また1貫は銭の単位にも使われ、1貫＝1000文であった。すなわち「握りずし1個の大きさ（体積）が銭1貫分の量であった」というが、1貫といえば1文銭が1000枚で、これもすし1個にしては大きすぎる。1貫自体が貨幣単位であるため「すし1個が1貫である」という声がありそうだが、嘉永6年（1853）刊の『守貞謾稿』が「押しずし（箱ずし）」1箱が64文であると書いているから、さすがに格差を感じたのであろう、そのような説は聞いたことがない。

　この「カン」について、同じ『守貞謾稿』（嘉永6年の刊だが、慶応3年＝1867に増訂版が発行された。ここで取り扱う記事は増訂部分にある）が興味深い記事を載せている。そこには「押しずし（箱ずし）」の切り方が図解で示されており、「横四ツ竪三ツ凡テ十二軒トス」と注釈がついている。正方形に作ったすしを横に4つ、縦に3つに切れば12切れのすしになるのは道理であるが、その単位に「軒」をあてている。「軒」とは妙な字であるが、『大漢和辞典』によると、その意味の中に「大きく切った肉片」というのがあり、すし1切れを指したものと思われる。

　『守貞謾稿』にある「押しずし（箱ずし）」の箱は4寸四方、すなわち12センチ×12センチほどで、それを上記のように切ると、1個は3センチ×4センチほどになる。これが「1軒」の正体であった。このすし1切れを表す「軒」は「ケン」と呼んだであろうが、それがやがて「カン」に訛ってしまい、また、握りずし1個をも指すようになった。「貫」の文字は音に会わせて、後からあてはめられたものであろう。これが筆者が導き出した「カン」の語源に仮説である。

　ただ、この説は筆者のオリジナルではない。筆者自身、『守貞謾稿』のことも、そこに載っている記事の内容も知ってはいたが、「軒」のことは読み落としていた。ある人からある宴の席で、立ち話として、半分酔った状況で聞き、あらためて『守貞謾稿』を読み返した。

　ことは「カン」の問題だけではない。握りずしだけの問題でもなかろう。新たな資料をみつけるのと同じくらい、読み慣れた文献を今一度読み直して、おごりたかぶらずに初心に戻って調査に望むよう、自戒の念を込める次第である。

❖注

注1　ふたりの文化人類学者のことばを出しておこう。ひとりは文化人類学の父といわれたイギリスのエドワードタイラーが、その著『原始文化』で述べたことばである。「文化あるいは文明とは、そのひろい民族誌学上の意味で理解されているところでは、社

会の成員としての人間（man）によって獲得された知識、信条、芸術、法、道徳、慣習や、他のいろいろな能力や習性（habits）を含む複雑な総体である（Edward.B.Tylor（1871）、比屋根安定訳（1962））。いまひとりは新進気鋭のジェームズピーコックで、「文化とは特定の集団のメンバーによって学習され共有された自明でかつきわめて影響力のある認識の方法と規則の体系」である（James.L.Peacok（1986）、今福龍太訳（1993））。新旧を問わず、取り扱う文化の概要は、ほぼ一致している。

❖参考文献
- 石毛直道・ケネスラドル（1990）『魚醤とナレズシの研究　—モンスーン・アジアの食事文化』岩波書店。
- 諸橋轍次編（1959）『大漢和辞典』大修館書店。
- 篠田統（1966）『すしの本』柴田書店。
- 高谷好一（1975）「稲作圏の歴史」市村真一編『稲と農民』京都大学東南アジア研究センター。
- 松原正毅（1970）「焼畑農耕民のウキとナレズシ」『季刊人類学』1-3。
- E.B.Tylor（1871）『Primitive Culture』John Murray & Co.、比屋根安定訳（1962）『原始文化』誠信書房
- James.L.Peacok（1986）『The Anthropological Lens - Harsh Lights, Soft Focus』Cambridge University Press、今福龍太訳（1993）『人類学とは何か』岩波書店

✣ あとがき

　大学2年の終わり頃、文学部地理学教室の門を叩いた私に突きつけられた課題は、香川での研究旅行でのテーマであった。「何についてでもよいから調べてこい」というもので、新3年、4年がそろって旅先へ出向くのが決まりであった。みんなが「産業だ」「都市問題だ」などと「固い」テーマを口にしたが、食べることが大好きであった私は迷わず香川の郷土料理「さぬきうどん」を選び、約1週間の調査の結果をレポートにまとめた。

　その出来はさておき、3年次の同じ頃、やはり同じ授業があり、今度は和歌山であった。昨年、ひとりだけ「さぬきうどん」という「やわらかい」テーマを選んで、先輩や同級生たちから失笑された私は、もう一度失笑を買うつもりで郷土料理を選ぶことにした。さて、和歌山の郷土料理は何があるかしら？

　ガイドブックで調べてみたら「なれずし」と記されていた。「おすしだったら大好物だ。よしこれにしよう」と名乗りを挙げ、和歌山へ乗り込んだ。しかしそこにあったのは、発酵させるすしが初体験の私には考えもつかない「すし」であった。独特の味と香りで、とにかく初めてみるものであった。それが私とすしとの本格的な出会いである。

　以来30数年間、すしを研究対象としてみてきた…。いや、厳密には研究対象ではなく、全国各地を旅する口実として、すしを使ってきた。だから、私にとってのすしとは握りずしではなく、各家庭で作られる郷土色豊かな「家庭ずし」や「郷土ずし」である。趣味は旅行と食べ歩き、出ている大学は文学部地理学科。だから旅行に出かける際、両親には、いや時には自分にまでも、いつも「○○地方へ○○ずしの調査に行くから」というのが理由になってしまった。もちろん、その大半は「調査ばかり」の旅ではなかったが、とにかく日本国内、北から南までたくさん出かけた。

　しかし平成14年の冬、私は脳血管出血で右半身不随になってしまった。幸い、今は、からだは回復したものの、当時、病院の天井を眺めつつ思ったのは、大好きな旅行も食べ歩きも、もうこれで一生、できるものではないなぁ、ということだった。それと今までの反省で、「そういえば各地でいろいろなすしをみせてもらったけれど、文章にしたことって、あまりないなぁ」ということである。

　運よく退院できた私は、それ以来、見聞きしてきたすしをなるべく文章に残した。できるものは「論文（とはいってもたかだかエッセイであるが）」にもした。本書でも再三再四述べたが、「家庭ずし」や「郷土ずし」は風前の灯である。それらを支えているのは、多くは地元のご老人である。恥ずかしそうに「こんなもんしか作れんでねぇ」といって作ってくださるその「家庭ずし」が、実は日本で最後の例である、しかもそのことはだれにも知られることはなく、ひっそりと消える運命にある…、などという場合もめずらしくはない。私はそんな人たちへの「旗振り役」をしたい。応援役でありたい。そんな考えから、講演、講座、テレビやラジオ、頼まれればどこへいってでもしゃべり、新聞や雑誌、何にでも書いている。「おばあちゃんがやってることは、立派な文化財なんですよ！」と。

　消えゆくすしをなくさないように、すしが文化財であるかのように強調するのはよいと

して、では本当に文化財か。あまりに根拠のないことをいうと、地元の人々にとって迷惑な話である。そこで本書を出版した。すしは文化か。すしを語ることは「学術的」であるのか。その答えは前章までで明らかになった。これで少しでも省みられなかった人々、多くは「学問的素人」の人が省みられるようになれば、私はこの上なくうれしい。

　終わりにこんなことばを思い出した。篠田統氏が『すしの本』（1966　柴田書店）のあとがきに書かれたものである。「本書は私の大阪学芸大学生活17年間の決算報告の一部である。…中略…　その間の研究成果も、こうしてまとめてみると存外タアイないのに少々ゲッソリする」。30数年間、先生の研究歴の倍ほどの年月、すしにたずさわっている私は、この本を書いた。その他愛のなさに、先生以上に「大いにゲッソリしている」。

　最後になってしまったが、本書を上梓するまでには大変数多くの方のご厄介になっている。聞き取りのために宿泊までさせてくださった方から道ゆくすれ違い様にお話を聞いた方、電話やインターネットで情報を教えてくださった方まで、ひとりひとりのお名前は紹介できないけれども、皆様がたには本当にお世話になった。深くお礼を申し上げる。とともに、私のすし研究はまだまだ続く。これからもたくさんの方にお世話になることであろう。よろしくお願い申し上げる次第である。

　なお、私は「わが国におけるすしの文化誌史的研究」で、平成28年3月20日付けで、愛知大学より博士（日本文化）の学位を授与された。論文の審査および口頭試問においては、印南敏秀愛知大学教授、熊倉功夫静岡文化芸術大学学長、有薗正一郎愛知大学教授、海老沢善一愛知大学教授に、格段のお世話をいただいた。本書はこの論文をベースにしているが、諸先生方のご意見を参考に加筆修正し、新たにタイトルをつけ直して出版したものである。出版にあたっては、旭屋出版の永瀬正人氏、以下、多くの方々のお手をわずらわせた。記して、謝意を表したい。

　　　　　2016年　8月吉日　日比野光敏

索引（初出一覧）

まえがき ……………………………… 民俗事象としてのスシ（1993「日本民俗学」195号）の一部改稿と書き下ろし
  すしの範疇 ……………………………… 書き下ろし
  すしの概略史と用語 …………………… 書き下ろし

I　わが国のすし文化に関する研究史
1　文献について ………………………… 書き下ろし
2　自然科学的アプローチ ……………… 書き下ろし
3　人文科学的アプローチ ……………… 書き下ろし

II　すしの歴史に関する研究
1　すしに対する従来の歴史観 ………… 書き下ろし
2　「古さ」の再認識 ……………………… 近江のフナズシの「原初性」　—わが国におけるナレズシのプロトタイプをめぐって—
                        （1993「国立民族学博物館研究報告」18−1）の改稿
3　知られていない伝統（1）…………… 岐阜市におけるアユのなれずし（1987「風俗」26−2）の改稿
4　知られていない伝統（2）…………… 福井県敦賀市の疋田ずしについて（1990「風俗」29−2）の改稿
5　知られていない伝統（3）…………… 富山のアユずし（1998「地域社会」38号）の改稿
6　「名物」の裏側 ………………………… 松百ずしの伝承と実体（1996「地域社会」35号）の改稿

III　すしの分布に関する研究
1　すしの分布と遍在性への提言 … 書き下ろし
2　すしの分布域 ………………………… 名古屋市周辺のハエずし（1985「京都民俗」2・3号合併号）の改稿
3　すしの名称 …………………………… 近畿各地のジャコずしとジャコの正体（2009「地域社会」60号）の改稿
4　川沿いの文化 ………………………… 新潟県糸魚川市の笹ずし（2008「地域社会」58号）の改稿
5　東西交流の結末（1）………………… 静岡県東部の箱ずし（2007「地域社会」57号）の改稿
6　東西交流の結末（2）………………… 「べっこうずし」の正体（2010「地域社会」62号）の改稿

IV　すしの民俗に関する研究
1　すしの民俗性に関して ……………… 書き下ろし
2　すしの将来性 ………………………… 滋賀県湖南地方のすし（2006「地域社会」55号）と京都市に北接する地域の
                        サバの発酵ずし（2007「地域社会」56号）の改稿
3　保存食としてのすし ………………… 民俗事象としてのスシ（1993「日本民俗学」195号）の一部改稿と書き下ろし
4　食物の域を越えたすし ……………… 農村民俗行事の伝承と変容　−栗東市大橋地区の「鱛取り神事」を事例に−
                        （2003　石原潤編『農村空間の研究（下）』大明堂）の改稿

V　本書のまとめと今後の課題
  本書のまとめ …………………………… 書き下ろし
  今後の課題 ……………………………… 書き下ろし

あとがき ……………………………… 書き下ろし

事項索引

アカルチュレーション	110,240
イズシ	7,8,9,13,14,23,24,72,73,80,92,261
稲荷ずし（いなり寿司なども含む）	7,8,10,109,111,130,142,163,183
江戸前	26,262
延喜式	46,50,51,52,55,56,61,63,64,73,74,84,90,93,233,241
押し抜きずし	7,28,128,129,131,137,139,164,198
回転ずし	9,29,30,42,109,110
可食期間	238,258
カン（すしの単位）	262,263
観光	26,92,111,164,165,173,175,177,190,191,193,211
起源	17,21,23,25,27,38,40,50,54,63,64,95,98,101,102,120,185,186,187,189,234,260,262
儀式、儀礼	23,24,63,71,207,247,254,255
行事	22,23,27,29,35,38,41,57,59,69,71,124,132,141,161,170,172,190,194,196,207,211,219,229,232,240,241,242,243,244,245,246,247,249,250,251,252,254,267
郷土食	109,110,222,265
郷土ずし	29,34,42,197,198,222,227,263
郷土料理	14,22,34,38,39,42,82,91,109,111,117,121,141,145,159,171,210,265
空間	27,30,109,110,242,267
グルメ	4,10,20,38,39,93
軍艦巻き	262
献上	23,39,45,52,53,54,60,61,63,64,65,66,67,68,69,70,71,72,73,74,75,76,77,78,79,80,81,83,84,85,86,87,88,89,90,91,92,93,96,97,98,99,100,102,104,105,257,258,259
糀	7,8,13,46,48,56,59,72,73,80,82,86,87,88,90,92,125,126,138,213,216,235,236
合類日用料理抄	52,53,54,60,61,62,94
語源	16,125,144,155,240,265
五目ずし	161,162,201,205,229
最古	8,46,47,49,50,51,55,56,58,63,72,73,81,197,198,223,257
祭礼	57,59,115,118,119,123,132,140,143,147,181,192,193,210,219,233,240,248,253
サルモネラ	14
時間	13,28,53,54,61,85,87,90,92,110,115,117,123,136,137,148,149,152,153,155,158,161,173,175,179,181,182,183,184,192,203,205,206,208,211,217,219,231,238,240,254,258,259,261

嗜好	14,15,31,33,35,43,48,55,61
商業	27,111,171
正税帳	48,58
商品化	50,59,90,148,151,153,157,158,196,223,258
食事	4,5,8,9,20,29,37,39,43,46,59,62,68,69,71,72,93,94,106,118,119,136,138,144,153,158,159,160,167,170,171,172,194,205,213,228,229,231,242,245,253,264
神事	3,123,124,125,132,141,142,232,242,243,244,245,246,247,248,249,250,251,252,254,259,267
酢	5,6,7,8,15,16,17,26,41,43,47,57,69,79,86,87,88,90,92,93,102,112,113,123,130,131,136,138,146,147,149,152,153,158,160,164,168,171,175,176,179,180,183,189,191,192,193,197,198,199,201,205,208,209,211,214,217,219,223,237
鮨	7,8,10,16,19,20,23,25,28,31,33,34,36,38,39,40,41,43,52,58,59,60,62,63,64,65,66,69,70,72,73,74,75,76,84,89,90,93,94,96,100,101,105,106
鮓	6,7,8,12,16,17,18,19,20,25,29,31,32,36,37,38,39,40,42,46,47,48,51,54,56,57,58,59,62,64,65,66,72,73,84,85,89,93,95,97,99,100,101,105,106,111,223
すし文化	3,11,12,15,19,20,24,25,43,257,260,267
鮓飯秘伝抄	17
斉民要術	36,47,48,51,52,54,55,56,57,61,223
節分	27,41,42
存続	23,28,61,63,64,68,69,70,71,76,78,80,81,86,90,102,103,140,196,208,223,224,227,242,247,249,250,251,252,253,254,258
地域差	23,25,26,110,146,157,258,259,261
地域性	4,25,38,41,109,111,170,227,261
ちらしずし（散らし寿司なども含む）	7,8,10,14,33,35,128,129,142,161,162,166,167,168,169,179,183,185,193
地理学	5,25,39,82,110,139,257,258,259,265
貯蔵	55,68,69,70,71,80,223,239,240
テクスチュア	14
伝播	21,47,63,81,88,110,120,121,169
ナマナレ	7,8,9,12,13,23,24,31,47,50,72,73,74,80,81,125,132,138,139,143,213,223,224
握りずし（握り寿司なども含む）	7,8,9,16,20,23,25,26,27,28,29,38,40,109,110,129,130,131,134,139,141,147,164,165,169,172,173,174,175,177,179,180,181,182,183,185,186,187,188,189,190,191,193,197,237,262,263

発酵	3,5,6,7,8,9,12,13,14,15,16,19,20,21,22,23,25,26,28,29,31,32,33,34,35,37,45,46,47,49,50,54,56,58,59,61,62,63,68,72,73,74,79,80,81,82,83,85,86,87,88,90,91,92,93,95,97,98,99,102,103,105,110,112,120,123,132,133,138,140,141,187,193,196,197,198,213,214,216,219,220,222,223,224,227,229,230,232,236,237,238,239,240,242,254,258,260,261,267
発祥	4,6,19,21,45,54,66,111,116,120,185,186,260,261
ハレの日	26,69,118,119,136,196,226
フィールドワーク	45,260,261
文化史	19,34,37,41,62,255,257
文化誌	1,19,38,254,257,260
文化人類学	20,21,37,257,263
分布	3,4,18,22,23,35,38,57,72,73,81,108,109,110,111,112,113,114,120,121,146,177,179,185,189,198,204,232,240,258,259,260,267
保存	3,6,8,12,14,21,23,28,33,34,35,39,48,50,55,79,93,98,103,115,130,136,147,158,172,178,185,187,191,192,193,196,198,210,218,219,223,230,232,237,238,239,240,258,259,267
ボツリヌス	13,14,32
巻きずし(巻き寿司なども含む)	7,8,10,21,22,26,27,28,33,35,41,43,109,111,130,183,187,231,237
祭り	22,23,27,39,57,79,103,115,128,129,136,138,142,147,149,153,161,163,164,165,178,179,180,181,182,183,192,193,196,198,201, 205,210,211,214,215,217,219,220,224,227,229,246,248,250,261
民俗学	5,16,20,23,25,36,38,41,112,144,196,197,252,257,258,259,267
無形文化財	28,165,232
名飯部類	16,17
名物	3,4,16,17,23,36,45,60,63,64,65,66,71,78,81,84,89,90,91,92,93,94,95,99,100,112,121,122,129,131,164,167,172,184,198,222,225,226,229,231,247,251,257,267
ユネスコ	29
養老令	48,59
令義解	58
歴史学	10,25,38,39,93,257,259,262

都道府県名索引

愛知	3,111,112,113,114,115,116,117,118,119,120,121,159,160,258
青森	8,13,57,240
秋田	6,13,14,18,31,32,57,72,240
石川	13,24,32,57,75,82,94,98,104,106,107,109,140,240
茨城	28,42
岩手	240
大阪	6,17,18,31,34,35,37,42,62,110,113,116,127,128,129,138,139,140,242,266
岡山	15,22,28,33,36,38,43,240
沖縄	176,190,192
香川	240,265
神奈川	187,193
岐阜	3,10,23,25,29,38,39,42,54,57,62,63,64,65,66,68,69,70,71,72,76,77,81,83,92,93,106,109,113,114,115,116,117,118,119,121,122,137139,144,159,160,230,257,259,267
京都	17,18,40,43,52,153, 193,198,213,216,217,222,223,224,228,230,232,239,240,241,264,267
熊本	57,88
高知	176,192,240
佐賀	113
滋賀	3,12,13,14,15,18,22,23,25,27,28,29,31,34,35,38,41,42,46,47,49,50,51,52,53,56,57,58,59,62,73,81,109,120,122,124,125,139,140,168,171,196,197,198,199,200,202,203,204,206,207,208,209,212,213,217,223,227,228,229230,231,232,238,240,242,252,255,257,258,259,267
静岡	3,28,29,42,110,159,160,161,162,163,164,165,169,170,171,172,173,177,178,179,185,187,188,189,190,194,240,258,267
島根	113
千葉	22,23,26,38,109,186,187,193
東京	19,21,28,30,32,38,40,41,59,70,106,110,172,173,174,189,190,194,262
徳島	33
栃木	13,23,38,57
鳥取	13,23,38,57,240
新潟	3,22,39,57,110,113,145,148,149,150,153,155,158,159,196,242,258,259,267
富山	3,13,14,22,23,31,34,37,39,54,57,62,83,84,85,86,87,88,89,90,91,92,93,94,145,146,240,257,267
長崎	113,140

長野	14,23,28,29,42,57,116,136,137,139,143,145,155,156,159,225,226,227
奈良	14,18,24,33,40,57,58,62,73,131,141,232
兵庫	14,15,35,57,110,132,133,134,135,139,140,240
広島	57,109,138,139,240
福井	3,13,29,31,34,57,62,66,72,73,77,81,82,83,106,109,196,230,232,240,242,257,267
福島	13,14,22,24,32,38,240
北海道	8,13,23,31,33,39,41,57,72,109,240,242
三重	13,14,15,22,26,33,34,35,57,109,113,114,121,172,173,179,180,181,182,183,184,185,187,188,189,190,193,194,224,225,226,229,240
山形	57
山口	34,37,113
和歌山	13,15,23,28,34,43,57,59,110,129,130,131,132,139,141,240,265

海外地名索引

アメリカ	21,29,30,37,191
韓国	32
カンボジア	46,261
タイ	46,54,260,261
中国(中華人民共和国)	6,7,8,12,17,18,21,25,29,36,37, 38,46,47,48,54,55,100,223,230,234,260,261
朝鮮	6,21,22,37,42,45,46,62,72,82,260,262,264
東南アジア	240
ベトナム	46,260,261
ミャンマー	260,261
ラオス	46,260,261

著者紹介

日比野 光敏（ひびの てるとし）

1960年 岐阜県大垣市に生まれる。
名古屋大学文学部卒業、名古屋大学大学院文学研究科修了後、岐阜市歴史博物館学芸員、名古屋経済大学短期大学部教授、京都府立大学和食文化研究センター特任教授を歴任。すしミュージアム(静岡市)名誉館長。
主な著書に、すしの貌(大巧社)、すしの歴史を訪ねる(岩波書店)、すしの事典(東京堂出版)、すしの絵本(農山漁村文化協会)、すしのひみつ(金の星社。)など。

だれも語らなかった すしの世界
わが国におけるすしの文化誌史的研究

発行日　平成 28 年 10 月 1 日　初版発行

著　者	日比野　光敏
制作者	永瀬　正人
発行者	早嶋　茂
発行所	株式会社 旭屋出版

〒107-0052　東京都港区赤坂 1-7-19
キャピタル赤坂ビル 8 階
電話　03 (3560) 9065
FAX　03 (3560) 9071
URL　http://www.asahiya-jp.com

郵便振替　00150-1-19572
印刷・製本　株式会社シナノ

©Terutoshi Hibino/Asahiya Shuppan
Printed in Japan
※許可なく転載・複写、並びにWeb上での使用を禁止します。
※定価はカバーに標示しています。
※乱丁本、落丁本はお取り替えいたします。

ISBN978-4-7511-1226-7　C2077